구닥이월드, 스코틀랜드 증류소 탐험

SCOTCH
WHISKY

스카치가 있어
즐거운 세상

조승원 지음

일러두기

_ 이 책에서 처음 등장하는 용어에 영문병기를 하였으나, 차례 순서가 아닌 관심 있는 장부
  터 읽는 독자들을 고려하여 각 장의 처음 나오는 용어에도 병기하였다.
_ 외래어는 국립국어원의 표기법을 따랐으나 컨셉(콘셉트), 콜라보(컬래버), 깡소주(강소
  주) 등 일부는 관용적 표기대로 하였다.
_ 저자가 직접 찍은 사진 외에 출처를 별도로 밝히지 않은 사진은 증류소에서 제공하였거
  나 공식 홈페이지와 SNS에서 가져온 것이다.
_ 본문에 있는 QR코드는 출간 시점의 것으로 현지 사정에 의해 변경될 수 있다.

SPEYSIDE
ISLAY

주락이월드, 스코틀랜드 증류소 탐험

SCOTCH
WHISKY

스카치가 있어
즐거운 세상

조승원 지음

싱긋

김창수
(김창수 위스키 증류소 대표)

이런 책을 쓰고 싶었다

지금으로부터 10년 전, 나는 스코틀랜드에 있는 싱글몰트 위스키 증류소 102곳을 방문했다. 목적은 국산 위스키를 만들기 위함. 그러기 위해서는 위스키의 본류, 스카치위스키를 반드시 배워야 한다고 생각했다.

당시 기준 스카치위스키 증류소 모든 곳을 보고 왔고, 지금 나는 위스키를 만들고 있다. 모두가 불가능할 것이라 말했던 국산 위스키의 꿈은 스코틀랜드에서부터 시작된 것이다.

스코틀랜드에서 돌아온 후, 보고 듣고 느낀 바를 책으로 남기고 싶었다. 대치동 학사에서 한 달에 40만 원을 받고 일했다. 대신 한 평도 안 되는 작은 방을 얻을 수 있었다. 나는 여기에 세 달간 틀어박혀 책을 썼다. 하지만 책으로 내는 일은 없었다. 출판사를 구하지 못했다는 핑계 이전에, 스스로 부족함을 깨달은 탓이 크다. 방대한 자료 조사와 그 팩트를 체크하는 데에는 아무리 긴 시간이라도 부족했으며 기행의 현장감을 좀처럼 효과적으로 엮어내지 못한 탓이다. 결국 미완성인 채로 다시 위스키의 세계로 나아갈 수밖에 없었다.

많은 시간이 흘렀고, 위스키의 위상도 몰라볼 정도로 변했음을 느끼고 있다. 그래서인지 출판사로부터 위스키 책 출간 제안을 많이 받고 있다. 그럴 때마다 옛날 생각이 많이 난다. 완성하지 못한 책에 대한 아쉬움과 안타까움이 아직 남아 있나보다. 출판 제안을 받을 때마다 한 번쯤 생각해본 적은 있다. 책을 다시 써볼까. 하지만 내 대답은 여전히 'NO'다. 아직 만족스러운 결과물을 낼 자신이 없다.

그러던 중 운좋게 조승원 작가의 책을 출간 전에 먼저 읽어볼 기회가 생겼다. 추천사를 부탁받은 것이다. 오랫동안 위스키 곁에 붙어 있었던 덕인가보다.

그날은 공교롭게도 내가 10년 만에 다시 스코틀랜드를 방문하기 하루 전날이었다. 스코틀랜드로 향하는 비행기, 좁고 어두운 기내. 모두가 잠이 들 때 즈음, 스마트폰을 열고 원고를 불러왔다. 그리고 단숨에 읽어내려가기 시작했다.

스코틀랜드 위스키 성지로 불리는 곳, 스페이사이드와 아일라섬을 탐방하고 쓴 본격 위스키 기행문. 저자가 직접 방문해서 생생한 현장감이 살아 있으며, 방대한 자료를 바탕으로 풀어낸 스토리가 일품이다. 감히 알프레드 버나드와 무라카미 하루키를 떠올렸다고 말하면 저자에게 큰 실례가 될까. 책을 읽는 내내, 내 마음은 이미 스코틀랜드에 도착해 있었다.

책을 읽으면서 10년 전 그날이 떠올랐다. 그간의 일들도 파노라

마처럼 지나가면서 눈앞이 먹먹해졌다. 그리고 완성하지 못한 책도 생각났다.

그래. 사실 솔직히 말하자면, 나도 이런 책을 쓰고 싶었다!

하지만 이제 더이상 그런 미련은 남겨놓지 않아도 될 것 같다.
쉽게 읽히는 글을 쓰기 위해 저자가 얼마나 고생하고, 고뇌했을지, 독자들은 쉽게 이해할 수 없을 것이다. 하지만 더 보고 싶다. 이 책에 이어 하일랜드편도 꼭 출간되었으면 한다. 그러니 부디 더 건강히, 더 많이 위스키를 사랑해주기를.

사랑하는 내 어머님,
이용희 여사님께 이 책을 바칩니다.

1부
스페이사이드

2부

아일라

나는 이 책을
어떻게 썼는가

"뜻이 있는 곳에 길이 있다"는 말이 있다. 나는 이 말을 믿지 않는다. 세상을 살아보며 알게 됐다. 뜻이 있는 곳에 길이 있는 경우는 극히 드물다. 의지가 강하거나 능력이 출중한 사람이라면 가능할지 모르겠다. 하지만 나는 그렇지 못했다. 뜻을 세워 길을 만들 수 있을 만큼 의지가 굳세지 않았다. 능력도 대단하지 못했다. 그래서 그동안 다른 방법을 택했다. 나에게 주어진 길을 걸어가면서 그 길에서 뜻을 찾으려고 애썼다. 지금껏 그렇게 살아왔다.

이 책도 마찬가지였다. 나는 스카치 책을 쓰겠다는 거창한 계획을 세운 적이 없다. 사실 꿈조차 꾸지 않았다. 세상에는 싱글몰트 스카치를 다룬 훌륭한 책이 많다. 데이비드 위셔트가 집필하고 주영준 씨가 번역한 『위스키 대백과』나 유성운 작가의 『싱글몰트 위스키 바이블』 같은 것들이다. 이런 책을 읽으며 이 분야는 나 같은 수준의 작가가 도전할 대상이 아니라고 판단했다. 더구나 나는 『버번 위스키의 모든 것』을 비롯해 주류 서적을 이미 세 권이나 내놓았다. 유튜브 채널 〈술이 있어 즐거운 세상 ― 주락이월드〉로도 과분한 관심과 사랑을 받아왔다. 그렇기에 새로운 책을 쓰는 것보다는 〈주락이월드〉 영상 하나라도 더 잘 만들어야 한다고 생각했다. 〈주락이월드〉가 나에게 주어진 길이었기 때문이다.

하지만 돌이켜보니 다시 책을 낼 운명이었던 것 같다. 입사 이후 처음으로 몇 달을 쉴 수 있는 기회를 얻었다. 이 과정에서 노력한 것은 하나도 없다. 그저 우연처럼 주어졌을 뿐이다. 다시 없을 이 시간에 뭘 하며 보낼지 고민했다. 처음에는 제주도로 내려가려고 했다. 바닷가에 작은 집 한 채 빌려 쉴까 싶었다. 에어비앤비로 경치 좋은 집을 알아보기도 했다. 그런데 어느 날 〈소비더머니〉 만드는 조현용 기자한테 제주살이 얘기를 꺼냈더니 대뜸 그는 이렇게 말했다. "선배, 제주도 가시면 유배 생활이 될 거 같아요. 어딜 좀 돌아다니시는 게 어때요?" 이 말을 듣고 나니 어디론가 멀리 떠나고 싶어졌다. 그러면서 '이참에 스코틀랜드 한번 다녀올까' 하는 생각이 퍼뜩 들었다. 책을 쓰기 위해서는 아니었다. 증류소 돌아다니며 위스키 맛이나 좀 보고 오고 싶었다. 하지만 사람 마음이라는 게 참 이상하다. 막연히 계획을 세우다보니 '기왕 가는 거, 기록을 남기면 어떨까' 하는 욕심이 생겼다. 앞서 언급한 『위스키 대백과』나 『싱글몰트 위스키 바이블』 같은 책도 출간된 지 10년이 되었다. 이제는 증류소 정보가 업데이트된 한국어 책이 나올 때가 되지 않았나 싶기도 했다.

결정을 쉽게 내리지 못했다. 그 넓은 스코틀랜드 땅을 혼자 돌아다닐 생각을 하니 앞이 캄캄했다. 그냥 여행으로 가서 위스키 맛이나 보고 오는 거라면 모른다. 취재는 엄두가 나지 않았다. 망설이다가 운명에 맡겨보기로 했다. 스코틀랜드 유학을 다녀온 후배의 도움을 받았다. 현지 유학생들이 소식을 주고받는 게시판에 익명으로 글을 올렸다. "스코틀랜드 증류소 50~60군데를 돌아다닐 예정인데 동행할 분이 있다면 연락을 달라"는 내용이었다. 증류소 50군데 이상을 돌려면 최소 한 달 이상 걸린다. 그 긴 시간을 나와 함께할 사람이 있을지 의문이었다. 그런데 놀랍게도 연락을 준 사람이 딱 한 명 있었다. 바로 이세기씨(현재 라세이 증류소 디스틸러)였다. 이세기씨는 당시 헤리엇와트Heriot-Watt 대학 양조증류학 석사 졸업을 앞두고 현지 증류소 취업을 준비하고 있었다. 세기씨가 합류하기로 하면서 나는 비로소 책을 쓰기로 마음을 굳혔다. 그때 이세기씨가 연락하지 않았다면 책을 포기하고 제주도로 갔을 것이다. 그러니 이 또한 운명이라고밖에 할 수 없다.

스코틀랜드 취재 과정은 험난했다. 사실 험난했다는 말은 고상한 표현이다. 솔직히 말하면 죽도록 힘들었다. 중간에 포기하고 한국으로 돌아가려고 몇 번이나 비행기표를 알아봤을 정도였다. 일정부터 빠듯했다. 눈이 오는 겨울이 되기 전에 취재를 마쳐야 했다. 아일라, 주라, 아란, 오크니 같은 섬도 배 타고 들러야 했다. 시간이 더 없었다. 날씨도 썩 좋지 않았다. 나는 스코틀랜드의 가을을 경험한 적이 없었다. 그동안은 비교적 날이 좋은 늦봄이나 여름에만 갔기 때문이다. 그런데 이번에 겪어보니 스코틀랜드의 가을은 하루에 사계절이 다 있었다. 봄 날씨처럼 화창하다가 갑자기 구름이 끼고 비가 쏟아졌다. 그러다 잠깐 해가 나는가 싶으면 어느새 찬바람이 휘몰아쳤다. 뼛속까지 파고드는 바람이 얼마나 시린지 털장갑을 끼고 목도리까지 둘러야 했다. 게다가 비는 또 어찌나 자주 내리는지 평생 맞을 비를 여기서 다 맞고 가는구나 싶었다. 증류소에서 장인들을 만나고 위스키를 맛보는 건 행복이었지만 증류소 밖으로 나오면 고통이었다. 항상 웃으며 나를 응원해준 이세기씨가 없었다면 도중에 멈춰 섰을 것이다. 세기씨의 도움이 있었기에 증류소 55곳 취재를 마칠 수 있었다.

힘들고 어렵게 취재해 왔으니 글은 그보다는 쉽게 써질 줄 알았다. 대단한 착각이었다. 글은 고사하고 돌아오자마자 쓰러졌다. 몸이 아팠고 마음은 더 아팠다. 차라리 스코틀랜드에 있을 때가 천국이었지 싶었다. 꼬박 한 달을 하루 한 끼만 먹었다. 시체처럼 방에 누워만 있었다. 그 누구도 만나고 싶지 않았다. 그 누구와도 대화하고 싶지 않았다. 너무 아프고 힘들어서 가끔은 방에 있는 전신 거울을 보며 내가 나랑 얘기를 나눴다. 짧지 않은 인생에서 가장 고통스러운 시간이었다.

'책을 써야지' '책을 써야지' 매일같이 다짐했다. 하지만 책상 앞에는 앉을 수 없었다. 그렇게 시간만 흘렀다. 영영 책을 못 쓰게 될 것만 같았다. 그러다가 펑펑 눈이 쏟아지던 어느 날 아침 창밖을 바라봤다. 종종걸음으로 출근하는 직장인들이 눈에 띄었다. 부끄러웠다. 나도 뭐라도 해야 할 것만 같았다. 마음을 부여잡고 노트북을 켰다. 글은 제대로 나오지 않았다. 문장 하나 쓰고 나면 떠오르는 얼굴이 있었다. 한 문단 마치고 나면 떠오르는 아픈 기억이 있었다. 글이 좋을 리 없었다. 내가 이렇게 글을 못 쓰는 인간이었나 싶을 만큼 엉망이었다.

그래도 써야만 했다. 아무리 힘들어도 쓰고 싶었다. 지금 책이라도 안 쓰면 이 시기가 그저 아무 의미 없고 아무 가치 없었던 시간으로 기억될 것 같았다. 한 줄기 빛조차 보이지 않는 어두컴컴한 터널에서 내가 땅바닥에 쓰러져 울고만 있지 않았다는 증거를 남기고 싶었다. 거친 풍랑 속에서도 조각배의 노를 놓지 않고 열심히 저었다고 누군가에게 꼭 말해주고 싶었다. 그래서 쓰고 또 썼다. 고치고 또 고쳤다. 몇 달간 먹고 자는 시간 빼놓고는 오로지 책만 썼다. 이 책은 그렇게 썼다. 그렇게나 아프게 썼다.

이 책은 스코틀랜드에서 취재한 기록의 절반을 다루고 있다. 정확히는 스페이사이드와 아일라 지역 증류소 26군데의 기록이다. 기자로서 현장에서 취재해 온 내용을 토대로 원서와 국내 출간 도서 수십 권을 참고해서 썼다. 각각의 증류소 역사는 스카치 최고 전문가 찰스 맥클린의 『Spirit of Place』나 『Whiskypedia』를 샅샅이 살펴봤다. 데이브 브룸의 걸작 『The World Atlas of Whisky』도 꼼꼼하게 다시 읽었다. 설비와 공정은 증류소에서 취재한 내용을 기록하되 『Malt Whisky Yearbook』 2021년부터 2023년까지 세 권을 비교해가며 검토하고 확인했다. 결국 이 책에 실린 증류소 제조 설비와 공정은 내가 현장을 취재한 2022년 가을을 기준으로 한 것이다. 앞으로 바뀔 수 있다는 점을 참고하시기 바란다.

켄터키 버번 증류소에 이어 스코틀랜드 증류소까지 취재하며 느낀 게 있다. 위스키의 세계는 대서양이나 태평양 같다. 그 넓은 바다에서 나는 모래 한 줌 쥐어봤을 뿐이다. 내가 죽을 때까지 노력한다고 해도 이 세계를 다 이해하는 것은 불가능하다. 그런 이유로 지금까지 '위스키 전문가'라는 표현을 스스로는 단 한 번도 쓴 적이 없다. 앞으로도 그럴 것이다. 다만 비전문가인 내가 감히 이런 책을 쓰게 된 것은 나름의 이유가 있다. 애호가 수준에 불과하더라도 현장에 가서 직접 보고 듣고 온 기록을 남겨놓는다면 누군가에게는 도움이 되지 않을까 싶었다. 매주 일요일 새 영상이 올라오기만을 손꼽아 기다리며 좋아요와 댓글을 남겨주시는 〈주락이월드〉 애청자 분들께 조금이라도 더 많은 정보를 드리고 싶었다.

내 책상에는 이 책에서 다루지 못한 29개 하일랜드 증류소 취재 기록이 산처럼 쌓여 있다. 글렌모렌지나 달모어, 글렌드로낙, 스프링뱅크, 탈리스커 같은 증류소에서 취재한 기록이다. 언젠가 기회가 된다면 이 기록도 책으로 펴내고 싶다. 하지만 이 또한 운명에 맡기려고 한다. 세상에 꼭 나와야 할 책이라면 어떻게든 쓰게 될 것이다. 반대로 그렇지 않다면 결국 쓰지 못할 것이다.

출간이 코앞으로 다가오니 겁이 난다. 틀린 정보가 들어 있지는 않을지 걱정된다. 내가 잘못 이해한 부분이 있는 건 아닌지 두렵고 떨린다. 변명삼아 미리 말씀드린다. 천하의 찰스 맥클린 선생님이나 데이비드 위셔트 선생님 책에도 한두 군데 오류가 있었다. 이분들에 비해 나는 지식과 경험이 한참이나 모자란다. 어딘가에 부정확한 내용을 적었을지 모른다. 혹시 책을 읽는 동안 이런 부분을 발견하면 연락을 주셨으면 한다. 재쇄를 낼 때라도 반드시 고쳐서 바로잡겠다.

책 한 권 내려고 많은 분께 신세를 졌다. 증류소 투어를 함께한 이세기 디스틸러에게 먼저 인사를 전하고 싶다. 책은 내가 썼지만 취재는 세기씨와 함께했다. 책에 실린 사진 일부도 그가 찍은 것이다. 글을 쓰는 동안 세기씨는 멀리 스코틀랜드에서 카카오톡으로 조언을 하며 응원해줬다. 책이 나오기까지 나만큼이나 마음을 졸였을 세기씨에게 감사드린다.

사랑하는 조민철 형에게도 감사드린다. 분명히 얘기하지만 나는 세상에서 가장 훌륭한 형을 갖고 있는 동생이다. 지금까지 살아오면서 나는 우리 형만큼 착하고 따뜻하고 바른 사람을 본 적이 없다. 형에 비하면 나는 지극히 못난 인간이다. 그나마 형이 있어서 책도 내고 방송도 하고 있다. 민철 형의 앞날에 빛이 가득하기를 빌고 또 빈다.

회사 후배인 야구 전문기자 전훈칠에게 고맙다는 말을 전하고 싶다. 절망에서 허우적거릴 때 훈칠이는 거의 유일한 대화 상대였다. 두문불출 틀어박혀 있던 나를 세상 밖으로 나오게 해준 것도 훈칠이였다. 일주일에 한 번 구름산 추어탕 집에서 점심을 함께하며 "힘들어도 열심히 책을 써야겠다"고 다짐했다. 그는 은인이나 마찬가지다.

증류소 투어에 도움을 주신 분이 많다. 책이 나오면 한 분 한 분 인사를 드리겠지만 그분들의 마음을 훗날까지 기억하기 위해 이름을 기록해두려고 한다. 성중용 원장님, 주혁 이사님, 강윤수 부장님, 안재언 부장님, 이광훈 차장님, 임현석 과장님, 김석호 과장님, 허현재 팀장님, 김동준 팀장님, 이승완 팀장님, 임솔이씨이다.

〈주락이월드〉 제작진에게도 고맙다. 시즌 1 영상을 함께 만든 김정미 피디, 이상민 피디, 함채정 피디, 그리고 시즌 2 제작을 같이 하고 있는 심지은 피디와 김병후 피디이다. 또 〈주락이월드〉 녹화 때마다 맛좋은 하이볼을 만들어주시는 The Factory 바 박시영 대표님과 한규선 대표님께도 머리 숙여 감사드린다.

끝으로 감사드릴 분이 있다. 『하루키를 읽다가 술집으로』와 『버번 위스키의 모든 것』에 이어 이번 책까지 교유당(싱긋)을 통해 내게 됐다. 내 글을 믿고 출간 제안을 흔쾌히 받아주신 신정민 대표님께 감사드린다. 또한 책을 사랑하고 음악을 사랑하고 미술을 사랑하는 김민경 책임님께도 이 글을 통해 인사를 전한다. 김민경 책임님이 아니었다면 작가 조승원은 이 책을 완성하지 못했을 것이다. 언제나 건강하고 행복하기를 기원한다.

2023년 5월, 조승원

증류소
탐험에 앞서
알아야 할 것들

이제부터 스코틀랜드 증류소 탐험을 떠난다. 스페이사이드와 아일라 지역 증류소 26곳을 둘러보게 될 것이다. 나는 여러분의 가이드이다. 각 증류소 역사와 더불어 그곳에서 위스키를 어떻게 만들고 있는지 친절하게 설명할 것이다. 증류소 가이드로서 내가 세운 목표는 '위스키학™ 강의'가 아니다. 증류소 탐험을 하면서 자연스럽게 제조 공정을 파악할 수 있게 돕는 것이다. 따라서 위스키를 잘 모르는 분도 아무 걱정 할 필요가 없다. 가이드인 나의 안내를 들으며 탐험하다 보면 어떻게 몰트를 만드는지부터 당화와 발효는 어떤 식으로 진행하고 증류실에서 눈여겨봐야 할 게 뭔지 등등을 전부 알게 될 것이기 때문이다. 다만 여행을 떠나기 전에 준비물을 챙겨야 하듯 증류소 탐험에 앞서 알아두면 좋을 기초 개념과 용어만 정리하려고 한다.

스카치의 기초 개념
-위스키, 스카치, 싱글몰트, 블렌디드

1) 위스키whisky＝곡물을 발효하고 증류해 오크통에 숙성한 술

위스키의 정의에서 주목해야 할 단어는 '곡물' '증류' '숙성'이다. 브랜디는 증류와 숙성을 했지만 재료가 곡물이 아니기에 위스키가 아니다. 맥주는 곡물을 발효한 술이지만 증류를 하지 않기에 위스키가 아니다. 보드카는 주로 곡물을 발효하고 증류해 만들지만 숙성이 필수 조건이 아니라서 위스키라고 할 수 없다.

2) 스카치Scotch = 스코틀랜드에서 만든 위스키

위스키 작가 데이브 브룸Dave Broom은 "스카치는 세계가 위스키를 부르는 이름이다 Scotch is how the world says 'whisky'"라고 말했다. 그가 이런 언급을 한 건 스코틀랜드가 위스키 세상의 중심이기 때문이다. 스카치라는 이름은 아무나 쓸 수 없다. 미국이나 한국에서 스코틀랜드 제조법 그대로 위스키를 만든다고 해서 스카치라는 이름을 붙일 수 없다. 오직 스코틀랜드에서 만든 위스키만 스카치라고 부른다.

스카치의 정의와 법적 규정은 복잡하고 까다롭다. 이걸 다 기억할 필요는 없다. 딱 두 가지만 알아도 충분하다. 하나는 오크통에서 최소 3년을 숙성해야 한다는 것, 그리고 병입할 때 알코올 도수가 40% 이상이어야 한다는 점이다.

3) 싱글몰트 스카치Single malt Scotch
= 한 증류소에서 몰트(맥아)로만 만든 스카치

싱글몰트의 개념은 간단하다. 하나의single 증류소에서 오로지 몰트malt(싹 틔워 말린 보리)로만 만든 위스키를 의미한다. 당연히 여러 증류소의 위스키를 섞으면 싱글몰트가 아니다. 또한 몰트(보리)가 아닌 다른 곡물(호밀, 옥수수 등)로 만든 위스키를 섞어도 싱글몰트라고 할 수 없다. 더불어 싱글몰트 스카치는 증류할 때 단식 증류기pot still를 써야 한다는 규정도 있다.

싱글몰트 위스키는 미국에서도 만들 수 있고 프랑스에서도 만들 수 있고 인도에서도 만들고 한국에서도 만든다. 다만 스코틀랜드에서 만드는 싱글몰트, 즉 싱글몰트 스카치가 가장 유명하다. 이 책에서 다루는 게 바로 싱글몰트의 최강자 싱글몰트 스카치이다.

4) 블렌디드 스카치Blended Scotch
= 여러 증류소 몰트위스키 + 그레인위스키

블렌디드blended는 '섞었다'는 뜻이다. 따라서 블렌디드 스카치는 한 증류소에서 생산한 위스키를 의미하지 않는다. 여러 증류소에서 몰트위스키를 가져와서 섞고 여기에 몰트가 아닌 다양한 곡물(호밀, 옥수수 등)로 만든 그레인grain위스키까지 섞은 걸 말한다. 지금은 싱글몰트 인기가 크게 올랐지만 오랜 세월 위스키 세상을 지배해온 건 블렌디드 스카치였다. 우리가 익히 알고 있는 조니워커, 발렌타인, 시바스 리갈, 듀어스 등도 전부 블렌디드 스카치이다.

여기서 한 가지 용어만 알고 넘어가자. 블렌디드 스카치를 만들 때 여러 증류소의 몰트위스키를 섞지만 그중에서도 핵심적으로 사용하는 원액이 있다. 이걸 키 몰트key malt라고 한다. 예를 들어 조니워커는 글렌킨치, 클라이넬리시, 쿨일라, 카듀 증류소 몰트위스키가 핵심 원액, 즉 키 몰트이다.

키 몰트=블렌디드 위스키 제조할 때 쓰는 핵심 원액

스카치는 법적으로 총 다섯 가지로 분류한다. 싱글몰트 스카치, 싱글 그레인 스카치, 블렌디드 스카치, 블렌디드 몰트 스카치, 블렌디드 그레인 스카치이다. 이걸 다 외우려면 머리가 터진다. 그래서 확 줄여드리겠다. 이 다섯 가지 가운데 세 개만 알면 된다. 우선 싱글몰트와 블렌디드는 우리가 이미 알고 있다. 여기에 더해 블렌디드 몰트 하나만 더 이해하자. 앞서 설명한 블렌디드와 블렌디드 몰트의 차이는 하나다. 그레인위스키를 섞었느냐 아니냐는 점이다. 정리하면 이렇다.

블렌디드=두 개 이상의 증류소 몰트위스키+그레인위스키
블렌디드 몰트=두 개 이상의 증류소 몰트위스키(그레인위스키는 넣지 않는다)

싱글몰트 제조 공정 핵심 용어

1. 몰트malt=싹을 틔워 말린 보리

꼭 알아둘 용어: 몰트malt , 몰팅malting , 그린 몰트green malt

몰트(맥아)는 싹을 틔워 건조한 보리를 뜻한다. 사실 몰트는 호밀 등 다른 곡물로도 만들 수 있다. 하지만 스코틀랜드에서는 보리로 만든다. 따라서 이 책을 읽는 동안 '몰트=싹을 틔워서 말린 보리'라고 이해하면 된다. 싱글몰트 스카치의 재료인 몰트를 만드는 과정은 몰팅이라고 한다. 또한 보리 싹을 틔운 뒤 아직 말리기 전 단계의 몰트는 그린 몰트라고 구별해 부르기도 한다. 몰팅은 과거엔 증류소에서 전통 플로어 몰팅(바닥 몰팅) 방식으로 직접 만들었다. 하지만 지금은 거의 모든 증류소가 공장에서 대량 생산한 몰트를 구입해 사용한다.

몰팅과 플로어 몰팅은 〈발베니〉, 〈라프로익〉, 〈보모어〉 편에서 자세히 다룬다.

2. 피트peat=풀이나 꽃, 이끼 등이 썩어 습지대에 쌓인 것

꼭 알아둘 용어: 피트peat , 피트 몰트peated malt , 피트 레벨peat level

그린 몰트를 말릴 때 사용하는 연료는 석탄과 피트(이탄)이다. 이 가운데 피트는 풀이나 꽃, 이끼 등이 썩어 습지대에 쌓인 것을 말한다. 쉽게 말해 피트는 '아직 석탄이 되지 못한 퇴적물'이다. 이런 피트를 태워서 연기로 향을 입히면 특유의 풍미가 몰트에 배어들게 된다. 그렇게 만든 몰트를 피트 몰트라고 한다.

피트 몰트를 분류하는 기준이 되는 건 페놀 수치이다. 몰트에 배어 있는 페놀 함량이 얼마나 되는지를 피피엠ppm 단위로 따진다. 이것을 피트 레벨이라고 한다. 피트 몰트로 위스키를 만들면 위스키에서도 피트 풍미가 느껴진다. 이처럼 피트 풍미가 있는 위스키를 흔히 피트 위스키라고 부른다.

피트의 개념과 채취 방법, 피트 레벨은 〈발베니〉, 〈라프로익〉, 〈보모어〉 편에서 다룬다.

3. 제분milling = 당화에 앞서 몰트를 분쇄하는 공정

꼭 알아둘 용어: 그리스트grist , 허스크husk , 그릿grit , 플라워flour

몰트는 당화조에 넣기 전에 제분기로 분쇄한다. 스코틀랜드에서는 톱니바퀴 같은 롤러가 장착된 롤러 밀roller mill을 주로 쓴다. 몰트 분쇄는 밀가루 빻는 것과 다르다. 분쇄를 마쳤을 때 보리 껍질인 허스크와 거칠게 갈린 그릿, 그리고 곱게 갈린 가루인 플라워가 적정 비율로 섞여 있어야 한다. 이렇게 허스크와 그릿, 플라워가 섞여 분쇄된 몰트를 그리스트라고 한다. 정리하면 이렇다.

그리스트(분쇄 몰트) = 허스크(껍질) + 그릿(거칠게 갈린 몰트) + 플라워(곱게 갈린 가루)

제분기는 〈글렌알라키〉, 〈올트모어〉, 〈탐나불린〉 편 등에서 다룬다. 몰트 분쇄 비율은 〈글렌버기〉와 〈아드벡〉 편에서 자세히 설명한다.

4. 당화mashing = 워트(맥아즙)를 뽑아내는 공정

꼭 알아둘 용어: 당화mashing , 워트wort(맥아즙) , 당화조mash tun(매시툰)

알코올은 효모가 당분을 먹어치우면서 생긴다. 당분이 있어야 술을 만들 수 있다는 뜻이다. 당화는 발효에 앞서 몰트의 전분(녹말)을 당분(단당)으로 바꾸는 과정이다. 당화하는 방법은 분쇄한 몰트(그리스트)를 당화조에 넣고 뜨거운 물과 섞는 것이다. 그러면 아밀레이스(아밀라아제) 효소 작용으로 전분이 단당류로 분해된다. 이렇게 당분을 갖게 된 달달한 액체를 워트, 맥아즙 혹은 당화액이라고 한다. 한마디로 당화는 워트를 뽑아내는 공정인 것이다. 이 책에서는 당화액을 스코틀랜드에서 쓰는 워트라는 용어로 통일하고 맥아즙이라는 표현을 병기했다.

워트 = 맥아즙 = 당화액

당화 공정과 당화조 형태는 〈글렌알라키〉, 〈글렌파클라스〉, 〈벤리악〉, 〈브룩라디〉 편에서 다룬다.

5. 발효fermentation = 워시를 뽑아내는 공정

꼭 알아둘 용어: 워시wash(발효액) , 발효조washback

당화를 마치고 나면 워트(맥아즙)를 발효조로 옮겨 효모를 넣고 발효시킨다. 뜨거운 워트를 그대로 발효조에 넣으면 효모가 죽어버린다. 그렇기 때문에 통상 섭씨 15도에서 19도 정도로 워트를 식혀서 발효조에 넣는다. 발효 시간은 증류소마다 제각각이다. 이틀이나 사흘 안에 마치는 곳이 많지만 100시간 이상 발효하는 곳도 있다. 토마틴이나 스카파, 글렌알라키 같은 곳은 160시간 이상 발효하기도 한다.

발효가 끝나면 알코올 도수 6%(abv=alcohol by volume, 알코올 함량) 이상의 발효액을 얻을 수 있다. 이걸 스코틀랜드에서는 워시라고 한다. 간혹 크루드 비어crude beer라는 표현을 쓰기도 하지만 워시가 더 일반적이다. 워시의 알코올 도수는 천차만별이다. 스프링뱅크 같은 곳은 알코올 도수가 6~6.5%에 불과한 반면 글렌알라키는 평균 9.5%에 달한다. 이 책에서는 발효액을 스코틀랜드에서 쓰는 워시라는 용어로 통일하고 발효액이라는 표현을 병기했다.

워시=발효액

발효조 재질은 〈발베니〉 편에서 다룬다. 발효 시간과 풍미의 관계는 〈글렌알라키〉 편, 발효 온도와 효모는 〈탐나불린〉 편에서 다룬다.

6. 증류distillation = 워시를 끓여 스피릿(증류액)을 뽑아내는 공정

꼭 알아둘 용어: 로우 와인low wine , 스피릿spirit

증류는 워시를 증류기에 넣고 끓여서 도수가 높은 스피릿을 뽑아내는 걸 말한다. 스코틀랜드 싱글몰트 증류소에서는 솥단지pot를 닮은 구리 재질의 단식 증류기pot still로 통상 두 차례 증류한다. 오켄토션 같은 로우랜드 증류소는 세 번 증류하기도 한다. 그레인위스키를 생산할 때 쓰는 연속식 증류기는 싱글몰트 증류에 사용하지 않는다.

꼭 기억해야 할 용어는 로우 와인과 스피릿이다. 우선 로우 와인은 1차 증류를 마친 알코올 도수 20~25% 내외의 증류액을 의미한다. 반면에 2차 증류(혹은 3차 증류)를 마치고 얻어낸 최종 증류액은 스피릿 혹은 뉴메이크new make, 뉴메이크 스피릿new make spirit이라고 한다. 미국에서는 2차 증류액을 하이 와인high wine이나 화이트 도그white dog로 부르기도 한다. 하지만 스코틀랜드에서는 이런 단어를 거의 쓰지 않는다. 이 책에서는 2차 증류액을 스피릿이라는 용어로 통일했다.

스피릿=증류액

증류기 모양별 원리

스코틀랜드 싱글몰트 증류소에서 쓰는 구리 단식 증류기는 크게 세 가지 형태이다. 가장 흔한 것은 양파를 닮은 양파형onion-shaped이다. 또 증류기 본체와 목 사이가 불룩 튀어나온 보일 볼형boil ball-shaped 증류기나 본체와 목 사이가 움푹 들어간 랜턴형lantern-shaped 증류기도 자주 볼 수 있다.

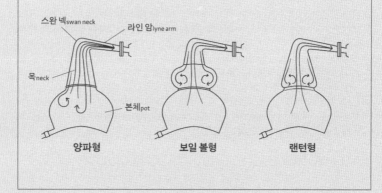

증류기 형태와 스피릿 풍미는 〈맥캘란〉과 〈아드벡〉 편에서 설명한다. 라인 암 각도 역시 〈맥캘란〉과 〈라가불린〉 편에서 다룬다. 또한 증류 과정에서 일어나는 환류reflux의 원리는 〈발베니〉, 〈맥캘란〉, 〈아드벡〉 등에서 반복적으로 설명한다.

7. 스피릿 컷spirit cut
= 2차 증류액을 초류, 중류, 후류 세 가지로 나누는 공정

꼭 알아둘 용어: 중류heart , 컷 포인트cut point

증류소에서는 2차 증류를 마치고 흘러나오는 스피릿을 초류head, foreshot와 중류heart, middle cut 그리고 후류tail, feints로 분류한다. 이 가운데 오크통 숙성에 사용하는 건 오직 중류(심장)뿐이다. 초류와 후류는 모아놨다가 다시 증류시킨다. 이처럼 스피릿을 세 가지로 분리해 잘라내는 작업을 스피릿 컷 혹은 커팅cutting이라고 한다. 일반적으로 스코틀랜드 증류소에서는 알코올 도수를 기준으로 몇 퍼센트에서 몇 퍼센트까지의 스피릿을 중류로 확보할 것인지를 정해둔다. 이렇게 정한 중류의 시작 지점과 끝 지점을 컷 포인트라고 한다. 컷 포인트를 어떻게 잡느냐에 따라 위스키 풍미가 달라지기 때문에 증류소마다 컷 포인트는 모두 다르다.

컷 포인트 = 알코올 도수를 기준으로 한 중류 시작 지점과 끝 지점

스피릿 컷 공정과 컷 포인트는 〈글렌피딕〉, 〈맥캘란〉 편에서 설명한다. 주요 증류소의 컷 포인트는 해당 챕터 본문에서 확인할 수 있다.

8. 숙성maturation＝스피릿을 오크통에 넣어 위스키로 만드는 공정

꼭 알아둘 용어: [엔젤스 셰어angel's share]

스피릿 컷을 통해 확보한 중류는 오크통에 집어넣은 뒤 숙성시킨다. 스피릿을 오크통에 넣을 때 스코틀랜드에서는 통상 63.5%(abv)로 도수를 맞춘다(통입 도수의 법적 규정은 없다). 숙성은 위스키 풍미의 최소 절반, 많게는 80%까지 좌우한다. 스피릿은 오크통에서 잠을 자는 동안 향과 맛이 풍성해진다. 색도 아름답게 변한다. 오크통 참나무 세포벽을 뚫고 침투했다가 빠져나오는 과정을 반복하며 여러 풍미를 빨아들이기 때문이다. 또한 이 과정에서 숙성중인 위스키가 오크통 밖으로 빠져나가 사라지기도 한다. 이렇게 숙성중에 증발한 위스키를 천사의 몫, 엔젤스 셰어라고 한다. 참고로 스코틀랜드의 엔젤스 셰어는 연 평균 2% 내외이다(미국 켄터키는 온도와 습도 조절을 하지 않을 경우 대략 5%로 알려져 있다).

꼭 알아둘 용어: [캐스크cask], [배럴barrel], [혹스헤드hogshead], [벗butt]

스코틀랜드에서는 오크통을 통칭해 캐스크라고 부른다. 이 책은 스코틀랜드 증류소만 다루고 있기에 여러분은 책을 읽는 동안 '캐스크＝오크통'이라고 이해하면 된다. 스코틀랜드 증류소에서 쓰는 오크통은 정말로 다양하다. 크기와 재질, 재사용 횟수는 물론 위스키를 숙성하기 전에 어떤 술을 담았느냐에 따라 천차만별이다. 이중 크기로만 분류하면 세 가지를 주로 쓴다. 먼저 200리터 용량 배럴이다. 미국 위스키 증류소에서 표준적으로 쓰는 오크통이라서 아메리칸 스탠더드 배럴American Standard Barrel이라고도 한다. 다음으로는 250리터 용량의 혹스헤드이다. 미국 류소에서 가져온 배럴에 널빤지를 더 붙여서 개조한 경우가 많다. 마지막으로는 500리터 용량의 벗이다. 벗은 셰리 와인을 숙성할 때 쓰는 커다란 통이다. 그래서 셰리 벗sherry butt이라고 부르기도 한다. 이밖에도 쿼터, 바리크, 펀천, 파이프 등등 여러 크기의 오크통을 사용한다. 하지만 대다수 증류소가 배럴, 혹스헤드, 벗, 이 세 가지를 주로 쓰기 때문에 이것만 알아도 충분하다.

꼭 알아둘 용어: [버진 오크virgin oak], [버번bourbon 캐스크],
[올로로소oloroso 캐스크], [페드로 히메네스px 캐스크]

위스키를 숙성하기 전에 어떤 술을 담았느냐에 따라 오크통을 분류하기도 한다. 스코틀랜드에서 압도적으로 많이 사용하는 오크통은 미국 버번 증류소에서 가져온 것이다. 버번위스키를 숙성할 때 쓴 200리터 배럴을 가져와 재사용하는 경우가 가장 흔하다. 이를 버번 캐스크라고 부른다. 또한 스페인 셰리 와인을 숙성할 때 쓴 오크통, 즉 셰리 캐스크도 많다. 특히 올로로소 셰리와 페드로 히메네스 셰리를 담았던 통을 쓰는 경우가 흔하다. 이런 셰리 캐스크는 벗 사이즈(셰리 벗)나 혹스헤드 사이즈(셰리 혹스헤드)가 많다. 이밖에도 럼을 담았던 럼 캐스크나 포트와인을 담았던 포트 캐스크 등도 자주 볼 수 있다.

버번이나 셰리 같은 다른 술을 담았던 오크통이 아니라 한 번도 사용하지 않은 새 오크통은 버진 캐스크 혹은 버진 오크 캐스크라고 부른다. 버진 캐스크는 스코틀랜드에서 제작하는 경우가 거의 없다. 대부분 미국 오크통 제작 업체(쿠퍼리지)에서 만든 새 오크통을 가져와서 쓴다. 과거 스코틀랜드에서는 이미 다른 술을 담았던 통(버번 배럴, 셰리 벗 등)을 재사용하는 게 관행이었다. 하지만 최근 버진 오크 캐스크 사용이 급격히 늘고 있다.

꼭 알아둘 용어: 퍼스트 필first fill , 세컨드 필second fill , 서드 필third fill ,

리필refill

다음으로 오크통 사용 횟수에 따른 분류이다. 미국 켄터키에서 넘어온 버번 캐스크를 예로 들어보자. 버번 캐스크는 버번위스키 숙성을 위해 미국에서 이미 한 번 사용한 오크통이다. 하지만 스코틀랜드 증류소 입장에서는 다르다. 미국에서 가져온 오크통에 위스키를 처음으로 채워넣으면 첫번째 사용한 오크통이 된다. 그래서 스코틀랜드에서는 이걸 퍼스트 필이라고 부른다. 퍼스트 필이 뭔지 알았다면 세컨드 필과 서드 필은 금방 이해할 것이다. 스코틀랜드 증류소에서 두 번 사용한 오크통은 세컨드 필이다. 또 세 번 사용했으면 서드 필이 된다. 대다수 증류소에서는 서드 필부터는 사용 횟수를 구체적으로 밝히지 않는다. 세번째 사용한 오크통(서드 필)부터는 뭉뚱그려 리필이라고 표기할 때가 많다.

> 셰리 캐스크 생산과 수급 방식은 〈맥캘란〉 편에서 상세히 다룬다. 버진 오크 캐스크에 대한 설명은 〈벤리악〉 편에 나온다. 또한 스코틀랜드의 다양한 숙성고 형태는 〈글렌파클라스〉 편에서 집중적으로 설명한다.

끝으로 이 책을 읽을 정도라면 이미 다 알고 있겠지만 혹시 모르는 분을 위해 딱 두 가지 용어만 설명하려고 한다. 바로 싱글 캐스크single cask와 캐스크 스트렝스cask strength이다. 먼저 싱글 캐스크는 단 하나의single 오크통cask에서 꺼낸 위스키를 병입한 제품을 말한다. 딱 하나의 오크통에서 꺼낸 위스키라서 캐스크 번호cask number가 적혀 있을 때가 많다. 다음으로 캐스크 스트렝스는 오크통에서 꺼낸 뒤에 물을 타지 않고 병입한 제품을 의미한다. 미국 버번 업계에서는 배럴 프루프barrel proof 혹은 배럴 스트렝스barrel strength라는 표현을 많이 쓰지만 스코틀랜드에서는 캐스크 스트렝스가 일반적이다.

자, 이것으로 준비는 끝났다. 이제 증류소 탐험을 떠나보자.

1부

스페이사이드

SPEYSIDE

SPEYSIDE

스페이사이드Speyside

스카치위스키 협회에선 스코틀랜드 증류소를 다섯 개
지역으로 나눈다. 하일랜드, 스페이사이드, 로우랜드,
캠벨타운, 아일라이다. 이중 증류소가 가장 많은 지역이
스페이사이드이다. 말 그대로 '스카치의 심장'이다. 130개에
달하는 스카치 증류소 가운데 대략 절반이 여기에 몰려 있다.
이렇게 증류소가 많은 건 무엇보다 물이 좋고 풍부해서다.
스페이강River Spey을 중심으로 지류가 곳곳에 흐른다. 이
맑고 깨끗한 물 덕분에 전통적으로 위스키 증류가 발달했다.
어딜 가나 증류소가 눈에 띄어서 이 지역을 다니다보면 세상에
흔하고 흔한 게 위스키가 아닐까 하는 착각이 들 정도이다.

스페이사이드		
1. 글렌피딕	2. 발베니	3. 맥캘란
4. 글렌파클라스	5. 글렌알라키	6. 탐듀
7. 카듀	8. 크래건모어	9. 글렌리벳
10. 탐나불린	11. 글렌 그란트	12. 스트라스아일라
13. 울트모어	14. 벤리악	15. 벤로막
16. 글렌 모레이	17. 글렌버기	

GLENFIDDICH

설립 1887년
소속 윌리엄 그랜트 앤 선즈William Grant & Sons
주소 Dufftown, Keith AB55 4DH

예약

No.1 싱글몰트

"글렌피딕 안 마셔본 술꾼은 있어도 모르는 술꾼은 없을 거야."

글렌피딕을 마실 때마다 입버릇처럼 하는 말이다. 이런 얘기를 서슴없이 하는 건 글렌피딕이 세상에서 제일 많이 팔리는 싱글몰트best selling single malt in the world이기 때문이다. 그럼 얼마나 팔리는 걸까? 2011년 글렌피딕은 스코틀랜드 위스키 역사에 이정표를 세웠다. 싱글몰트로는 최초로 연 매출 100만 상자*를 돌파했다. 2019년에는 150만 상자, 즉 1800만 병을 넘게 팔아치워 기록을 다시 썼다. 코로나 발생 초기에 그 여파로 매출이 떨어져 2020년부터는 글렌리벳Glenlivet과 각축을 벌이고 있지만 여전히 싱글몰트 세상의 최강자로 평가받는다.

'No.1 싱글몰트' 글렌피딕 증류소는 스페이사이드Speyside 더프타운Dufftown에 있다. 증류소 천국 스페이사이드에서도 더프타운은 특별한 곳이다. 인구는 1700여 명에 불과하지만 증류소는 6개나 있다. 일단 글렌피딕과 함께 발베니Balvenie, 키닌비Kininvie가 있고, '더프타운의 야수'로 불리는 모틀락Mortlach도 있다. 싱글톤 3대 증류소 중 두 곳인 더프타운Dufftown과 글렌둘란Glendullan도 여기에 있다. 『몰트위스키 이어북Malt Whisky Yearbook』 같은 책에선 더프타운을 가리켜 세계 위스키의 수도Whisky capital of the world라고 표현한다.

　* 주류시장에서 말하는 1상자는 750밀리리터 기준으로 12병, 즉 9리터이다.

▲ "글렌피딕 안 마셔본 사람은 있어도 모르는 술꾼은 없을 것이다."
▼ 사슴과 가족. 이 두 단어는 글렌피딕을 이해하는 핵심 키워드이다

가족이 소유하고 운영하다

글렌피딕 주차장에 차를 대고 나왔다. 증류소가 넓고 예쁘다. 방문자가 많아서인지 조경에도 신경을 많이 썼다. 꽃과 잔디로 꾸민 아담한 언덕엔 사슴 로고와 함께 '1887년부터 가족 운영Family Run Since 1887'이라는 문구가 적혀 있다. 사슴과 가족. 이 두 단어는 글렌피딕을 이해하는 핵심 키워드이다. 우선 글렌피딕이란 이름은 스코틀랜드 게일어로 사슴fiddich 계곡glen이란 뜻이다. 증류소 바로 옆에 흐르는 강 이름이 리버 피딕River Fiddich, '사슴 강'이기 때문이다. 다음으로 가족. 글렌피딕은 설립 이후 지금까지 창업자 가문이 독립적으로 운영하고 있다. 가족이 운영해온 게 뭐 그리 대단한 일이냐 싶을 수 있다. 하지만 의미가 작지 않다. 지금 스코틀랜드 증류소 대부분은 디아지오Diageo나 페르노리카Pernod Ricard 같은 거대 주류 기업 소속이다. 웬만큼 이름 있는 증류소 가운데 거대 자본의 합병 공세를 이겨내고 독립 경영을 유지하고 있는 곳은 글렌피딕, 글렌파클라스Glenfarclas, 스프링뱅크Springbank 정도뿐이다.

가족 경영을 전통으로 내세우는 증류소답게 방문자 센터도 남달랐다. 1887년 글렌피딕을 설립한 윌리엄 그랜트 부부 동상이 방문자 센터 앞에 서 있었다. 안으로 들어가자 창업자 윌리엄 그랜트부터 5대에 걸쳐 증류소를 이끌어온 후손의 사진이 한쪽 벽을 빼곡히 채우고 있었다. 또 다른 한쪽 벽에는 윌리엄 그랜트 가문이 이룬 성과와 업적이 시대별로 정리돼 있었다.

▲ 창업자 윌리엄 그랜트 부부 동상
▼ 방문자 센터 벽에 붙은 윌리엄 그랜트 집안 가계도

75만 개 돌을 쌓아 짓다

증류소 투어 역시 창업자 이야기로 시작한다. 글렌피딕을 세운 윌리엄 그랜트는 의지와 집념을 가진 남자였다. 증류소 설립의 꿈을 이루려고 20년을 기다리며 준비했다. 1866년 당시 26살이던 윌리엄 그랜트는 더프타운의 유일한 증류소였던 모틀락에 취업한다. 맡은 일은 회계와 장부 정리. 1년 연봉은 스코틀랜드 중산층 평균 수입에도 못 미치는 100파운드였다. 하지만 그는 살림을 아끼고 아껴가며 차곡차곡 돈을 모았다. 그렇게 꼬박 20년이 흐른 1886년, 윌리엄 그랜트는 모틀락에 사표를 내고 증류소 설립에 나선다. 농장 지주에게 사정해 땅을 빌리고 증류 장비는 카듀Cardhu 증류소에서 가져왔다. 카듀에서 설비를 바꾸려고 매물로 내놓은 중고품을 120파운드에 사 왔다. 증류 장비까지 마련하고 나니 일꾼을 부릴 여유는 없었다. 증류소 건물은 석공 한 명을 데리고 윌리엄 그랜트 가족이 직접 지었다. 윌리엄 그랜트에게는 부인과 자식 9명(아들 7명, 딸 2명)이 있었다. 열 살이 안 된 막내딸 하나 빼고 온 가족이 팔을 걷어붙였다. 매일매일 강가에서 돌을 실어 와 이걸로 건물을 쌓아올렸다. 이때 윌리엄 그랜트 가족이 증류소를 짓기 위해 가져온 돌이 75만 개에 달한다고 글렌피딕 역사는 기록하고 있다. 처절한 노력 끝에 1887년 12월 25일 크리스마스에 윌리엄 그랜트 가족은 위스키 증류를 시작한다. 세계 1등 싱글몰트 글렌피딕은 이렇게 출발했다. 창업 스토리를 설명하던 글렌피딕 증류소 가이드는 "눈이 펑펑 쏟아지는 크리스마스에 윌리엄 그랜트 가족이 얼마나 많은 기쁨의 눈물을 흘렸을지 상상해보라"고 말했다.

▲ 글렌피딕은 윌리엄 그랜트 가족이 75만 개 돌을 쌓아 지었다
▼ 1887년 12월 25일, 눈이 펑펑 쏟아지는 크리스마스에 윌리엄 그랜트 가족은
　위스키 증류를 시작했다

▲ 타고난 세일즈맨 찰스 고든
▼ 스탠드패스트 포스터

담대한 세계 일주

역사가 100년이 넘어가는 가족 기업은 공통점이 있다. 창업자뿐 아니라 후손들도 영리하고 똑똑했다는 것이다. 130년 넘는 전통을 가진 글렌피딕도 마찬가지다. 창업자 윌리엄 그랜트는 사위부터 잘 뒀다. 윌리엄 그랜트의 둘째 아들(제임스 그랜트)과 대학을 함께 다닌 인연으로 증류소 집안 사위가 된 찰스 고든은 타고난 세일즈맨이었다. 찰스 고든이 글렌피딕에 입사해 위스키 한 상자를 팔려고 전화를 181통이나 돌린 일화는 지금도 전설처럼 회자된다.

찰스 고든이 합류할 무렵 글렌피딕은 여러 블렌디드 위스키 회사에 원액을 납품하고 있었다. 동시에 '스탠드패스트 Standfast'(지금의 그랜츠Grant's 위스키)●라는 자체 브랜드의 블렌디드 위스키도 팔고 있었다. 이런 상황에서 찰스 고든은 해외 시장에서 승부를 걸어야 한다고 생각했다. 찰스 고든은 1909년 10월 스탠드패스트 샘플을 가방에 잔뜩 싣고 세계 일주를 감행한다. 증기선을 타고 유럽과

● '버티고 서 있다' 혹은 '정위치'라는 뜻의 'Stand fast'는 윌리엄 그랜트 가문의 모토였다. 지금의 그랜츠 위스키도 1980년대까지는 Grant's Stand fast라는 이름으로 팔렸다. 이후 Grant's Family Reserve로 이름이 바뀌면서 병에 Stand fast라는 문구를 별도로 집어넣었다.

중동을 거쳐 말레이시아, 싱가포르, 중국, 일본은 물론 남반구의 호주와 뉴질랜드까지 찾아가 글렌피딕 증류소를 세상에 널리 알렸다. 이때 찰스 고든이 1년간 쓴 세계 일주 비용은 약 2만 5000파운드. 당시 증류소 1년 수입의 절반에 달하는 큰돈이었다. 하지만 위대한 여정Great Journey으로 불리는 찰스 고든의 세계 일주는 본전을 뽑고도 남았다. 1914년까지 63곳의 판매 지사를 확보해 세계 곳곳으로 수출길을 열었다.

세계 시장 진출을 꿈꾸다

싱글몰트 스카치의 인기는 갈수록 올라가고 있다. 스카치위스키협회SWA 자료를 보면 최근 10년간 싱글몰트 수출액은 두 배 이상 늘었다. 특히 코로나로 홈술족이 늘면서 스코틀랜드 싱글몰트 산업은 비약적으로 성장하고 있다. 세계적인 위스키 유행으로 상당수 싱글몰트 스카치는 없어서 못 파는 '귀한 몸'이 됐다. 하지만 이런 일은 과거엔 상상도 못했다. 1960년대 이전까지만 해도 싱글몰트 스카치는 세계 주류 시장에서 존재감이 없었다. 그땐 싱글몰트라는 이름조차 없었다. 우리가 지금 싱글몰트라고 부르는 위스키가 제대로 수출된 적이 없어서였다. 한single 증류소에서 몰트malt(맥아)로 만드는 싱글몰트 스카치는 말 그대로 스코틀랜드 토속주에 불과했던 것이다.

여기서 질문 하나. 싱글몰트라는 이름조차 없었던 그 시절, 스코틀랜드 곳곳의 증류소에서 생산한 몰트위스키는 다 어디로 흘러갔을까? 그렇다. 바로 블렌디드 위스키 제조 회사로 넘어갔다. 조니워커, 시바스 리갈, 듀어스 같은 블렌디드가 세계 위스키 시장을 장악하고 있었기 때문이다. 이런 이유로 당시 대다수 스코틀랜드 증류소는 자기가 만든 몰트위스키를 블렌디드 제조업체에 공급하는 일종의 하청업체나 다름없었다.

글렌피딕이라고 예외가 아니었다. 생산한 몰트위스키 대부분을 블렌디드 회사에 원액으로 팔아넘겼다. 나머지는 그랜츠 같은 자체 블렌디드 위스키 제조에 썼다. 블렌디드 위스키의 독주가 이어지고 있었으니 이는 지극히 당연한 선택이었다. 하지만 창업자 윌리엄 그랜트의 후손 중 한 명은 이런 상황을 당연하게 받아들일 수 없었다. 그는 증류소의 개성이 살아 있는 몰트위스키(싱글몰트)가 시장에서 분명히 먹힐 것이라고 판단했다. 몰트위스키를 세계 시장에 내놓고 블렌디드 위스키와 경쟁해보자고 제안했다. 자, 그렇다면 블렌디드가 아닌 몰트위스키로 판도를 뒤흔들며 '싱글몰트 시장 개척자'가 된 이 인물은 대체 누구였을까?

싱글몰트 시장 개척자 샌디 고든

1953년, 창업자의 손자로 글렌피딕을 이끌어온 윌리엄 그랜트 고든이 52살에 대장암으로 갑자기 세상을 떠난다. 윌리엄 그랜트 고든에겐 두 아들이 있었지만 증류소를 맡기엔 나이가 어렸다. 큰아들 찰스 그랜트 고든이 26살, 둘째 아들 샌디 그랜트 고든은 22살이었다. 스카치 업계에선 선장을 잃은 글렌피딕이 증류소를 곧 매각할 것으로 예상했다. 20대 초중반의 풋내기들이 운영하긴 힘들 거라고 내다봤기 때문이다. 하지만 예측은 완전히 빗나갔다. 고든 형제는 놀라울 만큼 빠르게 위스키 생산과 증류소 경영을 배워나갔다. 둘은 힘을 합쳐 글렌피딕을 세계 1등 싱글몰트 증류소로 키워냈다. 이처럼 글렌피딕 황금기를 주도한 고든 형제 가운데 한 명이 앞서 말한 '싱글몰트 시장 개척자' 샌디 그랜트 고든이다.

싱글몰트 시장 개척자 샌디 고든

훗날 스카치 업계 거목이 됐지만 샌디 고든은 원래 위스키엔 관심조차 없었다. 그는 케임브리지 대학에서 법학과 수학을 복수 전공한 엘리트였다. 최고 성적으로 대학을 졸업한 뒤 법학자의 길을 갈지 아니면 항공기 설계 분야에 뛰어들지 고민하고 있었다. 하지만 아버지가 대장암 말기 판정을 받으면서 인생 항로가 바뀐다. "형과 함께 글렌피딕을 이끌어달라"는 아버지의 호소에 샌디 고든은 짐을 싸서 고향으로 돌아온다. 아버지가 세상을 떠난 뒤 그는 형과 손을 굳게 맞잡고 위스키를 만들기 시작했다.

최초의 글로벌 싱글몰트

샌디 고든이 글렌피딕 회사 이사로 있던 시절이었다. 어느 날 증류소에 주류 거래상들이 찾아왔다. 그들은 블렌디드 제조용으로 생산한 글렌피딕 몰트위스키(지금의 싱글몰트)를 맛보더니 감탄사를 터뜨렸다. 이 모습을 보며 샌디 고든은 아이디어를 떠올린다.

"우리 증류소 몰트위스키를 블렌디드 제조에만 쓰지 말고 별도로 상품화해 팔아보면 어떨까?"

우려와 반대가 많았다. 하지만 샌디 고든은 뚝심 있게 밀어붙였다. 1959년 샌디 고든은 8년 이상 숙성된 글렌피딕 몰트위스키로 시제품을 만들어 '스트레이트 몰트Straight Malt'라는 이름을 붙였다. 한 달에 240병만 한정 생산해 스코틀랜드 남부와 잉글랜드 북부 지방에서 팔았다. 블렌디드 위스키에 입맛이 길들여진 소

비자들에게 통할 것인지 회의적이었지만 반응은 의외로 뜨거웠다. 여기서 힘을 얻은 샌디 고든은 해외 진출을 망설이던 다른 임원들을 끈질기게 설득한다. 결국 1963년, 글렌피딕 스트레이트 몰트Glenfiddich Straight Malt●를 미국 시장에 선보이기로 결정한다.

해외 시장에 진출하며 샌디 고든이 세운 전략은 차별화였다. 여러 증류소 몰트위스키에 그레인위스키까지 섞은 블렌디드 위스키와 전혀 다른 제품이란 걸 강조했다. "좋은 위스키의 개념이 바뀔 것"이라는 광고 문구를 내걸고 "글렌피딕 증류소만의 순수한 위스키pure malt"라는 점을 부각시켰다. 프리미엄 제품으로 각인시키려고 가격도 블렌디드 위스키보다 더 높게 책정했다. 차별화 전략을 앞세워

글렌피딕 스트레이트 몰트

●이 제품 역시 8년 이상된 글렌피딕의 몰트위스키로 만들었지만 숙성 연수는 표기하지 않았다.

"글렌피딕을 맛보게 되면 당신은 블렌디드 스카치를 더이상 찾지 않게 될 것이다"라는 내용의
1960년대 광고(왼쪽)와 2015년 출시된 '글렌피딕 디 오리지널'(오른쪽)

홍보비 1만 파운드를 써가며 뉴욕 시장을 집중 공략했다. 그럼 결
과는 어땠을까? 물론 대성공이었다. '최초의 글로벌 싱글몰트The
first global single malt'라는 평가를 받으며 데뷔한 글렌피딕 스트레이
트 몰트는 미국에서 크게 히트를 친다. 이후 공항 면세점 등을 통
해 세계 곳곳으로 팔려나가게 됐다.

샌디 고든이 주도한 싱글몰트 해외 진출은 스카치 전체 역사에
서 일대 사건으로 평가받는다. 스코틀랜드 토속주에 불과했던 싱
글몰트가 글렌피딕을 통해 세계로 뻗어나가게 됐다. 블렌디드가
독식해온 스카치 시장에는 싱글몰트라는 항목이 새로 생겼다. 이
역사적인 사건을 기념해 지난 2015년 글렌피딕에서는 첫 해외 진
출 당시의 풍미를 재현한 '디 오리지널The Original'이란 제품을 내

놓기도 했다.

스위트룸을 사양한 샌디 고든

스카치 역사에 큰 발자취를 남긴 샌디 그랜트 고든은 2020년 12월 세상을 떠났다. 〈타임스〉와 〈월스트리트 저널〉 등 해외 언론은 장문의 특집 기사로 그를 추모했다. 이런 기사를 읽어보면 샌디 고든이 얼마나 대단한 사람이었는지 알 수 있다. 1968년부터 1996년까지 28년 동안 경영이사와 회장으로 글렌피딕 회사(윌리엄 그랜트 앤 선즈)를 이끈 샌디 고든은 타고난 천재였다. 뭔가를 들으면 노트에 적은 뒤 숫자까지 통째로 암기해버리는 걸로 유명했다. 글렌피딕 실적이나 통계가 필요할 때 가장 빠르고 정확한 방법은 샌디 고든 회장에게 전화해 물어보는 것이라는 말이 직원들 사이에 돌 정도였다.

명색이 세계 1등 싱글몰트 브랜드를 가진 회장이었지만 샌디 고든은 지극히 검소했다. 낡아빠진 구두 한쪽도 버리지 않고 고쳐서 다시 신을 만큼 사치라는 걸 몰랐다. 이런 일화도 있다. 1987년 글렌피딕 증류소 100주년 기념행사 때였다. 글렌피딕에서는 15세기 대저택을 개조한 5성급 호텔에서 행사를 열었다. 샌디 고든 회

검소하고 겸손했던
샌디 고든

장에게는 당연히 최고로 좋은 스위트룸을 배정했다. 그러자 샌디 고든은 "스위트룸이 불편하다"면서 10년간 끌고 다닌 소형 카라반을 주차장에 세워놓고 거기서 잠을 잤다. 신입 말단 직원들한테도 "NO"라는 말을 좀처럼 하지 않을 정도로 겸손했던 샌디 고든은 여러 단체에 재산을 기부하며 나눔을 실천한 인물이기도 하다.

삼각형 병은 어떻게 탄생했나?

위스키 병은 보통 둥글다. 둥근 병이 아니라면 조니워커나 잭다니엘스 같은 사각형 병이다. 하지만 글렌피딕은 원형도 아니고 사각형도 아니다. 삼각형 병에 위스키를 담는다. 글렌피딕 특유의 삼각형 병은 1950년대 말에 탄생했다.

이렇게 특이하게 디자인한 사람은 한스 슐레거Hans Schleger. 유대인으로 태어나 독일에서 자란 뒤 영국에서 주로 활동한 세계적인 디자이너이다. 이른바 깃발flag로 불리는 런던 버스 정류장 표지판이 한스 슐레거의 대표작이다. 한스 슐레거는 위스키를 만들 때 중요한 세 가지인 물, 공기, 몰트를 상징하는 의미를 담아 삼각형 병을 고안한다. 혁신적이면서 파격적인 삼각형 병은 글렌피딕 회사가 만드는 그랜츠 블렌디드 위스키에 먼저 도입됐다.

물, 공기, 몰트를 상징하는 의미를 담아 고안한 삼각형 병

거번 증류소 부지에서 찰스 그랜트 고든(왼쪽)

1961년부터는 글렌피딕 싱글몰트(당시 이름은 스트레이트 몰트)에도 채택됐다.

삼각형 병과 함께 글렌피딕의 또 다른 상징은 수사슴이다. 증류소 입구에서부터 기념품 숍이나 건물 창문에도 뿔 달린 수사슴 로고가 곳곳에 붙어 있다. 글렌피딕이라는 이름 자체가 '사슴 계곡'이란 뜻이기에 초기부터 이 로고를 쓰지 않았을까 싶지만 그렇지는 않다. 지금의 수사슴 로고를 도입한 건 증류소 설립 이후 80여 년이 흐른 1968년이었다.

글렌피딕이라고 하면 바로 떠오르는 삼각형 병과 수사슴 로고는 증류소 역사에서 찰스 그랜트 고든의 업적으로 기록돼 있다. 앞서 언급한 샌디 고든의 친형으로 글렌피딕을 세계 1등 싱글몰트로 키워낸 또 다른 주역이다. 동생과 함께 글렌피딕 황금기를 이끈 찰스 그랜트 고든의 별명은 'Mr. Scotch Whisky'. 1950년대 초반 증

▲ 글렌피덕의 상징 수사슴 로고
▼ '글렌피딕'은 '사슴 계곡'이라는 뜻이다

Glenfiddich means "valley of the deer" in Scottish Gaelic, which is why the Glenfiddich logo is a stag.

류소에 들어와 2014년 세상을 떠나기 직전까지 60년 동안 스카치 발전을 위해 헌신했기 때문이다. 1960년대 스코틀랜드 거번Girvan 에 그레인위스키 증류소를 지을 때 종일 자전거를 타고 공사장을 돌아다니며 작업자를 보살폈던 일화나 여든이 다 된 나이에 삽을 들고 몰트를 퍼 나르던 모습이 담긴 사진은 그가 얼마나 위스키를 사랑했는지 보여준다. 무엇보다 찰스 그랜트 고든은 동생 샌디 고든이 해외 시장 개척에 힘쓰는 사이 삼각형 병과 수사슴 로고 도입을 주도하며 브랜드 이미지를 확실하게 구축했다.

형제의 난이 없었던 글렌피딕

창업자와 후손의 이야기를 듣다보니 글렌피딕이 1등 싱글몰트로 성장한 가장 큰 이유는 가족의 단결과 화합이었다는 생각이 든다. 실제로 글렌피딕은 5대째 가족 경영을 유지하면서 단 한 번도 후계자 승계를 놓고 다툼이나 잡음이 없었다. 창업자 가족이 75만 개 돌을 쌓아서 세운 증류소여서인지 몰라도 '형제의 난'으로 불리는 경영권 분쟁이 없었다. 누가 회장이 되느냐를 놓고 다투기는커녕 오히려 '아우 먼저, 형님 먼저' 하며 자리를 양보했다. 예를 들어 동생인 샌디 고든이 1977년부터 1996년까지 20년 가까이 회장을 맡는 동안 형 찰스 그랜트 고든은 묵묵히 동생을 도왔다. 이후 2003년부터 2008년까지 회장이었던 찰스 그랜트 고든은 자기 아들(글렌 고든)이 아닌 동생 샌디 고든의 아들(피터 고든)에게 자리를 물려줬다. 또 피터 고든이 물러난 뒤에는 다시 찰스 그랜트 고든의 아들인 글렌 고든이 회장이 됐다. 동생의 뒤를 이어 형이 회장이 됐다가 그 형은 조카한테 자리를 물려주고 조카는 다시 사촌에게 회장직을 넘겨준 것이다. 이것만 봐도 글렌피딕 증류소가 왜 그토록 '가족family'이라는 단어를 강조해왔는지 이해할 수 있다.

맑고 깨끗한 로비 듀 샘물

본격적으로 설비 투어에 나섰다. 방문자 센터 밖으로 나왔더니 증류소를 관통하는 물줄기가 보인다. 증류소 옆에 있는 피딕강River Fiddich에서 흘러온 물이다. 글렌피딕에선 이 물을 냉각수cooling water로만 쓰고 있다. 이 대목에서 증류소에서 냉각수가 왜 필요하고 어떨 때 사용하는지 궁금한 분이 있을 것이다. 냉각수는 한마디로 증류소 설비 가동에 필요한 물이다. 예를 들어 뜨거운 워트 wort(맥아즙)를 발효조에 넣기 전에 식히려면 열교환기heat exchanger에 냉각수를 넣고 돌려야 한다. 또 증류기를 통과한 증기를 액체 상태 스피릿 spirit(증류액)으로 뽑아내는 응축기 condenser를 가동할 때도 냉각수가 필요하다. 다만 냉각수는 설비 가동에

피딕강에서 흘러온 물. 냉각수로 쓰인다

만 쓰기 때문에 위스키 풍미에는 영향을 주지 않는다.

그렇다면 냉각수 말고 위스키 제조에 직접적으로 사용하는 물은 어디서 가져오는 걸까? 글렌피딕에선 경치 좋기로 소문난 콘발힐Conval Hill에 있는 로비 듀Robbie Dhu 샘물을 끌어와 사용한다. 워트를 뽑아내기 위해 당화조에 넣는 물도 당연히 로비 듀 샘물이다. 증류를 마친 스피릿을 오크통에 넣을 때나 숙성을 끝낸 위스키를 병에 담을 때에도 로비 듀 샘물로 도수를 맞춘다. 맑고 깨끗하고 부드러운 로비 듀 샘물을 당화에서 병입까지 모든 공정에 사용한다는 것은 글렌피딕의 큰 자랑거리이다.

압도적인 생산 설비

'No.1 싱글몰트' 글렌피딕의 생산 설비는 압도적이다. 세계 시장에서 판매가 꾸준히 증가하면서 글렌피딕은 2015년 말부터 설비 확장에 나섰다. 4년 넘게 걸려 2020년에 끝난 확장 공사를 통해 연간 스피릿 생산 가능 규모를 2100만 리터까지 끌어올렸다. 이게 얼마나 엄청난 것인지는 다른 유명 증류소 몇 곳과 비교해보면 알 수 있다. 한창 잘나가는 맥캘란의 스피릿 생산 가능 규모가 얼마나 될 것 같은가? 2022년 기준으로 1년에 최대 1500만 리터이다. 그럼 글렌모렌지는 어떨까? 710만 리터 정도이다. 스코틀랜드 싱글몰트 증류소 가운데 생산 규모에서 글렌피딕과 대적할 수 있는 곳은 라이벌 글렌리벳밖에 없다.

발효에 필요한 워트를 뽑아내는 당화실부터 들렀다. 글렌피딕은 10톤짜리 스테인리스 당화조(매시툰mash tun) 4개를 쓰고 있었다. 이중 2개는 원래 있던 것이고 2개는 설비를 확장하면서 새로 설치한 것이다. 어떤 게 구형이고 어떤 게 신형인지는 가이드가 알려주지 않아도 누구나 구별할 수 있다. 최근에 설치한 것은 당화조 구리 지붕 빛깔이 선명하기 때문이다. 당화조가 2개뿐이던 예전에는 하루에 8번(2개 당화조 ×4번 가동＝8번) 당화 작업을 했다. 지금은 당화조 2개가 늘었기 때문에 하루에 16번(4개 당화조×4번 가동＝16번) 워트를 뽑아낸다. 10톤짜리 당화조 4개로 하루에 16번 당화를 하기에 몰트 사용량도 엄청나다. 하루 동안 쓰는 몰트가 총 160톤(10톤 ×16번 당화＝160톤)이나 된다.

▲ 구형 당화조
▼ 신형 당화조

발효조가 작아 보이는 까닭

당화 공정을 본 뒤에는 발효실로 향했다. 발효조wash back가 끝도 없이 보인다. 모두 몇 개나 될까? 가이드에게 물어보니 원래 32개였는데 48개로 늘렸다고 한다. 발효조만 48개라니…… 역시 1등 싱글몰트 증류소는 다르구나 싶었다. 발효조는 늘렸지만 요즘 트렌드인 스테인리스 발효조는 쓰지 않는다. 48개 모두 나무 발효조

발효조는 상단 부분만 노출돼 있고 중간과 밑 부분은 발효실 아래층까지 깊게 설치돼 있다

이고 목재 품종도 똑같다. 미송 혹은 오레곤 파인oregon pine이라고 부르는 더글러스 퍼douglas fir로 만들었다. 더글러스 퍼 발효조는 단단하고 잘 새지 않는다. 스코틀랜드 증류소에서 가장 흔하게 볼 수 있다. 나무 발효조 평균 수명은 대략 20년 정도이다. 하지만 목재 상태에 따라 30년 이상 쓰기도 하고 50년 이상 바꾸지 않는 곳도 있다.

증류소에서 발효조를 처음 본 사람은 "생각보다 좀 작은 것 같다"라고 말하기도 한다. 이런 반응은 당연하다. 발효실에서 우리가 볼 수 있는 건 발효조의 전체가 아니라 일부이다. 발효조 상단 부분만 노출돼 있을 뿐 중간과 밑 부분은 발효실 아래층까지 깊게 설치돼 있다. 글렌피딕 발효조도 마찬가지이다. 얼핏 보기엔 그리 커보이지 않는다. 하지만 실제로는 높이가 5미터에 달한다. 전체 용량도 4만 9900리터이다. 용량이 4만 9900리터라고 해도 한가득 채우지는 않는다. 워트를 욕심껏 잔뜩 넣으면 발효 도중 기포가 넘쳐버릴 수도 있어서다. 글렌피딕의 경우엔 1만 리터 정도 여유를 둬 4만 리터까지만 채운다.

글렌피딕 증류소 평균 발효 시간은 72시간이다. 가이드는 "날이 더워 발효가 빨리 진행될 때는 68시간에 마치기도 한다"고 설명했다. 글렌피딕에선 스카치 업계에서 가장 널리 사용하는 마우리Mauri 효모를 쓴다. 한 번 발효할 때마다 액상 효모 230리터를 넣는다. 발효가 끝난 워시wash(발효액)의 알코올 도수는 9~10%에 이른다고 가이드는 말했다.

간접 가열로 바뀐 새 증류실

증류소의 심장, 증류실stillhouse로 갔다. 4년 동안 진행된 설비 확장으로 가장 크게 변한 곳이다. 원래 글렌피딕 증류실은 1번 증류실stillhouse 1과 2번 증류실stillhouse 2 이렇게 두 곳이었다. 하지만 이걸로도 모자라 2019년에 3번 증류실stillhouse 3을 지었다. 여기에 1차 증류기wash still 6대와 2차 증류기spirit still 10대를 추가로 설치했다. 증류실 배치도 바꿔서 옛 1번 증류실에 있던 증류기는 새로 지은 3번 증류실 옆 공간으로 옮겼다. 이로써 글렌피딕 증류소에서 가동하는 증류기는 43대로 늘어났다.

새로 지은 3번 증류실은 멋지고 깔끔했다. 한쪽에는 창이 달린 1차 증류기 6대가 일렬로 서 있다. 반대편에는 2차 증류기 10대가 마주보고 있다. 가동에 들어간 지 얼마 안 돼 증류기는 하나같

2019년에 새로 지은 3번 증류실

이 반짝반짝 빛나고 있었다. 뭐랄까, 이제 막 지은 새 아파트에 광택 나는 새 가구를 들여놓은 느낌이었다. 하지만 3번 증류실을 주목해야 하는 건 단순히 새로 지어서가 아니다. 증류기를 추가 설치하면서 변화를 줬기 때문이다. 우선 증류기 크기를 키웠다. 원래 글렌피딕은 9100리터짜리 1차 증류기와 4550리터짜리 2차 증류기를 써왔다. 하지만 3번 증류실에 있는 건 1차 증류기 9500리터, 2차 증류기 5900리터짜리였다.

증류기 용량을 늘리면서 가열 방식도 바꿨다. 그동안 글렌피딕은 가스불로 증류기 밑바닥에 열을 전달하는 직접 가열direct fire 방식으로 증류를 해왔다(직접 가열은 글렌파클라스 편 참고). 직접 가열은 글렌피딕과 글렌파클라스, 스프링뱅크 외에 스코틀랜드 다른 증류소에서는 거의 쓰지 않는 방식이다. 그렇기에 직접 가열은 글렌피딕 증류 공정을 설명할 때마다 등장하는 핵심 키워드였다. 하지만 새로 지은 3번 증류실은 달랐다. 스코틀랜드 대다수 증류소처럼 증류기 내부에 있는 관에 뜨거운 증기steam를 집어넣어 열을 전달하는 간접 가열indirect fire로 바꿨다. 증류기 크기와 가열 방식 변화는 위스키 풍미에 영향을 주는 부분이다. 간접 가열로 뽑아낸 스피릿으로 숙성을 마쳤을 때 어떤 결과가 나올지 궁금해졌다.

증류기 형태가 세 가지인 이유

여전히 직접 가열 방식으로 증류하는 2번 증류실에도 들렀다. 1차 증류기 5대와 2차 증류기 10대가 배치돼 있었다. 여기 있는 증류기를 살펴보면 세 가지 형태로 나뉜다. 먼저 1차 증류기는 생김새가 양파를 닮았다고 해서 양파형onion-shaped으로 분류된다. 반면 2차 증류기는 두 가지를 쓴다. 하나는 증류기 목에 공처럼 생긴 보일 볼boil ball이 달려 있고 다른 하나는 랜턴처럼 생겼다고 해서 흔히 랜턴형lantern-shaped이라고 부르는 형태이다. 이렇게 증류기 형태가 세 가지나 된 건 이유가 있다. 창업자 윌리엄 그랜트가 증류소를 세울 때

▲ 2번 증류실. 세 가지 형태의 증류기가 섞여 있다

▼ 2번 증류실에서는 여전히 직접 가열 방식으로 증류한다

카듀 증류소에서 사 온 중고 증류기가 이 세 가지 형태였기 때문이다. 그때부터 지금까지 글렌피딕은 증류기 모양을 바꾸지 않고 그대로 복제해 새 증류기를 설치해왔다.

서양배 풍미의 비결

글렌피딕 위스키에서는 서양배pear 풍미가 두드러진다. 해외여행이나 출장 갔을 때 조식 뷔페에서 서양배를 먹어본 사람이라면 어떤 향과 맛인지 알 것이다. 우리나라 배보다 덜 달고 조금 심심한 편이다. 그렇다면 이런 서양배 풍미가 왜 글렌피딕에서는 잘 느껴지는 걸까? 증류소에서는 스피릿을 잘라내는 공정을 주목해서 봐야 한다고 강조한다.

이 설명을 이해하려면 미리 공부가 필요하다. 스피릿을 증류소에서 어떻게 잘라내는지부터 알아야 한다. 증류를 통해 뽑아내는 스피릿은 세 가지로 분류된다. 먼저 2차 증류 초반에 나오는 스피릿이 있다. 이걸 초류head, foreshot라고 한다. 머리 부분인 초류는 알코올 도수가 80%에 이를 정도로 높다. 메탄올 같은 유해 성분도 있어서 따로 잘라내 모아둔다. 초류를 끊어낸 뒤에는 알코올 도수가 조금 낮은 스피릿이 나온다. 이건 중류heart, middle cut라고 부른다. 오크통에 넣고 숙성에 들어갈 스피릿이 바로 이 심장 부분인 중류이다. 마지막으로 중류를 다 얻어낸 뒤에 나오는 스피릿은 후류tail, feints로 분류한다. 증류 후반부에 나오는 후류, 꼬리 부분은 알코올 도수가 너무 떨어진다. 또한 대다수 증류소에서 풍미에 좋지 않은 영향을 준다며 선호하지 않는 프로판올이나 아세트산, 푸르푸랄 같은 성분도 많다. 그래서 초류와 함께 모아뒀다가 다음번 증류할 때 쓴다.

이처럼 스피릿을 세 가지로 분리해 잘라내는 작업을 증류소에선 스피릿 컷spirit cut 혹은 커팅cutting이라고 부른다. 여기서 꼭 기억해야 할 것은 초류(머리) — 중류(심장) — 후류(꼬리)로 삼등분된 스피릿 가운데 오크통 숙성에 쓰는 건 오직 중류뿐이라는 사실이다. 그렇기 때문에 모든 위스키 증류소에서는 중류로 잡아낼 범위를 미리 설정해놓는다. 일반적으로는 알코올 도수 몇 퍼센트에서 몇 퍼센트까지의 스피릿을 중류로 모을 것인지를 정해두고 증류에 들어간다. 이렇게 알코올 도수를 기준으로 정한 중류의 시작 지점과 끝 지점을 컷 포인트cut point라고 하는데 증류소마다 제각각이다. 컷 포인트를 어떻게 정하느냐, 다시 말해 중류의 범위를 어떻게 잡느냐에 따라 풍미가 달라지기 때문이다.

그럼 글렌피딕은 스피릿을 어떻게 잘라낼까? 글렌피딕 증류 공정을 살펴보면 초반 30분 정도 흘러나오는 스피릿은 초류로 분류해 모아둔다. 그러면 알코올 도수가 75%(abv) 정도로 내려오게 되는데 이때부터 나오는 스피릿을 중류로 모으기 시작한다. 이후 2시간 반에서 3시간 정도 중류를 확보하고 나면 알코올 도수가 65.6%까지 떨어지게 되고 이때 중류 잡아내는 걸 멈춘다. 그 뒤로 4시간 동안 나오는 스피릿은 후류로 분류해 통에 모아놓고 초류와 함께 다음 증류 때 사용한다. 결국 글렌피딕 컷 포인트는 스피릿 알코올 도수 75%(중류 전환 컷 포인트heart cut point)와 65.6%(후류 전환 컷 포인트feints cut point)이다. 스피릿 도수 75%에서 65.6%까지만 중류로 쓴다는 얘기다. 여기서 주의 깊게 봐야 할 건 글렌피딕의 컷 포인트 수치가 스코틀랜드 증류소의 일반적인 컷 포인

증류액 상태를 확인하고 컷 작업을 하는 스피릿 세이프

트보다 살짝 높은 편이라는 점이다. 이렇게 컷 포인트를 조금 올려 잡아서 도수가 높은 스피릿을 중류로 뽑아내기 때문에 서양배 같은 풍미가 돋보이게 된다는 게 증류소의 설명이다.

아마 여기까지 읽고도 이해하기 어려운 분이 많을 것이다. 약간만 설명을 보탠다면 '일반적으로' 컷 포인트를 높게 가져가면 과일 풍미를 이끌어내는 에스테르ester 성분을 중류에 충분히 담을 수 있게 된다. 왜냐면 에스테르의 일종인 에틸 아세테이트가 증류 초반에 많이 나오기 때문이다. 정리하면 글렌피딕은 컷 포인트를 조금 높게 설정해 서양배 향이 나는 물질을 더 풍성하게 잡아낸다고 보면 된다.

(글렌피딕 특유의 서양배 풍미를 단순히 컷 포인트 하나로 설명할 수는 없다. 위스키는 그렇게 단순하지 않다. 발효에서부터 숙성까지 모든 공정이 풍미에 다 영향을 준다. 증류 공정만 해도 컷 포인트 말고도 증류기

크기나 형태, 증류 속도 등 여러 변수가 존재한다. 결국 컷 포인트는 글렌
피딕 풍미를 결정하는 많은 변수 가운데 한 가지 요소인 셈이다.)

위스키도 결혼한다?

위스키도 결혼을 한다는 얘기를 들어본 적 있는가? 이게 뭔 소
리인가 싶은 분도 있을 텐데 위스키를 만들 때 매링marrying이라는
공정이 있다. 위스키 업계에서 쓰는 매링은 숙성을 다 마친 여러
개 오크통에서 위스키를 꺼낸 다음 커다란 통에 집어넣어 섞는 걸
뜻한다. 이 과정을 통해 각기 다른 오크통에서 숙성된 위스키가
조화롭게 어울리게 되면서 풍미가 안정된다.

글렌피딕은 매링 공정을 유난히 강조해왔다. 1974년부터 오크통
숙성이 끝난 몰트위스키를 매링튠marrying tun에 넣고 다른 위스키
와 잘 섞일 때까지 최소 석 달간 기다리는 걸 원칙으로 정했다. 글
렌피딕 매링튠 용량은 약 2000리터로 11개 오크통의 위스키를 넣
어 섞을 수 있다. 대다수 스코틀랜드 증류소에선 매링을 할 때 청
소하기에 편한 스테인리스 재질을 쓰지만 글렌피딕은 전통에 따라
지금도 나무통을 고집하고 있다.

글렌피딕의 모든 위스키가 매링 공정을 거치지만 그중에서도
15년 제품은 더 특별하다. 글렌피딕 15년은 솔레라solera 시스템으
로 불리는 독특한 방법을 적용하고 있어서다. 솔레라는 원래 스페
인 셰리 양조장에서 쓰는 숙성 방식이다. 여러 개 오크통을 3단으
로 쌓고 파이프로 연결한 뒤 맨 아래쪽에서 숙성을 다 마친 셰리를
꺼내고 나면 빼낸 양만큼을 어린 셰리 와인으로 위쪽에 채워넣는

글렌피딕은 전통에 따라 나무로 된 매링튠을 사용한다

다. 글렌피딕에서는 1998년부터 이런 솔레라 시스템을 응용한 방식
으로 15년 숙성 제품을 생산해왔다. 과정은 다음과 같다. 먼저 유
러피언 셰리 오크통에서 숙성한 위스키, 버번 오크통에서 숙성한
위스키, 새(버진) 오크통에서 추가 숙성한 위스키를 3만 8000리터
솔레라 통solera vat에 넣어 혼합한다. 이렇게 세 가지 위스키 원액이
조화롭게 섞이고 나면 한꺼번에 다 빼내지 않는다. 솔레라 통에 항
상 절반 이상을 남겨놓고 나머지만 빼내 병입한다. 위스키 맛을 늘
일정하게 유지하기 위해서이다.

　글렌피딕에서 가장 인상 깊었던 순간은 대형 솔레라 통을 직접
봤을 때였다. 사진이나 영상으로 봤을 때보다 훨씬 크고 아름답게
느껴졌다. 아, 그런데 이게 웬일인가? 마침 솔레라 통에 위스키를
채우려고 오크통 여러 개를 일렬로 늘어놓고 마개를 하나씩 열고
있는 게 아닌가. 숙성고 직원은 마개를 다 열고 나서는 오크통을

반 바퀴 굴려 위스키를 아래로 콸콸 쏟아냈다. 오크통에서 잠자던 위스키는 수도관처럼 생긴 바닥 수로를 통해 거침없이 흘러갔다. "와, 장관이다." 감탄을 터뜨리는 나에게 투어 가이드는 "위스키가 강물처럼 흘러가죠? 영화 〈찰리와 초콜릿 공장〉에서 초콜릿이 강물처럼 흐르는 모습 같지 않나요?"라고 말했다. 가이드 표현대로 '강물처럼' 흘러가던 위스키는 찌꺼기를 제거하는 거름망을 통과해 솔레라 통으로 들어갔다.

▲ 숙성고로 들어가는 문
▼ 글렌피딕 15년은 솔레라 시스템이라는 독특한 방법을 적용하고 있다

증류소를 다니다가 이런 광경을 보는 날은 '계를 탄' 것이나 마찬가지이다. 위스키 쏟아내는 모습을 흔히 볼 수 있는 게 아닌데다 진한 위스키 향이 온 사방으로 퍼져 코를 찌르기 때문이다. 위스키 좋아하는 사람한테는 그 향이 값비싼 명품 향수보다 더 황홀하다.

Devil's share, 악마의 몫

진동하는 위스키 향에 코를 킁킁대던 나에게 가이드가 재미있는 얘기를 들려줬다. 옛날에는 위스키를 밖으로 꺼낼 때 숙성고 직원이 몰래 훔쳐 먹는 일이 많았다고 한다. 그래서 숙성 과정에 자연적

으로 증발해 날아가는 위스키를 엔젤스 셰어angel's share, 천사의 몫이라고 부르는 것에 빗대서 숙성고 직원들이 몰래 빼 마셔서 사라진 위스키를 데블스 셰어devil's share, 악마의 몫이라고 불렀단다. 또 위스키를 슬쩍하는 직원들이 많아서 그랬는지 몰라도 1979년까지 글렌피딕에선 직원들한테 하루 세 번 위스키를 나눠줬다고 한다. 이 얘기를 옆에서 듣고 있던 숙성고 직원은 "오해하지 마세요. 이제는 그런 일 절대로 없어요"라고 말하며 활짝 웃었다.

직원들에게 위스키를 나눠주는 전통은 글렌피딕에만 있었던 건 아니다. 1970년대까지는 거의 모든 스코틀랜드 증류소에서 숙성하지 않은 스피릿을 직원에게 공짜로 제공했다. 이런 관행과 전통을 스코틀랜드에선 드래밍dramming이라고 불렀다. 지금은 사라진 드래밍은 증류소 직원만이 누리던 특권이자 일종의 복지 혜택이었던 셈이다.

영화 〈소공녀〉와 글렌피딕

증류소 투어의 하이라이트는 뭐니 뭐니 해도 위스키를 직접 맛보는 것이다. 증류소를 돌아다니며 생산 과정을 살펴본 뒤 마시는 위스키는 정말 기가 막히게 맛있다. 글렌피딕에서는 기본 제품 네 가지를 맛봤다. 맨 먼저 나온 건 세상에서 가장 많이 팔리는 싱글몰트 글렌피딕 12년이었다. 한 모금 입에 머금으니 특유의 서양배 풍미가 잘 느껴진다. 가이드는 12년 제품을 "스페이사이드 위스키의 전형"이라고 설명했다.

12년에 이어 맛본 건 내가 너무나 애정하는 글렌피딕 15년이었

증류소 투어의 하이라이트, 위스키 테이스팅

다. 이 녀석은 언제 먹어도 흐뭇하다. 12년보다 풍미가 복합적이다. 더 달콤하고 부드러운 느낌이다. 그 다음으로는 글렌피딕 핵심 제품core range 중 고숙성인 18년을 테이스팅했다. 18년은 12년이나 15년 제품에 비해 셰리 오크통 비율이 높다. 셰리 풍미가 더 진하게 다가왔다. 가이드는 18년 제품을 가리키며 "12년과 15년의 큰형님big brother으로 생각하면 될 것"이라고 말했다. 이렇게 석 잔을 마신 뒤에는 가장 최근에 출시된 그랑크루 23년도 시음했다. 이 제품은 아메리칸 오크통과 유러피언 오크통에서 23년 숙성을 마친 뒤 그랑크루급 샴페인을 만들 때 사용한 프랑스산 캐스크에 넣고 6개월 추가 숙성finishing했다. 한국 시장에 처음 선을 보였을 때도 한번 맛봤는데 역시 산뜻하면서 유쾌한 기분이 들었다.

글렌피딕 위스키를 맛보는 내내 전고운 감독의 영화 〈소공녀〉가

누군가에겐 위스키 한 잔이 삶의 큰 기쁨
과 위로가 되기도 한다

떠올랐다. 가사도우미로 일하며 일당 4만 5000원을 받는 주인공 미소. 집은 없어도 위스키 한 모금 없이는 살 수 없다고 했던 그녀는 고된 하루를 마치고 난 뒤 단골 바에 가서 1만 2000원(나중엔 1만 4000원으로 올랐다) 하는 글렌피딕 위스키 한 잔을 마셨다. 홀로 바에 앉아 위스키를 물끄러미 바라보며 미소는 그때 무슨 생각을 했을까? 잔을 비우고 나면 팍팍한 현실로 돌아가야 하겠지만 그래도 그 순간만큼은 행복하지 않았을까? 누군가에겐 위스키 한 잔이 삶의 큰 기쁨과 위로가 되기도 하니까.

BALVENIE

설립 1892년
소속 윌리엄 그랜트 앤 선즈William Grant & Sons
주소 Dufftown, Keith Banffshire AB55 4DH

예약

200년 된 가죽으로 만든 케이스

1786년 12월 메타 카타리나Metta Catharina라는 배가 최상급 러시아 순록 가죽을 싣고 상트페테르부르크를 떠났다. 이탈리아 제노바Genova로 가던 메타 카타리나는 항해 도중 폭풍우를 만난다. 배는 급히 항로를 바꿔 영국 해협인 플리머스 사운드Plymouth Sound로 대피했다. 12월 12일 밤 10시. 엄청난 바람이 해협으로 휘몰아쳤다. 메타 카타리나는 바다를 떠돌다 바위에 부딪쳐 난파한다. 선원 6명은 탈출해 기적적으로 살았지만 배는 바다 밑으로 가라앉았다.

메타 카타리나의 행방이 드러난 건 그로부터 거의 200년이 흐른 뒤였다. 1973년 10월 수중 탐사를 하던 잠수부가 진흙 바닥에 깊이 처박힌 메타 카타리나호를 우연히 발견한다. '영국 역사상 가장 힘든 수중 고고학 프로젝트'로 불린 발굴이 시작됐고 이 험난한 작업은 33년 동안 계속돼 2006년에 마무리됐다. 그렇다면 침몰한 메타 카타리나 화물칸에 실려 있던 순록 가죽은 어떻게 됐을까? 놀랍게도 200년 가까운 세월 동안 바다 밑에서 완벽히 보존돼 있었다. 난파선에서 건져낸 가죽은 비싼 값에 판매됐다. 그중 일부는 수제 구두 제작 업체 조지 클레버리G. J. Cleverley에서 가져갔다. 영화 〈킹스맨〉에서 주인공들이 신고 나온 '킹스맨 구두'로 유명한 업체다. 조지 클레버리는 이렇게 희귀한 18세기 가죽으로 뭘 만들었을까? 수제 구두도 제작했지만 스코틀랜드 싱글몰트 발베니의 40년 숙성 제품(2014년 출시) 케이스를 만들 때 이 가죽을 썼다.

위스키 애호가라면 발베니가 왜 40년 제품 케이스 제작을 조지

200년 된 가죽으로 만든 발베니 40년 케이스
(사진 출처: https://www.scotchmaltwhisky.co.uk)

클레버리에 맡겼는지 짐작할 것이다. 한 땀 한 땀 손으로 정성껏 구두를 만드는 조지 클레버리처럼 발베니도 수제 장인 정신을 표방하는 증류소이기 때문이다.

고색창연한 증류소 풍경

발베니는 글렌피딕 창업자 윌리엄 그랜트가 1892년*에 세웠다. 윌리엄 그랜트가 글렌피딕을 설립한 게 1887년이니까 5년 만에 증류소를 하나 더 지은 것이다. 그 뒤로 창업자 후손이 글렌피딕과 함께 독립 경영을 이어오고 있다. 같은 회사(윌리엄 그랜트 앤 선즈) 소속인 글렌피딕과 발베니는 거리도 가깝다. 차로 가면 5분도 안 걸린다. 하지만 두 증류소는 규모나 분위기는 확연히 다르다. 싱글몰트 1등 글렌피딕이 워낙 거대해서 발베니는 상대적으로 아

* 첫 증류는 이듬해인 1893년 5월 1일부터 했다.

담하게 느껴진다. 또 글렌피딕은 조경이나 미관에 신경을 많이 썼지만 발베니는 꾸밈이 없다. 건물이나 설비가 고색창연한 옛 증류소 느낌 그대로이다. 증류소를 안내한 발베니 홍보대사 찰스Charles Metcalfe는 "가장 최근에 건물을 지은 게 1960년대"라면서 "우리는 페인트가 벗겨지면 벽에 칠만 다시 하고 있다"고 말했다.

방문자 센터를 나와 걷다보니 연못이 눈에 띈다. 증류소 직원들이 '발베니 댐Balvenie Dam'이라고 부르는 인공 연못이다. 증류소에서 자주 보게 되는 이런 연못은 단순히 보기에 좋으라고 만든 게 아니다. 연못에도 역할과 기능이 있다. 연못에 역할이 있다고? 그게 뭘까? 응축기condenser를 돌릴 때 사용한 냉각수는 응축이 끝나고 나면 섭씨 80~85도*까지 올라간다. 이렇게 뜨거운 물을 그대로 배출해서는 안 된다. 차갑게 식혀야 다시 냉각수로도 쓸 수 있고 수원지인 강으로 내보낼 수도 있다. 그렇기에 증류소에서는 응축기에서 나온 물의 온도를 떨어뜨리려고 일단 연못으로 흘려보내 식힌다. 이처럼 물을 식히기 위해 만든 증류소 인공 연못을 냉각 연못cooling pond이라고 부른다.

직접 보리를 재배

발베니는 특이한 게 많다. 우선 보리 농장을 갖고 있다. 위스키 만들 때 쓰는 보리 일부를 자기 농장에서 재배한다. 이는 창업 당시부터 내려온 전통이다. 창업자 윌리엄 그랜트는 발베니 설립 2년 전에 증류소 부지를 미리 확보했다. 이때 1000에이커에 달하는 보리 농장도 함께 매입했다. "좋은 보리에서 좋은 위스키가 나온다"

---

* 응축을 마친 냉각수 온도는 증류소마다 다르다. 응축 속도나 냉각수 투입 당시 초기 온도에 따라 크게 낮을 수도 있다.

▲ 고색창연한 느낌 그대로의 발베니 증류소
▶ 발베니 댐. 응축이 끝난 뜨거운 물을 식히
기 위해 만든 인공 연못이다
▼ 발베니 직영 보리 농장. "좋은 보리에서 좋
은 위스키가 나온다."

는 철학 때문이었다. 발베니는 1900년까지는 이 직영 농장에서 재배한 보리로만 위스키를 제조했다. 물론 그 뒤로 생산량이 늘면서 발베니 농장 보리만으로 위스키를 만들기는 힘들어졌다. 연간 스피릿spirit(증류액) 생산량이 650만 리터나 되는 지금은 말할 것도 없다. 위스키 제조에 쓰는 보리 중 극히 일부만 발베니 농장에서 공급한다. 하지만 아무리 수확량이 적어도 농장 직영 원칙은 유지하고 있다. 그게 전통이기 때문이다. 현재 발베니 보리 농장은 제임스 와이즈먼이라는 농부와 그 아들이 15년째 관리하고 있다. 보리 재배 방식은 콤바인 하나 도입한 거 말고는 모든 게 130년 전 창업 당시와 똑같다.

전통 방식 플로어 몰팅

보리 재배만이 아니다. 발베니는 아직도 플로어 몰팅floor malting을 한다. 발베니 위스키 제조에 사용하는 몰트의 약 15%를 플로어 몰팅으로 직접 만든다. 이 대목에서 플로어 몰팅이라는 말이 생소한 분도 있을 것 같다. 맥주나 위스키를 만들려면 먼저 보리의 싹을 틔워 말려야 한다. 보리가 발아하는 과정에서 전분을 당으로 바꾸는 효소가 생성되기 때문이다. 이렇게 당화가 가능하도록 싹 틔운 보리를 몰트malt(맥아)라고 한다. 또 이 과정을 몰팅malting이라고 부른다.

몰팅은 1970년대까지만 해도 증류소에서 하는 게 일반적이었다. 물에 담갔다가 꺼낸 보리를 바닥(플로어floor)에 깔아놓고 사람이 일일이 뒤집어가며 싹을 틔웠다. 하지만 요새는 이런 플로어 몰

잔뿌리가 나고 싹이 튼 보리. 이걸 말리면 몰트가 된다

팅(바닥 몰팅)을 좀처럼 보기 힘들다. 대형 공장에서 기계를 돌려 만든 완제품 몰트를 사서 쓰는 게 편하고 돈도 적게 들기 때문이다. 2022년 말 기준으로 플로어 몰팅을 하는 증류소는 스코틀랜드에 10곳이 채 안 된다. 아일라섬 보모어와 라프로익을 비롯해 캠벨타운 스프링뱅크, 오크니섬 하일랜드 파크, 스페이사이드 발베니가 플로어 몰팅 전통을 유지해왔다. 최근에는 킬호만(2005년 설립)과 아드나무찬(2014년 설립) 같은 신생 증류소에서 플로어 몰팅을 도입했다. 또 벤리악과 글렌기리는 2012년과 2022년에 각각 플로어 몰팅을 부활시켰다.

홍보대사 찰스와 함께 플로어 몰팅을 하는 곳으로 향했다. 플로어 몰팅실은 1920년에 지었다. 낡은 건물이라 얼마 전부터 전기

공사에 들어가 플로어 몰팅도 잠시 중단된 상태였다. 하지만 찰스의 설명을 통해 몰팅 과정을 자세히 파악할 수 있었다. 발베니가 플로어 몰팅을 할 때 쓰는 보리는 두 가지이다. 발베니 직영 농장에서 1년에 두 차례 수확한 보리home farming barley와 다른 농장에서 사 오는 보리이다. 이 두 가지는 섞이지 않도록 보관을 했다가 따로 플로어 몰팅을 한다.

몰팅 첫 단계는 보리를 물에 담가놓는 것이다. 이걸 침지沈漬, steeping라고 한다. 발베니의 경우에는 커다란 탱크(침지조steeping tank)에 보리 8톤을 담갔다가 12시간이 지나면 물을 뺀다. 그 뒤로 12시간은 보리를 공기와 접촉시킨다. 침지 과정에서 보리가 공기와 만나는 이 시간을 에어 레스트air rest 혹은 드라이 브레이크dry break라고 한다. 첫번째 물 담금과 공기 접촉(에어 레스트)이 끝나면 다시 한번 똑같은 과정(12시간 물 담금—12시간 공기 접촉)을 반복하게 된다. 이렇게 48시간이 지나면 12%였던 보리 수분 함량이 45%에 달하면서 발아가 시작된다.

침지 작업을 마친 보리는 평평한 바닥에 깔아놓고 본격적으로 싹을 틔운다. 이때 몰트맨malt man이라고 부르는 작업자가 여러 장비를 사용해 계속 보리를 뒤집어준다. 그냥 깔아만 놓고 놔두면 보리가 엉겨붙어 썩어버리기 때문이다. 보리 뒤집어주는 로봇이라도 있으면 좋으련만 사람이 해야 하니 이게 보통 일이 아니다. 얼마나 힘든지는 잠깐만 직접 해보면 안다. 나는 라프로익과 보모어, 스프링뱅크에서 플로어 몰팅을 체험해봤다. 몰트맨이 쓰는 장비를 끌고 몰팅실을 한두 번 왔다갔다했을 뿐인데도 금방 땀이 흘렀다. 하긴 오죽하면 옛날 몰트맨들이 원숭이처럼 어깨가 굽는 '몽키 숄더monkey shoulder'라는 질환에 시달렸겠는가? 이렇게 고되다보니 발베니에선

침지 작업을 마친 보리는 평평한 바닥에 깔아놓고 싹을 틔우
는데, 보리가 썩지 않도록 몰트맨이 계속 뒤집어준다

몰트 건조용 가마와 무연탄

신입 직원이 들어오면 몰팅실로 보내 며칠간 보리 뒤집는 일을 시킨다. 위스키 한 방울을 만들기 위해 얼마나 많은 땀이 필요한지 느껴보라는 뜻이다. 땀이 줄줄 흐르는 플로어 몰팅실을 발베니 직원들은 '발베니 체육관 Balvenie Gym'이라고 부른다.

발베니는 한 번 플로어 몰팅을 할 때마다 보리 24톤을 깔아놓는다. 이 엄청난 양을 몰트맨 4명이 주야간 교대로 12시간마다 뒤집는다. 플로어 몰팅을 할 때 하루에 몇 번 뒤집어야 하는지는 보리를 어느 정도 두께로 까느냐에 따라 달라진다. 발베니는 보리를 10센티미터 정도로 얇게 깔기 때문에 하루에 통상 두 번(여름에는 세 번) 뒤집는다. 하일랜드 파크는 18센티미터 정도로 깔기에 8시간에 한 번, 하루에 세 번 뒤집는다. 또 보리를 30센티미터로 두껍게 까는 보모어와 스프링뱅크는 4시간마다 한 번 뒤집는다. 이런 식으로 사람이 일일이 보리를 뒤집어가며 발아를 시키는 데 걸리는 시간은 보통 닷새에서 일주일, 평균 6일쯤이다. 겨울에는 8일에서 10일 이상 걸리기도 한다. 홍보대사 찰스는 "언젠가 한번 스페이사이드에 큰 추위가 찾아와 플로어 몰팅에 12일이 걸린 적도 있다"라고 말했다. 찰스의 말처럼 플로어 몰팅은 비효율적이며 비경제적이다. 힘들 뿐만 아니라 돈도 더 든다. 시간까지 오래 걸린다. 그런데도 발베니처럼 플로어 몰팅을 하는 증류소에서 하는 말은 늘 똑같다. "위스키는 사람의 정성으로 만든다. 우리는 전통을 유지한다."

발아가 이뤄진 몰트(그린 몰트)는 싹이 더 자라지 못하도록 건조시킨다. 건조실 가마 바닥에 펼쳐놓고 아궁이에 불을 지펴 열기와 연기로 말린다. 몰트를 건조할 때 쓰는 연료는 보통 석탄이다. 피트peat(이탄) 풍미를 입히고 싶을 때는 피트도 함께 쓴다. 당연한 얘기이지만 피트를 많이 쓰면 쓸수록 피트 풍미는 강하게 배어든다. 그럼 발베니 증류소에서는 어떻게 몰트를 건조할까? 몰트를 건조하는 곳에 가봤다. 한눈에 봐도 오래된 가마kiln가 보인다. 여기 설치된 가마는 1920년대 몰팅실을 지을 때 들여온 것이다. 가마 옆에는 연료로 사용할 석탄도 한가득이었다. 석탄에도 여러 종류가 있지만 몰트를 말릴 때에는 무연탄anthracite을 주로 사용한다. 홍보대사 찰스의 설명에 따르면 무연탄은 연기가 덜 나기 때문에 훨씬 깔끔하게 몰트를 건조할 수 있다고 한다.

발베니에게 피트는?

대부분의 발베니 위스키에서는 피트 풍미를 느낄 수 없다. 그렇기에 몰트를 건조할 때도 석탄만 쓴다고 생각하기 쉽다. 하지만 그렇지가 않다. 무연탄과 함께 피트도 조금은 쓴다. 건조 과정에서 피트를 얼마나 사용하는지는 몰트 페놀 수치로 알 수 있다. 발베니 증류소에서 제조하는 몰트의 페놀 수치, 피트 레벨peat level은 2ppm에 불과하다. 피트 레벨이 낮아서 위스키에서도 풍미를 느끼기는

▲ 위크 오브 피트
▼ 번헤드 우드

어렵다. '아니, 그럴 거면 피트를 빼버리고 석탄으로만 건조해도 괜찮지 않을까?' 이 질문에 홍보대사 찰스는 "몰트 건조할 때 피트를 조금 넣는 건 몰트 마스터 데이비드 스튜어트가 의도한 것이다. 데이비드 스튜어트는 텍스처texture라고 표현하는 감촉과 질감을 유독 강조한다. 피트를 조금 넣어 건조하면 텍스처가 훨씬 풍부해진다"고 말했다. 한마디로 발베니에게 있어 피트는 풍미를 이끌어내기 위해서가 아니라 감촉과 질감을 복합적으로 만들기 위한 용도라는 설명이다.

물론 예외도 있다. 스토리 시리즈로 출시하는 위크 오브 피트The Week of Peat라는 제품이다. 이 위스키는 이름 그대로 1년에 딱 일주일만 피트 함유량이 높은 몰트로 만든다. 홍보대사 찰스는 "위크 오브 피트를 만들 때 쓰는 몰트는 페놀 수치가 20~40ppm에 이른다"면서 "90%는 피트 처리가 강하게 된 몰트heavily peated malt를 공장에서 사서 쓰지만 나머지 10% 몰트는 이 가마에서 피트를 태워 직접 만든다"고 말했다. 발베니는 증류소에서 차로 30분 정도 떨어진 모레이만Moray Firth 피츠리고Pitsligo라는 늪에서 피트를 캐서 가져온다. 피트는 채취 지역에 따라 향에서 차이가 난다. 발베니에서 쓰는 피트는 병원약 혹은 소독약 냄새를 풍기는 아일라 지역 피트와 풍미가 다르다. 아일라 피트에 비해 부드럽고 은은한 편이다.

스토리 시리즈 얘기가 나온 김에 한 가지만 더 설명하려고 한다. 발베니 스토리 시리즈 중에 내가 무척 좋아하는 번헤드 우드The Edge of Burnhead Wood라는 게 있다. 이 위스키 역시 몰팅 과정이 특별하다. 몰트를 말릴 때 석탄 위에 스코틀랜드 헤더heather*를 겹겹으로 쌓아놓고 함께 태워 향을 입힌다. 몰트 건조할 때 헤더를 추가로 넣는 건 과거 하일랜드 파크에서도 했던 방식이다. 번헤드 우드를 개발하면서 발베니가 다시 도입했다.

나무 발효조 vs 스테인리스 발효조

몰팅 공정을 살펴본 뒤 당화와 발효가 이뤄지는 곳으로 이동했다. 발베니뿐 아니라 자매 증류소 키닌비Kininvie 당화조와 발효조도 함께 설치돼 있었다. 설명을 들어보니 워시를 이곳에서 만들어서 파이프를 통해 100미터 떨어진 키닌비 증류소로 보낸다고 한다. 다만 공간만 함께 사용할 뿐 당화와 발효 공정은 서로 다르다. 당화의 경우 발베니는 11.8톤짜리 당화조로 5시간 10분 동안 워트를 뽑아낸다. 반면 키닌비 당화조는 9.6톤으로 크기가 작다. 당화 시간도 6시간으로 더 길다. 발효 시간 역시 달라서 발베니는 통상 64시간 동안 진행하지만 키닌비는 80시간이다.

발베니 증류소는 어딜 돌아다녀도 늘 장인을 만나게 된다는 얘

---

* 연보랏빛 꽃을 피우는 관목으로 스코틀랜드 평야와 산지 등 어디에서나 흔하게 볼 수 있다.

기가 있다. 빈말이 아니다. 내가 발효실에 갔을 때 만난 스티비라는 분도 경력이 33년에 달하는 장인이었다. 스티비를 만나자마자 평소 묻고 싶었던 질문부터 던졌다.

"발효조는 어떤 재질로 만든 게 더 낫습니까?"

사실 이 질문에 정답은 없다. 버번 만드는 켄터키나 스카치 만드는 스코틀랜드나 발효조 재질은 나무 아니면 스테인리스 두 가지이다. 어떤 게 나은지를 놓고 수십 년간 치열한 논쟁을 했지만 결론이 나지 않았다. 먼저 나무 발효조를 쓰는 증류소에선 풍미를 언급한다. "나무 발효조는 청소를 한 뒤에도 틈새에 각종 미생물이 남아 있어서 풍미가 훨씬 풍부해진다"고 주장한다. 하지만 스테인리스 발효조를 쓰는 곳에서는 정색하며 "나무나 스테인리스나 풍미에 큰 차이가 없다"고 강조한다. 그러면서 "스테인리스 발효조가 관리하기에 편하고 위생적인 면에서도 한결 낫다"고 덧붙인다. 정답이 없는 질문인줄 뻔히 알면서도 33년 경력 장인한테 굳이 질문한 이유가 있다. 발베니는 나무 발효조 9개와 스테인리스 발효조 5개를 함께 쓰고 있어서다. 둘 다 쓰고 있으니 객관적이고 중립적인 입장에서 답을 주지 않을까 싶었다. 자, 그렇다면 스티비의 대답은 어땠을까?

"나는 스테인리스 발효조를 좋아하지 않는다. 나무나 스테인리스나 풍미에 차이가 없다고 하지만 그래도 나무 발효조가 낫지 않나 싶다. 물론 이건 내 생각일 뿐이다."

경력 33년의 달인 스티비

나무 발효조가 나은지 스테인리스 발효조가 나은지는 정답을 찾기 힘든 논쟁이다

스티비가 강조한 것처럼 이 역시 개인 의견일 뿐이다. 따져보면 길게는 수십 년씩 사용해 맛이 다 빠져버린 나무에서 특별한 풍미를 이끌어낸다는 것은 믿기 힘들다. 또한 발효조 나무 틈새에 남아 있는 미생물이 얼마나 긍정적인 영향을 주는지도 알 수 없다. 물론 그렇다고 33년 경력 장인의 의견을 무시할 수 없다. 세상엔 과학으로 설명되지 않는 것도 많으니까. 분명한 건 '나무 발효조가 나은지, 스테인리스 발효조가 나은지'에 대한 논쟁은 계속 이어질 테고 정답은 앞으로도 찾기 힘들 거라는 점이다. 오로지 각자의 판단이고 선택일 뿐이다.

발베니가 꿀처럼 달콤한 이유

위스키를 그다지 좋아하지 않는 분에게 발베니를 권한 적이 있다. 그분은 딱 한 모금을 마셔보더니 이렇게 말했다. "오. 이건 좀 다르네요. 뭔가 더 달콤한데요." 이 첫 느낌처럼 발베니 풍미를 얘기할 때마다 빠지지 않는 게 '달콤함'이다. 해외 전문가들도 마찬가지다. "달콤하다sweet"라거나 "꿀 같다honey"라는 표현을 자주 쓴다. 대표적으로 2017년에 돌아가신 마이클 잭슨을 들 수 있다. 팝스타 마이클 잭슨과 동명이인인 그는 맥주는 물론 위스키 업계 최고 전문가였다. 위스키 애호가들은 마이클 잭슨이 태어난 3월 27일을 인터내셔널 위스키 데이International Whisky Day로 기념하기도 한다. 이런 마이클 잭슨이 『몰트위스키 컴패니언Malt Whisky Companion』이란 책에서 발베니를 가리켜 "The most honeyish of malts(최고로 꿀 같다)"라고 평가했다. 그런가 하면 연구 기관인 스카치위스키

리서치 인스티튜트Scotch Whisky Research Institute에서는 발베니 스피릿에서 바닐라 향을 이끌어내는 방향족 성분 바닐린vanillin이 매우 높게 검출됐다는 분석 결과를 내놓기도 했다. 그렇다면 꿀처럼 달콤하면서 바닐라 느낌이 나는 이유는 뭘까? 발베니 증류소에선 증류기가 결정적이라고 설명한다. 발베니 몰트 마스터 데이비드 스튜어트는 "증류기 크기와 형태가 발베니 위스키 캐릭터를 결정하는 가장 중요한 요소"라고 언급하기도 했다.

꿀 같은 풍미의 비결로 손꼽히는 발베니 증류기를 보러 증류실still room로 갔다. 현재 발베니 증류소가 가동하고 있는 증류기는 11대이다. 5대는 1차 증류기wash still이고 6대는 2차 증류기spirit still이다. 이 가운데 1차 증류기 1대와 2차 증류기 2대는 시제품 생산과 실험을 위해 별도로 가동한다. 다시 말해 일반적인 위스키 제품 생산을 위해 돌리는 증류기는 1차 증류기 4대와 2차 증류기 4대라는 뜻이다.

발베니는 창업 초기에 라가불린과 글렌 앨빈(1983년 폐쇄)에서 증류기를 중고품으로 사 왔다. 증류기를 교체하거나 늘릴 때에도 같은 형태로 복제해 만들었다. 130년 동안 발베니 증류기 모양은 달라진 게 없다는 얘기다. 발베니에서는 자신들의 증류기를 '발베니 볼 모양balvenie ball shape'이라고 설명한다. 여기서 말하는 발베니 볼이란 증류기 본체와 목 사이에 불룩 튀어나온 부분, 보일 볼 boil ball, reflux bowl을 뜻한다. 둥근 공ball처럼 돌출된 보일 볼은 증류 과정에서 증기의 흐름을 방해해 무겁거나 휘발성이 약한 기체가 다시 아래로 떨어져 재증류되는 효과를 가져온다. 이걸 환류 reflux라고 한다. 이런 환류 작용이 활발해질수록 스피릿은 전반적으로 가볍고 깔끔해진다. 발베니를 비롯해 상당수 증류소에서 보

▲ 보일 볼이 달린 발베니 증류기
▼ 응축기로 연결되는 라인 암은 아래로
살짝 꺾여 있다

일 볼이 달린 증류기를 쓰는 건 환류를 증가시키기 위해서다.

발베니 증류기는 목neck도 상당히 길다. 당연히 증기가 구리와 접촉하는 시간이 늘어나면서 환류가 증가할 뿐 아니라 잡냄새를 유발하는 유황 성분sulphur compounds도 충분히 제거할 수 있다(구리의 역할은 글렌알라키 편 참고). 반면에 응축기로 연결되는 라인 암lyne arm은 아래로 살짝 꺾여 있어서 환류가 지나치게 증가하는 걸 막아준다. 만약 라인 암까지 위로 향하는 형태였다면 발베니 스피릿은 지금보다 훨씬 가벼워졌을 것이다. 홍보대사 찰스는 발베니 증류기 형태를 설명하면서 "달콤하고 곡물 풍미가 살아 있으면서도 제법 묵직한 풍미의 스피릿을 뽑아낼 수 있는 요인"이라고 말했다.

발베니 증류 공정도 정리하고 넘어가자. 우선 1차 증류기를 5시간 동안 돌려 알코올 도수 25%에 달하는 1차 증류액, 로우 와인low wine을 뽑아낸다. 2차 증류기는 총 10시간을 돌린다. 초반 30분 동안 흘러나오는 스피릿은 초류head, foreshot로 분류해 잘라낸다. 그 뒤로 3시간 반 동안 나오는 스피릿을 중류heart, middle

cut로 잡아내 숙성에 사용한다. 이때 컷 포인트cut point는 알코올 도
수 74%와 64%이다. 다시 말해 알코올 도수 74%부터 64%까지의
스피릿을 중류로 확보한다는 뜻이다(컷 포인트 개념은 글렌피딕 편 참
고). 중류를 받아내고 난 뒤 6시간 동안 흘러나오는 스피릿은 후류
tail, feints로 분류한다. 후류는 앞서서 잘라낸 초류와 함께 다음번
중류 때 사용한다.

쿠퍼리지를 직영하다

쿠퍼리지cooperage는 오크통을 만들고 수선하는 곳이다. 그런데
미국과 스코틀랜드는 쿠퍼리지 기능이 사뭇 다르다. 미국 쿠퍼리
지에서는 오크통을 새로 만드는 게 주된 일이다. 버번위스키는 반
드시 새 오크통new oak barrel에서 숙성하기 때문이다. 이와 달리 스
코틀랜드 쿠퍼리지는 수선하고 재조립하는 데 초점을 맞춘다. 물
론 스코틀랜드에서도 새 오크통virgin oak cask을 만들기는 한다. 하
지만 생산량이 매우 적다. 스코틀랜드 증류소에서는 다른 술을 한
번 이상 숙성시킨 재사용 오크통을 주로 쓰기 때문이다.

스코틀랜드 증류소를 다니며 쿠퍼리지를 구경할 일은 별로 없
다. 쿠퍼리지를 직영하는 곳이 많지 않아서다. 내가 돌아본 스코
틀랜드 증류소 55곳 중에서는 탐듀와 토마틴, 그리고 발베니(글렌
피딕)뿐이었다. 그중에서도 발베니 쿠퍼리지는 규모가 상당하다.
큰 건물 하나를 통째로 쿠퍼리지로 쓴다. 오크통 기술자, 즉 쿠퍼
cooper도 12명이나 된다. 이중 8명은 정식 쿠퍼이고 4명은 견습 직
원(견습 기간 4년)이다. 쿠퍼 한두 명만 일하는 다른 증류소 쿠퍼리

▲ 발베니 쿠퍼리지 풍경
▼ 발베니 쿠퍼리지의 오크통 기술자들

지와는 비교하기 힘들 정도다.

발베니 쿠퍼리지에서 기억에 남는 건 쿠퍼들이 일하는 모습이었다. 나무를 깎고 오크통을 두드리고 후프를 조이고…… 쉴새없이 움직이며 오크통을 손질하고 있었다. 동작 하나하나가 어찌나 빠른지 눈이 쫓아가기 힘들 정도였다. 땅땅거리는 망치 소리와 윙하는 기계 소리가 메아리처럼 쉴새없이 울려퍼졌다. 발베니에서 준 자료를 보니 여기서 일하는 쿠퍼 한 명이 하루 8시간 동안 손보는 오크통은 최소 15개, 평균 26개에 달한다. '타고난 손 재능과 혹독한 훈련 없이는 절대로 쿠퍼가 될 수 없다'는 말이 틀림없는 사실인 것 같았다.

오크통은 어떻게 재조립하나

발베니 쿠퍼리지에선 오크통을 새로 만들지 않는다.● 미국 버번 증류소나 스페인 셰리 양조장 등에서 가져온 오크통을 점검하고 수리하고 재조립해 숙성고로 보낸다. 또 숙성중인 오크통에 틈이 벌어지거나 문제가 생기면 고치기도 한다. 이 대목에서 발베니를 비롯한 스코틀랜드 쿠퍼리지에서 오크통을 어떻게 가져와 어떤 방식으로 조립하는지 궁금한 분도 있을 것 같다.

오크통을 수입할 때 원래 형태 그대로 가져오는 일은 별로 없다. 오크통이 커서 배로 운반하기 쉽지 않기 때문이다. 그렇기에 오크통은 널빤지stave로 분해해서 들여올 때가 많다. 쿠퍼리지에서는 이렇게 가져온 널빤지 상태부터 꼼꼼하게 살핀 뒤 다시 오크통 형태로 조립한다. 이 과정에서 오크통 크기를 늘리거나 줄이기도 한다.

●발베니에서는 새 오크통이 필요할 경우 미국 켄터키 켈빈 쿠퍼리지Kelvin Cooperage에서 구입한다.

예를 들어 200리터짜리 버번 배럴barrel에 널빤지를 추가해 250리터짜리 혹스헤드hogshead 캐스크로 바꾸는 식이다. 또 조립이 끝난 뒤엔 상태에 따라 오크통 안쪽을 긁어내고 다시 태우기도 한다. 이걸 리차링re-charring(다시 태운다)*이라고 한다. 리차링을 하는 데는 이유가 있다. 숙성을 여러 번 하거나 오래 하게 되면 오크통 나무 맛이 다 빠져버린다. 사실상 '죽은 오크통'에 가깝다. 이런 죽은 오크통을 되살리려면 안쪽을 다시 태워 나무 풍미가 나올 수 있게 만들어야 한다. 이렇게 리차링을 통해 새 생명을 얻은 오크통을 Rejuvenated** cask(리쥬비네이티드 캐스크)라고 부른다.

발베니 홍보대사 찰스는 투어 내내 "쿠퍼리지를 갖고 있는 건 매우 특별하고 드문 일"이라고 강조했다. 찰스의 얘기처럼 대부분의 스코틀랜드 증류소는 오크통 수선과 조립을 대형 쿠퍼리지에 맡겨버린다. 비용도 적게 들고 편하기 때문이다. 하지만 발베니는 오랜 세월 쿠퍼리지를 운영하며 오크통도 직접 관리해왔다. 이유는 분명하다. 위스키 풍미의 최소 절반, 많게는 70~80%가 숙성에 달렸다고 할 만큼 오크통이 중요하기 때문이다.

쿠퍼리지를 보고 밖으로 나가려는데 출입문 쪽에 서류 한 장이 붙어 있다. 발베니 쿠퍼리지 최고 장인인 헤드 쿠퍼head cooper 이언 맥도날드Ian Mcdonald의 첫 고용 계약서였다. 1970년 쿠퍼리지 견습생으로 입사할 당시 이언 맥도날드의 나이는 16살. 미성년자였기에 보호자인 아버지가 계약서에 함께 서명했다. 그 뒤로 이언 맥도날드는 4년 견습 기간을 포함해 53년 동안(2023년 기준) 이 쿠퍼리지에서 일하고 있다. 50년 넘게 오크통을 손질한 장인은 어떤 경지에 올랐을까? 발베니 홈페이지에서는 이언 맥도날드를 이렇게 설

---

* '리차re-char'는 주로 아메리칸 오크통을 다시 태울 때 쓰는 표현이다. 유러피언 오크통을 다시 태울 때는 '리 토스트re-toast'라고 한다.
** 우리말로 번역하면 '젊어진' '회춘한' '활기를 얻은' 정도이다.

발베니 쿠퍼리지의 헤드 쿠퍼 이언 맥도날드

명하고 있다.

"이언 맥도날드는 손끝 촉감 하나만으로 유럽산 참나무인지 미국산 참
나무인지 구별해냅니다."

발베니의 장인들

〈주락이월드〉에서 이런 말을 한 적이 있다. "제가 기자 생활을
25년 넘게 했는데 저 같은 사람은 발베니 증류소에 가면 명함도 못
내밉니다." 이건 과장된 표현이 아니다. 발베니 발효실에서 만난 스

▲ 발베니 홍보대사 찰스(왼쪽), 36년 경력 장인 키스(오른쪽)와 함께
▼ 스카치 업계의 '살아 있는 전설' 데니스 맥베인

티비(33년 경력) 얘길 잠깐 했는데 발베니에는 이런 분이 꽤 많다. 내가 증류실에 갔을 때 증류 공정을 설명해 준 스틸맨still man(증류 담당 기술자)도 경력이 36년이었다. 키스Keith라는 이름의 이 장인은 증류소에 들어온 뒤 플로어 몰팅부터 시작해 당화와 발효를 담당하다가 지금은 증류 공정을 맡고 있다. 또 지금은 은퇴했지만 발베니 플로어 몰팅실에서 42년 동안 일한 로비Robbie라는 분도 빼놓을 수 없다. '영원한 몰트맨'으로 불리는 로비는 몰트 뒤집을 때 힘을 북돋우려고 직접 노래까지 작사 작곡한 것으로도 유명하다. 그렇다면 업계 최고 베테랑이 즐비한 발베니 증류소에서 가장 오랜 기간 일하고 있는 장인은 누구일까? 다름 아닌 증류기 관리와 수선을 담당하는 장인coppersmith 데니스 맥베인Dennis Mcbain이다. 스카치 업계에서 '살아 있는 전설'로 통하는 데니스 맥베인은 1958년 발베니 회사 윌리엄 그랜트 앤 선즈에 입사했다. 이때부터 지금까지 현역으로 일하고 있다. 2023년을 기준으로 경력만 65년이다. 이 긴 세월의 대부분을 데니스는 증류기와 함께 보냈다.

캐스크 피니싱의 원조는?

발베니 베스트셀러인 12년 숙성 제품을 보면 더블 우드Double Wood라고 적혀 있다. 위스키 초보자들은 "더블 우드? 나무가 두 개라는 뜻입니까?"라고 질문하기도 한다. 뭐, 대충 맞는 말이다. 발베니에서 쓰는 '더블 우드'라는 표현은 숙성 과정에서 종류와 특성이 다른 오크통 두 가지를 사용했다는 뜻이다. 구체적으로 말하면 발베니 12년은 버번위스키를 담았던 오크통에서 12년 이상 숙성시킨 뒤 마지막 6개월 이상을 유러피언 셰리 오크통에 넣어 숙성한 제품이다. 이런 식으로 숙성중이던 위스키를 오크통에서 빼내 다른 종류의 오크통으로 옮겨 담고 일정 기간 마무리 숙성하는 걸 피니싱finishing, cask finishing이라고 한다. 물론 피니싱이라는 말은 공식 용어는 아니다. 전문가마다 또 증류소마다 쓰는 표현은 제각각이다. 어떤 증류소에서는 2차 숙성secondary maturation이라고도 하고, 어떤 곳에선 추가 숙성extra maturation이라고 부르기도 한다. 피니싱(추가 숙성)은 이제 위스키 숙성 기법의 한 장르로 확고하게 자리잡았다. 1990년대 이후 스코틀랜드에서 유행처럼 번지더니 최근엔 켄터키 버번 증류소에서 따라할 만큼 세계 곳곳으로 퍼졌다.

여기서 질문 하나. 세계적 유행이 된 피니싱은 언제 누가 처음 시작했을까? 이 질문에 쉽게 답하기는 어렵다. 글렌모렌지와 발베니 두 곳에서 서로 '우리가 원조'라고 주장하고 있어서다. 객관적인 입장에서 내가 조사한 바로는 둘이 거의 비슷했지만 발베니가 약간 빨랐던 것 같다. 여러 자료를 살펴보면 발베니가 피니싱을 도입한 건 1980년대 발베니 클래식Balvenie Classic을 출시하면서부터다. 발

발베니 더블 우드 12

베니 공식 기록으로는 1983년에 추가 숙성*을 시도했다고 돼 있다. 반면 글렌모렌지가 최초의 피니싱 제품 글렌모렌지 1963을 출시한 건 1987년이다. 이 제품이 셰리 캐스크에서 1년 반 추가 숙성했다는 걸 감안하면 발베니보다 먼저 시도했다고 보기는 어렵다. 어쨌든 글렌모렌지와 더불어 피니싱 선두주자로 꼽히는 발베니는 1993년에 더블 우드를 내놓으면서 추가 숙성이라는 개념을 세상에 널리 알렸다. 발베니를 피니싱의 효시, 피니싱의 선구자로 평가하는 이유다.

자, 그렇다면 당시로선 파격적이고 혁신적이었던 추가 숙성을 발베니에 도입해 위스키 업계에 파장을 일으킨 사람은 누구일까? 바로 '몰트위스키의 아버지' 혹은 '발베니의 심장'으로 불리는 데이비드 스튜어트이다. 아마 이 대목에서 '아, 데이비드 스튜어트!' 하실 분이 많을 것이다. 너무 유명한 인물이라 이 이름을 한 번도 안 들어본 위스키 애호가는 별로 없을 테니 말이다. 발베니를 좋아하는 사람한테는 '발베니 = 데이비드 스튜어트'일지도 모른다.

　•이 당시엔 피니싱이라는 용어조차 없었다.

몰트 마스터 데이비드 스튜어트

2023년 몰트 마스터에서 물러나 명예대사가 된 데이비드 스튜어트는 발베니의 상징이다. 1945년생인 데이비드가 발베니 회사에 견습 직원으로 입사한 건 17살 때였던 1962년 9월 3일. 당시 데이비드는 고등학교를 마치고 보험 회사와 은행에 합격한 상태였다. 하지만 '위스키도 흥미롭지 않을까?' 하는 생각이 들어 증류소에 지원해 합격 통지를 받았다. 데이비드가 그때 제출한 입사 지원서와 면접 기록도 전부 증류소에 보관돼 있다. 데이비드를 평가했던 면접관이 "Would do(이 정도면 충분하다)"라고 적어놓은 게 눈에 띈다. 재밌는 건 증류소에 들어온 뒤 3년 동안 데이비드가 판매 기록과 송장 작성 일만 했다는 사실이다. 사무직이었기에 위스키를 어떻게 만들고 어떻게 맛보는지도 몰랐다고 한다. 그러던 어느 날 우연히 증류소에서 위스키 테이스팅을 할 기회가 생겼다. 이때 데이비드는 향 한번 맡고 나서 갖가지 풍미를 다 구별해냈다. 자신도 몰랐던 능력을 드러낸 것이다. 이걸 보고 깜짝 놀란 증류소에서는 데이비드에게 "위스키를 제대로 배워보라"고 제안한다. 이후 데이비드는 10년 동안 혹독한 도제식 수업을 받은 뒤 1974년에 발베니의 다섯번째 몰트 마스터가 된다.

여기서 데이비드 스튜어트가 맡고 있던 몰트 마스터Malt Master라는 자리가 어떤 건지 궁금한 분도 있을 것이다. 몰트 마스터는 한마디로 헤드 셰프head chef라고 생각하면 된다. 몰트위스키라는 재료로 여러 가지 요리(위스키)를 만들어내는 총괄 지휘자인 셈이다. 위스키가 오크통에서 잘 숙성되고 있는지 점검하고 언제 오크통에서 꺼내야 할지를 정하고 위스키를 어떻게 배합해 어떤 특징을 가

'몰트위스키의 아버지' 데이비드 스튜어트

진 제품으로 만들 것인지 모두 몰트 마스터가 판단한다. 제품의 맛
과 품질을 일관되게 유지하며 새로운 제품을 개발하는 게 몰트 마
스터의 핵심 역할이라고 할 수 있다. 그렇기에 이 일을 제대로 하
려면 두 가지가 필수적이다. 먼저 뛰어난 후각 능력이다. 데이비드
스튜어트는 그동안 하루 평균 30개에 달하는 오크통의 위스키 향
을 맡아왔다. 그가 구별해내는 위스키 풍미는 400가지나 된다. 더
불어 몰트 마스터는 위스키 제조 공정을 훤히 꿰뚫고 있어야 한다.
몰팅부터 당화와 발효, 증류, 숙성에 이르기까지 모든 분야를 전부
알아야 한다.

지난 수십 년간 데이비드 스튜어트가 이룬 업적을 다 적으려면

▲ 데이비드 스튜어트가 구별해내는 위스키 풍미는 400가지나 된다
▼ 대영제국 훈장을 받는 데이비드 스튜어트

논문을 한 편 써야 할지 모른다. 스카치 업계 거물이 된 그는 피니싱 기법을 도입한 클래식 시리즈를 시작으로 1990년대에는 더블우드와 21년 포트우드 같은 명작을 탄생시켰다. 2000년대 이후에도 혁신적인 제품을 내놓으며 발베니 전성기를 이끌었다. 이런 업적으로 데이비드 스튜어트는 위스키 매거진 평생공로상Lifetime Achievement Awards에 이어 국제주류품평회IWSC에서 주는 탁월한 업적상Outstanding Achievement Award을 받았다. 또 2015년 12월 31일에는 스카치 발전에 헌신한 공로로 대영제국 훈장MBE까지 받았다.

숙성고를 공유하는 까닭

발베니는 숙성고warehouse를 자매 증류소 글렌피딕, 키닌비와 공유한다. 윌리엄 그랜트 앤 선즈 소속의 몰트 증류소 세 곳이 함께 쓰는 더프타운 숙성고는 모두 46개. 여기서 세 증류소의 오크통 110만 개를 숙성한다. 눈여겨봐야 할 건 숙성고를 공유할 때 지키는 원칙이다. 우선 숙성고 하나에 특정 증류소 오크통을 한꺼번에 몰아넣지 않는다. 숙성 연수도 골고루 분산시켜놓는다. 다시 말해 글렌피딕 전용 숙성고가 따로 있고 발베니 전용 숙성고가 따로 있는 게 아니라는 것이다. 왜 그렇게 할까? 화재 위험 때문이다. 예를 들어, 어떤 숙성고 하나를 발베니 위스키로 가득 채웠다고 치자. 만약 이 숙성고에 불이 나면 어떻게 될까? 당연히 발베니 혼자 엄청난 타격을 입게 될 것이다. 하지만 발베니, 글렌피딕, 키닌비 오크통을 함께 넣어놓으면 불이 나더라도 세 곳이 피해를 분담할 수 있다. 숙성 연수를 분산시킨 것도 같은 이유다. 불이 났을 때 특정 연도에 통입한 위스키가 몽땅 사라지는 걸 막기 위해서다.

스카치 인기가 올라가면서 증류소마다 숙성고 때문에 아우성이다. 홍보대사 찰스에게 이 얘길 했더니 "우리도 지금 숙성고가 다차서 여유가 없는 상황"이라면서 "일부는 스코틀랜드 로우랜드에 있는 거번 증류소*로 보내 숙성한다"고 했다. 참고로 그레인위스키와 헨드릭스 진 등을 제조하는 거번 증류소에는 300만 개 오크통이 저장돼 있다.

발베니 보물 창고

발베니 증류소에는 볼거리가 많다. 다른 증류소에선 보기 힘든 플로어 몰팅실도 있고 쿠퍼리지도 있다. 하지만 그중에서도 24번 숙성고Warehouse No.24는 의미가 각별하다. 증류소에서 가장 오래된 곳이기 때문이다. 원래 이 숙성고 건물은 발베니 창업자 윌리엄 그랜트가 증류소 부지로 매입한 땅에 딸려 있었다. 윌리엄 그랜트는 80년 이상 방치된 건물을 허물지 않고 몰팅실로 개조했다. 그러다가 1929년에 이르러 건물 위층을 철거하고 아래층을 숙성고로 바꿨다. 그게 지금의 발베니 24번 숙성고이다.

24번 숙성고 앞에서 찰스가 열쇠를 꺼낸다. 잠시 뒤 빨갛게 칠해진 문이 열렸다. 숙성고에 들어가자마자 나는 "와……" 하고 탄성을 터뜨렸다. 딱 봐도 오래돼 보이는 캐스크가 일렬로 누워 있었기 때문이다. 사실 24번 숙성고는 발베니 보물 창고로 불린다. 그만큼 숙성 연수가 오래된 희귀 캐스크와 증류소에서 특별히 아끼는 기념 캐스크가 많다. 눈꺼풀을 깜빡이고 하나하나 살펴봤다. 맨 먼

●거번 증류소Girvan Distillery는 1963년 윌리엄 그랜트 앤 선즈가 블렌디드 제조용 그레인위스키를 생산하기 위해 지었다. 헨드릭스 진 등을 생산한다.

발베니의 '보물 창고', 24번 숙성고 내부

◀ 1965년 빈티지 캐스크
▼ 증류소 마당에 가득 쌓인 오크통

저 1965년 캐스크 두 개가 보인다. 1965년이면 지금으로부터 58년 전에 넣어둔 캐스크다. 혹시 이게 이 숙성고에서 가장 오래된 게 아닐까 싶어 물었더니 찰스는 "1962년 캐스크도 있기는 한데 어디 있는지는 비밀이어서 알려줄 수 없다"라며 씩 웃었다.

1960년대부터 1990년대 캐스크까지 훑어보고 나서 숙성고 한쪽에 놓인 1509 매링튠marrying tun을 살펴봤다. 발베니 애호가는 다 아는 얘기겠지만 데이비드 스튜어트는 유러피언 오크로 제작한 이 매링튠을 1년에 딱 한 번만 사용해 2014년부터 2021년까지 8개 한정판 제품Balvenie Tun 1509 *을 출시했다.

숙성고 1층에서 눈 호강을 한 뒤 2층으로 올라갔다. 여기는 오크통에서 직접 위스키를 꺼내 시음하는 공간이었다. 위스키 마실 생각을 하니 갑자기 신났다. 역시 술꾼에겐 눈보다는 입 호강이 제일이다. 찰스는 12년 숙성 버번 캐스크를 열어 코퍼독**으로 위스키를 꺼냈다. 그는 "이런 곳에서는 천연 컵nature's cup이 낫다"면서 잔이 아니라 손바닥에 위스키를 부어줬다. 두 손을 바짝 오므린 채 혀를 갖다대고 한 모금 맛봤다. '와, 진짜 맛있다.' 발베니 특유의 달콤한 꿀맛이 농축된 느낌이었다. 투어를 함께한 이세기씨(라세이 증류소 디스틸러)도 "이거 진짜 장난 아닌데요"라며 감탄했다.

다음은 17년 숙성 올로로소 셰리 캐스크에서 꺼낸 위스키. 역시 '천연 컵'인 손바닥으로 받아서 맛봤다. 혀에 닿는 순간 입안에서 '셰리 셰리' 노래를 불렀다. 꿀 같은 단맛에 건과일 풍미가 진하게 느껴졌다. 탄성을 연발하며 손바닥에 묻은 한 방울까지 다 핥아먹었다. 흐뭇한 표정을 짓던 찰스는 이 가운데 하나를 골라 200밀리리터 작은 병에 직접 담아 가라고 했다. 나는 한참 고민하다가 17년 셰리를 선택했다. 코퍼독을 캐스크 구멍bung hole에 넣고 바닥까지 떨

• Balvenie Tun 1509는 배치#1(2014년)부터 배치#8(2021년)까지 생산됐다.
•• 코퍼독copper dog은 캐스크(오크통)에서 위스키를 꺼내서 담는 도구이다.

어뜨렸다. '꼬르륵' 소리가 나며 위스키가 담겼다. 묵직해진 코퍼독을 들어올린 뒤 한 방울이라도 흘릴까봐 조심조심 병에 옮겨 담았다. 이렇게 증류소 오크통에서 바로 꺼내 병에 담은 걸 핸드필hand fill이라고 하는데 이런 경험은 참 오래 기억에 남는다.

▲ 코퍼독으로 위스키를 꺼내는 모습
▼ 증류소 오크통에서 바로 꺼내 병에 담은 걸 핸드필이라고 한다

발베니는 왜 발베니일까?

마지막으로 발베니가 왜 발베니인지는 설명해야 할 것 같다. 발베니라는 이름은 증류소 근처에 있는 발베니성Balvenie Castle에서 유래했다. 실제로 가보면 발베니 증류소보다는 글렌피딕에서 훨씬 가깝다. 글렌피딕 바로 뒤쪽에 있기 때문이다. 12세기에 지은 이 성에는 전설 같은 이야기도 전해져내려온다. 발베니 공식 유튜브에서 소개한 스토리는 이렇다. 발베니성은 14세기부터 더글러스 가문이 갖고 있었다. 1455년, 당시 성 주인이던 윌리엄 더글러스는 스코틀랜드 왕 제임스 2세한테 반기를 들었다가 목숨을 잃는다. 감히 왕한테 무력으로 대들었으니

▲ '발베니'라는 이름이 유래된 발베니성
▼ 발베니성과 관련된 전설에서 영감을 받아 만든 레드 로즈

멸문지화를 피할 수 없던 상황. 하지만 제임스 2세는 윌리엄의 부인 마가렛 더글러스Margaret Douglas만큼은 살려준다. 마가렛의 미모가 빼어났기 때문이다. 제임스 2세는 마가렛의 귀족 지위를 빼앗지 않고 발베니성에 그대로 살 수 있게 해주면서 딱 하나만 요구했다. 1년에 한 번 자기한테 붉은 장미를 바치라는 것이었다. 이 이야기에 영감을 받아 발베니에서 만든 위스키가 2008년에 이어 2021년에 다시 나온 레드 로즈Red Rose이다.

역시 발베니는 발베니이다. 특이한 것도 많고 볼거리도 많다. 무엇보다 발베니에는 이야기가 참 많다.

MACALLAN

설립 1824년
소속 에드링턴 그룹Edrington Group
주소 Easter Elchies, Craigellachie, Morayshire AB38 9RX

예약

경이롭고 환상적인 증류소

'세상 그 어떤 위스키 회사가 증류소를 이렇게 짓는다는 말인가?'

2018년 문을 연 새 맥캘란 증류소를 보고 처음 든 생각은 바로 이것이었다. 사진이나 영상으로는 지겨울 만큼 봤다. 하지만 직접 와서 보니 더 대단했다. 놀랍다는 말로는 부족하다. 경이롭고 환상적이었다. 말 그대로 압도적이었다. 이런 증류소는 이전에도 없었고 아마 앞으로도 없을 것 같다. 미국 타임지가 "반지의 제왕에 등장하는 호빗 마을Hobbiton이 외계인 식민지가 된다면 맥캘란 증류소와 비슷할 것"이라고 했는데 기가 막힌 비유였다.

맥캘란 증류소는 전혀 증류소 같지 않다. 증류소라기보다는 맥캘란이라는 브랜드를 주제로 꾸민 테마마크 같다. 196만 제곱미터(485에이커)에 달하는 맥캘란 영지에 자리잡은 이 증류소는 공사비로만 1억 4000만 파운드, 우리 돈 약 2200억 원이 들었다. 설계와 준비에 6년이 걸렸고, 공사는 2014년 12월부터 2018년 5월까지 3년 반 동안 했다. 증류소 하나 지으려고 이 정도 돈과 시간을 투자할 수 있는 곳은 맥캘란 말고는 떠오르지 않는다. 스코틀랜드 사람들이 맥캘란 증류소를 '몰트 디즈니랜드Malt Disneyland'라고 부르는 데에는 다 이유가 있다.

증류소 입구로 걸어갔다. 지붕부터 눈에 들어온다. 맥캘란 증류소 지붕은 스코틀랜드 산과 들판 풍경을 닮았다. 잔디에 덮인 다섯 개 봉우리가 지붕에 얹혀 있다. 207미터에 달하는 지붕을 구불구불하게 짓기 위해 북유럽 가문비나무 조각 2700개를 일일이 이어붙였다. 그래서 이 지붕은 "세상에서 가장 복잡한 목재 구조물"

'몰트 디즈니랜드' 맥캘란 증류소

구불구불한 지붕을 얹은 외관은 스코틀랜드 풍경을 닮았다

이라는 평가를 받고 있다. 맥캘란의 의뢰를 받아 이렇게 디자인한 곳은 로저스 스틱 하버 플러스 파트너스Rogers Stirk Harbour+Partners, RSHP. 파리 퐁피두 센터와 런던 로이드 빌딩, 서울 여의도 파크원을 설계한 세계적 건축가 리처드 로저스*가 설립한 회사다.

증류소에 들어서자 클래식 음악이 은은하게 귓가를 감싼다. 호텔리어처럼 깔끔하게 차려입은 직원은 "맥캘란에 오신 것을 환영합니다"라며 인사를 건넨다. 증류소 1층을 살펴봤다. 감탄사가 터졌다. 세계 각지의 증류소와 양조장 150군데를 넘게 가봤지만 이렇게 호화스러운 곳은 처음이었다. 증류소가 아니라 6성급 호텔 로비에 들어온 느낌이다. 고급스러운 분위기의 레스토랑이나 거대한 유리벽으로 디자인된 맥캘란 아카이브, 그리고 화려하게 꾸며신 신시관은 요즘 말노 '클라쓰'가 달랐다.

투어 시작할 때까지 시간이 남아 위스키 판매점에 들렀다. 맥캘란 애호가라면 여기 하나만 구경해도 눈이 돌아갈 것이다. 기본 라인업 제품부터 한정판 시리즈까지 거의 다 볼 수 있어서다. 그중에서 팝 아티스트 피터 블레이크의 세번째 콜라보 작품 An Estate, A Community and A Distillery와 007 탄생 60주년을 기념해 출시한 제임스 본드 시리즈는 별도 공간에 전시돼 있었다. 하지만 판매점에서 가장 눈에 띈 건 아무래도 레드 컬렉션Red Collection이었다. 2020년 출시 당시 소더비 경매에서 75만 6400파운드, 우리 돈 약 12억 원에 낙찰된 기록을 갖고 있는 레드 컬렉션 6병**이 유리장 안에서 빛나고 있었다.

---

* 리처드 로저스Richard Rogers는 2021년 12월, 88세로 세상을 떠났다.

** 레드 컬렉션은 40년, 50년, 60년, 71년, 74년, 78년까지 총 6병 세트로 구성돼 있다.

투어의 개념이 다르다

맥캘란은 증류소 투어도 특별하다. 투어 시간에 맞춰 안내 데스크로 갔더니 소파에 앉아 30분 동안 휴식을 취하라고 한다. 잠시 뒤 직원이 빵과 두 종류의 잼, 그리고 포트에 담긴 차와 예쁜 찻잔을 방문객 한 명 한 명에게 서빙한다. 증류소 투어는 2시간 넘게 충분히 할 수 있으니 빵과 차를 즐기며 경치 구경을 하라고 권한다. 맥캘란은 뭔가 달라도 다르다 싶었다.

맥캘란 투어는 예약하기 힘들기로 소문나 있다. 그럴 만하다. 일단 목요일부터

레드 컬렉션

일요일까지 나흘만 투어를 한다. 겨울은 주말에만 한다. 2022년 말을 기준으로 1인당 50파운드짜리 일반 투어는 하루 두 번, 레스토랑 식사가 포함된 250파운드짜리 특별 투어는 하루 단 한 번이다. 더구나 투어 참가자는 한 번에 6명에서 8명 이하로 제한된다. 이렇다보니 맥캘란 투어를 하려면 두세 달 전에 미리 예약해야 한다. 여름이나 가을 같은 성수기엔 예약 창 열리기를 기다렸다 바로 클릭해야 자리를 잡을 수 있다.

맥캘란 역사가 담긴 아카이브

투어는 맥캘란 아카이브에서 출발한다. 이름이 아카이브라고

증류소 투어 전에 제공된 빵과 차

해서 옛 문서나 사진 자료만 잔뜩 있는 곳이라고 생각하면 안 된다. 이곳엔 창업 초기인 1840년대부터 지금까지 출시된 맥캘란 위스키 398병이 시대별로 전시돼 있다. 여기 있는 위스키를 살펴보기만 해도 맥캘란이 200년 가까운 세월 동안 어떤 길을 어떻게 걸어왔는지 알 수 있다. 바닥부터 천장 끝까지 위스키로 가득찬 이곳에서 투어 가이드는 창업 역사부터 설명한다.

맥캘란 설립 연도는 1824년이다. 위스키 병에도 1824년이라고 박혀 있다. 스카치 역사를 공부한 분이라면 1824년이 어떤 해인지 알 것이다. 소비세법Excise Act of 1823 시행으로 세금이 큰 폭으로 줄어들면서 글렌리벳The Glenlivet 창업자 조지 스미스가 스페이사이드 최초로 합법 면허를 받은 해가 1824년이다. 이 무렵 시필드 백작Earl of Seafield에게 땅을 빌려 농사를 짓던 알렉산더 리드Alexander Reid가 글렌리벳에 이어 면허를 발급받고 합법 증류를 시

맥캘란 아카이브. 1840년대부터 지금까지 출시된 맥캘란 위스키 398병이 시대별로 전시돼 있다

작한다. 이것이 맥캘란* 역사의 출발이다.

창업자 알렉산더 리드가 증류소를 운영하던 당시의 위스키는 아카이브에 없다. 현재 맥캘란 아카이브에서 소장하고 있는 가장 오래된 위스키 병은 1848년 빈티지 제품이다. 지금으로부터 175년 전이다. 물론 병 안에 위스키는 한 방울도 남아 있지 않다. 하지만 이 귀한 걸 빈병으로라도 볼 수 있다는 게 어디인가. 맥캘란 초기 역사가 담긴 이 위스키 병을 살펴보면 아래쪽에 제임스 데이비슨 James Davidson이란 이름이 보인다. 1847년 알렉산더 리드가 사망한 뒤부터 20년 동안 제임스 데이비슨은 리드의 아들과 동업하며 증류소를 이끌었다. 이후 맥캘란 증류소는 제임스 스튜어트James Stuart에게 잠시 넘어갔다가 1892년에 새 주인을 맞이하며 큰 변화가 생긴다. 당시 맥캘란 증류소를 사들인 사람은 스코틀랜드의 유명 주류 거래상 로데릭 캠프Roderick Kemp. 그는 한때 스카이섬 탈리스커 증류소를 공동 소유하며 마스터 디스틸러로 일하기도 했다. 로데릭 캠프가 주인이던 시절 생산된 맥캘란 위스키 제품 일부에 Macallan and Talisker Distilleries라고 적혀 있는 건 이런 이유에서다. 위스키 제조 공정에 해박했던 로데릭 캠프는 맥캘란 증류소를 매입한 직후 설비를 현대식으로 바꾸며 혁신에 나섰다. 무엇보다 로데릭 캠프는 와인 거래상이라는 이점을 활용해 스페인에서 넘어온 셰리 오크통(운송용 셰리 캐스크)을 충분히 확보해 여기에 위스키를 숙성시키기 시작한다. 이 대목에서 투어 가이드는 "맥캘란이 지금도 셰리 위스키로 명성을 떨치고 있다는 점에서 로데릭 캠프는 증류소 역사에 큰 발자취를 남긴 것"이라고 강조했다. 셰리 캐스크 숙성이라는 큰 업적을 남긴 로데릭 캠프가 세상을 떠난 뒤 맥캘란은 후손들이 운영을 이어갔다. 그러다가 1996년 지금

• 창업 초기 증류소 이름은 맥캘란이 아닌 엘키스Elchies였다.

은 에드링턴 그룹으로 편입된 하일랜드 디스틸러스* 소유가 됐다.

▲ 1848 빈티지 맥캘란
▼ Macallan and Talisker Distilleries

세상에서 가장 비싼 위스키

맥캘란 아카이브의 대략 절반은 창업 초기부터 1970년대까지의 역사를 보여준다. 또 나머지 절반은 그 이후 맥캘란이 '위스키 계의 롤스로이스'라는 별칭을 얻으며 명품 주류 브랜드로 도약한 과정을 다룬다. 그래서 여기엔 1980년대 이후 맥캘란이 세상에 선보인 한정판 위스키가 즐비하다. 주로 경매 시장에서나 거래되는, 병 당 수억 원짜리 초고가 위스키가 한가득하다. 요즘 들어 '맥캘란

은 더이상 입으로 마시는 위스키는 만들지 않는다. 눈으로 즐기는 소장용 명품을 만들 뿐이다'라는 말을 하는 사람도 있다. 이 아카이브 오른쪽 공간에 배치된 희귀 한정판 제품이 딱 그런 것들이다.

여기서 잠깐. 세상에서 가장 비싼 술은 가격이 얼마나 할까? 구글에 들어가서 검색해보면 온갖 비싼 술이 등장한다. 우선 레이 디아망테Ley .925 Diamante라는 테킬라가 있다. 한 병 가격이 350만 달러, 우리 돈 약 45억 원에 달한다. 테킬라 한 병이 왜 이렇게 비싼가 싶어서 살펴봤더니 이 테킬라 병에는 화이트 다이아몬드 4100개가

---

*당시 하일랜드 디스틸러스Highland Distillers는 블렌디드 위스키 페이머스 그라우스와 오크니 섬 하일랜드 파크 증류소 등을 갖고 있었다.

박혀 있다. 그런가 하면 빌리어네어 보드카Billionaire Vodka라는 것
도 있다. 이름부터 억만장자라는 뜻이다. 이 보드카는 375만 달러,
지금 환율로 49억 원이 넘는다. 역시 최고급 다이아몬드 3000개가
병에 박혀 있다. 여기까지만 읽어도 세상에서 가장 비싼 술을 따
지는 게 의미가 없다는 생각이 들 것이다. 맞다. 이런 식이면 병에
다이아몬드를 고급스럽게 많이 장식할수록 가격도 올라가기 때문
이다. 자, 그렇다면 질문을 바꿔보자. 그동안 세상에 나온 위스키
중에 보석 장식 없이도 가장 비싸게 거래된 건 뭘까? 바로 맥캘란
1926 빈티지이다.

　맥캘란 1926 빈티지는 1926년에 증류한 스피릿을 60년간 숙성
해 1986년에 병입한 제품이다. 오크통(263번 캐스크)에 남아 있던
위스키가 워낙 소량이라 딱 40병만 세상에 나왔다. 이렇게 귀한
위스키를 맥캘란은 똑같은 라벨로 출시하지 않았다. 40병 가운데
12병은 영국 팝아트 대부 피터 블레이크한테 라벨 디자인을 맡겼
다. 다른 12병은 이탈리아 화가 발레리오 아다미가 라벨을 그렸다.
또 두 병은 아예 종이 라벨을 달지 않고 나왔는데 아일랜드 아티
스트 마이클 딜런이 이중 한 병에 붓으로 직접 그림을 그려넣었다.
이렇게 26병을 제외한 나머지 14병은 초고가 하이엔드 시리즈 파
인 앤 레어Fine & Rare 라벨로 출시했다.

　40병이라는 희귀성, 60년의 숙성 기간, 여기에 맥캘란의 명성이
더해지면서 1926 빈티지는 시장에 나오자마자 "세상에서 가장 비싼
증류주The World's Most Expensive Spirit" 타이틀을 얻는다. 1987년 미
국 뉴욕 시장에서 5000파운드(지금 환율로 약 800만 원)에 팔려 이
분야 기네스 기록을 세웠다. 하지만 지금 와서 생각해보면 당시 세
계 기록이었던 5000파운드가 헐값이나 다름없다. 세월이 흐르면서

1926 빈티지 가격이 천정부지로 뛰었기 때문이다. 특히 싱글몰트 인기가 크게 올라간 2010년대부터는 말 그대로 '부르는 게 값'이 됐다. 그럼 얼마나 폭등했을까? 2018년 5월 홍콩 본햄 경매에 1926 빈티지 피터 블레이크 버전이 나왔다. 그때 81만 6000파운드, 우리 돈 약 13억 원에 거래됐다. 또 같은 달에는 발레리오 아다미 버전이 88만 6000파운드(약 14억 원)를 찍었다. 2018년 11월에는 1926 빈티지 마이클 딜런 버전이 크리스티 경매에서 120만 파운드(약 19억 원)로 기록을 경신한다. 이듬해인 2019년에는 소더비 경매에 등장한 파인 앤 레어 라벨의 1926 빈티지가 무려

맥캘란 파인 앤 레어 1926

145만 2000파운드, 우리 돈 약 23억 원에 팔렸다. 또 한번의 세계 신기록이었다.

한번 생각해보라. 700밀리리터 위스키 한 병이 23억 원이면 30밀리리터 샷 잔 하나만 해도 9857만 원이다. 딱 1밀리리터가 328만 원이다. 맥캘란 아카이브에는 이렇게 비싸고 귀한 1926 빈티지 두 병이 나란히 전시돼 있다. 각각 10억 원을 넘는 1926 빈티지 피터 블레이크 버전과 발레리오 아다미 버전이다. 옆에는 1987년 당시 기네스 협회가 발행한 세계 기록 인증서도 있다.

피터 블레이크와 발레리오 아다미가 디자인한 맥캘란 1926 빈티지

Conceived by creative ___ Baron and brought ___ by Lalique, this decant___ ___acallan's sump___ complex whisky. M.

Imperiale is the largest decanter Lalique has ever made and the largest The Macallan has filled.

In January 2014 this rare 6 litre Imperiale Macallan M sold for USD $628,000 at Sotheby's Hong Kong, establishing a new world record.

▲ 2014년 소더비 경매에서 당시 세계 기록을 세운 맥캘란 M 디캔터 임페리알레
▼ 맥캘란 72년 제네시스 디캔터는 서울 옥션 경매에서 1억 5500만 원에 낙찰되기도 했다

술의 예술 맥캘란

맥캘란을 흔히 '술의 예술'이라고 부른다. 위스키를 넘어 예술 작품을 만든다는 뜻이다. 아카이브를 둘러보니 이 말이 맞구나 싶었다. 여기 전시된 맥캘란 '예술 작품' 몇 가지만 살펴보자. 우선 아카이브 정중앙 유리장에 놓인 맥캘란 M 디캔터 임페리알레 The Macallan M Imperiale. 이 제품은 2014년 소더비 경매에서 62만 8000달러(약 8억 2000만 원)에 팔려 당시 세계 기록을 세웠다. 6리 터짜리 대형 디캔터에 담겨 있는 M 임페리알레는 세계적 디자이너 파비앙 바롱Fabien Baron이 디자인 컨셉을 담당하고 명품 크리스탈 회사 라리크Lalique가 제작했다. 바로 옆 유리장에 전시된 72년 제 네시스 디캔터The Macallan 72 Years Old-The Genesis Decanter도 마찬가 지. '이게 위스키 병이 맞아?' 싶을 만큼 독특하게 생긴 제네시스 디캔터는 맥캘란 증류소를 설계한 로저스 스틱 하버 플러스 파트 너스가 디자인하고 라리크 장인이 수작업으로 만들었다. 전 세계 600병만 한정 출시된 72년 제네시스 디캔터는 2019년 서울 옥션 경매에서 1억 5500만 원에 낙찰돼 국내에서도 화제를 뿌렸다. 이 처럼 맥캘란의 초고가 한정판 제품은 맛을 따지기 이전에 미적인 면에서도 소장 가치가 높다. "돈만 많으면 나도 갖고 싶다"는 욕망 을 불러일으킨다.

콜라보 천재 맥캘란

맥캘란이 위스키를 예술의 경지로 끌어올린 방법은 한마디로

'콜라보', 협업이다. 세계적인 디자이너와 손을 잡은 M 디캔터 임페리알레나 72년 제네시스 디캔터가 그런 사례 중 하나다. 특히 맥캘란은 130년 전통의 유리 공예 명가 라리크와 동반자 관계를 유지하며 여러 작품을 탄생시켰다. 맥캘란 아카이브에 전시된 6병 세트 라리크 컬렉션The Macallan in Lalique Six Pillars이 대표적이다. 50년 이상 고숙성 위스키를 라리크의 유리 공예 작품에 담아 가치를 더 올렸다. 이렇게 출시한 라리크 컬렉션 중 한 세트는 소더비 경매에서 66만 5000파운드, 우리 돈 약 10억 6000만 원에 팔렸다.

　이뿐만이 아니다. 화가나 사진작가를 비롯한 정상급 아티스트와도 줄기차게 콜라보를 했다. 비틀즈〈Sgt. Pepper's Lonely Hearts Club Band〉나 오아시스〈Stop The Clocks〉앨범 커버를 디자인한 피터 블레이크한테는 벌써 세

번이나 라벨을 맡겼다. 또 6병 세트로 이뤄진 레드 컬렉션을 출시할 때에도 두 세트는 아티스트 버전으로 따로 만들었다. 스페인의 유명 일러스트레이터 하비 아즈나레즈가 라벨삽화를 그린 이 버전은 소더비 경매에서 우리 돈 약 11억 원에 낙찰됐다.

맥캘란과 피터 블레이크 콜라보

그런가 하면 〈아프간 소녀〉라는 제목의 내셔널 지오그래픽 표지 사진으로 유명한 거장 스티브 맥커리와도 여러 번 협업했다. 또 에디션 시리즈를 만들 때에는 세계 최고 레스토랑

으로 선정된 엘 세예르 데 칸 로카를 비롯해 '세상에서 가장 놀라운 코'로 불리는 조향사 로자 도브와 콜라보했다. 이런 식으로 맥캘란은 각 분야의 최고 스타와 손잡고 브랜드 명성을 높였다.

독특한 구조의 생산 시설

아카이브를 둘러본 뒤 증류소 2층으로 올라갔다. 당화와 발효, 증류까지 주요 공정 대부분은 이곳 2층 생산 시설에서 진행된다. 투어 가이드는 생산 시설 전체를 축소한 미니어처를 보여주며 당화조와 발효조, 증류기를 어떻게 배치했는지부터 설명했다. 우선 2층 생산 시설 맨 왼쪽에는 17톤 규모의 당화조를 놔뒀다. 그리고 나머지 공간을 3개 구역으로 나눠 발효조와 증류기를 함께 설치했다. 각각의 구역에는 증류기 12대(1차 증류기 4대, 2차 증류기 8대)가 작은 원을 그리는 듯 둥글게 배치돼 있다. 또 이 12대의 증류기를 감싸안는 형태로 발효조 7개가 더 큰 원을 그리며 놓여 있다. 증류기 12대와 발효조 7개가 설치된 구역이 모두 3개이니까 일일이 세어보지 않아도 맥캘란 전체 증류기는 36대(12×3=36)이고 발효조는 21개(7×3=21)라는 계산이 나온다.

증류기와 발효조를 이렇게 특이하게 배치한 곳은 난생처음 봤다. 보통 다른 증류소에 가면 당화실, 발효실, 증류실을 다 나눠놓거나 아니면 당화와 발효는 한곳에서 해도 증류실은 별도로 분리해둔다. 하지만 맥캘란은 이런 구분조차 없었다. 맥캘란 증류소는 뭐 하나라도 다 독특한 곳이다.

기이하게 작은 증류기

맥캘란 위스키를 얘기할 때마다 빠지지 않고 등장하는 게 증류기다. 맥캘란은 유난히 작은 2차 증류기를 쓰는 것으로 유명하다. 맥캘란 스스로 'curiously small still', 즉 '기이하게 작은 증류기'라고 표현한다. '기이하게 작다'면 어느 정도나 작은 걸까? 맥캘란 2차 증류기는 목이 짧고 용량도 작다. 고작 3900리터밖에 안 된다. 이게 얼마나 작은 건지는 다른 증류소와 비교해보면 안다. 울프번(2차 증류기 3600리터) 같은 소규모 신생 증류소나 크래프트 증류소는 빼고 얘기하자. 웬만큼 이름 있는 스코틀랜드 증류소 중에 맥캘란보다 더 작은 2차 증류기를 쓰는 곳은 아일라 킬호만(2070리터)뿐이다. 하지만 킬호만은 연간 최대 생산량이 60만 리터 정도밖에 안 된다. 애초에 증류기를 큰 걸 쓸 필요가 없다. 비교할 대상이 아니라는 얘기다. 또 이름 있는 대형 증류소 중에서는 글렌피딕이 작은 증류기를 쓰는 걸로 잘 알려져 있다. 하지만 글렌피딕 구형 2차 증류기도 4500리터쯤 되니까 맥캘란보다는 더 크다.

맥캘란은 새 증류소를 열면서 증

▲ 맥캘란 생산 시설 미니어처
▼ 맥캘란은 당화와 발효, 증류까지 주요 공정 대부분을 한 공간에서 진행한다

류기 형태는 건드리지 않았다. 크기나 모양을 바꾸면 스피릿 풍미가 변할 수 있어서다. 그럼 왜 맥캘란은 굳이 키가 작은 증류기를 고집하는 걸까? 또 키가 큰 증류기와 작은 증류기는 스피릿에 어떤 차이를 가져올까? 이런 궁금증은 맥캘란 투어 가이드가 풀어준다. 가이드의 설명은 위스키 서적에 나오는 내용과 비슷하다. 간단히 요약하면 이렇다. 증류기 안에서 끓어오른 기체는 무거운(끓는점이 높은) 게 있고 가벼운(끓는점이 낮은) 게 있다. 그런데 증류기 목이 길고 키가 크면* 무거운 기체가 증류기를 쉽게 빠져나가지 못한다. 이렇게 응축기로 넘어가지 못한 무거운 기체는 증류기 구리 표면과 만나 액체로 변하면서 다시 아래로 떨어져 재증류된다. 발베니 편에서 설명한 환류reflux의 원리다. 그래서 글렌모렌지처럼 키가 큰 증류기로 뽑아낸 스피릿은 풍미가 대체적으로 가볍고light 섬세한delicate 편이다.** 가볍고 휘발성 강한 기체만 증류기를 통과해 응축기condenser에서 스피릿으로 변하기 때문이다. 그렇다면 반대의 경우를 생각해보자. 맥캘란처럼 증류기 목도 짧고 키가 작으면 어떻게 될까? 그러면 무거운 기체도 쉽게 증류기를 통과해 스피릿으로 응축된다. 투어 가이드는 무거운 기체가 더 많이 응축될수록 대체적으로 더 묵직heavy하고 기름진oily 풍미를 이끌어낸다고 설명했다. 또 흔히 말하는 '보디감'도 커진다고 강조했다.

증류기 목과 응축기를 연결하는 라인 암lyne arm의 각도도 스피릿에 영향을 미친다. 라인 암이 위쪽을 향하고 있으면(상향 라인 암 ascending lyne arm) 무거운 기체는 더 빠져나가기 힘들다. 반대로 라인 암이 아래쪽으로 꺾여 있으면(하향 라인 암descending lyne arm) 무

● 증류기 목이 길고 키가 크더라도 목의 폭이 좁으냐 넓으냐에 따라서도 환류 효과는 달라진다.
●● '대체적'으로 그렇다는 얘기다. 증류기 크기나 모양만으로 스피릿 풍미를 단정하기는 힘들다. 같은 크기와 모양의 증류기라고 해도 위시를 얼마나 채워 가열하느냐 혹은 증류 속도를 어떻게 조절하느냐에 따라서도 풍미가 달라진다. 또한 컷 포인트(증류를 얼마나 끊어내는지)도 풍미에 큰 영향을 준다.

거운 기체도 쉽게 빠져나간다. 맥캘란 2차 증류기는 키도 낮을뿐 더러 라인 암까지 아래쪽으로 심하게 꺾여 있다. 그만큼 묵직한 스피릿을 생산할 수 있다는 뜻이다. 투어 가이드는 "맥캘란은 이런 독특한 형태의 증류기를 통해 오일리하고 왁시waxy하면서 풍부한 rich 풍미를 지닌 스피릿을 뽑아낸다"고 말했다.

증류기 크기와 라인 암 각도에 따라 스피릿이 어떻게 달라지는지에 대한 설명은 스코틀랜드 다른 증류소에서도 계속 듣게 된다. 이런 얘기를 할 때마다 그들이 제시하는 사례는 항상 똑같다. 키 큰 증류기를 얘기할 때는 늘 글렌모렌지를 언급한다. 키가 작은 증류기를 얘기할 때는 맥캘란을 빼놓지 않는다. 글렌모렌지와 맥캘란 증류기를 일종의 표본으로 삼아 설명하는 셈이다. 특히 맥캘란에서는 이런 차이를 말로만 설명하지 않는다. 눈으로 보면서 느낄 수 있게 해준다. 가이드는 키가 큰 증류기 모형(글렌모렌지)과 작은 증류기 모형(맥캘란), 이렇게 2개의 미니어처를 투어 참자가들 앞에 갖다놓는다. 그런 다음 손잡이를 돌려 모형 증류기를 수직으로 자른 단면을 보여주면서 증류기에서 기체가 어떻게 이동하는지 실감나게 설명한다.

'기이하게 작은' 맥캘란 증류기는 스코틀랜드 은행Bank of Scotland 이 발행한 화폐 디자인으로도 쓰였다. 1995년 스코틀랜드 은행이 창립 300주년을 맞아 내놓은 화폐 시리즈Tercentenary Series 10파운드 뒷면에는 맥캘란 증류기가 보인다. 맥캘란 증류기가 그려진 이 화폐는 2007년까지 10년 넘게 발행됐다.

맥캘란 증류기는 유난히 작고 라 인 암도 아래로 크게 꺾여 있다

▲ 작은 증류기와 큰 증류기 모형 비교
▼ 맥캘란 증류기가 그려진 10파운드 화폐

파이니스트 컷finest cut이란?

'기이하게 작은' 증류기와 함께 맥캘란 증류 공정의 핵심 키워드는 컷cut이다. 증류소에서 쓰는 컷cut, cutting, spirit cut이라는 용어는 글렌피딕 편에서도 이미 설명했다. 다시 요약하면 컷은 2차 증류를 통해 흘러나오는 스피릿(증류액) 중에서 오크통 숙성에 사용할 증류heart, middle cut만을 잘라내서 확보하는 공정이다. 통상적으로 스코틀랜드 증류소에서는 스피릿 가운데 알코올 도수 몇 퍼센트(% abv)●에서 몇 퍼센트까지를 증류로 쓸 건지 미리 정해둔다. 이렇게 설정한 중류의 범위를 증류소 스틸맨들은 미들컷 레인지 middle cut range 혹은 컷 레인지cut range라고 부른다.

맥캘란은 컷 작업을 할 때 정한 중류의 범위(미들컷 레인지)가 극단적으로 좁다. 알코올 도수 72%부터 증류로 확보하기 시작해 68%로 떨어지면 멈춘다. 증류를 확보하는 시작 지점과 끝 지점의 알코올 도수 차이가 고작 4%밖에 안 된다. 이렇게 컷의 범위가 좁기 때문에 2차 증류를 통해 뽑아낸 스피릿 가운데 중류로 모으는 양도 매우 적다. 맥캘란이 준 자료에 따르면, 전체 스피릿 중에서 중류는 16%에 불과하다. 딱 이 16%만 오크통 숙성에 쓰는 것이다. 그리고 나머지 84%는 초류head나 후류tail로 잘라내 다시 증류시킨다. 다시 말해 전체 스피릿 가운데 자신들이 원하는 풍미만 골라서 위스키를 만든다는 의미이다. 맥캘란에서 위스키 제조의 6가지 철학 가운데 하나로 내세우는 'finest cut(가장 섬세한 컷)'이라는 문구가 바로 이걸 말한다. 내가 돌아본 스코틀랜드 55개 증류소 중에서 맥캘란만큼 좁게 컷을 하는 곳이 없었다. 대다수 증류소가 중류 범위를 알코올 도수 10% 내외로 넓게 잡고 있었다. 좁

● 이때의 알코올 도수(% abv)는 통상 표준온도 섭씨 20도를 기준으로 한다. 즉 섭씨 20도에서 알코올 도수가 몇 퍼센트인지를 따져서 컷 범위를 정한다.

맥캘란 스피릿은 바나나와 초콜릿 풍미가 났다

게 컷을 하는 토마틴 증류소도 증류의 범위가 알코올 도수 71%에
서 65%까지로 맥캘란보다는 넓었다.

　나는 숙성을 하지 않은 스피릿(뉴메이크new make)을 맛보는 걸
별로 좋아하지 않는다. 거칠고 풍미가 강해 영 입맛에 맞지 않아서
다. 하지만 작은 2차 증류기와 극단적으로 좁은 컷을 통해 뽑아낸
맥캘란 스피릿은 느낌이 달랐다. 바나나와 초콜릿 풍미가 나면서
꽤 마실 만했다. 또 의외로 깔끔하고 피니시도 상당히 길었다.

맥캘란 = 셰리 캐스크

오크통(캐스크)이 위스키 풍미에 미치는 영향은 얼마나 될까? 미국 켄터키에서나 스코틀랜드에서나 최소 50%가 넘는다고 설명한다. 그런데 맥캘란은 오크통 숙성을 훨씬 더 강조한다. "맥캘란 위스키 풍미의 80%가 오크통에서 나온다"라고 말할 정도다. 이 말은 두 가지 의미를 갖는다. 하나는 오크통 숙성에 신경을 더 많이 쓴다는 얘기이다. 또 오크통 품질을 그만큼 자신하고 있다는 뜻이기도 하다. 따지고 보면 맥캘란이 지금의 인기와 명성을 얻게 된 것도 품질 좋은 캐스크를 남들보다 더 많이 확보해 잘 관리해왔기 때문인지 모른다.

맥캘란은 역시 셰리 캐스크이다. 지난 수십 년 동안 '셰리 위스키는 맥캘란'이라는 믿음을 위스키 애호가들에게 확실히 심어줬다. 이런 믿음 덕분에 셰리 위스키를 찾는 소비자가 늘어나면서 인기도 치솟았다. 그렇다면 '셰리 명가' 맥캘란은 어떻게 해서 품질 좋은 셰리 오크통을 충분하게 확보해온 걸까? 미국 언론 매체 쿨헌팅Coolhunting 르포 기사에 따르면 맥캘란 위스키를 숙성하는 오크통은 셰리 와인의 고향 스페인 헤레스Jerez에서 만든다. 현지 오크통 제작 업체, 즉 쿠퍼리지cooperage 세 곳과 계약을 맺고 오크통을 주문 제작하는 방식인데 과정이 제법 복잡하다. 먼저 헤레스 쿠퍼리지 세 곳에서는 스페인 등에서 벌목한 유러피언 오크(로브르robur 품종 참나무)와 미국산 아메리칸 오크(알바alba 품종 참나무)를 가져와 오크통을 만든 뒤 셰리 와인 양조장(보데가bodega)으로 넘긴다. 그러면 양조장에서는 이 오크통에 통상 18개월 동안 셰리 와인을 담았다가 빼낸다. 이렇게 셰리 와인 풍미가 입혀진 오크통

(셰리 시즈닝 캐스크sherry-seasoned cask)은 다시 스코틀랜드로 넘어와 맥캘란 위스키 숙성에 사용된다. 그렇다면 맥캘란은 얼마나 많은 셰리 오크통을 이런 방식으로 가져오는 걸까? 미국 〈USA 투데이〉는 2018년 3월 기사에서 "맥캘란이 셰리 캐스크 생산을 위해 스페인 셰리 양조장을 통제하고 있다"면서 "스코틀랜드 위스키 업계에서 사용하는 전체 퍼스트 필* 셰리 캐스크의 대략 80%를 수입하고 있다"고 보도했다. 처음 이 기사를 읽고 '에이 설마 80%라니……' 싶었다. 하지만 생각해보니 맥캘란이라면 가능하지 않을까 싶기도 했다. 지금 맥캘란 만큼 잘나가는 증류소는 스코틀랜드 어디에도 없으니까.

오크통 숙성과 관련해 맥캘란이 강조하고 있는 게 또 하나 있다. 위스키 빛깔을 예쁘게 하기 위해 캐러멜 색소를 넣지 않는다는 점이다. 이걸 맥캘란에서는 내추럴 컬러natural colour라고 홍보한다. 상당수 싱글몰트 증류소들이 캐러멜 색소를 넣어 위스키 색상을 완성하는 데 비해 맥캘란은 오로지 오크통 숙성을 통해서만 빛깔을 만들어낸다는 뜻이다.

명품이 된 맥캘란

이제 위스키를 맛볼 차례다. 투어 참가자들에게는 각기 다른 장소에서 두 번에 걸쳐 테이스팅 기회가 주어진다. 처음엔 원형 테이스팅 룸에서 위스키를 맛보게 되는데 분위기가 장난 아니다. 정말 '돈 제대로 썼구나' 싶다. 그만큼 테이스팅 룸이 화려하다. 둥근 테이스팅 룸 유리창 바깥 벽면에 100여개 쯤 되는 오크통을 전시해

---

* 퍼스트 필 캐스크는 셰리 와인이나 버번위스키 등을 숙성한 뒤 처음으로 싱글몰트 위스키 숙성에 사용되는 '첫번째 재사용' 오크통을 뜻한다.

▲ 오로지 오크통 숙성을 통해서 만들어낸 내추럴 컬러
▼ 테이스팅룸 벽면에 장식된 오크통

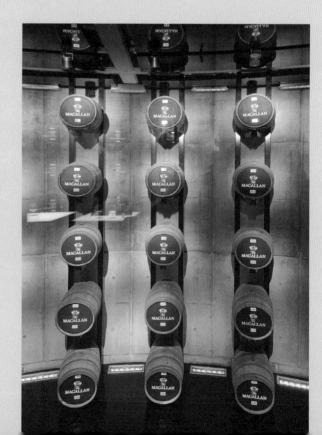

났다. 자리에 앉아 있으면 마치 수많은 오크통이 나를 감싸고 있는 기분이 든다. 이런 데서 위스키를 마시면 맛없는 것도 맛있게 느껴질 것 같았다.

원형 테이스팅 룸에서 처음 맛본 건 맥캘란 애호가라면 다들 한 번쯤 마셔봤을 15년 숙성 더블 캐스크였다. 투어 가이드 설명 그대로 유러피언 오크 캐스크의 스파이시한 풍미와 아메리칸 오크의 바닐라 풍미가 조화롭게 어우러졌다. 이어서 등장한 위스키는 홈 컬렉션 더 디스틸러리Home Collection-The Distillery. 2022년 여름에 출시돼 공항 면세점과 증류소 매장에서만 판매된 제품이다. 국내에선 보기 힘들어 맛이 궁금했는데 버터나 초콜릿을 녹인 것 같은 오일리한 풍미가 두드러졌다. 하지만 솔직히 크게 대단하다는 느낌은 들지 않았다. 다만 홈 컬렉션 첫 제품이라는 것과 더불어 32년간 증류소에서 일한 직원이 수채화로 그린 증류소 풍경을 케이스로 제작했다는 점에서 소장 가치는 높아 보였다. 투어 가이드 얘기를 들어보니 이 제품을 출시한 첫날 증류소에 아침 일찍부터 사람이 몰려 장사진을 이뤘다고 한다.

테이스딩 룸에서 두 잔을 맛본 뒤 맥캘란 바The Macallan Distillery Bar로 자리를 옮겼다. 통 유리창을 통해 맥캘란 생산 설비가 훤히 보이는 이곳에서는 1930년대부터 최근까지 맥캘란이 생산한 840여 종류의 위스키를 주문해 마실 수 있다. 이렇게 특별한 곳에서 클래식 컷 2022년을 마시며 투어 참가자들끼리 자유롭게 대화를 나누는 게 맥캘란 성지 순례의 마지막 코스였다. 2시간 넘게 투어에 신경쓰느라 누가 나와 함께 돌아다녔는지 눈여겨보지 않았다. 맥캘란 바에서 얘기를 나눠보니 그들은 하나같이 맥캘란의 열렬한 팬이자 수집가들이었다. 그래서 서로 주고받는 대화도 이런 식이었다.

15년 숙성 더블 캐스크와 홈 컬렉션 더 디스틸러리

"맥캘란 컨셉 넘버 1이 미국에서 얼마나 비싸게 거래되는 줄 아세요?"

"에휴, 스코틀랜드도 마찬가지예요."

"그러게 말이에요. 지금은 어디서도 구할 수가 없으니…… 그때 더 사 놓을걸 후회하고 있어요."

어떤 분위기였는지 짐작할 것이다. 맥캘란이 화제가 되면 한국 사람이나 미국 사람이나 스코틀랜드 사람이나 하는 얘기가 다 똑 같다. '구경하기조차 힘들다' '값이 너무 비싸다' '한정판만 잔뜩 내놓는다'라며 불평과 불만을 늘어놓는다. 하지만 그러면서도 다 들 갖고 싶어한다. 누구나 갖고 싶지만 누구나 가질 수는 없는 위 스키. 그게 '명품'이 되어버린 지금의 맥캘란이다.

맥캘란 직원이 직접 그린 수채화(©Colin Rizza)

GLENFARCLAS

설립 1836년
소속 J. & G. Grant
주소 Ballindalloch, Banffshire AB37 9BD

예약

산 좋고 물 좋은 명당

글렌파클라스는 산 좋고 물 좋은 곳에 있다. 증류소에 도착하면 뒤편에 산이 보인다. 높이 841미터인 벤리니스산Ben Rinnes이다. 여기서 흘러내려오는 물은 예로부터 맑고 부드럽기로 소문났다. 나지막한 산 아래로는 넓고 푸르른 들판이 펼쳐져 있다. 이런 명당에 터를 잡은 글렌파클라스는 스코틀랜드 게일어로 푸른 초원의 계곡glen of the green grass이란 뜻이다.

이곳에선 18세기부터 위스키를 만들었다고 전해진다. 위스키 평론가 찰스 맥클린이 쓴 『Spirit of Place』를 보면 지금 증류소 자리에서 위스키 만드는 모습을 담은 1791년도 풍경화도 있다고 한다. 이걸 보면 수확하고 남은 보리로 농장에서 몰래 위스키를 제조하던 불법 증류가 꽤 오래 이어졌던 것 같다. 합법 증류는 1836년에 시작된다. 글렌파클라스의 공식 창업 연도이다. 당시 이 일대 농장 Rechlerich Farm을 빌려 농사를 짓던 로버트 헤이Robert Hay가 정식 면허를 받고 증류소를 세웠다. 1865년 로버트 헤이가 세상을 떠나자 이웃이던 존 그랜트John Grant가 당시 돈으로 512파운드를 주고 증류소를 매입한다. 이때부터 지금까지 글렌파클라스는 그랜트 가문에서 대를 이어 운영하고 있다.

스카치 증류소 상징인 파고다 루프*가 멋스럽게 장식된 방문자 센터로 들어갔다. 가족 소유 증류소라는 점을 강조하려는 듯 방문자 센터 벽에는 글렌파클라스를 이끌어온 그랜트 가문의 역대 회장 이름과 사진이 커다랗게 붙어 있었다. 그런데 자세히 보니 회장 이름이 모두 존John 아니면 조지George였다. 1대 회장 존 그랜트부터

• 19세기 최고 증류소 건축가 찰스 도이그가 디자인한 환풍구 달린 지붕. 동양의 탑pagoda을 닮은 지붕roof이라고 해서 '파고다 루프pagoda roof'로 불린다. 원래 이름은 도이그 벤틸레이터 Doig Ventilator이다. 과거 스코틀랜드 증류소에서는 몰트 건조실 천장에 파고다 루프를 달아 공기를 순환시켰다.

조지 그랜트(2대)—조지 그랜트 2세(3대)—조지 그랜트 3세(4대)—존 그랜트 3세(5대, 현 회장)로 이어진다. 또 존 그랜트 3세 현 회장의 아들은 다시 조지 그랜트 4세(6대)이다. 조지 아니면 존으로 이름 짓는 게 이 집안 전통인가보다.

파고다 루프가 장식된 방문자 센터

패티슨 사태와 상속세 위기

가문이 대를 이어가며 위스키를 만드는 동안 위기도 여러 번이었다. 대표적으로 19세기 말에 터진 패티슨 사태Pattison Crash를 들 수 있다. 스카치 업계 전체를 휘청거리게 한 이 사태의 전말은 이렇다. 패티슨 형제(로버트와 월터)가 1887년에 설립한 패티슨Pattisons Ltd은 모닝 듀Morning Dew 같은 블렌디드 위스키를 만들어 유통하던 회사였다. 때마침 불어온 스카치위스키 바람Scotch Boom을 타고 급격히 몸집을 키운 패티슨은 글렌파클라스를 비롯해 오반, 올트모어 등 여러 증류소 지분까지 확보했다. 하지만 회사를 운영한 패티슨 형제는 허세가 심할뿐더러 정직하지도 않았다. 투자받은 돈으로 개인 열차private train를 타고 다니며 사치를 일삼았다. 자기 회사 주식을 팔았다가 비싼 값에 다시 사들여 주가를 끌어올리는 사기행각까지 벌였다. 결국 1898년 12월에 회사는 부도났다. 패티슨과 거래하던 업체들도 줄도산 했다. 패티슨

패티슨 광고 포스터. 패티슨의 부도는 스카치 업계 전체를 휘청거리게 했다

에게 지분 절반을 내주고 위스키를 거래하던 글렌파클라스 역시
이 사태로 막대한 부채를 떠안으며 망할 위기에 처한다. 하지만 그
랜트 가문은 증류소를 담보로 은행 빚을 내고 오크통까지 내다팔
며 버텼다. 그렇게 글렌파클라스를 지켜냈다.

그런가 하면 1949년 3대 회장 조지 그랜트 2세가 별세했을 때에
도 글렌파클라스는 위기를 맞았다. 글렌파클라스 회사 J. & G. Grant
Ltd 자본금만큼 상속세가 부과됐기 때문이다. 이때도 그랜트 가문
은 거대 주류 기업의 인수 제안을 거절하고 허리띠를 졸라매며 독
자 경영을 유지했다.

증류소의 오랜 전통과 역사를 상징하는 수차

가장 순수한 물

패티슨 사태와 상속세 위기에도 불구하고 가족 경영 원칙을 고수해온 글렌파클라스. 이 증류소는 어떻게 위스키를 만들고 있을까? 글렌파클라스 생산 방식과 제조 철학을 파악하기 위해 브랜드 홍보대사 커스틴의 안내로 증류소 곳곳을 살펴보기로 했다. 방문자 센터를 나와 생산 시설로 가다보니 물길이 흐르고 수레바퀴가 힘차게 돌고 있다. 증류소를 다니다보면 이런 수차waterwheel를 종종 보게 된다. 과거엔 이걸로 증류소 설비를 가동했다. 글렌파클라스는 증류기 바닥에 찌꺼기가 눌어붙지 않게 막는 러미저rummager(뒤집개)를 수차 에너지로 돌렸다. 물론 지금은 수차로 동력을 얻지는 않는다. 멋스럽게 돌아가는 수차는 증류소의 오랜 전통과 역사를 상징하는 훌륭한 장식품이다.

글렌파클라스 수원지는 증류소 뒤편 벤리니스산이다. 냉각수 cooling water를 포함해 위스키 생산에 필요한 모든 물이 산에서 흘러온다. 수레바퀴를 돌리는 물도 마찬가지다. 겨우내 산에 쌓인 눈이 녹아 땅으로 스며들어 샘을 이룬다. 이 맑고 깨끗한 물을 끌어와 위스키를 만든다. 글렌파클라스에서는 벤리니스산에서 흘러온 이 물을 "purest water", 가장 순수한 물이라고 자랑한다. 역시 증류소는 물이 좋고 또 많은 곳에 있어야 한다.

몰트 이물질은 어떻게 걸러낼까?

글렌파클라스 생산 공정은 몰트 분쇄로 시작된다. 총 300톤 용량의 저장 시설에 몰트를 쌓아두고 당화에 들어갈 때마다 필요한 양만큼만 제분기mill에 넣는다. 이 과정에서 세심하게 신경써야 할 게 있다. 몰트를 제분기에 넣고 돌리기 전에 불순물을 제거하는 일이다. 몰트에는 지푸라기나 돌은 물론이고 심지어 쇳조각 같은 것도 섞여 있기 마련이다. 이걸 미리 빼내지 않으면 사고가 날 수 있다. 그냥 돌렸다가 제분기 롤러가 망가지기도 하고 스파크를 일으키면서 불이 날 위험도 있다.

이물질을 골라내기 위해 증류소에선 보통 두 가지 장비를 쓴다. 먼저 드레서dresser이다. 드레서에는 철망이 달려 있어서 지푸라기나 작은 돌을 골라낼 수 있다. 그런 다음 디스토너de-stoner라는 장비를 별도로 쓰기도 한다. 디스토너는 예전에 정미소에서 쓰던 석발기(돌 골라내는 기계)를 떠올리면 이해가 빠를 것 같다. 경사진 선반에 몰트를 떨어뜨린 뒤 천천히 이동시키면서 몰트보다 무거운 돌이나 이물질을 채로 걸러낸다. 글렌파클라스 증류소에서는 드레서와 디스토너, 두 가지를 모두 사용하고 있었다.

제분기의 벤틀리?

스코틀랜드 증류소 여러 곳을 다닌 분은 알 것이다. 몰트 분쇄실milling room에 갈 때마다 주로 보게 되는 제분기는 포르테우스Porteus 아니면 보비R. Boby라는 회사 제품이다. 웬만큼 이름 있는 증류소가 거의 다 이걸 쓰기 때문에 투어를 하다보면 포르테우스와 보비 얘기를 지겨울 정도로 듣게 된다(포르테우스와 보비는 글렌알라키 편 참고). 하지만 글렌파클라스는 포르테우스나 보비가 아닌 뷸러* 제품을 쓰고 있었다. 또 분쇄 방식도 조금 달랐다. 포르테우스와 보비 제분기는 대개 상단에 롤러 2개, 하단에 롤러 2개가 돌아가는 4롤러 밀4-roller mill이다. 하지만 글렌파클라스에서 쓰는 제분기는 롤러가 5개 장착된 5롤러 밀5-roller mill이었다. 기존의 4롤러 밀에 롤러 하나를 더 추가한 제품이다. 증류소 얘기를 들어보니 이 제분기는 1974년 확장 공사 때 도입한 것이라고 한다. 글렌파클라스에서는 "롤러 5개가 장착된 뷸러 제품이 보다 정교하고 효율적으로 몰트를 분쇄하기 때문에 이 제품을 제분기의 벤틀리Bentley of mills라고 부른다"고 자랑한다.

• 뷸러Buhler는 분쇄기Grist Mill로 유명한 스위스 회사이다.

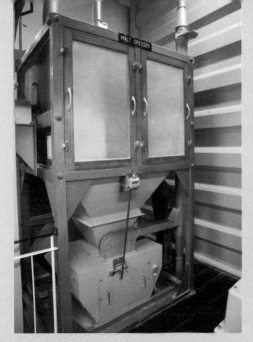

이물질을 골라내기 위해 쓰는 드레서(좌)와 디스토너(우)

뷸러 제분기. 롤러가 5개 장착되어 있다

세미 라우터? 풀 라우터?

제분 공정을 살핀 뒤에는 당화mashing가 이뤄지는 곳으로 이동했다. 당화는 분쇄한 몰트를 뜨거운 물과 섞어 워트wort(맥아즙)를 뽑아내는 공정이다. 당화실에 들어가자 거대한 당화조(매시툰mash tun)가 눈에 들어온다. 글렌파클라스 당화조는 16.5톤짜리 초대형이다. 지름만 10미터에 달한다. 맥캘란이 2018년 새 증류소를 지으면서 17톤짜리 당화조를 도입하기 전까지는 이게 업계 최대 크기였다고 한다.

당화조 지붕에 달린 창을 열어 내부를 살펴봤다. 수십 개의 날blade, knife이 수직으로 달린 회전 팔rotating arm이 천천히 돌아가고 있었다. 분쇄된 몰트(그리스트grist)와 물이 잘 섞일 수 있도록 저어주기 위해서다. 이처럼 수직 날이 달린 회전 팔을 장착한 당화조를 라우터 툰lauter tun이라고 한다. 스코틀랜드에서 가장 흔하게 볼 수 있는 방식이다. 여기서 조금만 더 깊이 들어가면 글렌파클라스 당화조는 현대식 라우터 툰 중에서도 세미 라우터 툰semi lauter tun으로 분류된다. 이 대목에서 '우리가 이런 것까지 알아야 하나' 하실 분도 있을 것 같다. 하지만 해외 위스키 서적은 물론이고 위스키 전문 사이트에도 이 용어가 자주 등장하니 이 기회에 알아두면 좋을 거 같아 핵심만 요약해드리겠다.

앞서 언급한 대로 현대식 당화조인 라우터 툰에는 글렌파클라스에서 쓰는 것과 같은 세미 라우터가 있고 또 풀 라우터full lauter라는 것도 있다. 이 둘의 차이는 회전 팔과 날의 높낮이 조절이 되느냐 안 되느냐이다. 세미 라우터 툰은 높이 조절이 안 되지만 풀 라우터 툰은 가능하다. 그래서 당화조에 투입한 몰트 양에 따라

당화조 내부. 분쇄된 몰트와 물이 잘 섞이도록 회전 팔이 천천히 돌아간다

위로 올릴 수도 있고 낮게 할 수도 있다. 풀 라우터 튠이 더 편리하기 때문에 맥캘란을 비롯해 상당수 증류소는 이 방식을 채택한다. 하지만 여전히 세미 라우터 튠을 쓰는 곳도 많다.

평균 106시간 발효

글렌파클라스에는 발효조washback 12개가 있다. 모두 스테인리스 재질이다. 각각의 최대 용량은 4만 5000리터이다. 하지만 실제 발효할 때는 여유 공간이 있어야 하기에 그보다 훨씬 적게 채운다. 글렌파클라스 발효 공정을 살펴보며 가장 놀란 건 발효 시간 fermentation time이었다. 그동안 나는 글렌파클라스 발효 시간이 길

클렌파클라스 발효 공정은 평균 106시간에 달한다

지 않다고 알고 있었다. 여러 전문 서적에 50시간에서 60시간으로
나와 있어서였다. 하지만 증류소 생산 공정을 총괄하는 디스틸러
리 매니저 칼럼 프레이저Callum Fraser를 만나 물어봤더니 평균 발효
시간이 106시간에 달한다고 확인해줬다. 칼럼 프레이저는 길게 발
효하는 이유에 대해 "과일fruity과 풀grassy의 풍미를 최대한 이끌어
내기 위해서"라고 답했다(발효 시간과 풍미는 글렌알라키 편 참고).

100% 직접 가열 방식

글렌파클라스는 전통적으로 큰 증류기를 써왔다. 지금도 1차
증류기wash still 용량이 2만 6500리터, 2차 증류기spirit still는 2만
1200리터에 달한다. 2차 증류기 크기가 웬만한 다른 증류소 1차

증류기보다 크다. 또 1, 2차 증류기 모두 환류reflux를 증가시키는 보일 볼boil ball이 달려 있다. 보일 볼이 달린 대형 증류기를 총 6대 (1차 증류기 3대, 2차 증류기 3대) 가동한다. 하지만 증류기 크기보다 더 눈여겨봐야 할 건 가열 방식이다. 글렌피딕 편에서 설명했듯이 거의 모든 스코틀랜드 증류소에서는 간접 가열indirect fire, indirect heating로 증류한다. 증류기 내부에 설치된 관에 뜨거운 증기를 흘려보내 간접적으로 열을 전달하는 방식이다. 이와는 달리 증류기 바닥에 바로 열을 가하는 직접 가열direct fire, direct heating 방식을 쓰는 스코틀랜드 증류소는 글렌피딕과 스프링뱅크, 글렌파클라스 정도뿐이다. 그중에서도 글렌파클라스는 유별나다. 글렌피딕과 스프링뱅크는 증류기 일부만 직접 가열하지만 글렌파클라스는 모든 증류기를 직접 가열 방식으로 돌린다. 다시 말해 글렌파클라스는 '100% 직접 가열'이다.

직접 가열은 역사가 오래됐다. 옛날엔 모든 증류소가 다 직접 가열 방식으로 증류했다. 오래전에는 나무를 때서 증류기를 가열했고, 이후에는 기름이나 석탄을 썼다. 지금은 환경 규제로 더이상 석탄을 쓰지 못해 그 대신 천연가스를 사용한다. 반면에 간접 가열은 19세기 말에 등장한 현대화된 방식이다. 1880년대 스카파와 글렌모렌지가 도입한 뒤 퍼지기 시작해 거의 모든 스코틀랜드 증류소가 간접 가열 방식을 채택하고 있다. 간접 가열이 대세가 된 건 그만큼 직접 가열에 단점이 많아서다. 일단 직접 가열은 불 조절이 쉽지 않다. 자칫하면 증류기 바닥이 시커멓게 타버릴 수 있다. 열을 골고루 전달하기도 힘들다. 바닥 열기로 구리가 마모돼 증류기 수명까지 짧아진다. 무엇보다 간접 가열에 비해 연료비가 더 든다. 이렇게 단점이 많은데도 글렌파클라스는 왜 직접 가열을 고집하는 걸까?

직접 가열 방식을 고기 굽는 데 비유하는 전문가가 많다. 뜨거운 프라이팬에 고기를 올려놓으면 단백질과 당분이 반응해 갈색으로 변하고 감칠맛이 더해지는 마이야르 반응Maillard reaction이 일어난다. 온도가 더 올라가면 당분만 혼자서 반응해 캐러멜화caramelizing가 진행된다. 그런데 직접 가열로 증류기를 돌릴 때에도 이와 비슷한 현상이 생긴다. 증류기 바닥에 직접 열을 가하면 온도가 최대 섭씨 650도까지 올라가면서 워시wash(발효액)에 있는 당분과 단백질이 구리 표면에 달라붙어 색이 변하고 다양한 풍미를 만들어낸다. 위스키 전문 사이트 스카치위스키닷컴에서는 "이렇게 생성되는 화합물 가운데 대표적인 게 푸르푸랄furfural이고 이 성분이 증가하면 캐러멜과 견과류 풍미가 강해진다"고 설명한다.

실제로 글렌파클라스 위스키를 마셔보면 흔히 달고나 맛이라고 하는 토피toffee와 견과류, 그리고 캐러멜caramel 풍미가 잘 느껴진다. 증류소에서는 이런 풍미가 직접 가열 방식 때문에 생긴 거라고 단언한다. 디스틸러리 매니저 칼럼 프레이저는 나와 인터뷰하는 내내 이 부분을 거듭 강조했다. 그는 "글렌파클라스는 100% 직접 가열로 증류하기 때문에 토피와 캐러멜 같은 특유의 풍미가 생긴

직접 가열 증류기. 겉모습은 간접 가열 증류기와 크게 차이가 없지만 내부는 완전히 다르다

다. 직접 가열이 비용은 더 많이 들지만 맛과 향 때문에 포기하지 않고 있다"라고 말했다. 칼럼 프레이저에 따르면, 글렌파클라스는 1980년대에 간접 가열로 바꾼 적이 있다. 하지만 가열 방식을 바꾸자 스피릿spirit(증류액) 풍미가 완전히 달라졌다고 한다. 그래서 6주 만에 다시 직접 가열로 되돌려 지금까지 그대로 유지하고 있다.

직접 가열 증류기는 겉으로 볼 때는 간접 가열 증류기와 크게 차이가 없다. 하지만 내부는 완전히 다르다. 열을 고르게 전달하기 위해 바닥이 불룩하게 돼 있다. 또 간접 가열 증류기에 비해 구리 바닥도 훨씬 두껍다. 무엇보다 1차 증류기에는 워시가 증류기 바닥에 눌어붙어 타는 걸 막기 위해 특별한 장치가 달려 있다. 폭 30센티미터의 무거운 구리 그물로 바닥을 긁어내는 장치이다. 모터로 직동하는 회전 팔에 매달려 돌아가는 이 구리 그물을 러미저(뒤집개)라고 부른다.

극단적으로 넓은 증류 범위

맥캘란과 글렌파클라스는 셰리 위스키로 명성을 얻은, 이른바 '셰리 명가'이다. 하지만 증류 공정만 보면 둘은 대척점에 있다. 증류기 크기부터 보자. 맥캘란은 '기이하게 작은' 증류기를 쓴다. 하지만 글렌파클라스는 스페이사이드에서 가장 큰 증류기를 쓰는 것으로 알려져 있다.• 증류기 크기만 차이 나는 게 아니다. 스피릿에서 중류heart, middle cut를 확보할 때 설정하는 컷 포인트cut point 도 극과 극이다. 맥캘란 컷 포인트는 이미 설명했다. 72%(abv)와

• '알려져 있다'라는 애매한 표현을 한 데는 이유가 있다. 데이비드 위셔트의 『위스키 대백과』 등 여러 자료에는 "글렌파클라스 증류기가 스페이사이드에서 가장 크다"라고 나온다. 다만 지금도 그런지는 의문이다. 스페이사이드에는 증류소만 50군데가 넘는다. 이 많은 증류소에서 지금 쓰고 있는 증류기 용량을 모두 조사한 자료는 찾을 수 없었다.

68%이다. 스피릿 알코올 도수 72%에서부터 중류로 잡아내기 시작해 68%에서 멈춘다는 의미다. 중류 범위middle cut range가 불과 4%밖에 안 된다. 이 좁은 구간만 숙성에 사용한다. 그럼 글렌파클라스는 어떨까? 중류를 잡아내는 시작점은 72%(abv)로 맥캘란과 같다. 하지만 끝 지점이 58%이다. 스피릿 알코올 도수 72%에서부터 58%까지 중류를 매우 길게 잡아낸다. 맥캘란 중류 범위가 4%에 불과한 반면 글렌파클라스는 14%나 된다. 다시 말해 맥캘란은 중류 범위가 극단적으로 좁고 글렌파클라스는 극단적으로 넓다.

스코틀랜드 전체 증류소를 다 따져본다 해도 글렌파클라스처럼 넓게 중류를 잡아내는 곳은 없을 것 같다. 내가 방문한 55곳 스카치 증류소 중에서 스피릿 알코올 도수 60% 아래까지 중류를 뽑아내는 곳은 글렌파클라스와 라가불린(72%~59%), 그리고 달위니(70%~57%)뿐이었다. 여기를 제외한 다른 증류소는 스피릿 도수가 평균 60% 밑으로 떨어지면 중류로 쓰지 않는다. 이 부분부터는 후류tail로 분류해 다음번 증류할 때 다시 증류시킨다. 결국 글렌파클라스는 대다수 증류소가 후류로 잘라내는 스피릿까지 중류에 포함시켜 숙성에 사용한다는 뜻이다. 그렇다면 글렌파클라스는 왜 이렇게 하는 걸까? 한마디로 다양하고 개성적인 풍미를 위해서다.

응축기condenser를 통해 흘러나오는 스피릿의 성분과 풍미 물질은 무척 다양하다. 증류 초반에는 아세톤(끓는점 56도)이나 인체에 치명적인 메탄올(끓는점 64.7도) 같은 게 많이 나온다. 끓는점이 낮고 휘발성이 강해 맨 먼저 증류된 것들이다. 이후 과일 풍미를 만드는 에스테르의 일종인 에틸 아세테이트(끓는점 77.1도)에 이어 에탄올(끓는점 78.3도)이 본격적으로 증류돼 빠져나온다. 증류

컷 작업중인 스피릿 세이프

소에서 중류로 확보하려는 게 바로 이 부분이다. 그러다 증류 후반으로 갈수록 알코올 도수가 급격히 떨어지면서 아세트산(끓는점 118도)이나 퓨젤오일(끓는점 128~130도)을 비롯해 푸르푸랄(끓는점 162도) 같은 성분이 많아진다. 끓는점이 높고 휘발성이 낮은 이런 물질은 대체로 향이 시나치게 강하다. 예를 들어 아세트산 풍미는 식초에서 느껴지는 신맛이라고 얘기하고 푸르푸랄은 아몬드 탈 때 나는 느낌이라고 말하기도 한다. 그래서 대다수 증류소에선 이런 성분이 위스키 풍미에 좋지 않은 영향을 준다고 보고 후류로 분리해 잘라낸다.

하지만 글렌파클라스는 다르다. 남들이 후류로 끊어내는 부분까지 일부러 살려둔다. 후류 부분에서 얻을 수 있는 강렬하고 독특한 풍미를 위스키에 더하기 위해서다. 이런 이유로 글렌파클라스는 애호가 사이에서 호불호가 엇갈린다. "풍미가 독특하고 다양하다"고 찬사를 보내는 이들이 있는가 하면 "잡냄새가 난다"라든가 "덜 정제된 것 같다"라고 하는 이도 있다. 하지만 이렇게 호불호가 엇갈리는 향과 맛이 글렌파클라스 증류소가 추구하는 개성이다. 이와 관련해 『몰트위스키 이어북 2023』에서는 "좀더 묵직한 heavier 글렌파클라스 스피릿은 오크통 숙성을 통해 흙earthy과 가죽leather 풍미를 이끌어내고 깊이depth와 복합성complexity을 증가시킨다"라고 설명하고 있다.

세금 징수원이 상주한 까닭

증류실을 나온 뒤 브랜드 홍보대사 커스틴이 데려간 곳은 작은 단층 건물이었다. 여기가 어딘가 싶어 물었더니 "옛날에 세금 징수원excise men이 상주하며 위스키 생산을 감시하던 곳"이라고 했다. 건물로 들어갔다. 지금도 사무실로 쓰는 방 하나가 보였다. 커스틴의 설명에 의하면 이 방의 절반을 세금 징수원이 사용하고 나머지 절반은 증류소 매니저가 썼다. 그런데 세금 징수원과 증류소 매니저가 모두 애연가라서 항상 건물에는 담배 연기가 가득했다고 한다. 증류소는 화재 위험 때문에 어디든 흡연이 엄격히 금지되는데 '힘 쎈' 두 사람은 예외였던 거 같다.

이 대목에서 이런 궁금증이 생긴 분도 있을 것이다. '왜 옛날엔 세금 징수원이 증류소에 상주했을까?' 스카치위스키 역사를 공부하다보면 세금 그리고 세금 징수원에 얽힌 이야기가 자주 등장한다. 스카치 역사 자체가 세금 투쟁의 역사나 마찬가지이기 때문이다. 스코틀랜드에서 위스키에 처음으로 세금을 부과한 건 1644년

과거 세금 징수원이 상주하던 건물. 지금은 사무실로 쓰인다

이다. 그 뒤로 200년 가까이 불법 증류가 성행한다. 무거운 세금을 피하려는 불법 밀주업자와 이들을 단속하는 세무 공무원은 쫓고 쫓기는 '고양이와 쥐의 게임a game of cat and mouse'을 벌였다. 숨고 감추고 도망치는 밀주업자smuggler를 적발하는 과정에서 세금 징수원이 다치거나 살해당하기도 했다.

이런 험악한 일은 위스키 세금을 대폭 낮춘 1823년 소비세법 Excise Act of 1823 시행으로 점점 사라진다. 합법적으로 세금을 내고 위스키를 만드는 증류소가 늘어났기 때문이다. 불법 증류 단속에 매달렸던 세금 징수원의 역할도 이때부터 바뀐다. 증류소에서 생산한 위스키의 양을 재서 세금을 부과하고 세금을 피하려 위스키를 몰래 빼내지 않는지 감시하는 게 주된 업무가 됐다. 그러면서 모든 합법 증류소에는 세무 공무원이 상주하는 공간이 생겼다. 증류소에서 세금 징수원에게 숙식을 제공하도록 법으로 의무화했기 때문이다.

증류소에서 24시간 감시 활동을 하게 된 세금 징수원은 항상 열쇠 2개를 손에 쥐고 있었다. 하나는 증류한 스피릿이 얼마나 되는지 파악할 수 있는 스피릿 세이프spirit safe 열쇠였고 또 하나는 오크통을 저장해둔 숙성고 출입문 열쇠였다(스피릿 세이프는 글렌리벳 편 참고). 이 2개의 열쇠를 쥐고 있는 세금 징수원은 증류소에서 가장 힘이 센 거물powerful figure로 통했다. 이런 막강한 힘을 이용해 상당수 세금 징수원은 '못된 짓'도 서슴지 않았다. 샘플이 필요하다며 위스키를 왕창 빼내 마시는 건 애교였다. 몰래 숙성고를 열고 들어가 위스키를 훔쳐 먹기도 했다. 뭐, 이랬으니 담배 정도야 맘껏 피우지 않았겠는가?

커스틴은 "특별한 걸 보여주겠다"며 세금 징수원이 상주했던 사무실 옆방으로 안내했다. 안으로 들어가니 벽에 그림이 잔뜩 붙어 있다. 증류소에 웬 미술 작품을 전시해놨나 의아했다. 알고 보니 2000년에 글렌파클라스가 딱 600병만 출시한 40년 숙성 Scottish Classic 시리즈 라벨 그림이었다. 밀레니엄 한정판 라벨 제작을 위해 스코틀랜드 화가 3명이 그린 이 그림은 스코틀랜드 대표 문인 3명의 작품을 소재로 하고 있다. 이 3명의 문인은 '가장 위대한 역사 소설가'로 추앙받는 월터 스콧과 『보물섬』이나 『지킬박사와 하이드』로 유명한 로버트 루이스 스티븐슨, 그리고 우리가 졸업식 때마다 불렀던 〈올드랭사인〉을 작사한 '위스키 시인' 로버트 번스이다. 그래서 Scottish Classic 라벨에는 월터 스콧의 『아이반호』와 스티븐슨의 『보물섬』, 로버트 번스의 『졸리 베거스The Jolly Beggars』 같은 고전 명작에 등장하는 인물과 사건이 묘사돼 있다. 40년이란 숙성 기간에 더해 라벨의 가치도 높다보니 글렌파클라스 Scottish

Scottish Classic 시리즈 라벨 그림

Classic은 경매 사이트에서나 찾아볼 수 있는 희귀품이 됐다. 낙찰 가격도 한 병에 1000만 원을 훌쩍 넘어간다.

100% 더니지 숙성고

스코틀랜드 증류소 숙성고에는 세 종류가 있다. 더니지 숙성고 dunnage warehouse와 선반형 숙성고racked warehouse, 그리고 팔레트형 숙성고palletized warehouse이다. 이중에서 현대식 숙성고는 선반형과 팔레트형이다. 먼저 선반형은 숙성고 건물을 높게 지어 나무나 강철 선반을 층층으로 설치하고 여기에 오크통을 넣어 저장하는 방식이다. 보통 8단에서 12단 높이까지 오크통을 쌓아올리기 때문에 좁은 공간에 많은 양을 한꺼번에 넣을 수 있다. 팔레트형 숙성고는 선반형과 구조가 비슷하다. 다만 나무나 강철 선반이 아닌 팔레트에 오크통을 세워놓는다. 이렇게 하면 지게차로 바로 넣었다가 뺄 수 있어서다. 역시 최대 8단까지 층층이 쌓기 때문에 저장 능력이 뛰어나다.

이에 비해 전통식인 더니지 숙성고는 층고가 낮다. 보통 1층 아니면 2층이다. 한 개 층에 오크통을 3단까지만 눕혀서 쌓아올린다. 벽은 두툼한 돌로 짓고 바닥엔 흙이나 자갈을 깔아놓는다. 이런 구조라서 더니지 숙성고는 큰 장점을 갖고 있다. 공기 순환이 잘되고 온도와 습도가 일정하게 유지된다. 당연히 위스키 증발량, 엔젤스 셰어angel's share가 확연히 낮다. 흔히 스코틀랜드 평균 엔젤스 셰어를 연 2% 정도로 보는데 더니지 숙성고는 그보다 더 낮다. 위스키를 천천히 부드럽게 오래 숙성시키려면 이만한 공간이 없다. 그렇기에 더니지와 선반형을 모두 쓰는 증류소에서도 장기 숙성이 필요한 캐스크나 한정판 제품으로 만들 귀한 캐스크는 더니지에 저장한다. 물론 더니지는 높이가 낮아 경제성은 떨어진다. 오크통을 많이 저장하려면 그만큼 면적을 넓히거나 추가로 지어야 한다. 하지만 이런 단점만 빼면 더니지가 오크통 숙성에 최적의 장소인건 틀림없다.

글렌파클라스의 자랑거리 가운데 하나가 더니지 숙성고이다. 글렌파클라스 38개 숙성고 전체가 더니지이기 때문이다. 선반형이나 팔레트형 숙성고는 하나도 없다. 10만 개가 넘는 오크통을 전부 전통 방식 더니지 숙성고에서 숙성한다. 이와 더불어 숙성할 때 쓰는 오크통도 포트port 캐스크 일부를 빼면 모두 셰리 캐스크*다. 버번 캐스크는 이제는 아예 쓰지 않는다. 디스틸러리 매니저 칼럼 프레이저는 "우리는 100% 더니지 숙성고에서 오직 셰리only sherry만 쓴다"라고 몇 번이나 힘주어 말했다.

• 글렌파클라스에서는 셰리 캐스크를 네 번fourth fill까지 재사용한다.

▲ 글렌파클라스의 자랑거리인 더니지 숙성고
▼ 1번 숙성고에서 가장 오래된 1953 빈티지 캐스크

진귀한 1953년 캐스크

글렌파클라스 보물 창고로 불리는 1번 숙성고에 들어갔다. 천장이 낮고 오크통을 3단까지만 쌓아올린 전형적인 1층짜리 더니지 숙성고였다. 오랜 역사를 보여주듯 숙성고 천장과 벽은 온통 새까맸다. 증발하는 알코올을 먹어치우는 곰팡이 때문에 생긴 흔적이다. 홍보대사 커스틴의 설명에 따르면, 이 숙성고에는 1950년대부터 2020년대까지 다양한 빈티지의 캐스크 3500개가 저장돼 있다. 그중에는 250리터 혹스헤드hogshead가 가장 많았다. 500리터 벗butt 사이즈 캐스크와 125리터짜리 쿼터 캐스크quarter cask도 보였다. 1960년대와 70년대 빈티지 캐스크부터 살펴봤다. 맨 아래에 1953년 빈티지가 눈에 들어온다. 숙성에 들어간 지 70년이 된 진귀한 캐스크다. 커스틴에게 물어보니 이 숙성고에서 가장 오래된 캐스크라고 한다. 커스틴은 "1953 빈티지 캐스크에 담긴 위스키는 알코올 도수가 40도를 겨우 넘는다. 만약 39도까지 떨어지면 큰일이다. 위스키로 팔 수 없기 때문이다. 도수가 더 떨어지기 전에 캐스크를 열어 병입할 예정이다"라고 했다. 아무리 엔젤스 셰어가 낮은 더니지 숙성고라고 해도 70년을 숙성하면 알코올 도수가 저렇게 떨어지는구나 싶었다. 참고로 스카치위스키는 법적으로 알코올 도수가 반드시 40% 이상이어야 한다.

글렌파클라스 패밀리 캐스크

2022년 5월 15일 일요일 새벽 2시 45분. 글렌파클라스에 도둑이

2022년 5월 15일, 글렌파클라스에 도둑이 들어 위스키 20병을 훔쳐갔다

들었다. 도둑들이 노린 건 방문자 센터 전시장에 있던 위스키였다. 범행 장면이 녹화된 CCTV를 확인한 증류소 직원에 따르면 도둑들은 방문자 센터로 들어오자마자 유리를 부수고 위스키 20병을 훔쳐 달아났다. 범행에 걸린 시간은 불과 4분. 이 짧은 시간에 제일 희귀하고 값비싼 위스키만 쏙쏙 골라서 쓸어담았다. 증류소에서 밝힌 피해 금액은 약 10만 파운드. 우리 돈 약 1억 5000만 원이 넘었다. 자, 그럼 이날 도둑들이 글렌파클라스에서 훔쳐간 위스키는 뭐였을까? 도난당한 20병 가운데 한 병은 글렌파클라스 60년 숙성 위스키였고 나머지는 모두 글렌파클라스가 자랑하는 빈티지* 시리즈 패밀리 캐스크Family Cask였다.

글렌파클라스의 명작 패밀리 캐스크 시리즈는 2007년에 처음 세상에 나왔다. 당시 글렌파클라스는 1952년부터 1994년까지 모든 빈티지를 싱글 캐스크**로 내놔서 화제를 뿌렸다. 만약 당시에 이 컬렉션을 전부 구입한 사람이 있다고 한다면 그는 1952년에 증류된 것부터 1994년에 증류된 것까지 빈티지가 각각 다른 43개 위스키를 가질 수 있었다. 이렇게 긴 세월 동안의 빈티지를 모두 내놓을 수 있었던 건 그만큼 글렌파클라스가 오래된 캐스크를 잘 관리하며 재고를 충분히 남겨놨기 때문이다.

● 위스키 업계에서 쓰는 빈티지vintage는 통상 스피릿 증류가 이뤄져 숙성에 들어간 해를 말한다.
●● 싱글 캐스크single cask는 하나의 캐스크(오크통)에서 나온 위스키를 병입한 제품이다.

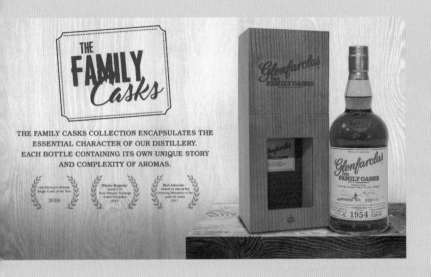

▲ 글렌파클라스의 명작 '패밀리 캐스크'
▼ 패밀리 캐스크 트렁크. 50년 동안의 패밀리 캐스크 빈티지를 모두 소장할 수 있는 한정판 컬렉션이다

패밀리 캐스크는 특정한 해를 기념하고 싶어하는 사람들에게도 인기를 끌었다. 예를 들어 1989년생인 사람은 자신이 태어난 1989년에 증류된 위스키를 '생빈(＝생년 빈티지)'이라고 부르며 갖고 싶어한다. 또 자녀가 태어난 해 혹은 결혼한 해를 기념하려고 그해에 증류된 위스키를 소장하고 싶어하는 사람도 많다. 이렇다 보니 생일이나 기념일을 위해 글렌파클라스 패밀리 캐스크를 구매하는 사람이 많았다. 첫 출시 당시부터 큰 성공을 거두면서 글렌파클라스는 이후에도 꾸준히 빈티지 싱글 캐스크 제품을 패밀리 캐스크로 내놓고 있다.

글렌파클라스 1번 숙성고에서는 좀더 특별한 패밀리 캐스크 컬렉션도 볼 수 있다. 패밀리 캐스크 트렁크Family Cask Trunk라는 이름의 이 컬렉션은 커다란 가죽가방에 1954년부터 2003년 빈티지까지 50개의 패밀리 캐스크 제품을 200밀리리터 작은 병에 담아 넣어놨다. 또 글렌캐런Glencairn에서 제작한 테이스팅 잔과 유리 텀블러 같은 보너스 상품도 포함돼 있다. 50년 동안의 패밀리 캐스크 빈티지를 모두 소장할 수 있는 이 한정판 컬렉션은 가격이 얼마나 할까? 12만 파운드. 우리 돈 약 1억 8500만 원쯤 한다. 패밀리 캐스크 50병이 담긴 트렁크를 바라보며 '이런 컬렉션이라면 정말 하나 갖고 싶다'는 마음이 들었다. '이번 생애에는 힘들 것 같고 다음 생애를 기약해야겠다' 생각하며 숙성고를 나왔다.

패밀리 캐스크 테이스팅

글렌파클라스 위스키를 마시러 테이스팅 룸으로 이동했다. 방문자 센터 옆에 있는 테이스팅 룸은 특별한 곳이다. 들어가보면 크루즈 여객선 식당 같은 분위기이다. 마치 바다에 떠 있는 배에서 위스키를 즐기는 것 같은 착각이 든다. 그럴 만한 이유가 있다. 1913년에 진수돼 1952년까지 세계 곳곳의 바다를 항해한 'RMS Empress of Australia(호주의 황후)'라는 배에서 나무판자과 설비를 뜯어 와 테이스팅 룸을 꾸몄기 때문이다.

RMS Empress of Australia

RMS Empress of Australia는 1939년 영국 국왕 조지 6세 부부가 캐나다를 국빈 방문했을 때 귀국 선박으로 썼던 배다. 2차 세계대전 당시에는 군함으로 개조돼 전쟁터를 누볐고, 한국전쟁 때는 부산으로 군인을 실어 나르는 수송선으로 활약하기도 했다.

여기서 마신 위스키도 특별했다. 미리 얘기해두자면 나는 적지 않은 돈을 지불하고 VIP 투어를 했다. 투어도 훌륭했지만 테이스팅할 때 나온 위스키를 보니 돈이 아깝지 않았다. VIP 투어 손님에게는 아무 데서나 맛보기 힘든 고숙성 제품을 내주기 때문이다. 맨 먼저 증류소에서 권한 건 1968년 빈티지 싱글 캐스크. 1968년에 증류해 퍼스트 필first fill 올로로소 셰리 캐스크에서 47년 이상 숙성한 뒤 2016년에 병입한 제품이다. 50년 가까이 퍼스트 필 캐스크에서 숙성한 거라면 맛이 어땠을지 굳이 설명하지 않아도 짐작할 것이다. 딱 한 모금 입에 넣자마자 토피와 캐러멜이 농축된 진한 셰리 위스키 풍미가 진동했다. 고숙성 셰리를 참 많이 마셔봤다 생각했는데 이건 꽤 오래 기억될 것 같다. 그만큼 강력한 한 방이 있었다. 그 뒤로 나온 네 가지(1973, 1982, 1988, 1991 빈티지)는 모두

크루즈 여객선 식당 같은 분위기
가 나는 테이스팅 룸 내부

오래도록 기억에 남을 글렌파클라스 테이스팅

패밀리 캐스크 시리즈였다. 하나하나가 다 개성이 넘쳤다. 특히 서드 필third fill에서 40년 숙성한 1973년 빈티지와 퍼스트 필 캐스크에서 19년 숙성한 1991년 빈티지는 케이크처럼 달콤하면서도 묵직한 느낌이 들어 인상적이었다. 이렇게 좋은 위스키를 한꺼번에 먹어도 되나 싶은 생각까지 했다.

글렌파클라스는 특별하다

위스키를 마시며 매니저 칼럼 프레이저와 얘기를 나눴다. 그러다가 캐스크 피니싱(추가 숙성) 제품을 내놓을 계획은 없는지 물었다. 칼럼은 눈이 동그래지며 반문했다.

"캐스크 피니싱을 왜 해야 하죠? 캐스크 피니싱을 안 해도 맛이 좋잖아요."

다른 증류소는 다 하고 있지 않느냐는 질문에 칼럼은 이렇게 답했다.

"캐스크 피니싱이 유행이라고 해도 따라가지 않을 겁니다. 우리에겐 전통을 지키는 게 더 중요하거든요."

이 대답을 들으며 야구가 떠올랐다. 글렌파클라스는 압도적인 강속구를 던지는 메이저리그 투수 같다는 생각이 들었다. "직구가 있는데 변화구 따위를 왜 던져?"라고 외치며 불같은 속구로 타자를 제압해버리는 파이어볼러 말이다.

마지막으로 글렌파클라스를 한 단어로 정의해달라고 부탁했다. 그는 잠시 생각하더니 이렇게 말했다.

"Special."

그렇다. 글렌파클라스는 특별한 증류소이다. 그들은 오랜 세월 가족 독립 경영을 유지해왔다. 전통의 가치를 누구보다 소중히 여긴다. 더 많이 파는 것보다 품질을 유지하는 게 중요하다고 생각한다. 발효에서 숙성까지 생산 공정도 독특하다. 그러면서도 시장의 흐름이나 유행은 신경쓰지 않는다. 남들이 뭘 하든 또 뭐라 하든 관심 없다. 오직 자기 갈 길을 갈 뿐이다.

글렌파클라스는 특별하다. 특별하게 고집스러운 곳이다.

GLENALLACHIE

설립 1967년
소속 The Glenallachie Distillers Co.
주소 Aberlour, Banffshire AB38 9LR

크리스마스 케이크 풍미

이렇게 짧은 시간에 갑자기 떠버린 위스키가 또 있을까? 신제품 나온다는 말이 돌면 커뮤니티 게시판이 들썩거린다. 상품이 진열대에 오르면 '오픈런'이 벌어진다. 줄 서서 '득템'한 사람은 의기양양 후기를 남긴다. 한발 늦은 이들은 '부럽다'는 댓글을 단다. 혹시 맥캘란 얘기냐고? 아니다. 그럼 발베니? 그것도 아니다. 요즘 한국에서 '빵' 떠버린 글렌알라키 얘기다. 몇 년 전까지는 이름도 생소했던 글렌알라키는 어떻게 '오픈런 3대장'이라는 소리까지 듣게 된 걸까?

글렌알라키 투어는 특이하게 진행됐다. 보통 나른 증류소에서는 생산 시설을 둘러보고 나서 테이스팅을 한다. 투어 내내 잔뜩 위스키 얘기를 하며 목을 어지간히 칼칼하게 만들어놓고 나서 위스키를 떡하니 내놓는다. 하지만 글렌알라키는 달랐다. 시작하자마자 테이스팅 룸으로 데려가더니 위스키부터 맛보게 했다. "증류소 구경하기 전에 위스키부터 마시자"는 가이드의 말에 다들 반가운 표정이다. 하긴 위스키가 좋아 여기까지 찾아온 사람들이니 왜 싫어하겠는가?

가이드가 처음 따라준 위스키는 2019년 정규 라인업으로 출시

'오픈런 3대장'으로
급부상한
글렌알라키 증류소

설비 투어에 앞서 테이스팅부터 먼저 했다

된 글렌알라키 15년이었다. 가볍게 한 모금 입에 댔다. 음…… 달콤하면서 묵직하다. 전형적인 글렌알라키 셰리 캐스크 느낌이다. PX(페드로 히메네스)와 올로로소 캐스크에서 숙성한 글렌알라키 15년을 테이스팅하면서 투어 가이드는 "어릴 때 먹던 크리스마스 케이크 같은 맛"이라고 했다. 증류소에서 테이스팅을 하다보면 가이드가 크리스마스 케이크 얘기를 할 때가 있다. 특히 셰리 위스키를 맛볼 때 이 단어를 자주 언급한다. 여기서 이들이 말하는 크리스마스 케이크는 밀가루 빵에 생크림을 듬뿍 올린 케이크가 아니다. 자두나 체리, 살구, 건포도 같은 말린 과일을 넣는 영국식 전통 과일 케이크traditional fruit cake를 말한다. 옛날부터 영국인들이 크리스마스 같은 명절에 이런 케이크를 자주 만들어 먹어서 이름도 크리스마스 케이크가 됐다고 한다. 그래서 스코틀랜드 사람들이 셰리 위스키를 마실 때 크리스마스 케이크를 언급하는 건 당연한 일이다. 어릴 때부터 경험한 익숙한 맛이기 때문이다. 우리가 셰리 위스키의 토피toffee 풍미를 달고나 맛이라고 표현하는 거랑 비슷하다.

최고 증류소 건축가의 마지막 작품

테이스팅을 하며 가이드는 글렌알라키 역사를 설명했다. 지금이 야 인기가 드높지만 사실 글렌알라키는 역사도 짧고 세상에 알려 진 곳도 아니었다. 공식 창업 연도는 1967년. 당시 영국에서 판매 5위에 들 만큼 잘나갔던 블렌디드 위스키 중에 맥킨리Mackinlay's 라는 게 있었다. 이 맥킨리 블렌디드 위스키 제조용 원액을 공급하 려고 세운 증류소가 글렌알라키였다. 주목할 건 증류소를 설계한 인물이다. 주라Jura를 비롯해 여러 증류소를 디자인한 윌리엄 델메 에반스William Delme-Evans라는 건축가의 마지막 작품이 글렌알라 키였다. 당대 최고 증류소 건축가로 평가받은 윌리엄은 단순히 건 물만 설계하는 사람이 아니었다. 그는 주라 증류소에서 매니저로 일하며 생산 공정을 지휘한 경험이 있는 전문가였다. 위스키에 해 박한 윌리엄은 글렌알라키를 세울 때에도 부지 선정에서부터 증류 기 설계는 물론 장비 배치까지 직접 했다. 한마디로 윌리엄은 글렌 알라키의 초석을 세운 인물이라고 할 수 있다.

블렌디드 위스키 원액 공급 기지로 출발한 글렌알라키는 1985년 인버고든*으로 넘어간 뒤 가동이 중단된다. 4년 뒤인 1989년에는 지금의 페르노리카Pernod Ricard로 편입돼 주로 블렌디드 위스키 제 조에 필요한 몰트위스키를 생산했다.

---

* 달모어, 주라 등을 갖고 있던 인버고든Invergordon은 화이트 앤 맥케이Whyte & Mackay에 편입
된다.

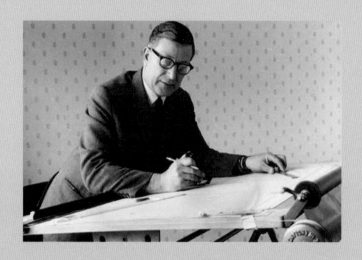

▲ 건축가 윌리엄 델메 에반스
▼ 글렌알라키 증류소는 윌리엄의 마지막 작품이다

'살아 있는 전설' 빌리 워커의 등장

딱 여기까지가 예고편이다. 본편은 2017년에 시작된다. 글렌알라키 역사는 2017년 이전과 이후로 나뉘기 때문이다. 자, 그럼 2017년에 무슨 일이 벌어진 걸까? 2017년 10월 2일, 발렌타인과 시바스 리갈, 로얄 살루트 등의 브랜드를 갖고 있는 페르노리카는 글렌알라키 증류소를 매각한다고 보도자료를 통해 발표했다. 이 소식은 스카치 업계는 물론 세계 위스키 애호가 사이에서 큰 화제가 됐다. 그다지 유명하지도 않은 글렌알라키 증류소가 팔렸다는 것 자체는 뉴스거리가 아니었다. 다만 이 증류소를 매입한 인물이 빌리 워커Billy Walker라는 사실은 세상을 깜짝 놀라게 했다.

살다보면 늘 승승장구하는 사람을 보게 된다. 실패라는 걸 모르는 이들은 하는 일마다 성공한다. 손대는 사업마다 대박을 터뜨린다. 과감한 도전을 통해 이룬 성취를 발판으로 한 단계 도약한다. 이 과정을 반복하며 더 큰 성공을 이끌어낸다. 빌리 워커가 그런 사람이다. 1972년 스카치 업계에 발을 들인 이후 50년간 그는 단 한 번도 후퇴한 적이 없다. 스코틀랜드 넘버턴Dumbarton에서 태어난 빌리 워커는 글래스고 대학에서 화학을 전공한 뒤 1972년 발렌타인 위스키 제조 회사에 입사한다. 그곳에서 4년간 위스키 제조 실무를 경험하며 능력을 인정받은 뒤 1976년에는 당시 블라드녹Bladnoch을 비롯해 여러 증류소를 갖고 있던 인버 하우스*로 옮겨 마스터 블렌더로 6년간 일한다. 그 이후에는 번 스튜어트Burn Stewart Distillers**에서 마스터 블렌더와 생산 담당 이사operations director를 겸임하며 '증류소 부활revival' 전문가로 명성을 얻는다. 아마 '증류소 부활? 그게 뭐지' 싶은 분도 있을 것이다. 여기서 말

---

* 인버 하우스Inver House는 발블레어, 녹듀, 올드 풀트니, 스페이번 증류소를 소유하고 있다.
** 번 스튜어트(디스텔 그룹 산하)는 딘스톤, 토버모리, 부나하벤 증류소를 갖고 있다.

스카치 업계 '미다스의 손' 빌리 워커

하는 증류소 부활이란 다 쓰러져가던 증류소에 새 생명을 불어넣어 되살리는 걸 말한다. 지금은 별 볼 일 없지만 가능성이 충분한 증류소를 골라내 인수한 뒤 생산 공정을 바꾸고 브랜드를 혁신하는 걸 뜻한다. 번 스튜어트에 있던 20년 동안 빌리 워커는 딘스톤 Deanston과 토버모리Tobermory를 부활시켜 새로운 증류소로 바꿔 놓았다.

　빌리 워커는 번 스튜어트에서 독립한 이후 재능을 더 활짝 펼치기 시작한다. 2004년 벤리악Benriach을 시작으로 글렌드로낙 GlenDronach과 글렌글라사Glenglassaugh 증류소를 남아공 투자자들과 함께 인수해 운영한다. 스카치 업계 '미다스의 손'이나 다름없던 빌리 워커가 주인이 된 뒤 이들 증류소가 어떻게 변했는지는 위스키 애호가라면 모두가 안다. 빌리 워커가 손을 대면서 증류소는 황금알을 낳는 거위로 탈바꿈했다. 브랜드 가치도 상상할 수 없을 만큼 올라갔다. 2016년 잭 다니엘스를 갖고 있는 브라운 포맨Brown-Forman이 빌리 워커의 증류소 세 곳을 인수하면서 지급한 돈은 2억 8500만 파운드. 우리 돈 약 4310억 원에 달했다.

70살쯤 된 나이에 떼돈을 벌었다면 뭘 할 것 같은가? 휴양지에 으리으리한 저택을 구입하고 여생을 편하게 보내려고 하지 않을까? 증류소 매각으로 큰돈을 챙긴 빌리 워커를 보며 많은 이들도 그렇게 생각했다. 이룰 것 다 이뤘으니 은퇴할 일만 남았다고 봤다. 하지만 빌리 워커는 달랐다. 오랜 시간 눈여겨봤던 글렌알라키 증류소를 인수해 나이 70에 다시 도전에 나섰다. 그렇게 해서 '무명 증류소' 글렌알라키는 스카치 업계의 살아 있는 전설과 함께 부활했다.

아담하고 한적한 증류소

글렌알라키는 낮은 구릉으로 둘러싸인 한적한 곳에 자리하고 있다. 바로 옆에서 양들이 한가롭게 풀을 뜯는 그런 곳이다. 아담한 증류소 규모에서 짐작할 수 있듯이 생산량도 많지 않다. 페르노리카(시바스 브라더스) 시절에는 1년에 스피릿 400만 리터를 뽑아냈다. 하지만 빌리 워커가 인수한 뒤 생산량을 100만 리터 이하로 크게 줄였다. 생산은 줄이고 가치는 높이자는 전략이었다. 그래서 글렌알라키는 현재 월요일부터 목요일까지만 설비를 돌린다. 금요일에는 청소를 하고 주말엔 쉰다. 생산 직원은 모두 11명. 9명은 숙성고 관리를 맡고 2명은 당화와 발효, 증류 공정을 책임진다.

테이스팅 룸이 있는 방문자 센터를 나오니 인공 연못이 보인다.

빌리 워커의 오리

멋스러울 뿐 아니라 증류소 규모에 비해 꽤 크다. 다른 증류소와 마찬가지로 응축 과정에서 뜨거워진 냉각수를 흘려보내 식히기 위해 만든 냉각 연못cooling pond이다. 글렌알라키처럼 연못 면적이 넓으면 그만큼 냉각수를 더 빨리 식힐 수 있어 유리하다. 사시사철 따뜻한 온도가 유지되는 연못에서는 오리 몇 마리가 유유히 헤엄치고 있었다. 증류소 직원들은 이 오리를 'Billy duck', 빌리 워커의 오리라고 부른다.

연못을 가득 채운 냉각수를 비롯해 위스키 제조에 필요한 모든 물은 증류소에서 2마일 떨어진 벤리니스산Ben Rinnes에서 나온다. 해발 841미터 정상 근처 북쪽 능선에서 솟아나는 샘물을 파이프라인으로 끌어와 사용한다. 이웃인 글렌파클라스 증류소의 수원지이기도 한 벤리니스산은 단단한 화강암으로 형성됐다. 이런 지질 특성 때문에 벤리니스산에서 흘러온 물은 미네랄 성분이 적고 부드러워 위스키 제조에 더없이 좋다고 증류소에서는 한껏 자랑한다. 바위에서 솟아난 물을 쓰기 때문에 증류소 이름도 바위 계곡the valley of the rocks이라는 뜻의 글렌알라키Glenallachie로 지었다고 한다.

품질이 좋아서 망한 제분기 회사

글렌알라키 견학은 제분실milling room에서 시작됐다. 글렌알라키에서는 30톤짜리 저장 시선(몰트빈malt bin) 9개에 몰트를 쌓아두고 당화를 할 때마다 꺼내서 분쇄한다. 제분실에 들어가면 낡고 닳은 빨간 분쇄기가 눈에 띈다. 이 제품이 바로 스코틀랜드 증류소에서 자주 볼 수 있는, 그 유명한 포르테우스Porteus 제분기이다. 글렌알라키는 1967년 증류소 설립 당시에 구입한 포르테우스를 55년 넘게 그대로 쓰고 있다. 아마 이 대목에서 55년 넘은 제품이면 꽤 오래된 구형이라고 생각하는 분도 있을 것이다. 하지만 그렇지 않다. 55년 정도면 포르테우스 치고는 오래된 게 아니다. 70년, 80년은 물론이고 100년 넘은 포르테우스를 쓰는 증류소도 있다.

그럼 여기서 질문 하나. 왜 스코틀랜드 증류소에서는 최신식 제분기로 교체하지 않고 수십 년 혹은 100년 전에 만든 포르테우스를 쓰는 걸까? 이유는 간단하다. 워낙 제품을 튼튼하게 만들어 고장이 안 나고 분쇄도 잘 되기 때문이다. 때때로 부품만 바꿔주고 관리하면 100년 넘게 너끈히 쓸 수 있는 거의 완벽한 제품이다. 흥미로운 것은 이런 이유로 포르테우스 회사는 망했다는 사실이다.

제품을 지나치게 잘 만들어서(!) 문을 닫은 포르테우스(위)와 보비(아래)의 제분기

1900년대부터 제분기를 만들어온 포르테우스는 경쟁사인 로버트 보비R. Boby와 더불어 내구성 뛰어난 제품을 생산했다. 제품이 튼튼해서 고장도 없고 오작동도 없었다. 그렇기에 한번 포르테우스 제분기를 구입한 증류소에서는 다시 제품을 구매하지 않았다. 시간이 아무리 흘러도 고장 없이 잘 돌아가는데 굳이 새 걸로 바꿀 필요가 없었던 것이다. 제분기를 만들어봐야 더이상 팔 곳을 찾기 어렵게 된 포르테우스와 로버트 보비 두 회사는 1970년대에 함께 파산하고 만다. 포르테우스와 보비의 사례는 제품도 적당히 잘 만들어야지 너무 잘 만들면 안 된다는 희한한 교훈을 남겼다.

4단계 당화 작업

제분실을 나와 당화mashing 공정이 이뤄지는 곳으로 이동했다. 글렌알라키에서 쓰는 당화조는 1990년대 초반에 교체한 세미 라우터 튠semi lauter tun이다(세미 라우터 튠은 글렌파클라스 편 참고). 당화조 지름은 6.1미터로 용량은 9.4톤짜리였다. 여기서 9.4톤이라는 용량은 몰트 9.4톤을 당화 처리할 수 있는 규모라는 뜻이다. 아마 이 책을 읽는 분이라면 이런 당화조로 증류소에서 어떤 작업을 하는지 대강 알고 있을 것이다. 혹시 잘 모르는 분을 위해 설명하면 당화는 몰트malt(맥아)에 있는 전분(녹말)을 당분(단당simple sugar)으로 바꿔 뽑아내는 걸 말한다. 교과서적으로 얘기하면 분쇄한 몰트를 넣고 뜨거운 물과 섞으면 아밀레이스(아밀라아제) 효소에 의해 긴 사슬 구조를 가진 전분이 단당류로 분해된다. 이렇게 당분을 갖게 된 액체를 워트wort 혹은 맥아즙이라고 한다. 달달한 워트를 최대한 뽑아내는 게 당화의 목적이다.

당화는 보통 3단계로 진행한다. 1단계에선 분쇄한 몰트와 함께 섭씨 63도에서 65도에 달하는 물을 넣고 워트를 뽑아낸다. 맨 처음에 투입하는 물은 첫번째 물이라는 의미로 퍼스트 워터first water라고 한다. 그런데 여기서 중요한 사실 하나를 꼭 기억해야 한다. 당화조에 처음으로 넣는 물, 퍼스트 워터는 맹물이 아니라는 점이다. 그냥 물이 아니라면 뭘까? 바로 직전 당화 공정 마지막 단계에서 얻어낸, 당도가 약한 워트weak wort를 모아놨다가 다음 당화 때 첫번째 물로 쓴다.

당화할 때 넣는 첫번째 물은 온도가 중요하다. 너무 뜨거우면 전분을 당분으로 분해하는 효소가 활동을 하지 못한다. 반대로 온도가 너무 낮아도 효소가 활성화되지 못해 당화가 제대로 이뤄지지 않는다. 스코틀랜드 증류소 55곳을 다니며 당화 공정의 첫번째 물 온도를 일일이 조사해봤다. 대부분 63도에서 65도 사이였다. 일부 증류소는 65도 이상으로 꽤 높게 설정하기도 했다. 예를 들어 벤리악과 글렌드로낙은 첫번째 물 온도가 65.5도였다. 또 글렌버기는 68도, 올드 풀트니는 68.5도, 발블레어는 69도까지 끌어올려 첫 당화 작업을 진행하고 있었다.

첫번째 물을 투입해 워트를 얻어내고 나면 이제 2단계로 넘어간다. 당화조에 남아 있는 몰트에는 아직도 뽑아낼 당분이 충분하다. 그렇기에 추가로 물을 넣고 또 한번 당화를 하는 것이다. 1단계 당화와 차이가 있다면 두번째 당화 때 넣는 물은 온도를 훨씬 높인다. 첫번째 투입하는 물이 대부분 63~65도였다면 2단계에 넣는 두번째 물second water은 보통 70도에서 80도 사이이다. 물론 70~80이란 것도 평균 수치에 불과하다. 두번째 넣는 물의 온도를

글렌알라키는 4단계로 당화를 진행한다

84도(글렌모렌지)나 87도(글렌드로낙)까지 크게 올리는 곳도 있다. 온도를 더 높여서 두번째 당화까지 끝내고 나면 발효에 필요한 워트는 모두 확보하게 된다.

당화의 마지막 3단계는 발효에 쓸 워트를 뽑아내는 공정이 아니다. 앞서 언급한 대로 다음 당화에 필요한 첫번째 물을 얻는 작업이다. 마지막 3단계에서는 80도에서 90도 이상까지 온도를 더 끌어올린 물을 당화조에 뿌려(스파징sparging) 최종적으로 워트를 받아낸다. 이미 두 번이나 당화를 했기 때문에 마지막 단계에서 추출한 워트에는 당분이 거의 남아 있지 않다. 그래서 이 마지막 3단계에서 뽑아낸 워트를 '약한 워트'라고 부른다. '약한 워트'는 당도가 떨어진 탓에 발효에 쓸 수는 없다. 하지만 그냥 버리기엔 아깝다. 당분이 조금은 남아 있기 때문이다. 증류소에서는 당도가 크게 떨어진 '약한 워트'를 다음 당화할 때 첫번째 물로 사용해 효율을 높인다.

조금 지루할 수 있는 당화 공정을 상세하게 설명한 데는 이유가 있다. 글렌알라키 당화 공정이 다소 특이하기 때문이다. 글렌알라키는 통상적인 3단계가 아니라 4단계로 당화를 진행한다. 맨 처음엔 섭씨 65도에 달하는 첫번째 물을 넣어 워트를 뽑아낸다. 이후엔 온도를 82도로 올린 두번째 물을 투입해 다시 한번 워트를 확보한다. 그렇게 해서 발효에 필요한 워트를 다 뽑아낸 뒤에도 두 차례 더 뜨거운 물을 넣어 다음 당화에 쓸 첫번째 물을 빼낸다. 정리하면 글렌알라키 당화 공정은 '1단계 65도 용수 투입 → 2단계 82도 용수 투입 → 3단계 90도 용수 투입 → 4단계 95도 용수 투입'으로 진행된다. 네 번이나 물을 넣어 당화를 하는 이유는 몰트에 남아 있는 마지막 당분까지 탈탈 털어 뽑아내기 위해서다. 글렌알라키처럼 당화를 4단계로 하는 곳은 벤리악과 올트모어, 올드 풀트니 등이 있다.

발효 시간을 3배 늘린 까닭

다음은 발효 공정이다. 글렌알라키 발효실에는 스테인리스 발효조washback 6개가 있다. 전체 용량은 5만 리터이지만 워트는 4만 2500리터까지만 채운다. 발효조 하나에 워트를 담는 데 3시간 반쯤 걸리고 발효조가 가득 채워지면 20분 정도 기다렸다가 액상 효모 250리터를 넣는다. 글렌알라키 발효 공정에서 눈여겨봐야 할 건 '유별나게' 긴 발효 시간이다. 글렌알라키는 원래 발효를 54시

발효조. 글렌알라키는 발효 시간이 '유별나게' 길다

발효조 내부 워시

간 정도로 짧게 마쳤다. 하지만 빌리 워커가 주인이 된 뒤 확 달라졌다. 평균 발효 시간을 3배 가까이 늘렸다. 160시간 동안 매우 길게 발효한다. 평균 160시간이면 거의 일주일 동안 발효한다는 얘기이다. 스코틀랜드 증류소 가운데 이처럼 길게 발효를 하는 곳은 오크니섬 스카파(평균 160시간)와 코로나 대유행을 거치며 발효 시간을 크게 늘린 토마틴(평균 168시간) 정도밖에 없다. 산전수전 다 겪은 50년 경력 장인 빌리 워커는 왜 발효 시간을 3배 가까이 늘렸을까?

스코틀랜드를 돌아다니다보면 발효 시간에 따라 가이드가 쓰는 표현이 달라진다. 스카치 업계에서는 통상 이틀에서 사흘 정도에 발효를 마친다. 이 범주에 있는 증류소에서는 발효 시간을 언급하지 않거나 강조하지 않는다. 하지만 발효 시간이 긴 증류소는 다르다. 평균 발효 시간이 사흘(72시간)을 넘어가는 증류소에선 "길게 발효한다long fermentation"라는 말을 빼놓지 않는다. 평균 발효 시간이 100시간 넘어가는 곳에서는 "매우 길게 발효한다very long fermentation"라거나 "엄청나게 길게 발효한다super long fermentation"라며 호들갑스럽게 자랑한다. 글렌알라키(160시간)와 스카파(160시간), 토마틴(168시간)을 빼고 평균 발효 시간이 100시간을 넘어가는 증류소는 아란(100시간)과 로얄 로크나가(110시간), 스프링뱅크(110시간), 글렌스코시아(128.8시간) 등을 들 수 있다.

과학을 전공하지 않은 내가 발효 시간과 풍미의 연관성을 깊이 있게 설명하기는 힘들다. 다만 발효 시간이 긴 여러 증류소의 설명을 종합해보면 핵심은 풍미의 다양함이다. 위스키 제조 과정에서 발효는 단순하게 말하면 '워트에 있는 당분을 효모가 먹어치우면서 알코올을 만들어내는 것'을 의미한다. 이렇게 효모가 알코

긴 발효 과정을 거치면서 과일 풍미가 더욱 풍성해진다

올을 만들어내는 걸 알코올 발효alcohol fermentation라고 한다. 하지만 발효에는 이것만 있는 게 아니다. 알코올 발효가 진행되면서 도수가 올라가고 온도가 높아지면 효모 활동이 줄어들다가 결국 멈춘다. 그러면서 효모 대신 젖산균Lactic Acid Bacteria과 같은 박테리아가 활발히 움직이며 '젖산 발효'를 하게 된다. 맥주나 와인 양조 업계에서는 '후발효'라고 하기도 한다. 중요한 점은 젖산 발효 과정에서 사과나 딸기 같은 과일 풍미들이 끌어내는 에스테르ester 물질이 보다 풍부하게 생긴다는 것이다. 결국 발효 시간을 길게 가져가면 젖산 발효를 충분히 할 수 있어 풍미가 더 복합적으로 변하게 된다. 이런 이유로 글렌알라키처럼 발효 시간이 긴 증류소에서는 "우리 위스키의 과일fruity 풍미는 긴 발효 과정에서 생긴다"라거나 "긴 발효를 통해 풍미를 더욱 풍성하게 만들었다"라고 강조한다. 물론 그렇다고 해서 발효 시간이 무조건 길어야 좋다고 단정적으로 말할 수는 없다. 발효를 길게 하면 생산성이 떨어지는 것은 당연하고 박테리아 활동이 지나치게 활발해져 증류소에서 원하지 않는 풍미까지 생길 수 있어서다. 결론적으로 발효 시간은 증류소에서 자신들이 원하는 풍미를 위해 발효조 용량과 효모의 종류 등 여러 가지 사항을 고려해 결정하게 된다.

글렌알라키는 긴 발효 시간을 유지하기 위해 효모도 특별하게 조합해서 쓴다. 스코틀랜드 증류소에서 일반적으로 사용하는 위스키 제조용 효모distiller's yeast에다가 맥주 양조용 효모brewer's yeast를 섞어 사용한다. 빌리 워커는 위스키 갤러리와의 인터뷰에서 "이렇게 조합함으로써 우리 증류소의 오랜 발효 시간을 버텨줄 만큼 억센 효모가 된다"라고 밝혔다. 스코틀랜드 증류소 중에 맥주 양조용 효모를 섞어서 쓰는 곳은 글렌알라키 말고도 벤네비스와 벤로막 등이 있다.

수평형 응축기를 쓰는 이유

글렌알라키 증류실에는 증류기가 4대 있다. 2대는 8000갤런(약 3만 리터) 용량의 1차 증류기wash still이고 2대는 5260갤런(약 1만 9000리터) 용량의 2차 증류기spirit still이다. 1차 증류기는 본체와 목 사이가 움푹 들어간 랜턴형lantern-shaped에 가까웠다. 2차 증류기는 양파형onion-shaped이었다. 1, 2차 증류기 모두 키가 작고 뚱뚱한 편이었다. 응축기로 연결되는 라인 암lyne arm도 길지 않았다. 이런 증류기 형태와 크기는 1967년 증류소 설립 이후 바뀌지 않았다.

스코틀랜드 증류소를 다녀보면 세계적인 증류 설비 업체 포사이스Forsyths에서 만든 증류기를 자주 보게 된다. 특히 스페이사이드 증류소는 거의 어김없이 이 회사 제품을 사용한다. 포사이스 회사가 스페이사이드에 있기 때문이다. 하지만 글렌알라키 증류기는 바로 10분 거리에 있는 포사이스가 아니라 에든버러에 있는 아치볼드 맥밀란Archibald McMillan & Co* 제품이었다. 코앞에 있는 포

• 1867년에 창업한 구리 증류 장비 제조 수리 업체. 지금은 이름이 맥밀란McMillan으로 바뀌었다. **178**

대부분의 스페이사이드 증류소와 달리 글렌알라키는 아치볼드 맥밀란의 증류기를 사용한다

사이스를 놔두고 왜 멀리 에든버러에서 증류기를 가져왔느냐고 물었다. 가이드는 "포사이스가 1960년대에는 작은 증류기를 만들지 않았기 때문에 에든버러 업체에 맡길 수밖에 없었다"고 설명했다.

또 한 가지 특이한 설비는 응축기 condenser였다. 응축기는 증류기를 통과해 빠져나온 알코올 증기를 냉각해 액체 상태 스피릿으로 바꾼다. 대다수 증류소에서는 세로로 세워진 수직형vertical 응축기를 사용하지만 글렌알라키에서는 가로로 눕혀진 수평형horizontal 응축기를 쓰고 있었다. 수평형은 수직형에 비해 공간을 많이 차지한다. 이런 단점 때문에 달모어 등 몇몇 증류소에서만 채택하는 방식이다. 그렇다면 공간 활용에 제약이 많은 수평형 응축기에는 어떤 장점이 있는 걸까? 이에 대해 빌리 워커는 위스키 갤러리와의 인터뷰에서 "(수평형 응축기는) 증류된 증기가 액체로 냉각되는 결정적인 타이밍에 구리 접촉copper contact을 늘려주는 역할을 한다"고 설명했다. 아마 이 얘기를 듣고 무슨 말인지 이해했다면 당신은 증류기를 비롯한 증류 설비가 왜 구리로 되어 있고 구리가 위스키 풍미에 어떤 영향을 끼치는지 이미 알고 있는 사람일 것이다. 그런 분은 이 대목은 건너뛰어도 된다. 다만 위스키 제조에서 구리의 역할이 뭔지, 또 증류소에서는 왜 구리 접촉을 늘리려고 하는지 모르는 분도 있을 거 같아 잠깐 설명하려고 한다.

한마디로 구리는 위스키를 맑고 깨끗하게 만든다. 다시 말해 위스키를 정화하는 역할을 한다. 원리와 과정은 이렇다. 곡물을 발효하면 여러 풍미 물질이 생긴다. 그중에는 에스테르처럼 과일 풍미를 이끌어내는 것도 있지만 많은 이들이 불쾌하다고 느끼는 냄새를 만드는 황 화합물sulphur compounds도 있다. 황 화합물이 많아지면 위스키에서 가죽이나 삶은 양배추, 심지어 땀 냄새가 날 수도 있다. 이런 황 화합물을 증류 과정에서 제거해내는 게 구리copper이다. 증류기나 응축기의 구리가 알코올 증기에 들어 있는 황 화합물을 빨아들여 없애버리는 것이다. 이 과정을 화학 교과서처럼 설명하면 '구리와 황이 반응해 황산구리copper sulfate를 생성한다'라고 할 수 있다. 이처럼 구리가 위스키를 정화하는 역할을 하기에 증류기나 응축기는 물론 파이프까지도 구리로 만드는 것이다. 또한 증류소에서는 가급적이면 증기가 구리와 오래 접촉하게 하려고 애쓴다. 구리 접촉 시간이 늘어날수록 증류소에서 원하지 않는 냄새가 빠지고 과일 향과 같은 풍미가 두드러지기 때문이다. 발베니 편에서 언급한 환류reflux 역시 증기와 구리 접촉을 늘리는 방법이다.

여기까지 읽고 나서 빌리 워커 인터뷰를 다시 보면 수평형 응축기의 장점이 뭔지 이해할 수 있을 것이다. 응축기를 가로로 눕혀놓으면 수직으로 세워놨을 때보다 증기가 더 오래 구리와 만날 수 있고 그만큼 황 성분도 더 많이 제거할 수 있다는 게 빌리 워커의 설명이다.

▲ 대다수 증류소에서 사용하는 수직형 응축기
▼ 글렌알라키에서 사용하는 수평형 응축기

오크통 비용 연간 200만 파운드

마지막으로 숙성 과정을 살펴봤다. 글렌알라키에는 숙성고가 16개 있다. 숙성중인 오크통은 약 6만 개이며 이중 75%가 셰리 캐스크이다. 숙성고는 대부분 선반형racked warehouse이고 2개는 팔레트형palletized warehouse이다(숙성고 형태는 글렌파클라스 편 참고). 전통 더니지 숙성고dunnage warehouse도 있지만 이곳은 빌리 워커가 전용 테이스팅 룸으로 쓰고 있다. 투어 가이드는 "빌리 워커가 일주일에 한 번은 꼭 증류소에 와서 숙성중인 위스키를 맛보며 숙성 상태를 확인한다"고 말했다. 가이드의 얘기처럼 빌리 워커는 여러 인터뷰를 통해 오크통 관리가 얼마나 중요한지 거듭 강조해왔다. 그는 증류소 인수 당시 재고로 넘겨받은 오크통을 세심하게 살피고 샘플을 꺼내 맛보면서 최적의 숙성 상태sweet spot에 도달한

글렌알라키 숙성고는 대부분 선반형이다

것만 블렌딩하고 있다고 설명해왔다.

또 최근에는 셰리 캐스크뿐만 아니라 미국과 러시아, 헝가리, 일본 등 세계 각지에서 다양한 오크통을 구입해 적극적으로 활용하고 있다. 포트와 모스카텔, 마데이라 캐스크로 마무리 숙성을 한 우드 피니시 시리즈Wood Finish Series나 버번 배럴 ex-bourbon에 숙성한 위스키를 소테른과 리오하 와인 캐스크에서 피니싱한 와인 피니시 시리즈Wine Finish Series가 이런 노력의 산물이다. 버번 배럴에서 숙성한 위스키를 프랑스산 참나무french oak와 스페인산 참나무spanish oak, 스코틀랜드산 참나무scottish oak는 물론 미국산 밤나무 chinquapin 캐스크에서 마무리 숙성한 버진 오크 시리즈Virgin Oak Series노 빼놓을 수 없다. 이렇게 숙성에 사활을 걸고 있기에 오크통 구입과 관리에만 해마다 200만 파운드를 투자하고 있다고 증류소에서는 밝혔다.

❶ 우드 피니시 시리즈
❷ 와인 피니시 시리즈
❸ 버진 오크 시리즈

위스키는 사람이 만든다

"위스키는 사람이 만든다."

글렌알라키 증류소를 나오면서 이 말이 떠올랐다. 글렌알라키 성공 요인을 놓고 이런저런 얘기가 많다. 하지만 부와 명예를 거머 쥔 뒤에도 다시 도전을 선택한 빌리 워커를 빼놓고는 그 어떤 설명도 불가능하다. 글렌알라키가 곧 빌리 워커의 현재이고 빌리 워커가 곧 글렌알라키의 미래이기 때문이다. 겉으로 볼 때 늘 꽃길만 걸어온 것 같은 빌리 워커를 놓고 스카치 업계에서도 평가가 엇갈린다. 하지만 아무리 뭐라고 해도 50년 동안 쌓은 경험과 탁월한 블렌딩 실력, 지치지 않는 열정만큼은 인정하지 않을 수 없다. 어쨌든 빌리 워커는 지금 이 시대 스카치 업계를 대표하는 장인이다. 또한 가장 크게 성공한 위스키 사업가이기도 하다.

글렌알라기가 곧 빌리 워커의 현재이고 빌리 워커가 곧
글렌알라키의 미래이다

TAMDHU

설립 1897년
소속 이언 맥클로드Ian Macleod Distillers
주소 Knockando, Aberlour AB38 7RP
예약 방문자 센터 없음

물길과 철길이 이어진 녹칸도

탐듀는 스페이사이드 아벨라워Aberlour 녹칸도Knockando 마을에 있다. B9102번 도로를 타고 남쪽으로 향하면 카듀 증류소가 보이는데 거기서 조금 더 내려오다가 꺾으면 녹칸도 마을이다. 녹칸도는 인구가 200명 정도밖에 안 된다. 하지만 증류소는 세 곳이나 있다. 조니워커의 한 축을 담당하는 카듀와 함께 스카치 황금기였던 1890년대에 차례로 설립된 탐듀와 녹칸도 증류소이다. 녹칸도 마을에 증류소가 많은 데는 이유가 있다. 천혜의 입지 조건을 다 갖췄기 때문이다. 우선 스페이사이드 젖줄인 스페이강River Spey이 지척에 있다. 맑은 샘물이 모여 흐르는 개울Knockando Burn도 있다. 물길과 함께 19세기에는 철길까지 이어져 스페이사이드 남북을 연결하는 철로Strathspey Railway가 지나갔다. 물이 넘쳐나고 위스키를 실어 나를 기차까지 있었으니 증류소 세우기에 더 없는 명당이었던 셈이다.

탐듀를 설립한 사람은 윌리엄 그랜트이다. 글렌피딕 창업자 윌리엄 그랜트와 이름만 같고 다른 인물이다. 지금은 에드링턴Edrington에 편입된 하일랜드 디스틸러스Highland Distillers에서 이사로 일하던 윌리엄 그랜트는 최고 설비를 갖춘 증류소를 짓겠다는 꿈을 안고 돈을 끌어모았다. 존 워커 앤 선즈(조니워커)를 비롯해 존 듀어 앤 선즈(듀어스) 등 15개 위스키 회사를 설득해 1만 9200파운드 투자금을 받아냈다. 지금 가치로 따지면 약 2000만 파운드, 우리 돈 300억 원이 넘는 거금이었다. 이렇게 모은 돈으로 윌리엄 그랜트는 1897년에 최신 설비를 갖춘 현대식 증류소를 지었다. 물류 수송을 위해 도로도 내고 직원 20명이 거주할 숙소까지 마련했다. 하지만

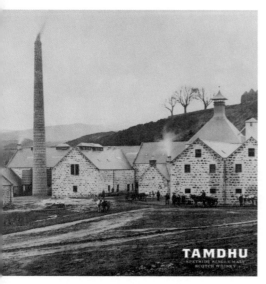

시대 상황에 따라 많은 부침을 겪은 탐듀 증류소 　스페이사이드 젖줄인 스페이강이 지척에 있다

가동 1년 만에 윌리엄 그랜트는 증류소에서 손을 뗀다. 운영 자금을 마련하지 못해 자기가 일하던 하일랜드 디스틸러스에 증류소를 매각하고 만다.

　탐듀는 시대 상황에 따라 부침을 겪었다. 미국 금주법 시행으로 불어닥친 1920년대 위스키 대불황Great Depression 이후 20년 (1928~1947)이나 가동을 멈췄다. 반대로 1970년대 스카치 유행 시기Scotch Boom에는 블렌디드 위스키 판매가 급증함에 따라 설비를 확충하고 생산량을 크게 늘렸다. 하지만 2010년에 다시 가동이 중단됐고 이듬해 글렌고인을 갖고 있는 에든버러 주류기업(독립병입회사) 이언 맥클로드Ian Macleod로 넘어갔다.

사라진 살라딘 박스

탐듀 증류소는 방문자 센터를 운영하지 않는다. 공식 투어 프로그램도 없다. 제조 공정을 살펴보려면 증류소에 연락해 허가를 받아야 한다. 다행스럽게도 나는 증류소의 배려로 설비 견학을 할 수 있었다. 탐듀 투어를 하며 눈여겨본 것은 이언 맥클로드 인수 이후 10년 동안 생긴 변화였다. 에드링턴이 주인이던 시절 커티삭과 페이머스 그라우스 같은 블렌디드 제조용 원액을 만드는 데 역점을 뒀던 탐듀가 생산 방식을 어떻게 바꿨는지 살피는 게 초점이었다.

탐듀는 살라딘 박스Saladin box라는 독특한 설비를 쓰는 걸로 유명했다. 19세기 후반 프랑스 기술자 찰스 살라딘Charles Saladin이 발명한 살라딘 박스는 기계식 몰팅 장비의 일종이다. 커다란 콘크리트 통에 보리를 담고 회전날이 달린 기계로 휘저으면서 바닥에 뚫린 구멍으로 바람을 불어넣어 온도와 습도를 조절해 몰트를 만든다. 탐듀는 1949년에 살라딘 박스 10개를 도입해 2010년까지 60년 넘게 썼다. 살라딘 박스로 생산한 몰트를 자체 사용하는 것은 물론 맥캔란 등 에드링턴 소속 다른 증류소에도 공급했다. 하지만 이언 맥클로드가 인수한 뒤부터 살라딘 박스는 더이상 쓰지 않는다. 스코틀랜드 대다수 증류소처럼 공장에서 몰트를 사 온다. 경제성이나 품질을 따졌을 때 전문 업체 제품을 구입해 쓰는 게 낫다고 판단했기 때문이다. 탐듀가 살라딘 박스를 철거하면서 이 방식으로 몰트를 만드는 모습을 스코틀랜드 증류소에서는 찾아볼 수 없게 됐다(아일라 브룩라디 증류소가 살라딘 박스 도입을 준비하고 있으나 언제 가동될지 미정이다).

▲ 이제는 역사 속으로 사라진 살라딘 박스
▼ 살라딘 박스를 가동중인 모습 (사진 출처: 위키피디아)

드래프는 어떻게 활용하나?

살라딘 박스는 사라졌지만 제분기는 달라지지 않았다. 글렌알라키 증류소에서 봤던 그 유명한 포르테우스 제분기였다. 롤러 4개가 달린 이 제분기는 1970년대 제품이었다. 너무 튼튼하게 제분기를 만든 탓에 파산한 포르테우스가 사업을 접기 직전에 생산한 제품이었다. 탐듀 당화조는 11.8톤짜리 세미 라우터 방식이었다. 당화는 통상적인 3단계로 이뤄진다. 첫번째 물(퍼스트 워터)은 최적 온도striking temperature라고 부르는 섭씨 64.5도로 맞춰 넣는다. 두번째 물(세컨드 워터)은 섭씨 78도로 더 올린다. 다음 당화 때 사용할 첫번째 물weak wort을 뽑아내는 3단계에서 물 온도를 92도까지 끌어올린다. 내가 들렀을 때 마침 당화가 막 끝난 상황이었다. 당화조 뚜껑을 열어 내부를 살펴봤다. 워트를 다 뽑아낸 뒤 남은 몰트 찌꺼기가 당화조에 한가득했다. 이처럼 당화를 마치고 남은 몰트 찌꺼기(지게미)를 드래프draff라고 한다. 보통은 이걸 모아서 소 사육 농가로 보낸다. 드래프를 말리면 훌륭한 소 사료가 되기 때문이다. 이런 까닭에 스코틀랜드 사람들은 "증류소 주변 농장에서 드래프를 먹고 자란 소가 더 맛있다"는 말을 농담처럼 하기도 한다. 하지만 세월이 흐르면서 드래프 쓰임새도 달라지는 추세이다. 예전엔 대부분 소 사료로 활용했지만 요즘엔 환경을 고려해 바이오매스biomass 공장으로 보내 재생에너지를 생산하는 사례가 늘고 있다.

▲ 포르테우스 제분기. 다른 증류소 포르테우스와 색깔이 다르다
▼ 당화가 끝나고 당화조 안에 남아 있는 드래프

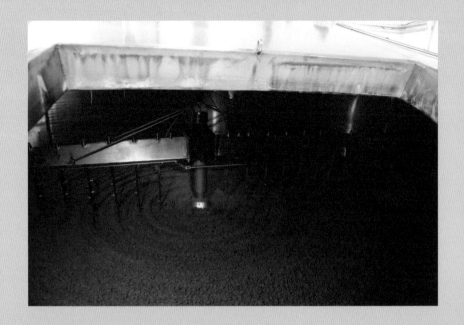

컴퓨터 자동제어 시스템

탐듀의 발효조washback는 9개. 용량은 각각 5만 3000리터이고 오레곤 파인 재질 나무 발효조였다. 이언 맥클로드가 증류소를 인수해 재가동에 들어간 2012년에 발효조도 전부 새것으로 교체했다. 증류소 직원은 "오레곤 파인 발효조 수명이 보통 20년 이상이고 상태에 따라서는 40년을 넘어가기 때문에 당분간 지금 발효조를 그대로 쓸 것"이라고 했다. 『몰트위스키 이어북』같은 자료에는 탐듀 평균 발효 시간이 59시간으로 나와 있다. 하지만 증류소 직원에게 확인해보니 "지금은 최소 60시간이고 평균 72시간에 달한다"라고 답했다. 여기서 짐작할 수 있듯이 요즘 스코틀랜드 증류소에서는 발효 시간을 늘리는 게 유행이다. 다양한 풍미를 얻어내려고 예전보다 발효를 더 길게 하는 증류소가 늘고 있다. 그렇기에 실제로 증류소에 가보면 책이나 인터넷에서 본 발효 시간과 차이가 날 때가 많다.

증류실로 이동했다. 1차 증류기wash still 3대와 2차 증류기spirit still 3대, 다 합쳐 6대가 돌아가고 있었다. 증류소 설립 이후 1972년까지는 증류기를 2대만 가동했지만 1970년대 블렌디드 위스키 유행 시기에 생산량을 늘리려고 6대까지 확충했다고 한다. 증류기 형태와 크기는 이언 맥클로드 인수 이후에도 달라지지 않았다. 2만 2000리터짜리 1차 증류기와 1만 8000리터짜리 2차 증류기 모두 양파형onion-shaped이었다. 응축기로 연결되는 라인 암lyne arm은 1차 증류기의 경우 다소 묵직한 스피릿을 뽑아낼 수 있도록 아래로 확 꺾여 있었다. 반면에 2차 증류기 라인 암은 수평에 가까웠다.

탐듀 증류소에서는 생산 시설 어디를 가도 사람 구경하기가 쉽

▲ 다양한 풍미를 얻기 위해 발효 시간을 늘리는 증류소가 늘고 있다
▼ 왼쪽이 1차 증류기, 오른쪽이 2차 증류기이다

지 않다. 물어봤더니 당화, 발효, 증류 공정이 컴퓨터로 자동제어되기 때문에 근무자가 많지 않다고 한다. 주말을 포함해 일주일 내내 설비를 돌리지만 생산 직원은 3명뿐이다. 이들은 주야간 3교대로 일한다. 직원 한 명이 모니터를 보며 당화부터 증류 공정까지모두 살핀다.

100% 올로로소 셰리 캐스크

증류소 주인이 바뀌고 난 뒤 가장 크게 달라진 건 오크통 숙성이다. 셰리 명가로 부활하기 위해 탐듀는 싱글몰트 생산에 사용하는오크통에 대한 원칙을 확고하게 세웠다. 무엇보다 탐듀는 100% 올로로소 셰리oloroso sherry 캐스크로만 싱글몰트 제품을 만든다. 또오크통은 퍼스트 필first fill(첫번째 재사용)과 세컨드 필second fill(두번째 재사용)을 많이 쓴다. 더구나 셰리 캐스크 중에서도 값비싼 유러피언 오크(유럽산 참나무)를 주로 사용한다. 아메리칸 오크(미국산 참나무) 비중은 크게 줄였다. 비번 개스크ex-bourbon와 셰리 캐스크 가격이 서너 배에서 10배까지 차이가 난다는 걸 고려하면 이런 결정은 결코 쉽지 않았을 것이란 생각이 들었다.

탐듀가 오크통에 얼마나 신경을 많이 쓰는지는 쿠퍼리지cooperage에서도 확인할 수 있다. 발베니 편에서 언급한 대로 쿠퍼리지를 갖춘 스코틀랜드 증류소는 몇몇에 불과하다. 대부분 외부쿠퍼리지와 계약을 맺고 오크통 유지 보수와 관리를 맡겨버린다.하지만 탐듀는 2019년 증류소에 전용 쿠퍼리지를 만들었다. 스페인에서 가져온 셰리 캐스크 품질을 확인하고 크기를 바꿔 개조하

탐듀의 전용 쿠퍼리지

쿠퍼리지 옆에 있는 통입실

거나 보수하는 일을 증류소에서 한다. 탐듀 쿠퍼리지는 스피릿을 오크통에 넣는 통입실filling room 옆에 있었다. 규모는 작았다. 발베니(글렌피딕)와 비교할 정도는 아니었다. 그래도 널빤지 다듬는 장비를 비롯해 후프에 구멍을 뚫는 설비, 오크통을 조이는 기계까지 필요한 것은 다 갖추고 있었다. 쿠퍼리지 운영 방식도 독특했다. 오크통 장인, 즉 쿠퍼cooper를 증류소에서 고용하지 않고 필요할 때마다 데려온다. 증류소에 쿠퍼리지를 마련해두고 사람만 불러오는 식이다. 이는 꽤 영리한 선택으로 보였다. 전용 쿠퍼리지가 없는 증류소에서는 오크통을 수선할 때마다 대형 트럭에 실어 쿠퍼리지로 보낸 뒤 다시 받아와야 한다. 하지만 탐듀처럼 쿠퍼리지를 갖고 있으면 이런 운송비를 아낄 수 있다. 또 필요할 때만 사람을 불러서 쓰기 때문에 인건비도 덜 든다. 탐듀 생산 규모를 생각하면 쿠퍼리지를 직영하되 사람은 외부에서 불러 쓰는 게 더 경제적인 선택이 아닌가 싶었다.

지하 숙성고

탐듀 숙성고는 2022년 말 기준으로 28개나 된다. 전통 더니지 숙성고dunnage warehouse가 4개 있고 선반형 숙성고racked warehouse는 6개였다. 또 18개는 이언 맥클로드가 인수한 뒤 새로 지은 팔레트형 숙성고palletized warehouse였다. 이 가운데 탐듀 싱글몰트 생산에 사용할 오크통은 더니지와 선반형 숙성고에서만 숙성한다. 팔레트 숙성고 18곳은 킹 로버트King Robert 같은 이언 맥클로드 블렌디드 위스키 숙성을 위해 쓰고 있다. 참고로 탐듀는 1년에 400만 리터에 달하는 스피릿을 생산한다. 그중 상당량을 블렌디드 위스키 제조용으로 쓰고 있다.

선반형 숙성고부터 들렀다. 선반을 설치해 오크통을 6단으로 눕혀서 숙성하고 있었다. 저장된 오크통은 대부분 500리터 벗butt 사이즈였다. 직원에게 물어보니 탐듀에서 쓰는 오크통의 90%가 벗butt이라고 한다. 250리터 혹스헤드hogshead나 200리터 배럴barrel은 10%밖에 안 된다. 선반형 숙성고를 살펴본 뒤 더니지에도 가봤다. 전통 더니지 숙성고 4개는 고풍스러운 석조 건물이었다. 이 가운데 2개는 1890년대 창업 당시에 지었다고 한다. 오래된 숙성고이기에 벽은 온통 시꺼멓게 변해 있었다. 세월의 흔적을 간직한 더니지 숙성고는 구조도 특이했다. 전체가 3층으로 돼 있는데 그중 1층은 지하에 있었다. 빛이 잘 들어오지 않고 습도도 높아서 고숙성에 유리할 것 같았다. 증류소 직원은 지하 숙성고에서 잠을 자는 오크통을 가리키며 "여기 있는 캐스크 대부분이 값비싼 유러피언 오크"라면서 "탐듀는 캐스크에 돈을 아끼지 않는다"라고 말했다.

스페이사이드 증류소 중에 지난 10년 동안 탐듀만큼 크게 달라

▲ 선반형 숙성고
▶ 더니지 숙성고 건물
▼ 지하 숙성고

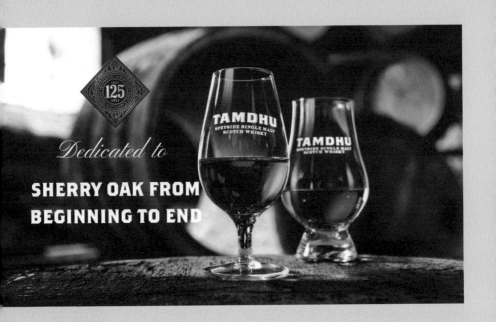

Dedicated to

**SHERRY OAK FROM
BEGINNING TO END**

진 곳이 또 있을까 싶다. 오랜 역사와 전통에도 불구하고 그동안 탐듀는 블렌디드 원액 생산 기지 정도로만 인식됐던 게 사실이다. 하지만 '100% 셰리 캐스크'라는 기치를 내건 뒤 완전히 달라졌다. 재가동 1년 뒤인 2013년에 나온 10년 숙성 제품이나 2018년에 선보인 12년과 15년 모두 '아, 이게 셰리 위스키구나'라는 말이 절로 나온다. 말린 과일과 견과류 풍미가 제대로 살아 있어서다. 탐듀의 부활을 보면서 증류소는 역시 확고한 제조 원칙을 갖고 있어야 한다는 생각을 했다.

CARDHU

설립 1824년
소속 디아지오Diageo
주소 Knockando, Aberlour, Moray AB38 7RY

예약

조니워커 핵심 몰트 증류소

카듀는 탐듀 증류소 근처에 있다. B9102 도로에서 카듀 간판을 보고 우회전하면 비탈진 길로 이어진다. 구불구불한 이 길을 따라가면 고풍스러운 건물이 나타난다. 여기가 유서 깊은 카듀 증류소이다. 주차장에 차를 대고 언덕 쪽으로 걸어갔다. 파고다 루프pagoda roof를 멋스럽게 얹은 방문자 센터가 보인다. 빨간색으로 칠해진 방문자 센터 문 위에는 깃발을 흔드는 여성이 그려진 로고도 붙어 있다. 그 옆에는 CARDHU라는 이름과 함께 조니워커 상징인 스트라이딩 맨striding man이 빛나고 있다. 이 스트라이딩 맨을 보면 알 수 있듯이 카듀는 세상에서 가장 많이 팔리는 스카치위스키 조니워커의 핵심 몰트key malt 증류소이다. 조니워커 회사 디아지오가 갖고 있는 스코틀랜드 증류소는 29개나 된다. 하지만 핵심 몰트를 생산하는 곳은 네 곳이다. 로우랜드를 대표하는 글렌킨치, 하일랜드 클라이넬리시, 아일라섬 쿨일라 그리고 나머지 하나가 스카치의 심장 스페이사이드에 있는 카듀이다. 디아지오에서는 스코틀랜드 동서남북에 있는 이 네 곳을 "Four Corner

▲ 카듀 증류소 방문자 센터
▼ 방문자 센터 외벽 장식

Distilleries"라고 부른다. 조니워커를 지탱하는 네 개의 주춧돌이라는 의미이다.

2020년에 단장을 마친 카듀 방문자 센터는 깔끔하게 꾸며져 있었다. 투어 참가자들은 카듀는 물론이고 디아지오 소속 다른 증류소 싱글몰트 제품과 다양한 조니워커 위스키를 이곳에서 할인된 가격에 구입할 수 있다. 위스키 판매점 옆에는 카듀 역사를 한눈에 살필 수 있는 전시 공간도 마련돼 있었다. 여기서 먼저 눈에 들어온 건 19세기 스코틀랜드 밀주업자들이 쓰던 소형 증류기 모형과 당시 산에 숨어 몰래 위스키를 만들던 모습을 그린 그림이었다. 이는 카듀 역사가 불법 증류 시절로 거슬러올라간다는 걸 보여주는 전시품이다.

카듀의 예전 이름은 카도우Cardow였다. 철자와 발음은 다르지만 카듀나 카도우 모두 '검은 바위'라는 뜻이다. 증류소 근처 동굴 앞에 커다란 검은 바위가 있어서 이런 이름이 붙었다. 이곳에서 위스키를 만들기 시작한 건 불법 증류 시대인 1811년. 이때 존과 헬렌 커밍 부부가 스페이사이드 녹칸도에 있는 카도우 농장을 19년 동안 임대한다. 그 뒤로 남편 존 커밍은 소를 키우고 부인인 헬렌은 집안일을 하며 위스키를 만들었다. 탐듀 증류소 편에서 얘기한 것처럼 녹칸도는 물과 보리가 풍부해 위스키 만들기에 최적의 환경이었다. 그렇기에 이곳에선 수확하고 남은 보리로 몰래 위스키를 만드는 불법 농장 증류가 일찍부터 성행했다.

밀주업자들이 쓰던 소형 증류기 모형

밀주 시대 그림

카듀 로고의 붉은 깃발은 밀주 단속을 알리는 신호였다

붉은 깃발을 흔드는 여인

불법 증류업자한테 가장 두려운 대상은 밀주 위스키를 단속하는 세금 징수원이었다. 녹칸도는 불법 증류가 활개치는 것으로 소문이 나 있어서 툭하면 징수원이 들이닥쳤다. 헬렌 부부가 운영하던 카도우 농장 역시 1816년까지 세 번이나 적발돼 증류기를 빼앗겼다. 이런 상황이다보니 헬렌 커밍은 증류기를 돌릴 때마다 세금 징수원이 오지 않는지 유심히 살폈다. 만약 세금 징수원이 농장 쪽으로 다가오면 헬렌은 얼른 증류기를 감추고 빵 만드는 재료를 잔뜩 꺼낸 뒤 밀가루를 손과 팔에 묻혔다. 만반의 준비를 마치고 나서 세금 징수원이 찾아와 다그치면 헬렌은 "이거 봐라, 지금 밀가루로 빵 만들고 있지 않느냐"라고 발뺌하며 스콘과 차를 대접했다. 세관원이 스콘을 맛보는 사이 헬렌은 뒷문으로 슬그머니 빠져나와 붉은 깃발을 밖에 내걸었다. 이 붉은 깃발은 불법 증류를 하는 이웃에게 '지금 밀주 단속을 하러 돌아다닌다'라고 알리는 신호였다. 카듀 로고가 붉은 깃발을 흔드는 여성인 건 이런 일화 때문이다.

헬렌의 반짝이는 아이디어

주민이 합심해 단속을 피해나가자 세금 징수원도 애가 달았다. 단속 실적에 목이 말랐던 세금 징수원은 어느 날 헬렌을 찾아와 "당신에게 돈을 줄 테니 대신에 다른 주민들이 몰래 숨어서 증류하는 곳을 알려달라"며 거래를 제안했다. 돈을 미끼로 단속 정보를 빼내려고 한 것이다. 스파이가 되라는 요구에 헬렌은 난감했다. 이웃을 배신할 수는 없는 노릇이지만 대놓고 거절할 수도 없었다. 보복이 두려웠기 때문이다. 고민하던 헬렌은 "2주 뒤에 찾아오면 증류기를 숨겨놓은 곳을 알려주겠다"며 세금 징수원을 돌려보냈다. 그런 다음 헬렌은 불법 증류를 하는 이웃들을 불러서 세금 징수원의 제안을 얘기하고 "모두를 행복하게 만들 아이디어가 있다"고 자신 있게 말했다.

그렇다면 헬렌의 계획은 뭐였을까? 먼저 헬렌은 낡아서 못 쓰게 된 마을의 증류기를 잔뜩 모아서 검은 바위가 있는 동굴로 옮겼다. 2주 뒤 세금 징수원이 찾아오자 헬렌은 "검은 바위가 있는 동굴에서 마을 사람들이 위스키를 만들고 있으니 거기를 단속하라"고 알려주고 약속한 대로 뒷돈을 받았다. 세금 징수원이 동굴에서 불법 증류 증거인 증류기를 확보해 떠나자 헬렌은 정보 제공 대가로 받은 돈을 이웃들과 나눴다. 이 돈으로 헬렌과 마을 주민은 새 증류기를 샀다. 헬렌의 말처럼 세금 징수원이나 헬렌이나 이웃 모두에게 행복한 일이 생긴 것이다.

위스키 증류는 1811년에 시작했지만 카듀(카도우) 공식 창업 연도는 1824년이다. 소비세법(1823년) 시행으로 불법 밀주업자들이 합법화의 길을 걷기 시작한 해이다. 카듀는 글렌리벳의 뒤를 이어 면허를 발급받고 합법 증류소로 탈바꿈한다.

두번째 여성 엘리자베스

카듀는 위대한 여성 두 명이 이끌어온 증류소이다. 첫 여성은 앞서 얘기한 헬렌 커밍이고 두번째 여성은 헬렌의 며느리 엘리자베스 커밍이다. 훗날 '위스키 거래의 여왕The Queen of Whisky Trade'으로 불리게 된 엘리자베스는 남편 루이스 커밍이 세상을 떠난 1872년부터 증류소 운영을 맡는다. 당시 45살이었던 엘리자베스에게는 두 아들과 딸이 있었다. 셋째 아들은 임신한 상태였다. 그런데 공교롭게도 남편이 죽고 나서 사흘 만에 다섯 살짜리 딸이 세상을 떠난다. 남편과 딸을 한꺼번에 잃은 아픔 속에서도 엘리자

'위스키 거래의 여왕' 엘리자베스 커밍

베스는 무너지지 않았다. 남은 자식을 홀로 키우며 농장 일뿐 아니라 증류소 운영까지 책임졌다. 강철 같은 의지를 가진 엘리자베스가 이끈 20년 동안 '스코틀랜드에서 가장 작은 증류소'에 불과했던 카듀는 스페이사이드의 거물로 성장한다.

조니워커와의 동행

엘리자베스는 앞을 내다보는 안목이 뛰어났다. 블렌디드 위스키 수요가 크게 늘어날 것이라 예측하고 생산량을 늘리기 위해 결단을 내렸다. 그동안 번 돈을 아낌없이 투자해 원래 증류소 옆에 새 증류소를 지을 땅을 확보하고 1884년부터 공사에 들어갔다. 설비도 현대식으로 바꾸려고 낡은 증류기를 중고로 내놨다. 이때 엘리자베스가 내놓은 증류기를 구입한 사람이 바로 글렌피딕 창업자 윌리엄 그랜트였다(지금도 글렌피딕은 카듀에서 사 온 증류기 3대를 복제해 쓰고 있다). 현대식 제조 설비를 갖춘 새 증류소가 가동되면서 카듀 생산량은 3배 가까이 늘어났다. 때마침 불어온 블렌디드 위스키 바람(스카치 1차 황금기)에 힘입어 카듀는 비약적으로 발전한다. 이 무렵 증류소를 방문한 저널리스트 알프레드 버나드*는 카듀의 눈부신 변화를 이렇게 정리했다.

"카듀의 옛 증류소가 가장 낙후되고 원시적the most straggling and primitive이었던 반면 새 증류소는 멋진 건물의 집합체handsome pile of buildings이다."

● 최초의 '위스키 작가'로 평가받는 알프레드 버나드Alfred Barnard는 1885년부터 1887년까지 영국과 아일랜드에 있는 위스키 증류소 162곳을 방문해 취재한 기록을 500페이지 분량의 『The Whisky Distilleries of the United Kingdom』이라는 책으로 남겼다.

카듀(카도우)의 출발은 소규모 농장 증류소였다　엘리자베스는 과감한 투자로 증류소를 새로 지었다

PURE
HIGHLAND MALT WHISKY.
"CAR DHU"
TRADE MARK.
CARDOW DISTILLERY,
ESTABLISHED 1824 STRATHSPEY. E. CUMMING PROPRIETRIX

▲ 카듀 상표 등록
▶ 조니워커와의 동행

과감한 투자로 카듀를 성장시킨 엘리자베스는 1893년에 이르러 또 한번 중요한 결정을 내린다. 카듀 증류소를 조니워커 회사John Walker & Sons에 매각한 것이다. 당시 양측이 합의한 계약 조건을 보면 엘리자베스가 왜 애지중지하던 증류소를 팔았는지 알 수 있다. 엘리자베스는 증류소를 넘기며 현금 2만 500파운드와 조니워커 회사 주식 100주를 받았다. 하지만 이게 전부가 아니었다. 더 중요한 단서가 붙어 있었다. 바로 엘리자베스의 아들인 존 커밍John Cumming을 조니워커 회사 임원으로 앉히는 조건이었다. 이로써 커밍 가문은 증류소를 매각한 뒤에도 임원이 된 존을 통해 카듀를 계속 경영하게 된다. 더구나 존 커밍에 이어 엘리자베스의 손자인 로널드 커밍Ronald Cumming도 훗날 조니워커(당시 DCL) 경영진에 합류해 1961년에는 회장에 오른다. 이런 결과를 볼 때 당시 엘리자베스는 가족의 미래를 위해 현명한 결정을 내린 셈이다. 조니워커 가족이 된 카듀(당시엔 카도우)는 1960년 증류소를 개축해 설비를 크게 늘렸다. 1965년부터는 카듀라는 이름의 싱글몰트 제품을 내놓고, 1981년에는 증류소 이름도 카도우에서 카듀로 바꾼다.

카듀 방문자 센터 전시 공간은 헬렌과 엘리자베스, 두 사람의 업적을 설명하는 글과 사진으로 채워져 있다. 투어 프로그램 역시 헬렌과 엘리자베스 이야기를 담은 10분짜리 애니메이션을 보는 것으로 시작한다. 애니메이션을 너무 잘 만들어서 이거 한 편만 봐도 두 여성이 어떻게 카듀 역사를 개척했는지 대강은 알 수 있었다. 여성의 힘을 강조하는 증류소답게 방문자 센터 벽에는 지난 2021년 조니워커 역사상 최초로 여성 마스터 블렌더가 된 엠마 워커Emma Walker의 사진이 함께 걸려 있었다.

‘여성의 힘’을 주제로 꾸민 방문자 센터 전시 공간

디아지오 싱글몰트 3위

내가 카듀를 방문할 당시 증류소는 설비 보수를 하고 있었다. 공사가 한창인 상황이라 아쉽게도 생산 설비를 직접 살펴보지는 못했다. 다만 증류소측이 제공한 자료를 통해 개략적인 설비 규모는 파악할 수 있었다. 카듀는 8톤짜리 풀 라우터 당화조를 쓴다. 당화조 본체는 스테인리스이지만 지붕은 구리로 돼 있다. 발효조는 모두 10개인데 이 가운데 8개는 나무이고 나머지 2개는 스테인리스이다. 평균 발효 시간은 75시간으로 사흘 이상 충분히 발효한다. 증류기는 1960년 증류소 증개축 당시에 6대로 늘렸다. 1차 증류기 3대는 1만 8000리터짜리이고 2차 증류기 3대는 1만 1000리터 용량이다. 사진과 영상으로 봤을 때 카듀 증류기는 날씬하면서 목이 꽤 길었다. 여기에 라인 암lyne arm도 살짝 위를 향하고 있다. 맥캘란 편에서 설명한 것처럼 증류기 목이 길고 날씬하면서 라인 암까지 위를 향하고 있으면 환류reflux가 증가하고 구리 접촉도 늘어난다. 스피릿 풍미는 대체적으로 가볍고 경쾌해진다.

카듀 증류소 연간 스피릿 생산량은 340만 리터에 달한다. 이 가운데 상당량을 조니워커 위스키 블렌딩에 쓰지만 싱글몰트 비중도 적지 않다. 2020년 자료를 보면 카듀 싱글몰트는 1년 동안 300만 병 가까이 팔렸다. 싱글톤과 탈리스커에 이어 디아지오 증류소 싱글몰트 중에서 판매량 3위를 기록하고 있다.

부드러운 카듀 위스키

증류소 설비를 보지 못한 아쉬움은 테이스팅으로 달랬다. 거대 주류 기업 디아지오 소속 증류소는 테이스팅 공간도 대충 만들지 않는다. 역사나 주변 환경을 고려해 다양한 주제로 꾸민다. 두 여성이 이끈 카듀 증류소의 테이스팅 룸은 가정집 부엌처럼 생겼다. 아일랜드 식탁이 놓여 있고 뒤편 주방엔 프라이팬 같은 조리기구가 걸려 있다. 자리에 앉으면 퇴근한 뒤 식탁에 위스키 한 병 꺼내 놓고 마시는 기분이 든다. 증류소에서 'Tasting Kitchen'이라고 이름 붙인 이곳에서 처음 마신 건 카듀 위스키 하이볼이었다. 나는 솔직히 카듀 하이볼을 처음 마셔봤다. 그런데 딱 한 모금 입에 넣자마자 탄성을 내질렀다. 카듀 특유의 과일 풍미fruity가 탄산과 어우러져 상쾌함이 폭발했다. 카듀로 하이볼을 만들면 이렇게 맛 있다는 걸 처음 알았다. 마음 같아선 〈주락이월드〉 찍을 때처럼 '원샷'으로 털어넣고 싶었지만 가이드가 놀랄까봐 꾹 참고 나눠서 즐겼다.

하이볼로 입가심을 한 뒤엔 본격적으로 테이스팅에 들어갔다. 맨 먼저 나온 건 카듀 싱글몰트 대표 제품인 12년. 이 녀석은 한마디로 부들부들하다. 해외 위스키 블로거 한 명이 카듀 12년을 맛본 뒤 '교과서적인 과일 싱글몰트textbook fruity single malt'라고 적은 걸 봤다. 정확한 표현이다. 부드럽고 경쾌하면서 활발한 느낌이 살아 있다. 12년 다음으로 맛본 건 2022년 디아지오 스페셜 릴리즈에 포함된 카듀 16년이었다. 캐스크 스트렝스 제품답게 타격감이 상당했다. 자메이카 럼 캐스크로 피니싱(마무리 숙성)해서 달달한 풍미도 강조됐다. 마지막으로는 증류소에서 구매 가능한 디스틸러

카듀 싱글몰트

리 익스클루시브 2번 배치Cardhu Distillery Exclusive batch 02를 맛봤다. 이 제품은 버번 캐스크와 캘리포니아 레드 와인 캐스크에서 숙성했다. 요즘 레드 와인 캐스크를 쓴 싱글몰트가 워낙 많아 별 기대는 없었는데 의외로 인상적이었다. 전형적인 카듀 위스키의 부드러움과 과일 향을 다 갖고 있으면서 베리berry 계열 풍미와 스파이시spicy한 향도 돋보였다. 투어를 동행한 이세기씨(라세이 증류소 디스틸러)는 한 모금 맛보더니 "한 병 사가야겠다"고 했다. 입맛 까다로운 이세기씨가 인정했으니 분명 잘 만든 위스키인 게 틀림없다.

상쾌하고 부드러운 카듀 위스키를 마시고 밖으로 나왔다. 증류소가 더없이 아름답게 보인다. 증류소에 도착할 때만 해도 뼛속까지 파고드는 스코틀랜드 가을바람을 투덜거렸지만 위스키 한잔에 기분이 싹 달라졌다. 역시 맛좋은 위스키는 사람을 들었다 놨다 한다.

아 참, 카듀 증류소 투어를 마치고 나서 그냥 숙소로 돌아가지

▲ 카듀 테이스팅 룸 'Tasting Kitchen'
▼ 증류소 설비를 보지 못한 아쉬움을 달래준 테이스팅

방문자 센터에서 이어지는 산책 코스

마시라. 방문자 센터에서 이어지는 산책 코스를 따라가면 언덕이 나온다. 여기가 사진 명당이다. 증류소와 마을 풍경이 한눈에 잡힌다. 무지개 빛깔 모자와 옷을 입은 스트라이딩 맨 동상도 있다. 조니워커의 고향에서 스트라이딩 맨과 찍은 사진은 꼭 인스타그램에 안 올리더라도 꽤 좋은 추억이 될 것이다.

마지막으로 한 가지만 더. 스트라이딩 맨 동상 옆에는 카듀에서 관리하는 소 농장이 있다. 창업자 커밍 가문에서 대대로 소를 키우며 위스키를 만들었다는 걸 생각하면 이 농장은 카듀에게 의미 있는 곳이다. 털이 유난히 길고 치렁치렁해서 헤어리 카우Hairy Cow로 불리는 하일랜드의 소를 배경으로 사진을 남긴다면 두고두고 기억에 남을 것이다. 얘길 들어보니 증류소에서는 여기서 키우는 소 한 마리 한 마리에 사람 이름을 갖다 붙였다고 한다. 그중에는 팝스타 비욘세Beyonce도 있고 샤키라Shakira도 있단다. 대체 어

▲ 카듀 증류소 농장의 헤어리 카우
▼ 언덕에 오르면 만날 수 있는 스트라이딩 맨

떤 소가 비욘세이고 어떤 소가 샤키라인지 알았다면 나도 사진 한
장 찍어 왔을 텐데 그러지 못해 아쉽다.

CRAGGANMORE

설립 1869년
소속 디아지오Diageo
주소 Ballindalloch, Moray AB37 9AB

예약

목가적인 증류소 풍경

크래건모어는 스페이사이드 발린달록Ballindalloch에 있다. 증류소 주변은 한적하고 평화롭다. 목가적인 분위기의 전형적인 스코틀랜드 시골 풍경이다. 앞으로는 보리가 자라는 너른 들판이 있고, 언덕과 산이 주위를 빙 둘러싸고 있다. 증류소 뒤쪽 산의 그림자가 커다란 바위처럼 보여서 큰 바위great rock라는 뜻의 크래건모어라는 이름이 붙었다고 한다.

목가적인 풍경 속에 자리잡은 소박한 증류소

증류소는 마을 분위기를 닮았다. 1층 아니면 2층으로 낮게 지은 건물은 아담하면서 소박하다. 남들한테 보여주기 위해 뭔가를 꾸민 흔적이 없다. 이렇다 할 치장이나 장식이 없어서 세련되거나 화려한 느낌은 들지 않는다. 세월이 흐르는 동안 저절로 생긴 검은 곰팡이만 벽과 지붕 곳곳에 보일 뿐이다. 옛 모습을 그대로 간직한 이 증류소는 누군가에겐 다소 촌스럽게 느껴질 수 있을 것이고 또 다른 누군가에겐 오히려 정겹게 다가올 것 같았다.

당대 최고의 증류 기술자

투어는 증류소 앞마당에서 시작했다. 설비를 둘러보기에 앞서 가이드는 창업자 존 스미스John Smith 얘기부터 풀어놓았다. 가이드에 따르면, 크래건모어를 세운 존 스미스의 이름 앞에는 '거대한 Big'이란 수식어가 붙는다. 그가 이룩한 업적만큼이나 체구도 컸기 때문이다. 체중이 140킬로그램이 넘을 만큼 몸집이 거대했던 존 스미스는 기차로 출퇴근할 때에도 객실을 이용하지 못하고 공간이 넓은 승무원 칸에 탔다고 한다.

'거대한' 존 스미스는 글렌리벳 창업자 조지 스미스의 막내아들로 알려져 있다(여러 자료에는 조지 스미스의 사생아로 기록돼 있다). 어려서부터 위스키 제조법을 익힌 존 스미스는 20대가 된 1850년대에 맥캘란과 글렌리벳에서 증류소 매니저로 일했다. 1865년에는 글렌파클라스 주인이 된 사촌 존 그랜트의 요청으로 4년간 증류소를 맡아서 운영하기도 했다. 20년 가까이 여러 곳에서 경험을 쌓은 존 스미스는 1869년에 독립해 크래건모어를 설립한다. 스카치 역사를 다룬 여러 책에서는 이런 존 스미스를 가리켜 '당대 최고the most respected' 혹은 '가장 경험이 풍부한the most experienced' 증류 기술자로 표현하고 있다.

위스키 특급 열차

크래건모어 창업자 존 스미스가 다소 외진 곳에 터를 잡은 이유는 철도 때문이었다. 증류소 창업 6년 전인 1863년, 발린달록 마

▲ 테이스팅 룸에 전시된 위스키 특급열차 모형
▼ 발린달록역 (사진 출처: 위키피디아)

을에 철길이 깔렸다. 존 스미스는 기차가 지나가는 곳에 증류소를 세우기로 마음먹는다. 당시만 해도 모든 증류소가 마차로 며칠씩 걸려 석탄을 실어 오고 또 위스키를 실어 날랐다. 이런 상황에서 위스키 제조와 유통을 원활하게 하려면 철도가 필요하다는 게 존 스미스의 판단이었다. 존 스미스는 발린달록성과 그 일대 땅을 갖고 있던 맥퍼슨 그랜트 가문을 설득해 스트라스페이 철도Strathspey Railway가 거쳐가는 발린달록역에서 800미터 떨어진 농장을 임대한 뒤 증류소를 지었다. 지금의 크래건모어 증류소가 있는 곳이다. 존 스미스는 보리와 석탄을 기차로 가져온 뒤 생산한 위스키를 바로 싣고 떠나게 하려고 발린달록역에서 증류소까지 철로 측선siding을 깔아 연결했다. 또 증류소 입구에는 간이역도 세웠다. 철도 인프라를 완벽히 구축하면서 크래건모어는 위스키를 만들어 파는 데 엄청난 이점을 갖게 된다. 예를 들어 1880년대에는 블렌디드 제조용 위스키 주문이 늘어나자 오크통 300개, 약 7만 3000리터에 달하는 위스키를 25개 무개화차*에 실어 나르는 일명 '위스키 특급 열차Whisky Special'를 운행했다. 이런 이유로 크래건모어는 철도를 위스키 제조와 유통에 활용한 최초의 스페이사이드 증류소라는 평가를 받고 있다.

발효 시간이 달랐던 이유

요즘엔 스코틀랜드 증류소 대부분이 몰트를 공장에서 가져온다. 따라서 생산 설비 견학도 분쇄 공정부터 살펴볼 때가 많다. 크래건모어도 마찬가지이다. 증류소 제분실에 들어서니 반갑고 익숙

* 무개화차無蓋貨車는 뚜껑이 없는 화물차량을 뜻한다.

60년 동안 고장 한번 난 적 없는 포르테우스 제분기

한 빨간색 포르테우스 제분기가 눈에 띤다. 크래건모어에서 쓰는 포르테우스 제분기는 1960년대에 들여온 제품이지만 아직까지 잘 돌아가고 있다. 가이드는 포르테우스의 뛰어난 품질을 칭찬하면서 "60년 가까이 썼지만 고장 한번 난 적이 없어서 부품만 바꿔주고 있다"라고 말했다.

분쇄한 몰트에서 당을 뽑아내는 당화조는 풀 라우티full lauter 방식으로 1997년에 설치해 25년째 쓰고 있다. 겉으로 볼 때에는 나무로 만든 것 같지만 실제로는 스테인리스 당화조에 나무를 덧대 붙여놓은 것이다. 기능에 아무런 차이가 없어도 나무를 덧대놓으니 보기에는 훨씬 좋았다. 당화조 용량은 7톤으로 한 번 당화할 때마다 분쇄한 몰트 7톤을 넣는다. 7시간 동안 당화조를 돌려 세 번에 걸쳐 3만 2000리터 워트wort(맥아즙)를 뽑아낸다.

워트를 발효하는 발효조washback는 6개였다. 미송이라고도 부르

▲ 스테인리스 당화조에 나무를 덧대놓았다
▼ 오레곤 파인 재질의 발효조

는 오레곤 파인oregon pine(더글러스 퍼) 재질이었다. 나무 발효조만 쓰는 증류소 대부분이 그렇듯 크래건모어 가이드 역시 나무 발효조가 왜 스테인리스보다 나은지 한참이나 설명했다. 얘기를 들어보면 핵심은 하나다. 발베니 편에서도 언급한 것처럼 나무 발효조는 미생물이 숨어 있어서 발효 과정에서 더 좋은 풍미를 이끌어낸다는 것이다.

크래건모어는 원래 일주일에 닷새만 증류소를 가동했다. 이 시기에는 발효를 60시간에 끝내기도 하고 90시간까지 더 길게 하기도 했다. 60시간으로 짧게 발효해 증류한 스피릿과 90시간으로 길게 발효해 얻은 스피릿을 섞어서 제품을 만들었다는 뜻이다. 이 대목에서 주 5일 가동할 때에는 왜 발효 시간이 달랐는지 궁금한 분이 있을 것이다. 지금도 증류소를 다니다보면 이런 곳이 꽤 많다. 주 5일 가동하는 증류소에서 발효 시간을 다르게 하는 건 사정이 있다. 이해를 돕기 위해 주 5일 가동이었던 과거의 크래건모어 증류소를 떠올려보자. 당시 크래건모어에서는 월요일이나 화요일에 발효에 들어간 워시는 60시간이 지나면 바로 꺼내서 증류했다. 하지만 주 중반이나 후반에 발효에 들어간 것은 주말을 넘겨 90시간 동안 발효시켰다. 주 5일 가동이라 주말엔 근무자가 없었기 때문이다. 더 구체적으로 예를 들어보자. 목요일 오후 3시부터 발효에 들어갔다고 치자. 그러면 일요일 새벽 3시가 되면 기본 발효 시간 60시간이 끝난다. 하지만 이때는 증류소에 사람이 없어서 워시를 빼낼 수 없다. 그래서 발효조에 그냥 놔뒀다가 월요일 오전 9시에 근무자가 출근하면 90시간 발효한 워시를 꺼내 증류기에 넣고 돌렸다.

과거엔 발효 시간이 요일에 따라 달랐지만 지금은 60시간으로 통일했다. 생산량 증가에 따라 증류소 가동을 주 7일로 바꿔 주말 근무자가 있기 때문이다. 크래건모어 가이드는 "발효 시간을 60시간으로 통일하면서 스피릿을 뽑아내는 양이 훨씬 늘었다. 또 풍미에는 큰 변화는 없었다. 지금의 발효조 가동 방식이 예전보다 낫다"라고 말했다.

독특한 플랫톱 증류기

크래건모어 증류소에서 눈여겨봐야 할 곳이 증류실이다. 내가 스코틀랜드 증류소 탐험을 계획하면서 크래건모어를 꼭 가보려고 했던 이유도 독특한 형태의 증류기를 보기 위해서였다. 크래건모어 증류실에는 1차 증류기wash still 2대와 2차 증류기spirit still 2대가 있다. 용량은 1차 증류기 8725리터, 2차 증류기 6600리터로 그리 크지 않다. 원래 1차 증류기와 2차 증류기 각각 1대뿐이었지만 1972년에 증류소를 확장하며 한 쌍을 늘렸다.

크래건모어 1차 증류기는 본체와 목 사이가 움푹 들어간 랜턴형 lantern shaped이다. 또 2차 증류기에는 환류reflux를 증가시키는 작은 보일 볼boil ball이 달려 있다. 이렇게만 보면 크래건모어 증류기가 뭐가 독특하다는 건지 이해가 안 될 것이다. 랜턴형이나 보일 볼 증류기는 다른 곳에서도 얼마든지 볼 수 있으니까 말이다. 하지만 크래건모어의 2차 증류기 목 끝부분을 보게 되면 보통 증류기와 다르다는 걸 알게 된다. 아마 그동안 여러분이 사진이나 영상으로 본 스코틀랜드 증류소의 거의 모든 증류기는 목 끝부분이 유선형으로 부드럽게 구부러져 있었을 것이다. 이 모습이 백조의 목을 닭았다 해서 휘어진 부분을 스완넥swan neck이라고 부른다. 하지만 크래건모어 2차 증류기는 다르다. 부드럽게 휘어진 부분, 스완넥이 없다. 톱으로 싹둑 잘라낸 것처럼 목 윗부분이 평평하게 돼 있다. 이처럼 스완넥이 없고 천장이 평평한 증류기를 플랫톱flat top이라고 하는데 여간해서는 보기 힘든 형태이다. 내가 가본 55곳 스코틀랜드 증류소 중에 플랫톱 증류기를 쓰는 곳은 크래건모어와 달모어, 그리고 올드 풀트니 세 곳뿐이었다.

크래건모어가 플랫톱 증류기를 쓰기 시작한 건 창업자 존 스미스 시절부터다. 세월이 흐르는 동안 여러 번 주인이 바뀌었지만 증류기 형태는 변하지 않았다. 그렇다면 '당대 최고의 증류 기술자' 존 스미스는 왜 이렇게 특이한 증류기를 도입한 걸까? 이걸 설명하기에 앞서 복습 한번 하고 넘어가자. 발베니 편 등에서도 설명했지만 증류기 형태는 환류와 연관이 있다. 환류는 증류기에서 끓어오른 증기가 차가운 구리 표면과 만나 응축되면서 바닥으로 떨어져 다시 증류되는 걸 말한다. 환류가 활발해질수록 더 가볍고 깔끔한 스피릿을 얻을 수 있다. 그런데 목 윗부분이 평평한 플랫톱 증류기는 이런 환류 작용을 급격히 증가시킨다. 증류기에서 끓기 시작해 위로 올라가던 증기가 평평한 천장에 부딪히면서 이슬처럼 맺혀 아래로 떨어지기 때문이다. 주전자에 물을 넣고 끓이다가 뚜껑을 열었을 때 물방울이 뚝뚝 떨어지는 걸 떠올리면 이해가 빠를 것이다.

플랫톱 증류기가 환류를 활발하게 만드는 원리를 도로 형태에 비유해 설명하는 전문가도 있다. 차를 타고 달리다가 회전하는 구간에 이르렀을 때 도로가 부드럽게 곡선으로 휘어져 있다면 쉽게 커브를 틀어 빠져나갈 수 있다. 하지만 회전하는 구간이 직각으로 꺾여 있다면 차를 한번 세웠다 빠져나가야 해서 더 힘들다는 것이

플랫톱 증류기

플랫톱 증류기(위)는 스완넥(아래)이 없다

다. 다시 말해 평평한 천장이 있는 플랫톱 증류기는 끓어오른 알코올 증기를 응축기로 쉽게 빠져나가지 못하게 만들어 환류를 증가시킨다는 설명이다.

벌레를 닮은 웜텁 응축기

증류기만 독특한 게 아니다. 알코올 증기를 냉각시켜 액체로 응축시키는 응축기condenser도 조금 특별하다. 증류실 밖으로 나오면 증류기에 연결된 구리관이 빠져나와 커다란 물통에 잠겨 있는 걸 볼 수 있다. 이게 바로 냉각장치인 웜텁worm tubs 응축기이다. 물에 잠겨 있어 잘 보이지 않지만 물통 내부에 있는 구리관은 코일처럼 나선형으로 구불구불 구부러져 있다. 이 모양이 벌레가 똬리를 틀고 있는 것과 비슷해 보인다고 해서 벌레 통, 즉 웜텁이라는 이름이 붙었다.

알코올 증기가 통과하는 구리관을 찬물이 담긴 통에 넣어 응축시키는 웜텁 냉각은 산기슭에서 밀주 위스키를 만들던 시절부터 내려온 전통 방식이다. 이런 웜텁 응축기를 아직까지 쓰고 있는 스코틀랜드 증류소는 크래건모어를 비롯해 탈리스커와 녹듀, 달위니, 로얄 로크나가 등 몇몇에 불과하다. 이들을 제외한 대다수 증류소에선 냉각 효율이 좋은 셸 앤 튜브shell and tube 응축기를 사용한다. 웜텁에 비해 현대식인 셸 앤 튜브 응축기에는 원기둥 모양의 커다란 구리통shell에 다시 수백 개에 달하는 작은 구리관tube이 설치돼 있다. 이 작은 구리관에 찬물을 흐르게 해서 큰 구리통 내부를 통과하는 알코올 증기를 냉각시키는 방식이다. 여기서 중요한 것은 어떤 응축기를 쓰느냐에 따라 스피릿 풍미가 달라진다는 점이다. 냉각수 온도나 증류 속도에 따라 차이가 있지만 일반적으로 웜텁으로 냉각하면 셸 앤 튜브로 뽑아낸 스피릿보다 풍미가 무거워진다. 수백 개의 구리 관이 설치된 셸 앤 튜브와 달리 하나의 관으로 연결된 웜텁은 응축 과정에서 증기와 구리의 접촉이 덜하기 때문이다.

웜텁 응축기. 증류기에 연결된 구리관이 커다란 물통에 잠겨 있다

복합적인 풍미의 비결

크래건모어 위스키를 '복합적complex'이라고 평가하는 전문가가 많다. 지난 2007년 세상을 떠난 위스키 평론가 마이클 잭슨Michael Jackson이

대표적이다. 마이클 잭슨은 크래건모어 위스키를 가리켜 "가장 복합적인 풍미the most complex of any malt"라고 표현했다. 세상에서 제일 유명한 전문가 의견에 토를 달 생각은 없었다. 하지만 나는 그동안 크래건모어 위스키를 가끔 즐기면서도 마이클 잭슨의 말을 제대로 이해하지 못했다. 그런데 이번에 다시 크래건모어를 맛보면서 전문가들이 공통적으로 언급하는 '복합적인 풍미'가 뭔지를 조금은 느끼게 됐다. 일단 크래건모어 위스키를 테이스팅하면 전체적으

크래건모어 위스키는 달콤한 꿀과 화사한 과일 풍미가 돋보인다

로 달콤한 꿀과 화사한 과일 풍미가 돋보인다. 하지만 이게 전부가 아니다. 유쾌하고 상쾌한 느낌 뒤로 깊이 있는 무게감이 밀려든다. 마치 정중동靜中動이라고 해야 할까. 깔끔하고 가벼워 보이지만 묵직한 풍미가 살아 있다. 또 무거운 느낌 속에서도 활발하고 경쾌한 기운이 감돈다.

자, 그렇다면 이렇게 깊이 있고 복합적인 풍미의 비결은 뭘까? 증류소에서는 플랫톱 증류기와 웜텁을 함께 쓰기 때문이라고 설명한다. 두 가지 중 하나라도 빠지면 크래건모어 특유의 풍미를 유지할 수 없을 것이라고 강조한다. 이걸 조금만 풀어 설명하자면 이렇다. 앞서 살펴본 것처럼 플랫톱 증류기는 환류를 증가시켜 부드럽고 깔끔한 풍미를 이끌어낸다. 반면 응축기는 구리 접촉이 적은 웜텁을 쓰기 때문에 다소 무거운 느낌을 스피릿에 전달한다. 이 두 가지가 조화를 이루어 가벼우면서도 무겁고 또 무거우면서 가벼운 풍미가 완성된다는 게 증류소의 설명이다.

역사와 전통이 느껴지는 테이스팅 룸

증류소 투어를 하다보면 술을 마시는 공간이 얼마나 중요한지 실감하게 된다. 늘 느끼는 것이지만 증류소에서 마시는 위스키는 확실히 더 맛있다. 위스키를 어떻게 만드는지 눈으로 살펴본 뒤 가이드 설명까지 들으며 마시면 똑같은 술도 다르게 느껴진다. 더구나 스코틀랜드 증류소들은 주변 자연환경을 고려해 개성적으로 테이스팅 룸을 꾸며놓는다. 술집이나 레스토랑에서 마시는 것과는 분위기부터 다르다. 예를 들어 탈리스커나 라프로익처럼 바닷가에 있는 증류소에서는 시원한 해변 경치와 굽이치는 파도 소리를 들으며 위스키를 즐긴다. 클라이넬리시 같은 곳에선 들판과 산이 병풍처럼 펼쳐진 풍광을 벗삼아 한잔을 맛볼 수 있다. 말 그대로 입이 즐겁고 눈이 즐거운 곳이다.

크래건모어 테이스팅 룸도 특별하게 기억에 남는 곳이다. 여기엔 시원한 해변 경치나 병풍처럼 펼쳐진 자연 풍광은 없다. 하지만 크래건모어의 오랜 역사와 전통을 고스란히 간직하고 있다. 유리 장식장에는 세월의 흔적이 느껴지는 옛날 지도와 오래된 책이 보관돼 있다. 벽에 걸린 사슴뿔 장식이나 그림 한 점까지도 고풍스럽다. 마치 19세기 스코틀랜드의 어느 부잣집 거실에 들어온 것 같은 느낌이 든다. 하지만 이 공간이 더 특별한 이유는 여기 있는 물건 대부분이 창업자 존 스미스의 유품이기 때문이다. 손때가 묻고 여기저기 벗겨진 낡은 의자만 해도 그렇다. 유난히 몸집이 컸던 존 스미

크래건모어의 역사와 전통을 간직한 테이스팅 룸

테이스팅 룸에는 창업자 존 스미스의 유품이 전시되어 있다

스가 사무실에 놔두고 앉았던 의자를 가져다놨다. 또 골프와 낚시가 취미였던 존 스미스가 애지중지했던 골프채와 낚싯대는 물론이고 그가 짚고 다녔던 지팡이도 남아 있다. 19세기 중후반 최고 스카치 장인이었던 존 스미스의 숨결이 느껴지는 공간이다.

창업자 존 스미스의 거실처럼 꾸며진 테이스팅 룸에서 세 가지 위스키를 맛봤다. 맨 처음 테이스팅한 크래건모어 12년은 화사하고 상큼한 과일과 고소한 견과류에 피트감이 살짝 맴돌았다. 이어서 맛본 디스틸러스 에디션Distiller's Edition은 포트와인을 담았던 오크통에 추가 숙성한 것으로 기분 좋은 피니시가 인상적이었다. 이 위스키는 〈주락이월드〉를 촬영하는 팩토리 사장님 권유로 한국에서도 몇 번 마셔봤는데, 증류소에서 다시 맛보니 더 특별하게 느껴졌다. 마지막으로는 증류소 한정판 Distillery Exclusive batch #1을 테이스팅했다. 이 위스키는 나무를 깎아내고 다시 불에 태워 생명을 불어넣은 리쥬비네이티드 캐스크Rejuvenated cask와 일반 버번 캐스크를 함께 사용해 숙성했다. 12년 제품의 기본 풍미와 더불어 스파이시한 맛이 두드러졌다. 다만 피니시는 조금 짧아 아쉬운 느낌도 들었다.

위스키 몇 잔을 기분 좋게 마신 뒤 증류소를 나오려는데 벽에 붙은 경고 문구가 눈길을 끈다. 거기엔 "Smoking Strictly Prohibited by order. John Smith(절대 금연할 것─존 스미스의 명령)"라고 적혀 있었다. 이 문구를 보며 증류소에서 가장 두려워하는 건 예나 지금이나 화재라는 생각을 했다. 19세기 후반 스페이사이드 아벨라워나 20세기 후반 켄터키 헤븐힐 사례에서 알 수 있듯이 알코올로 가득한 증류소에 큰불이 나면 저절로 꺼지기 전까지 손쓸 방법이 없다. 더구나 존 스미스가 크래건모어를 운영할 때는 스프링클러나 소화

고풍스러운 테이스팅 룸에서 세 가지 위스키를 맛봤다

알코올로 가득한 증류소에서 가장 두려워하는 건 화재다

기 한 대도 없던 시절이 아닌가. 거기에 석탄으로 직접 불을 땠으니 작은 불티 하나에도 얼마나 예민했을까 싶다. 20년간 여러 증류소에서 위스키를 만든 존 스미스는 이런 위험을 너무도 잘 알기에 "내 명령이다"라는 식의 강력한 문구를 붙여놓은 게 아닐까(지금도 스코틀랜드 증류소 가이드들은 투어를 시작하기에 앞서 절대 담배를 피워서는 안 되며 카메라 플래시도 끄라고 누누이 강조한다).

마지막으로 크래건모어 증류소를 방문할 분을 위해 정보를 드리려고 한다. 증류소 주차장에 차를 세우고 나오면 언덕 쪽으로 길 하나가 보인다. 이 길을 따라 올라가면 크래건모어 창업자 존 스미스가 살았던 집이 나온다. 넓은 잔디밭에 스페이강 풍경이 한눈에 잡히는 곳이다. 이 저택은 지금 크래건모어 하우스Cragganmore House라는 이름의 게스트하우스로 활용되고 있다. 구글에 Cragganmore House라고 치면 홈페이지도 나온다. 여기서 미리 예약하면 존 스미스 저택에서 크래건모어를 맛보고 하룻밤을 묵은 뒤 증류소까지 걸어가서 투어를 할 수 있다.

존 스미스가 살았던 크래건모어 하우스

THE GLENLIVET

설립 1824년
소속 페르노리카_{Pernod Ricard}
주소 Ballindalloch, Banffshire AB37 9DB

예약

우주에서 돌아온 보리

글렌리벳은 스카치의 심장인 스페이사이드에서도 역사가 오래된 곳이다. 하지만 증류소는 새로 지은 것처럼 깔끔하다. 증류실만 봐도 그렇다. 시원한 개방감을 주는 유리창을 통해 번쩍번쩍 빛나는 증류기를 밖에서 볼 수 있도록 모던한 감각으로 설계돼 있다. 글렌리벳 증류소가 현대적으로 세련되게 바뀐 건 2009년부터이다. 2018년까지 10년 동안 글렌리벳은 설비를 확장하면서 건물도 완전히 새롭게 단장했다.

확 달라진 증류소를 구경하다가 방문자 센터로 향했다. 계단 앞에 표지판 하나가 서 있는 게 보인다. 거기엔 지구를 도는 우주선이 있고 'Welcome to SPACE-SIDE'라고 적혀 있었다. 글렌리벳 증류소는 분명히 스페이사이드Speyside 지역에 있는데 왜 스페이스 사이드Space side라고 적어놓은 걸까? 여기엔 이런 사연이 있다. 지난 2021년 5월, 글렌리벳은 캐나다 구엘프Guelph 대학 연구진과 함께 보리 씨앗을 스페이스 X 우주선에 실어 국제 우주정거장으로 보냈다. 우주 공간에서 씨앗에 어떤 변화가 생기는지 실험하기 위해서였다. 보리 씨앗은 이듬해 다시 지구로 돌아왔다. 글렌리벳은 "우주에 있었던 씨앗을 심어 수확한 뒤 위스키로 만들겠다"는 계획을 발표하고 기념으로 이 표지판을 세웠다.

코로나 시기에 단장한 방문자 센터

코로나는 참 많은 것을 바꿔놓았다. 글렌리벳 방문자 센터도 마

▲ 현대적으로 단장한 글렌리벳 증류소
◀ 밖에서도 유리창을 통해 증류기를 볼 수 있다
▼ Welcome to SPACE-SIDE

찬가지이다. 글렌리벳은 코로나 대유행이 시작된 2020년 투어 프로그램을 전면 중단했다. 그런 다음 방문자 센터 개조 공사에 들어가 이듬해 6월에 다시 문을 열었다. 글렌리벳 증류소는 한 해 수만 명이 넘는 관광객이 찾아오는 곳이라 아마 코로나 사태가 없었다면 방문자 센터를 리노베이션하기는 쉽지 않았을 것이다.

고급스러우면서도 편안한 분위기로 탈바꿈한 새 방문자 센터는 한마디로 환상적이었다. 넓고 깔끔하고 볼거리도 가득했다. 투어에 참여하지 않더라도 꼭 한번 가볼 만한 곳이라는 생각이 들었다. 먼저 문을 열고 들어가면 왼쪽으로 거실처럼 꾸며진 곳이 나온다. 여기엔 방문자가 앉아 쉴 수 있도록 소파가 놓여 있고 벽에는 창업자 조지 스미스와 초기 증류소 모습이 담긴 사진이 붙어 있다. 하나하나 살펴보니 오크통에 담긴 글렌리벳 위스키를 증기 자동차로 운반하는 걸 찍은 흑백 사진도 눈에 띈다. 하지만 가장 주목해야 할 것은 다름 아닌 유리장 안에 전시된 권총 두 자루다. 창업자 조지 스미스가 차고 다녔던 이 쌍권총이야말로 글렌리벳 증류소가 어떻게 탄생했는지 보여주는 상징적인 전시품이기 때문이다.

쌍권총을 전시한 이유

스페이강 지류인 리벳강River Livet과 아본강River Avon이 흐르는 리벳 계곡Glen Livet은 불법 증류 시절 밀주 위스키의 중심이었다. 물이 풍부한 것은 물론이고 구릉과 산으로 둘러싸인 외딴 곳이라 세금 징수원이 단속하러 찾아오기 힘들었기 때문이다. 글렌리벳 창업자 조지 스미스George Smith, 1792~1871는 원래 이곳에서 불법 증류를 하던 밀주업자였다. 그는 1800년대 초반부터 지금 증류소 자리에서 북쪽으로 1마일(1.6킬로미터) 떨어진 리벳 영지Livet Estate 드러민 농장Upper Drumin Farm을 빌려 밀주 위스키를 만들었다. 그런데 조지 스미스의 실력이 다른 밀주업자와는 비교할 수 없을 정도로 뛰어났던 모양이다. 그가 농장에서 몰래 만든 글렌리벳 밀주 위스키는 금방 입소문을 타면서 날개 돋친 듯 팔려나갔다. 조지 스미스는 1816년에는 생산량을 일주일에 250리터(혹스헤드 캐스크 사이즈)까지 늘렸다.

이런 상황에서 밀주업자 조지 스미스의 운명을 바꾸게 되는 사건이 연달아 일어난다. 1822년 8월 국왕 조지 4세가 스코틀랜드 에든버러를 방문했을 때 벌어진 일이다. 데이비드 위셔트가 쓴 『위스키 대백과』에 따르면 이날 스코틀랜드 대표 작가 월터 스콧은 "구할 수 있는 가장 훌륭한 밀주 위스키"였던 글렌리벳을 만찬장에 내놓고 국왕의 건강을 위해 건배했다. 만찬주로 나온 글렌리벳을 맛본 조지 4세는 "이 위스키야말로 입맛에 딱 맞는다"라며 "국왕에 대한 충성을 다지는 건배에는 반드시 이 술을 사용해야 한다"라는 칙령을 내린다.• 이렇게 국왕의 입맛을 사로잡은 게 알려지자 글렌리벳의 명성은 하늘을 찌를 듯 올라간다. 곳곳에서 찾는 이들이 늘어나면서 글렌리벳은 없어서 못 파는 귀한 위스키가 된다. 그럼 당시 조지 스미스가 만든 위스키는 얼마나 맛있었기에 품귀 현상이 벌어졌을까? 이 무렵 글렌리벳을 에든버러에 납품한 엘리자베스 그랜트가 남긴 회고록에는 이런 표현이 등장한다.

• 훗날 학자들 사이에서는 조지 4세가 마신 위스키가 진짜 조지 스미스의 글렌리벳인지 아니면 리벳 계곡 일대의 다른 밀주업자가 만든 위스키인지를 놓고 논란이 벌어지기도 했다.

▲ 거실처럼 꾸며진 방문자센터
▶ 초기 증류소 모습이 담긴 사진
▼ 조지 스미스가 차고 다녔던 쌍
   권총

"오크통에서 오래 숙성된 위스키…… 우유처럼 부드럽고 진정한 밀주의 맛이 담겨 있다whisky long in wood…… mild as milk, and the true contraband goût in it."

밀주업자 조지 스미스의 운명을 바꾼 조지 4세

조지 스미스의 운명을 바꾼 두번째 사건은 국왕 방문 이듬해인 1823년, 의회에서 소비세법Excise Act을 통과시킨 것이었다. 이 법으로 면허 세금과 주세가 대폭 감면되면서 밀주업자들이 합법적으로 증류소를 운영할 수 있는 길이 열렸다. 이미 밀주 위스키로 명성을 얻은 조지 스미스는 기회를 놓치지 않았다. 1824년 스페이사이드에서는 최초로 증류소 면허를 발급받고 합법적으로 위스키를 생산하기 시작한다. 이로써 글렌리벳(당시 Drumin Distillery)은 스페이사이드 1호 증류소로 역사에 남게 된다.

호사다마라고 했던가? 좋은 일에는 좋지 않은 일도 뒤따르기 마련이다. 정식 면허를 받고 단속 걱정 없이 위스키 생산에 전념하려고 했던 조지 스미스에게 위협이 시작됐다. 소비세법 시행 이후에도 여전히 밀주 위스키를 만들던 이들이 조지 스미스를 배신자라고 부르며 증류소에 불을 지르겠다거나 심지어 살해하겠다는 협박을 일삼았던 것. 상황이 심상치 않다고 느낀 리벳 영지 지주 고든 공작Duke of Gordon's은 조지 스미스에게 플린트락* 쌍권총을 건넸다. 조지 스미스는 고든 공작한테 받은 이 쌍권총을 면허 발급 이후 10년 동안 품에 넣고 다녔다. 지금 글렌리벳 방문자 센터에

---

* 부싯돌로 격발하는 총. 수발총燧發銃 혹은 수석총燧石銃이라고도 한다.

초기 증류소 모습

전시된 것이 바로 그때 조지 스미스가 신변보호를 위해 갖고 다닌 쌍권총이다.

'The' Glenlivet이 된 사연

방문자 센터 1층에서 계단을 타고 내려가면 아카이브 월archive wall이라는 대형 유리 전시장을 볼 수 있다. 증류소에서 보관하고 있는 위스키 중에 희귀한 것만 모아둔 곳이다. 아카이브 월은 술 꾼이라면 눈이 돌아갈 만한 올드 보틀로 가득했다. 1974년에 수출용 한정판으로 내놓은 34년 숙성 글렌리벳 위스키나 1959년부터 숙성에 들어간 캐스크를 2001년에 병입해 출시한 셀러 컬렉션 Cellar Collection 같은 것이다. 또 아카이브 월 옆에는 창업자 조지 스미스부터 증손자 빌 스미스에 이르기까지 글렌리벳을 이끌어온 스

아카이브 월

수출용 한정판 글렌리벳 34년

글렌리벳 셀러 컬렉션 1959 빈티지

스미스 일가 초상화

미스 일가 4명의 초상화와 더불어 '계약서The Indenture'라는 제목의 문서 한 장이 액자에 담겨 있다. 글렌리벳의 영웅들과 함께 벽에 붙어 있는 이 종이는 어떤 의미가 있는 걸까?

이야기는 다시 19세기로 거슬러올라간다. 1824년 증류 면허 취득으로 날개를 달면서 글렌리벳은 비약적으로 성장한다. 1840년에는 두번째 증류소Delnabo Distillery를 세우고 더 많은 위스키를 생산하기 시작한다. 이후 글렌리벳은 스코틀랜드를 넘어 런던 주류 시장에까지 진출해 인지도를 높였다. 이 무렵 글렌리벳이 영국 전역에서 얼마나 인기가 높았는지는 『올리버 트위스트』를 쓴 대문호 찰스 디킨스 글에서 확인할 수 있다. 1852년 영국 런던에 살던 디킨스가 친구한테 보낸 편지에는 "희귀하고 오래된 글렌리벳rare old Glenlivet"을 맛보라고 권하는 내용이 담겨 있다. 이처럼 인기가 치솟는 상황에서 블렌디드 위스키 선구자이자 블렌딩의 대부Godfather of blending로 불리는 앤드류 어셔 2세Andrew Usher II는 1853년에 숙성 연수가 다른 글렌리벳 위스키를 섞어 Ushers Old Vatted Glenlivet이라는 제품을 내놨는데 이게 또 대박을 친다. 농장 증류소 두 곳을 풀가동해도 수요를 못 쫓아가게 되자 조지 스미스는 또 한번 확장에 나선다. 1859년 지금 증류소가 있는 곳에 연간 생산 규모 100만 리터에 달하는 초대형 증류소를 짓고 기존의 농장 증류소 두 곳은 폐쇄한다.

국왕과 당대 최고 작가까지 극찬한 위스키 글렌리벳은 명실상부한 최고의 스카치위스키였다. 경쟁자가 있을 수 없었다. 요즘 말로 하면 '전국구 원탑'이었다. 하지만 글렌리벳이 타의 추종을 불허할 만큼 혼자 잘나가자 희한한 일이 벌어진다. 스페이사이드 다른 증류소에서 너나 할 것 없이 글렌리벳이라는 이름을 자기 위스키에 갖다 붙이기 시작한 것이다. 의도는 분명했다. 품질 좋은 위스키의 대명사가 된 글렌리벳을 라벨에 적어 주목을 끌고 매출도 올리겠다는 심산이었다. 당시 글렌리벳의 명성을 마케팅에 이용한 증류소는 한둘이 아니었다. 벤리악과 벤로막을 비롯해 글렌 엘긴과 글렌 모레이는 물론이고 심지어 맥캘란도 마찬가지였다. 이런 이유로 맥캘란 옛날 라벨을 보면 'Macallan-Glenlivet'이라고 적힌 걸 볼 수 있다.

글렌리벳도 가만히 있지는 않았다. 1884년에 "허락 없이 이름을 가져다 썼으니 명백한 상표 도용"이라고 주장하며 16개 증류소를 상대로 소송을 낸다. 그러자 다른 증류소들은 "글렌리벳은 리벳livet 계곡glen을 뜻하는 지명이라서 누구나 허락 없이 쓸 수 있다"라고 맞섰다. 그렇다면 결론은 어떻게 났을까? 이쪽저쪽 주장을 다 들어본 판사는 이렇게 판결했다.

찰스 디킨스 편지

"지명인 글렌리벳은 누구나 사용할 수 있다. 하지만 정관사를 붙인 The Glenlivet은 오직 글렌리벳 증류소에서만 쓸 수 있다. 땅땅땅."

▲ 스페이사이드 모든 증류소가 서명을 남긴 '계약서'
▼ '단 하나뿐인' 글렌리벳, The Glenlivet

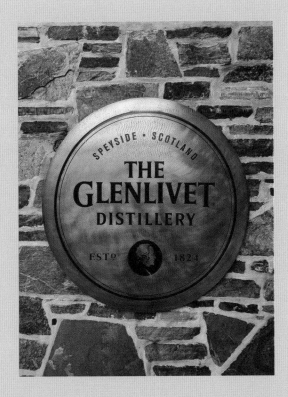

판결이 난 뒤 스페이사이드 모든 증류소는 법원 결정을 받아들인다는 내용의 서류에 서명을 남긴다. 그게 지금 방문자 센터 벽에 전시된 '계약서'라는 문서이다. 여기서 하나 재미있는 건 글렌리벳 역사에서 매우 중요한 이 서류의 행방을 한동안 아무도 몰랐다는 사실이다. 캐나다 생물학자 출신으로 2008년부터 글렌리벳 아카이브를 담당한 크리스에 따르면, 이 문서는 증류소 사무실 선반에 놓인 낡은 가방에서 우연히 발견됐다. 크리스는 "가방을 열어보니 계약서라는 제목의 서류가 구겨진 채 아무렇게나 처박혀 있었다"고 말했다. 어쨌든 이 계약서에 적힌 대로 1884년 판결 이후 글렌리벳은 '단 하나뿐인'이라는 뜻의 정관사 The를 붙여 'The Glenlivet'으로 표기하고 있다.

미국 싱글몰트 시장 1등의 비결

오랜 세월 싱글몰트 세상 최강자는 글렌피딕이었다. 생산량이나 판매 실적에서 글렌피딕은 거의 매년 1등을 놓치지 않았다. 이런 글렌피딕의 유일한 경쟁자가 글렌리벳이다. 싱글몰트 업계에서 글렌피딕과 대적할 만한 곳은 오직 글렌리벳밖에 없다. 먼저 생산규모를 보자. 글렌리벳 연간 최대 스피릿 생산량은 2100만 리터로 글렌피딕과 똑같다. 매출은 코로나 이후인 2020년에 120만 상자(1상자는 9리터)를 기록하며 글렌피딕과 어깨를 나란히 했다. 2021년에는 150만 상자를 팔아치우며 글렌피딕(140만 상자)을 추월하기에 이르렀다.* 앞으로 어떤 일이 생길지 단언할 수는 없다. 하지만 당분간 싱글몰트 세상은 글렌피딕과 글렌리벳이 1등을 놓고 엎치락

---

* https://www.thespiritsbusiness.com/2022/06/scotch-whisky-brand-champion-2022-johnnie-walker/ 매출 통계는 스피릿비지니스 기사에 첨부된 자료를 인용했다.

풀먼 기차와의 협업으로 글렌리벳은 미국에 널리 알려진다

뒤지락하는 양상 체재로 흘러갈 가능성이 크다.

글렌리벳이 이렇게까지 성장한 건 미국 시장을 확실히 장악하고 있기 때문이다. 글렌리벳은 수십 년 동안 미국 싱글몰트 시장에서 항상 1등이었다. 글렌피딕을 비롯해 그 어떤 싱글몰트도 미국에서만큼은 글렌리벳의 위세를 꺾지 못했다. 워낙 인기가 많다보니 2019년에만 해도 글렌리벳 전체 매출의 약 40%가 미국에서 나왔다. 그렇다면 글렌리벳은 어떻게 거대한 미국 시장에서 독보적인 승자로 군림해온 걸까?

미국에서 금주법Prohibition이 시행된 이듬해인 1921년, 창업자의 증손자 빌(윌리엄 헨리) 스미스 그랜트가 글렌리벳 증류소를 넘겨받는다.* 원래는 빌 스미스의 형이 증류소를 물려받기로 돼 있었지만 1차 세계대전 도중 사망하면서 전장에서 살아 돌아온 동생이 운영을 맡았다. 하지만 증류소를 물려받자마자 빌 스미스는 난관에 부딪친다. 금주법으로 미국 수출길이 막히면서 극심한 경영난이 찾아온 것이다. 스카치 증류소가 잇따라 파산하거나 합병되던

* 글렌리벳 증류소 경영은 조지 스미스(창업자)—고든 스미스(아들)—조지 스미스 그랜트(손자)
—빌 스미스 그랜트(증손자)로 이어졌다.

빌 스미스가 1차 세계대전 당시 입은 제복

이 험난한 시기에 빌 스미스는 직원 50명과 똘똘 뭉쳐 허리띠를 졸라매고 증류소를 지켜냈다. 그리고 1933년 금주법이 폐지되자마자 미국 시장 공략에 나서 엄청난 성과를 이끌어냈다. 대표적인 성공 사례가 미국 기차 회사 풀먼Pullman Palace Car Company과의 협업이다. 풀먼은 당시 식당과 침대칸이 딸린 열차를 개발하고 호텔 수준의 서비스를 승객에게 제공해 인기를 끌었다. 이걸 눈여겨본 빌 스미스는 풀먼에 찾아가 "열차 식당에서 글렌리벳 위스키를 독점적으로 팔게 해달라"고 요청한다. 협약이 성사되면서 글렌리벳은 60밀리리터(2온스)짜리 미니어처 병을 기차에서 독점 판매하게 된다. 동부와 서부를 오고가는 장거리 열차에서 파는 글렌리벳 위스키는 큰 히트를 쳤다. 승객들의 입소문을 타고 글렌리벳이라는 이름도 미국 전역에 알려졌다.

글렌리벳이 미국 시장에서 지금까지 1등을 지키고 있는 건 따지고 보면 창업자 후손 빌 스미스의 번뜩이는 아이디어와 추진력 덕분이다. 이런 업적을 기리기 위해 글렌리벳은 증류소 방문자 센터에 빌 스미스가 1차 세계대전 당시 입었던 빨간 제복을 전시해놨다. 그리고 그 밑에 이런 문구를 적었다.

"빌 스미스는 험난한 시기에 글렌리벳을 지켜냈을 뿐 아니라 세상에 글렌리벳을 알렸다."

보리밭으로 꾸며진 체험형 전시실

글렌리벳 투어는 체험형 전시실에서 시작한다. 방문자 센터를 개조하면서 새로 만든 이 공간에 들어가면 스코틀랜드 보리밭에 온 것 같은 기분이 든다. 농장에서 가져온 보리 줄기를 말린 뒤 바닥에 심어 진짜 보리밭처럼 꾸며놨기 때문이다. 이 보리밭 사이를 걸어다니며 방문자들은 글렌리벳 위스키가 어떻게 생산되는지를 빛과 소리, 그리고 영상으로 실감나게 체험한다.

전시실에서 맨 먼저 보게 되는 건 버드 아이Bird Eye라는 영상이다. 말 그대로 하늘을 나는 새의 시선으로 포착한 증류소 주변 풍경이다. 드론으로 찍은 화면을 컴퓨터 그래픽으로 합성한 버드 아이 영상을 통해 방문자들은 창업자 조지 스미스가 처음 증류소를 세웠던 드러민 농장부터 글렌리벳 수원지인 조시의 우물Josie's Well까지 주요 장소를 하늘에서 내려다보는 느낌으로 샅샅이 살필 수 있다. 이어 글렌리벳에 보리를 공급하는 농부와 30년간 증류소에서 일하고 퇴직한 마스터 디스틸러, 오크통 관리자 등이 스크린에 등장해 글렌리벳 위스키가 어떻게 탄생하는지를 단계별로 설명해준다. 마지막에는 글렌리벳을 소유한 페르노리카 경영진이 나와지속 가능한 경영 철학을 소개했는데 증류소에서 사용하는 물의90%를 재활용하고 있다는 점을 특히 강조했다.

글렌리벳의 최신 설비

전시실을 나와 설비 투어에 나섰다. 앞서 언급한 대로 글렌리벳은2009년부터 10년 동안 대대적인 확장 공사를 했다. 그 결과 연간 스피릿 생산 가능 규모를 580만 리터에서2100만 리터로 3배 이상 늘렸다. 또확장을 진행하면서 낡은 설비도 바꿔 현대화했다. 그래서 글렌리벳 증류소는 어딜 가더라도 반짝반짝 빛나는 최신 설비를 보게 된다. 맨 처음 들른 제분실milling room도 마찬가지였다. 역사가 오래된 다른 증류소는 대부분 포르테우스나 보비 제분기를 몇십 년째 쓴다. 하지만 글렌리벳은 롤러 6개가 장착된 스위스 뷸러Buhler사 신형 제품으로 교체해 사용하고 있었다. 당화실에 있는 14톤 규

반짝반짝 빛나는 최신 설비

모의 당화조mash tun 역시 2009년에 바꾼 최신형 제품이었다. 브릭스Briggs사에서 제조한 이 당화조는 분쇄된 몰트를 섞는 회전 팔rotating arm이 5개나 있어서 효율적인 당화 작업이 가능하다고 한다. 생산량이 많다보니 발효조도 32개나 된다. 오레곤 파인 재질의 나무 발효조 16개에 스테인리스 발효조 16개를 추가했다고 한다. 발효조 크기와 용량은 모두 같아서 6미터 높이에 5만 9000리터짜리였다. 효모는 스코틀랜드 증류소에서 가장 많이 쓰는 마우리 제품을 쓰고 있었고 발효 시간은 50시간에서 52시간으로 비교적 짧은 편이었다.

파인애플 풍미의 비결은?

글렌피딕의 특징적인 풍미가 서양배pear라면 글렌리벳은 좀더 상큼한 파인애플이다. 입안 가득 퍼지는 풍부한 열대과일 향이 더없이 매력적이다. 그동안 글렌리벳을 즐기며 이런 풍미가 어떻게 완성되는 건지 궁금했다. 증류소에서는 글렌리벳 캐릭터를 완성하는 비결로 두 가지를 언급했다. 하나는 물이다. 위스키를 즐기는 사람이라면 아는 얘기이겠지만 글렌리벳을 비롯해 대다수 스코틀랜드 증류소에서 쓰는 물은 연수soft water이다. 연수는 단물이라고도 한다. 미네랄 함량이 낮아 연하고 부드럽다. 나라마다 다르지만 WHO(세계보건기구) 기준으로는 칼슘과 마그네슘이 120밀리그램 이하이면 연수로 분류된다. 그 이상이면 경수hard water(센물)라고 부른다. 그런데 글렌리벳에서는 "우리 물은 좀 특별한 연수"라고 강조한다. 아니, '특별한 연수'라니 이건 또 뭔 소리인가?

글렌리벳 수원지 '조시의 우물'

글렌리벳 수원지는 증류소에서 멀지 않은 곳에 있는 조시의 우물이다. 창업자 조지 스미스가 지금 증류소 자리에 터를 잡은 1859년부터 글렌리벳은 줄곧 이 우물에서 퍼올린 지하수를 써왔다. 지금은 1시간에 1만 6000리터에 달하는 우물물을 증류소로 끌어와 위스키를 만든다. 증류소에서는 이 우물물 수온이 섭씨 5도에서 8도로 거의 일정하게 유지되기에 위스키 제조에 더할 나위 없이 좋다고 자랑한다. 무엇보다 조시의 우물물은 광물질이 많은 땅에서 화강암층을 통과해 모여들었기 때문에 부드러운 연수인데도 미네랄 함량이 꽤 풍부하다고 한다. 이렇게 미네랄이 '적당히' 많기에 당화 과정에서 효소 작용이 활발해지고 발효할 때 독특한 향미가 생긴다고 증류소에서는 설명한다.

특유의 풍미를 완성하는 두번째 요소로는 증류기를 꼽는다. 증류기를 보러 증류실로 향했다. 예상했던 대로 규모가 어마어마했

▲ 글렌리벳 특유의 풍미를 완성하는 증류기
▼ 라인 암이 무척 길다

다. 증류실은 모두 3곳이고 증류기는 28대에 달한다. 원래 있던 증류실에 8대(1차 증류기 4대, 2차 증류기 4대)가 있고 2010년에 마련한 두번째 증류실에 6대(1차 증류기 3대, 2차 증류기 3대)가 있다. 또 추가로 지은 세번째 증류실에도 14대(1차 증류기 7대, 2차 증류기 7대)가 설치됐다. 증류실은 나뉘어 있지만 증류기 형태는 다르지 않다. 1, 2차 증류기 모두 몸통과 목 사이가 움푹 들어간 랜턴형lantern-shaped이었다. 이런 형태의 증류기를 창업자 조지 스미스 시절부터 지금까지 계속 복제해 사용하고 있다.

거의 200년 동안 변하지 않은 글렌리벳 증류기를 가까이 가서 살펴봤다. 몸통이 넓고 목은 길쭉하다. 또 증류기와 응축기condenser를 연결하는 라인 암lyne arm도 길다. 여러 차례 설명한 대로 이렇게 키가 크고 라인 암까지 길면 환류reflux와 구리 접촉copper contact이 증가한다. 섬세하고 가벼운 스피릿을 뽑아내는 데 제격이다. 그렇기에 증류소에서는 "풍부한 열대과일 향은 몸통이 넓으면서 키가 큰 증류기의 영향이 크다"라고 강조한다.

위스키 금고? 스피릿 세이프란?

증류소 증류실에는 스피릿 세이프spirit safe라는 장치가 있다. 굳이 우리말로 번역하면 '위스키 금고'라고 할 수 있는 스피릿 세이프는 응축기에서 빠져나온 스피릿spirit(증류액)이 저장 탱크receiver로 들어가기 전에 거쳐가는 장치이다. 금고처럼 생긴 황동 상자에 유리창이 달려 있어서 스피릿이 흘러나오는 걸 눈으로 볼 수 있다. 원래 이 장치는 1819년 제임스 폭스James Fox라는 엔지니어가 증류를 마친 스피릿 상태를 확인하려고 개발했다. 하지만 1823년 소비세법 시행 이후 합법 증류소가 늘어나면서 스코틀랜드 세무 당국은 탈세를 막기 위한 용도로 이 장치를 활용한다. 모든 증류소에 스피릿 세이프를 설치하게 한 뒤 증류소에서 스피릿을 얼마나 뽑아내는지를 이걸로 확인해 세금을 부과한 것이다. 또 스피릿 세이프에 자물쇠를 채워 증류소에서 몰래 스피릿을 빼내지 못하도록 막았다. 스코틀랜드에서는 1983년 이전까지 오직 세무 직원만이 스피릿 세이프 열쇠를 갖고 있었다.

세무 당국 입장에서야 탈세 방지 장치에 불과했지만 사실 스피릿 세이프는 그보다 훨씬 더 중요한 역할을 한다. 2차 증류를 마치고 응축기에서 빠져나온 스피릿을 초류head와 중류heart, 후류tail로 분류하는 컷spirit cut 작업이 이 장치를 통해 이뤄지기 때문이다. 스피릿 세이프에는 액체 비중계와 온도계가 설치돼 있다. 증류소 스틸맨still man(증류 기술자)은 이걸 보면서 스피릿 알코올 도수를 측정해 컷 작업을 한다. 이때 응축기에서 나오는 스피릿 온도는 늘 조금씩 변하기 때문에 스틸맨은 스피릿 세이프 옆에 표준 온도(섭씨 20도)로 환산한 알코올 도수 보정표를 붙여놓고 작업하기도

자동화된 스피릿 세이프

한다. 이해를 돕기 위해 이 과정을 좀더 설명하자면 스틸맨은 2차 증류를 마친 스피릿 알코올 도수를 스피릿 세이프에 설치된 비중계로 확인한다. 그러다가 스피릿 알코올 도수가 증류소에서 설정한 컷 포인트cut point에 도달하게 되면 손잡이를 돌려 스피릿이 흘러가는 방향을 바꿔 중류를 보관하는 탱크로 향하게 한다. 또 중류를 끊어내고 후류로 전환해야 하는 시점이 되면 다시 한번 손잡이를 돌려 방향을 바꿈으로써 초류와 후류를 함께 모아두는 탱크feints receiver로 스피릿이 들어가게 만든다. 전통적으로는 이렇게 사람이 알코올 도수를 측정하고 향과 맛을 보면서 손으로 밸브를 돌리는 수동식 컷manual cutting 작업을 해왔다. 하지만 요즘엔 이것마저도 자동화한 증류소가 많다. 거의 모든 장비가 최신식인 글렌리벳도 마찬가지이다. 스피릿 온도와 도수는 계측 장비로 측정돼 컴퓨터로 전달되고 사람이 손으로 밸브를 돌리지 않아도 설정한 컷 포인트에 도달하면 컷 작업이 자동으로 이뤄진다.

해발 800피트에서 숙성

글렌리벳 증류소는 해발 800피트(243미터)에 있다. 고지대에 자리하고 있어서 여기까지 가려면 큰길인 A95번 도로에서 빠져나와 다소 가파른 길을 타고 10분쯤 더 달려야 한다. 구불구불 산길을 올라가다보면 지금이야 차가 있어서 괜찮지만 마차로 위스키를 실어 나르던 시절엔 고생깨나 했겠다 싶은 생각이 든다. 이렇게 증류소가 높은 곳에 있으면 오고가기에는 불편해도 위스키 제조에는 좋은 점이 많다. 낮은 지대 증류소에 비해 서늘한 편이고 연중 기온이 비교적 일정하게 유지돼 오크통 숙성할 때 유리하기 때문이다. 글렌리벳 숙성고를 둘러보는 동안 가이드는 "우리 숙성고는 자연이 준 최고의 선물"이라면서 "여름과 겨울에 온도 차이가 크지 않아서 증발량(엔젤스 셰어angel's share)도 다른 곳에 비해 낮은 편"이라고 말했다.

숙성 공정을 살펴본 뒤 테이스팅을 하러 갔다. 코로나 기간에 새로 꾸민 테이스팅 룸은 고급스러운 분위기였다. 가운데에 놓인 탁자 위에는 여러 종류의 글렌리벳 위스키가 조명을 받아 빛나고 있었다. 방문자들은 원형 테이블에 빙 둘러앉아 오붓하게 위스키를 즐길 수 있다. 여기서 세 가지 기본 제품을 테이스팅했다. 맨 먼저 아메리칸 오크통과 유러피언 오크통을 함께 써서 숙성한 12년부터 맛봤다. 입안 가득 퍼지는 파인애플 풍미가 지배적이었다. 나는 그동안 이 녀석을 주로 하이볼로 만들어 먹었는데 니트neat로 즐

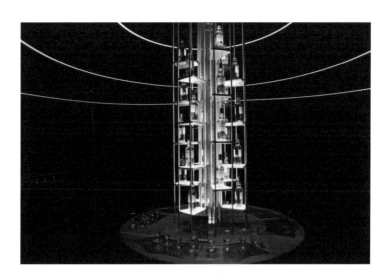

새롭게 꾸민 테이스팅 룸

겨도 꽤 상쾌한 기분이었다. 이어서 마신 건 글렌리벳 15년. 이 제품은 숙성 방식이 조금 특이하다. 와인이나 코냑을 숙성할 때 사용하는 프랑스 리무쟁Limousin 지역 오크통에서 마지막 3년을 추가 숙성했다. 글렌리벳 특유의 열대과일 풍미는 여전하고 여기에 은은한 버터 향이 어우러졌다. 마지막으로는 18년 숙성 제품을 맛봤다. 오렌지나 사과 같은 과일 풍미가 두드러지다가 알싸한 계피 맛으로 마무리되는 느낌이었다. 참고로 나는 다른 증류소 취재 일정 때문에 핵심 제품 3가지만 맛보는 기본 투어 프로그램을 택했다. 좀더 가격이 비싼 투어 프로그램을 선택하면 면세점 한정판이나 고숙성 제품도 맛볼 수 있으니 방문 계획이 있는 분은 고려하시기 바란다.

TAMNAVULIN

설립 1966년
소속 화이트 앤 맥케이Whyte & Mackay
주소 Tomnavoulin, Ballindalloch, Banffshire AB3 9JA
예약 방문자 센터 없음

"가장 빠르게 성장하는 싱글몰트"

탐나불린은 스카치 세상에서 널리 알려진 존재가 아니었다. 증류소 역사도 오래되지 않은데다 주로 블렌디드 위스키용 원액을 제조했기 때문이다. 하지만 2016년 첫 싱글몰트를 내놓은 데 이어 와인 캐스크를 활용한 제품을 연달아 출시하며 주목을 받기 시작했다. 특히 이른바 '가성비' 뛰어난 싱글몰트로 입소문을 탄 덕분에 해외는 물론 한국 시장에서도 판매가 급격히 늘고 있다. 『몰트 위스키 이어북 2023』에서는 탐나불린을 "세상에서 가장 빠르게 성장하고 있는 스카치 싱글몰트the fastest growing scotch single malt in the world"라고 표현하고 있다.

탐나불린은 글렌리벳 증류소 근처에 있다. 글렌리벳에서 남쪽으로 약 3마일, 그러니까 5킬로미터 정도 떨어진 곳이다. 내비게이션이 알려주는 길을 따라 도착하니 여느 증류소들과는 사뭇 분위기가 다르다. 증류소 근처에 수풀이 우거져 있고 옆으로 강이 흐른다. 마치 숲속에 파묻혀 있는 느낌이다. 낙엽 지는 가을날 이런 곳에 텐트 치고 캠핑을 하면 제대로 힐링할 수 있을 것 같다는 생각이 들었다. 실제로 탐나불린 증류소가 있는 톰나불린Tomnavoulin 마을은 영국에서 가장 큰 국립공원인 케인곰스에 위치하고 있다. 그렇다보니 이 마을엔 사슴이나 산양 같은 야생동물도 자주 출몰한다.

탐나불린 증류소를 가장 멋스럽게 빛내주는 건물은 수차가 있는 작업장을 개조한 옛 방문자 센터이다. 증류소 생산 시설 바로 옆 숲길을 따라가다보면 나오는 3층짜리 이 석조 건물은 과거 노던 스코트Northern Scot라는 잡지에서 "위스키 여행중에 마주칠 수

▲ 숲속에 파묻힌 듯한 증류소
▼ 증류소 옆을 흐르는 강

옛 방문자 센터

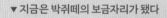
▼ 지금은 박쥐떼의 보금자리가 됐다

있는 가장 좋은 방문자 센터"라고 소개했을 정도로 아름답다. 한때 관광객으로 북적였던 방문자 센터는 1995년 증류소 가동 중단과 함께 문을 닫았다. 이후 이곳은 박쥐들 차지가 됐다. 케언곰스국립공원에서 날아온 박쥐떼가 보금자리를 틀면서 지금 이 건물에는 집박쥐pipistrelle bat 700마리가 서식하고 있다.

'탐나불린'이 된 사연

탐나불린의 역사는 1965년에 출발한다. 당시 인버고든*이라는 스코틀랜드 주류 기업이 산 좋고 물 좋은 톰나불린 마을에 증류소를 짓기 시작한다. 블렌디드 위스키 제조에 필요한 몰트 원액을 생산하기 위해서였다. 원래 톰나불린 마을에는 양털을 깎아 섬유를 만들던 공동 작업장이 있었다. 인버고든은 언덕배기에 있는 이 직물 공장 터를 매입해 탐나불린 증류소를 세웠다. 아마 이 대목에서 마을 이름은 '톰나불린'인데 왜 증류소 이름은 '탐'나불린인지 궁금한 분이 분명히 있을 것이다. 여기엔 사연이 있다. 사실 톰나불린이나 탐나불린은 철자는 달라도 뜻은 똑같다. 게일어로 '언덕 위의 공장mill on the hill'이란 의미다. 이미 말한 대로 언덕에 직물 공장이 있었기 때문에 마을 이름도 톰나불린이 된 것이다. 그런데 직물 공장이 있던 자리에 증류소를 짓기 시작하자 톰나불린 마을 교회에서 들고 일어난다. 목사와 교인들은 "우리 마을에 위스키 증류소가 생기는 게 탐탁지 않다"면서 "증류소를 짓더라도 톰나불린이라는 이름은 쓰지 말라"고 요구한다. 결국 인버고든은 교인들의 요구를 받아들여 톰나불린Tomnavoulin에서 철자를 슬쩍 바꿔 탐나불린

● 인버고든Invergordon Distillers은 1993년 화이트 앤 맥케이에 편입됐다.

Tamnavulin으로 이름을 정했다. 이런 우여곡절 끝에 1965년부터 위스키를 만들기 시작한 탐나불린은 1995년부터 10년 동안 가동을 중단했다. 그러다가 2007년 전면 개조 공사를 마친 뒤 생산을 재개했다.

롤러 6개 달린 제분기

탐나불린은 투어 프로그램이 없다. 나는 수입사를 통해 증류소 측의 초대를 받아 방문했다. 증류소 매니저 레온Leon Webb과 디스틸러distiller인 샘Sam Douglas이 친절하게 안내해주었다. 위스키 제조 순서에 따라 몰트 처리 공정부터 살펴봤다. 탐나불린에서 쓰는 몰트는 베어스Bairds라는 전문 몰트 업체에서 가져온다. 올해(2023년)로 창립 200주년을 맞은 베어스는 심슨스Simpsons와 함께 영국에서 가장 오래되고 또 유명한 몰트 생산 기업이다. 현재 스코틀랜드 증류소 상당수가 베어스나 심슨스 몰트를 쓴다. 탐나불린에서는 베어스 공장에서 가져온 몰트를 저장고malt bin 4곳에 담아둔다. 저

장고 용량은 각각 50톤이다. 생산량
이 늘어나면서 저장고 4곳에 가득 채
워둔 몰트 200톤을 일주일 안에 다
쓴다고 한다.

글렌파클라스 편에서 설명한 것처
럼 몰트는 분쇄에 들어가기에 앞서
드레서dresser와 디스토너de-stoner라
는 장비를 통과하게 된다. 이 과정에
서 정상적인 몰트는 제분기mill로 이
동하고 돌이나 지푸라기 같은 이물
질은 걸러져 옆에 있는 통으로 떨어

디스토너를 통과해 걸러진 이물질

진다. 이물질을 담은 통을 살펴봤다.
꽤 큼지막한 돌이 바닥에 쌓여 있었
다. 몰트를 선별하면서 저렇게나 많은
돌이 나온다는 게 신기했다.

탐나불린에서는 스위스 회사 뷜러
Buhler에서 2016년에 제작한 롤러 6개
짜리 최신 제분기6-roller mill를 쓰고

있었다. 여기서 롤러 개수가 다르면 어떤 차이가 있는지 좀더 설명
하려고 한다. 먼저 포르테우스나 보비처럼 롤러 4개짜리 구형 제분
기4-roller mill는 몰트를 두 단계로 분쇄한다. 제분기 상단에 있는 롤
러 2개로 몰트를 갈아서 떨어뜨리면 하단에 있는 롤러 2개로 다시
한번 분쇄하는 방식이다. 이에 비해 탐나불린이 쓰는 최신 제품은
롤러가 맨 위에 2개, 가운데 2개, 맨 아래 2개, 세 쌍으로 장착돼
있다. 다시 말해 상, 중, 하 3단계로 나눠서 몰트를 분쇄한다. 탐나

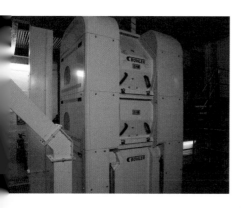

▲ 롤러가 6개 장착된 뷸러 제분기
▼ 밀링 갭 조절장치

불린 매니저 레온은 "6-롤러 제분기는 롤러 한 쌍이 더 돌아가기 때문에 보다 정교하게 몰트를 분쇄한다"라고 말했다. 또한 "몰트 낱알 크기가 보리 품종에 따라 조금씩 다르기 때문에 이 작은 차이를 고려해 롤러 사이의 간격milling gap도 정밀하게 조정할 수 있다"고 설명했다. 낱알이 큰 보리 품종 몰트는 롤러 간격을 미세하게 넓히고 반대로 낱알이 작은 몰트는 조금 좁혀서 분쇄하는 게 가능하다는 얘기였다.

탐나불린 당화 공정은 교과서적이다. 11톤짜리 스테인리스 당화조에서 전형적인 3단계 방식으로 당화를 한다. 당화를 위한 첫번째 물first water은 최적 온도인 섭씨 64.5도로 4만 2000리터를 투입한다. 두번째 물second water은 78도로 올려 1만 6000리터를 넣는다. 다음 당화 공정의 첫번째 물을 얻기 위해 뿌리는(스파징sparging) 세번째 물third water은 섭씨 84도로 3만 6000리터이다. 이처럼 세 번 물을 넣어 당화를 마칠 때까지 총 7시간이 걸린다. 당화 공정을 살펴보고 이동하려는데 당화조 옆에 통이 하나 보인다. 언더백underbag이라고 적혀 있는 이 통은 워트wort(맥아즙)를 잠시 담아두는 설비이다. 스코틀랜드 증류소에서는 당화조에서 뽑아낸 워트를 언더백에 넣었

11톤짜리 스테인리스 당화조

언더백

다가 다시 열교환기heat exchanger로 보내 냉각시킨다. 이렇게 온도를 떨어뜨리는 이유는 뜨거운 워트를 발효조에 바로 집어넣으면 효모가 죽어버리기 때문이다. 통상적으로는 냉각수가 흐르는 열교환기에서 워트 온도를 섭씨 15도에서 19도 사이로 낮춘 뒤 발효조로 보낸다. 참고로 탐나불린 증류소는 효모를 투입하는 시점의 온도pitching temperature를 섭씨 19.5도(여름에는 18도)로 설정하고 있었다.

효모를 바꾼 까닭은

다음은 발효 공정을 살펴볼 차례이다. 탐나불린에서는 스테인리스 발효조washback 9개를 쓰고 있었다. 발효조 용량은 7만 리터이지만 워트는 4만 리터 이하로 채운다. 다른 증류소가 발효조의 2/3까지 워트를 채우는 것에 비해 훨씬 적게 넣는다. 이유를 물어보니 탐나불린 발효조에는 거품을 제거하는 회전날, 즉 스위처switcher가 설치돼 있지 않다고 한다. 이해를 돕기 위해 조금만 더 설명하면 증류소에서 쓰는 발효조 천장에는 빙글빙글 돌아가면서 끓어오르는 거품을 깨뜨려 워트를 넘치지 않게 하는 회전날이 장착돼 있다. 하지만 탐나불린 등 일부 증류소에서는 회전날이 없는 발효조를 쓴다. 그런 곳에서는 거품이 넘치지 않도록 워트를 발효조에 더 적게 채워넣는다.

탐나불린 발효 시간은 58시간에서 60시간으로 과거와 달라지지 않았다. 다만 효모는 스카치 업계 대세가 된 마우리Mauri 제품으로 교체했다. 스코틀랜드 증류소를 돌아다니다보면 탐나불린처럼 과거에 다른 효모를 쓰던 곳들이 대부분 마우리로 바꾼 걸 알 수 있다. 이에 대해 탐나불린 디스틸러 샘은 "마우리 효모가 고온에서도 활동력이 좋아서 교체했다"고 말했다. "과거에 쓰던 효모는 발효조 온도가 섭씨 36도 이상으로 올라가면 활동을 멈췄는데 마우리는 섭씨 38도까지 발효를 계속할 정도로 생명력이 끈질기다"라는 설명이 이어졌다. 여기에 조금만 덧붙이자면 효모 활동으로 발효가 진행될수록 온도는 자연적으로 계속 올라간다. 최적 온도인 32~35도를 넘어가게 되면 효모 활동이 줄어들면서 결국 멈춘다. 그런데 마우리 효모는 다른 효모에 비해 고온에서 견디는 힘이 강해 그만큼 더 많은 알코올을 뽑아낼 수 있다는 설명이다.

탐나불린에서 사용하는 발효조에는 회전날이 달려 있지 않아서 워트를 적게 채운다

증류소의 서브웨이 시스템

탐나불린 발효실 천장에는 여러 개의 관pipe이 복잡하게 이어져 있었다. 자세히 봤더니 관마다 색깔도 전부 달랐다. 왜 색깔을 다

서브웨이 시스템

르게 칠해놓은 걸까? 이유가 있다. 각각의 관에 서로 다른 액체나 기체가 흘러가고 있기 때문이다. 예를 들어 노란색으로 칠해진 파이프에는 공기나 스팀 가스가 흐른다. 또 보라색 파이프에는 청소용 화학 용액이 흐르고 녹색 파이프로는 물이 지나간다. 이런 식으로 색깔로 구별해놓음으로써 파이프 안에 뭐가 흘러가는지를 한눈에 파악할 수 있게 한 것이다. 이걸 탐나불린 증류소에서는 색깔로 몇 호선인지를 알 수 있는 지하철에 빗대서 '서브웨이subway 시스템'이라고 부른다. 증류소에서 '서브웨이 시스템'을 도입한 이유는 결국 안전 때문이다. 작업자가 혹시라도 헷갈려서 파이프 밸브를 잘못 여는 일이 없도록 하기 위해서다. 탐나불린을 비롯해 몇몇 증류소가 채택한 이 시스템은 만에 하나 있을지 모르는 사고를 막아주는 철저한 안전장치인 셈이다.

폭설 때문에 바꾼 증류기

2010년 1월 스코틀랜드에 기록적인 폭설이 내렸다. 눈 폭탄이 몇 주 동안 이어지면서 피해가 속출했다. 증류소도 예외가 아니었다. 대폭설로 스코틀랜드 증류소 34곳이 숙성고가 무너지는 등 크고 작은 피해를 봤다. 이중에는 위기를 기회로 삼은 곳도 있다. 대표적인 게 글렌피딕이다. 당시 글렌피딕 증류소에서는 100년 된 숙성고 지붕이 눈의 무게를 이기지 못하고 내려앉았다. 숙성고에 있던 오크통은 영하 20도 강추위에 그대로 노출됐다. 하지만 글렌피딕은 무너진 숙성고에서 살아남은 오크통의 위스키를 꺼내 제품으로 개발했다. 폭설과 한파를 견뎌낸 위스키라는 스토리를 내세운 '스노우 피닉스'는 나오자마자 불티나게 팔렸다.

탐나불린 증류소도 2010년 대폭설 때 큰 피해를 봤다. 밤새 쏟아진 눈으로 증류실 천장이 폭삭 주저앉으며 증류기까지 망가졌다. 엉망진창이 된 증류실을 손보던 증류실 직원은 "기왕 이렇게 된 거, 이참에 증류기 한번 바꿔보자"는 의견을 냈다. 증류소는 이 제안을 받아들여 크기는 물론 모양까지 다 바꾼 2차 증류기 3대를 새로 도입한다. 이렇게 폭설 때문에 바꾼 증류기가 탐나불린한 테는 '신의 한 수'가 됐다. 원래 탐나불린에서는 목이 길고 라인 암lyne arm도 수평에 가까운 2차 증류기spirit still를 써왔다. 이런 형태의 증류기로 스피릿을 뽑아냈기에 풍미가 가벼웠다고 한다. 하지만 2차 증류기를 바꾸고 나자 스피릿 풍미가 적당하게 묵직해지면서 복합적으로 변했다.

폭설 때문에 바뀐 증류기를 보러 증류실로 향했다. 1차 증류기 3대는 예전 형태 그대로 목이 길고 라인 암도 수평horizontal lyne arm

이었다. 반면 2010년 대폭설 이후에 바꾼 2차 증류기는 완전히 달랐다. 1차 증류기에 비해 목이 상당히 짧고 라인 암도 아래로 꺾인 하향 라인 암descending lyne arm이었다. 증류기를 교체한 뒤 왜 스피릿 풍미가 묵직하고 풍부해졌는지 모양만 봐도 짐작할 수 있었다 (증류기 형태와 풍미의 관계는 이미 여러 차례 설명했다). 한 가지 더 특이한 건 묵직한 맛을 위해 목 짧은 2차 증류기를 설치하면서 동시에 가볍고 섬세한 풍미를 이끌어내는 정화기purifier까지 함께 달았다는 점이다(정화기는 글렌 그란트 편 참고). 조금 의아해하는 내 표정을 읽었는지 디스틸러 샘이 정화기를 달게 된 사연을 들려줬다.

증류소에서 증류기 형태를 바꾸는 건 위험을 감수한 모험에 가깝다. 이미 말한 것처럼 증류기 형태를 바꾸면 스피릿이 달라지기 때문이다. 탐나불린도 마찬가지였다. 2차 증류기를 목이 짧은 것으로 교체하면 지나치게 무거운 스피릿이 나올까 걱정이 컸다. 고민 끝에 탐나불린에서는 너무 묵직한 스피릿이 나오게 될 경우에 대비해 이를 보완해줄 장치로 정화기를 함께 설치했다. 하지만 걱정은 기우에 불과했다. 막상 새 증류기를 돌려보니 증류소에서 딱 원했던 풍미의 스피릿이 나왔던 것이다. 증류소에서는 쓸모가 없어진 정화기를 그냥 달아만 놓고 지금까지 한 번도 쓰지 않았다고 한다.

탐나불린 증류실에서 눈에 띈 점 하나만 더. 탐나불린 1차 증류기 3대엔 알코올 증기를 스피릿으로 응축시키는 응축기condenser 말고도 서브 쿨러sub cooler라는 장치가 추가로 장착돼 있다. 글렌리벳 등 다른 증류소에서도 쓰고 있는 서브 쿨러는 한마디로 2차 응축기라고 보면 된다. 응축기를 거친 뒤에도 아직 스피릿으로 변하지 않은 증기를 다시 냉각시켜 생산효율을 높이는 보조장치이

폭설 때문에 바꾼 2차 증류기. 목이 짧고 라인 암이 아래로 꺾여 있다

다. 탐나불린의 경우에는 리벳강에서 끌어온 물을 냉각수로 쓰는데 여름에는 강물 온도가 높아서 이걸로 응축기를 돌리면 스피릿이 충분히 나오지 않는다고 한다. 그래서 여름에만 응축기와 서브쿨러를 함께 가동하고 있다.

탐나불린이 급성장한 결정적 이유

탐나불린은 싱글몰트 시장에서 신인이나 다름없다. 소량 한정판으로 출시된 몇몇 빈티지 제품을 제외하면 2016년에 나온 더블 캐스크Double Cask가 사실상 첫 싱글몰트이다. 하지만 데뷔한 지 얼마 안 됐는데도 스코틀랜드 현지에서 좋은 평가를 받는 건 물론 해외 수출도 꾸준히 늘고 있다. 특히 스웨덴 같은 북유럽과 대만과 한국 등 아시아에서 두각을 나타내고 있다. 신인이나 마찬가지인 탐나불린은 어떻게 애호가들의 호평을 받으며 단기간에 급성장하게 된 걸까?

탐나불린이 위스키 품질을 올린 비결에 대해 『몰트위스키 이어북 2021』에서는 증류소에서 실시한 리래킹re-racking 프로그램 덕분이라고 분석한다. 여기 등장하는 리래킹이란 용어가 생소한 분도 있을 것 같다. 리래킹은 숙성중인 위스키를 꺼내서 다른 오크통으로 옮기는 걸 뜻한다. 예를 들어 버번 캐스크에서 숙성한 위스키를 셰리 캐스크에 옮겨서 피니싱finishing(마무리 숙성)한 것도 넓은 의미로 리래킹에 속한다. 하지만 탐나불린이 지난 몇 년 동안 계속한 리래킹 프로그램은 피니싱과는 목적이나 방법이 다르다. 우선 피니싱은 복합적이고 다양한 풍미를 덧입히기 위해 종류가 다른 캐스크(예: 버번 캐스크→셰리 캐스크)로 위스키를 옮긴다. 반면 탐나불린의 리래킹은 오크통을 교체해 위스키 품질을 개선하는 게 목적이었다. 숙성고 오크통 상태를 확인해 좋지 않은 걸 골라낸 뒤 거기 들어 있던 위스키를 꺼내 품질 좋은 다른 오크통에 옮겨 담았다. 이렇게 오크통을 '업그레이드'시켜 단기간에 품질을 끌어올렸다.

두번째 성공 요인으로 꼽는 건 와인 캐스크 피니싱이다. 2019년 탐나불린은 버번 캐스크에서 숙성한 위스키를 스페인 셰리 오크통에 옮겨 추가 숙성한 셰리 캐스크 에디션Sherry Cask Edition을 출시했다. 이듬해에는 독일산 피노누아와 프랑스산 카베르네 쇼비뇽, 스페인산 그르나슈까지 세 가지 와인 캐스크로 피니싱한 제품을 연달아 선보였다. 최근에는 쇼비뇽블랑 와인 캐스크로 피니싱한 위스키까지 내놓으며 주목을 받았다.

증류소 매니저 레온은 "리래킹과 피니싱 모두 품질 좋은 오크통이 관건이다. 질 좋은 오크통을 확보하기 위해 본사에서 막대한 예산을 쓰고 있다"고 강조했다. 그러면서 셰리 캐스크를 예로 들었다. 레온에 따르면, 탐나불린은 본사인 화이트 앤 맥케이*가 계약한 스페인 안달루시아 쿠퍼리지 3곳Paez, Tevasa, Vasyma에서 셰리 캐스크를 공급받는다. 이 3곳에서 생산한 셰리 캐스크는 이끌어내는 풍미도 확연히 다르다. 파에스Paez 쿠퍼리지에서 가져온 셰리 캐스크는 토피 향이 지배적이다. 바시마Vasyma 쿠퍼리지 셰리 캐스크는 시트러스citrus한 풍미가 잘 느껴진다. 이처럼 각기 다른 특징을 가진 캐스크를 골고루 조합해 셰리 캐스크 에디션Sherry Cask Edition 피니싱에 활용한다.

마지막으로 숙성고를 방문했다. 탐나불린 증류소에는 숙성고가

---

* 화이트 앤 맥케이(엠페라도Emperador 소유)는 달모어, 주라, 탐나불린, 페터케언 증류소를 갖고 있다.

셰리 캐스크 에디션   레드 와인 캐스크 에디션   템프라니요 캐스크 에디션

2개뿐이었다. 모두 선반형 숙성고였다. 하나는 10단으로, 나머지 하나는 11단으로 오크통을 쌓았다. 이 2개 대형 숙성고에 오크통 3만 8000개가 빼곡하게 저장돼 있었다. 생산 규모에 비해 숙성고가 부족하지 않느냐고 물었더니 더 지을 필요가 없다고 한다. 레온은 "본 사인 화이트 앤 맥케이가 갖고 있는 숙성고가 스코틀랜드에 60개나 되기 때문에 공간이 부족하면 다른 곳에 보내 숙성시키면 된다"고 말했다. 탐나불린 숙성고는 화재에 대비해 전체 공간을 세 구역으로 나눠놨다. 구역별로 방화벽도 설치했다. 또 불이 났을 때 피해를 분산하기 위해 탐나불린도 자매 증류소인 달모어, 주라 등과 숙성고를 공유하고 있다.

위스키가 있어 즐거운 세상

증류소에서 맛보는 위스키는 늘 환
상적이다. 그중에서도 으뜸은 숙성고
에 들렀을 때 오크통을 열어서 바로
맛보는 위스키이다. 이건 도수 조정을
위해 물을 타지도 않았다. 아직 다른
위스키와 섞이지 않은 가장 순수한
상태이다. 이런 위스키를 숙성고에서
테이스팅하는 건 증류소에서만 누릴
수 있는 최고의 행복이다. 멀리 한국
에서 찾아온 손님을 그냥 보낼 수는

탐나불린 증류소 숙성고 2개는 모두 선반형
이다

없었던 모양이다. 탐나불린 매니저 레
온이 숙성고에서 오크통 2개를 열어
한 잔씩 건넨다. 하나는 12년간 숙성
한 버번 캐스크에서 뽑아낸 것이고,
또 하나는 12년 동안 올로로소 셰리

캐스크에 숙성한 위스키였다. 기쁜 마음으로 잔을 받아들고 차례
로 천천히 음미했다.

"와…… 인생, 이 맛이네"라는 말이 절로 튀어나온다. 버번 캐
스크에서 뽑아낸 위스키는 달콤함 그 자체였다. 올로로소 셰리 캐
스크는 우아함의 극치였다. 이 정도로 맛 좋은 위스키를 마시면 머
릿속 근심과 걱정이 몽땅 다 하늘로 날아가는 기분이 든다.

그래, 술이 있어 즐거운 세상이다. 스카치위스키가 있으니 더 즐
거운 세상 아닌가.

12년 숙성한 버번 캐스크(위)와 올로로소 셰리 캐스크(아래)

GLEN GRANT

설립 1840년
소속 캄파리 그룹Campari Group
주소 Elgin Road, Rothes, Banffshire AB38 7BS

예약

영웅을 만나다

살다보면 꿈같은 일이 벌어진다. 비현실적이라고 느껴질 만큼 놀라운 일이 드물게 생긴다. 증류소 탐험을 위해 스코틀랜드로 떠나기 두 달 전이었다. 수입사를 통해 글렌 그란트 증류소에 프라이빗 투어 예약을 요청했다. 보다 깊이 있게 글렌 그란트를 탐험하고 싶어서였다. 며칠 뒤 이메일이 날아왔다. 증류소 투어와 함께 글렌 그란트의 '그분'과 인터뷰가 가능하다는 내용이었다. 상상하지도 또 기대하지도 않았던 일이었다. 기쁘기에 앞서 얼떨떨했다. 몇 차례 이메일이 더 오갔다. 인터뷰 일정이 최종 확정됐다.

60년 넘게 위스키를 만든 업계 최고 장인. 스카치 발전에 헌신한 공로로 대영제국 훈장까지 받은 글렌 그란트의 데니스 말콤Dennis Malcolm을 잠깐이라도 만날 수 있다니…… 상상만으로도 행복했다. 그렇게 두 달이 흘렀다. 나는 마침내 증류소를 찾아갔다. 하지만 이때까지도 몰랐다. 그저 증류소를 둘러보고 잠깐 데니스 말콤과 만나는 줄 알았다. 약속한 투어 시간에 맞춰 방문자 센터로 들어갔다. 은발의 노신사 한 분이 빨간 넥타이를 매고 성큼성큼 걸어왔다. 앗, 저분은? 그렇다. 데니스 말콤이었다. 어리둥절해하는 나에게 데니스 말콤은 "글렌 그란트에 온 걸 환영한다. 오늘은 내가 당신을 안내하겠다"고 말했다. 나의 우상이자 영웅인 데니스 말콤이 직접 증류소 안내를 해주신다고? 말 그대로 '오 마이 갓'이었다.

62년 위스키 인생

스카치 업계엔 50년 넘게 한 우물을 판 '살아 있는 전설'이 몇몇 있다. 달모어와 주라의 마스터 블렌더 리차드 패터슨Richard Paterson 같은 사람이다. 1966년부터 위스키에 뛰어든 리차드 패터슨은 경력이 57년(2023년 기준)에 달한다. 또 앞서 탐험한 글렌알라키의 빌리 워커Billy Walker 역시 벌써 50년 경력 현역 장인이다. 40년, 50년 세월도 대단한데 경력이 60년을 넘어가는 분도 있다. 17살에 견습 직원으로 입사해 60년 넘게 일하고 있는 '발베니의 심장' 데이비드 스튜어트David C. Stewart가 대표적이다. 하지만 지금 내 눈앞에 있는 분은 데이비드 스튜어트보다도 1년 더 오래됐다. 위스키 제조 경력 62년(2023년 기준). 가히 스카치 업계 현역 최고 장인이다.

데니스 말콤에게 위스키는 운명이었다. 그는 1946년 글렌 그란트 증류소 부지에서 태어났다. 할아버지는 물론 아버지도 글렌 그란트 증류소에서 일했다. 어릴 때 그의 어머니는 구강세정제 대신 글렌 그란트 위스키로 아들의 젖니를 닦아주었다. 위스키와 함께 자란 데니스 말콤은 15살이 되자 할아버지와 아버지의 뒤를 이어 글렌 그란트에 입사한다. 그날이 1961년 4월 3일. 정확히 오전 8시에 첫 출근을 했다. 증류소에 들어와 처음 배운 건 오크통을 만들고 고치는 일이었다. 데니스는 그때를 회상하며 "접착제 없이 나뭇조각을 이어붙여 물 한 방울 안 새게 오크통을 만드는 게 너무 신기했다"고 했다. 견습 쿠퍼cooper로 4년을 일한 데니스는 당화와 발효, 증류에 이르기까지 모든 제조 공정을 6년 만에 익혔다. 위스키에 대한 감각과 열정이 특출한 걸 알아본 증류소에선 입사 10년 차에 불과한 25살 청년 직원에게 중책을 맡긴다. 생산 공정을 책임

스카치 업계 '살아 있는 전설' 데니스 말콤

지는 프로더션 매니저production manager에 데니스를 전격 발탁한 것
이다. 그 뒤로 데니스 말콤은 생산 설비를 두 배로 확장하는 공사
를 진두지휘하며 글렌 그란트를 새롭게 탈바꿈시킨다. 능력을 인정
받은 데니스는 1983년 증류소 운영은 물론 신제품 개발까지 총괄
하는 마스터 디스틸러가 된다. 1992년부터는 글렌 그란트와 글렌
리벳을 비롯해 시바스 브라더스(씨그램) 산하 증류소 9곳을 책임
지는 거물로 우뚝 섰다. 인수합병 소용돌이 속에서 잠시 글렌 그란
트를 떠난 적도 있다. 하지만 2006년 글렌 그란트 증류소 주인이
된 이탈리아 주류 기업 캄파리Campari는 업계 최고 장인 데니스 말
콤을 다시 모셔왔다. 캄파리의 제안을 받아들이며 데니스 말콤은
이런 말을 남겼다.

"내 심장은 언제나 글렌 그란트에 있었다."

2013년, 찰스 당시 왕세자(찰스 3세)가 글렌 그란트를 방문했다. 이날 데니스 말콤은 자신의 위스키 인생 50년을 기념해 만든 〈GLEN GRANT FIVE DECADES〉를 왕세자에게 선물했다

"늘 똑같아야 한다"

'늘 똑같아야 한다'는 철학을 반영한 라벨

1946년생. 올해 77살인 데니스 말콤은 나이가 믿기지 않을 정도로 힘이 넘쳤다. 젊은이와 노인을 가르는 기준이 삶의 의욕과 열정이라면 그는 청년이나 마찬가지였다. 내가 저 나이가 되어서도 저렇게 열정적일 수 있을까 싶었다. 투어를 하기에 앞서 데니스는 열의에 가득찬 목소리로 자신의 위스키 철학을 설명했다. 그가 강조한 첫번째 원칙은 일관성 consistency이었다. 데니스는 "62년 동안 나는 내 아버지와 할아버지가 했던 방식 그대로 같은 맛의 위스키를 만들기 위해 노력하고 있다"고 말했다. 이어서 "세상에 똑같은 사람이 없듯이 똑같은 풍미를 이끌어내는 캐스크는 없다. 하지만 그럼에도 언제나 위스키 맛은 똑같아야 한다"고 했다. 일관성을 최우선 기치로 생각하기에 글렌 그란트는 몇 년 전 핵심 제품core range 디자인을 바꿀 때에도 같은 크기와 모양의 라벨을 적용했다. 아보랄리스부터 10년, 12년, 15년, 18년까지 핵심 제품 라벨이 숙성 연수에 따라 색깔만 다르고 디자인이 똑같은 건 이런 데니스 말콤의 철학을 반영했기 때문이다.

데니스 말콤 얘기를 듣다보니 잘나가다가 망해버린 여러 맛집이 떠올랐다. 손님이 줄을 서고 장사 좀 된다 싶어 종업원 늘리고 가게 확장했다 망한 곳이 한둘이었던가? 아무리 소문난 집이라 해도 "맛 변했어"라는 말이 돌면 문 닫는 건 순식간이다. 증류소도 마찬가지다. 위스키가 잘 팔리면 설비를 확충하고 생산량도 늘려야 한다. 하지만 아무리 그래도 가장 중요한 건 '변하지 않는 맛', 품질의 일관성일 수밖에 없다.

"행복한 사람이 행복한 위스키를 만든다"

데니스는 두번째 철학을 언급하기에 앞서 "몰트위스키를 만드는 네번째 재료가 뭔지 아느냐?"고 물었다. 몰트위스키의 세 가지 재료는 물론 안다. 보리(몰트), 물, 그리고 효모이다. 그럼 데니스가 말하는 또 다른 재료는 뭘까? 그는 '사람people'이라고 했다. 데니스는 "나는 62년 동안 위스키를 만들었다. 한때 증류소 9곳을 운영했다. 내 결론은 늘 사람이었다. 위스키는 결국 사람이 만드는 것"이라고 했다.

데니스는 25살에 증류소 매니저가 되고 난 뒤 겪은 일도 들려줬다. 당시 글렌 그란트 증류소는 창업자의 증손자 더글러스 맥색Douglas Mackessack이 운영하고 있었다. 15살의 데니스를 견습 직원으로 채용하고 10년 뒤 매니저로 발탁한 사람이다. 맥색은 매일 아침 데니스의 사무실에 들러 상황을 점검하고 함께 회의를 했다. 그때마다 맥색이 던지는 첫 질문은 "어떻게 돌아가고 있어?How are things?"였다고 한다. 이 질문에 만약 데니스가 "음…… 기계가 하나 고장났는데 오늘 고칠 거고요. 몰트 상태는 아주 좋아요" 이렇게 대답하면 맥색은 고개를 가로저으며 "아니, 아니야. 내가 물은

James Grant

The Back Burn

▲ 제임스 그란트(좌), 글렌 그란트의 물줄기 백 번(우)
▼ 천혜의 입지에 최적의 운송망까지 확보한 글렌 그란트

Brand history
A timeline

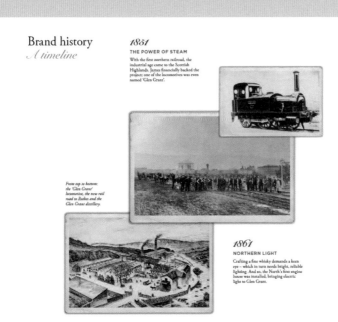

1851
THE POWER OF STEAM

With the first northern railroad, the industrial age came to the Scottish Highlands. James financially backed the project; one of the locomotives was even named 'Glen Grant'.

From top to bottom: the 'Glen Grant' locomotive, the new rail road to Rothes and the Glen Grant distillery.

1861
NORTHERN LIGHT

Crafting a fine whisky demands a keen eye – which in turn needs bright, reliable lighting. And so, the North's first engine house was installed, bringing electric light to Glen Grant.

데니스는 맥색이 자신의 '우상'이라고 했다

건 우리 직원들이 어떻게 지내느냐는 거야"라고 말했다고 한다. 이후 데니스와 맥색이 주고받는 대화는 이런 식이었다.

> "증류실에서 일하는 조지가 아이를 가졌어요. 행복해하고 있어요."
> "오, 그거 잘됐네. 너무 기쁜 일이 생겼어."

설비 상태나 공정 진행률에 앞서 위스키 만드는 사람부터 신경 썼던 더글러스 맥색을 통해 데니스 말콤은 '행복한 사람이 행복한 위스키를 만든다'는 철학을 갖게 됐다.

철도와 전기를 도입한 창업자

글렌 그란트는 더글러스 맥색의 증조부 제임스 그란트James Grant 가 설립했다. 1820년대 제임스 그란트 형제는 스페이사이드 리벳 계곡Glen Livet에서 밀주 위스키를 만들어 팔았다. 1833년부터는 아벨라워 증류소를 임대해 운영했다. 임대 계약이 1839년에 끝나자 그란트 형제는 증류소 부지를 찾아나섰다. 이때 눈에 들어온 게 백 번Back Burn*이라는 물줄기가 흐르는 지금의 글렌 그란트 자리였다. 천혜의 부지를 확보한 제임스 그란트 형제는 1840년 스페이사이드 로시스Rothes 마을의 첫 증류소인 글렌 그란트를 세운다.

사업가이자 정치인이었던 제임스 그란트는 돈도 많고 능력도 뛰어났다. 1851년 제임스 그란트는 철도 회사Morayshire Railway를 설립하고 로시스 마을에 철로Northern Railway를 깐다. 이때 이 길을 오간 기차 이름도 '글렌 그란트'였다. 석탄을 싣고 왔다 위스키를 싣고 떠날 수 있는 운송망을 확보하면서 글렌 그란트는 빠르게 성장한다. 1861년에는 남은 냉각수로 수력 터빈water turbine을 돌려 전력도 생산한다. 글렌 그란트는 증류소 설비를 전기로 가동한 최초의 스페이사이드 증류소였다.

모험과 낭만, 풍류의 대가

180년 넘는 글렌 그란트 역사에서 가장 큰 발자취를 남긴 인물은 창업자의 아들인 메이저 제임스 그란트Major James Grant이다. '메이저The Major'라고 줄여서 부르기도 하는 제임스 그란트 2세는 아

● 번burn은 스코틀랜드 게일어로 작은 강little river이라는 뜻이다.

버지가 세상을 떠난 1872년에 증류소를 물려받았다. 당시 메이저 그란트의 나이는 25살. 청년 CEO가 된 그는 과감하게 증류소를 바꿔나간다. 가장 큰 변화는 당시로서는 혁신적이었던 정화기 purifier를 도입한 것이다. 메이저 그란트는 이 특수 장치를 증류기에 달아 위스키 풍미를 보다 깔끔하고 섬세하게 만들었다(정화기는 뒷부분에서 자세히 다룬다). 1898년에는 사람이 보리를 뒤집어 싹을 틔우는 플로어 몰팅floor malting을 대체하기 위해 최신식 기계 몰팅 장비도 도입한다. 또 같은 해에 스카치 유행Scotch Boom으로 판매가 늘어나자 큰돈을 투자해 두번째 증류소Glen Grant No.2 distillery•를 지었다.

글렌 그란트 전성기를 연 메이저 그란트는 모험과 낭만, 풍류를 아는 사나이였다. 여름에는 낚시를 즐기고 겨울에는 컬링 팀을 꾸려 경기에 나섰다. 스코틀랜드 하일랜드에서는 최초로 자동차를 구입해 영국 전역을 돌아다녔는가 하면 인도와 아프리카 밀림에서 코끼리를 타고 맹수 사냥을 했다. 모험가 기질을 타고난 메이저 그란트는 측은지심을 지닌 따뜻한 사람이기도 했다. 아프리카 짐바브웨에서 사냥 여행을 할 때 그는 바이와Biawa라는 고아를 우연히 만난다. 부모에게 버림받고 떠돌이가 된 바이와를 불쌍히 여긴 메이저는 스코틀랜드로 데려와 키웠고 바이와는 죽을 때까지 글렌 그란트 증류소에서 살았다.

84세까지 장수한 메이저 그란트는 1931년 세상을 떠났다. 증류소는 메이저의 손자인 더글러스 맥색이 넘겨받는다. 데니스 말콤이 자신의 롤 모델role model로 손꼽은 인물이다. 데니스에 따르면, 맥색은 말과 행동이 늘 반듯한 신사 중의 신사였다. 증류소 직

• 1898년 메이저 그란트가 지은 두번째 증류소는 1902년에 가동 중단됐다가 1965년에 캐퍼도 닉Caperdonich이라는 이름으로 부활했다. 2003년에 영구 폐쇄돼 지금은 증류 설비 제조업체 포사이스Forsyth 작업장으로 활용되고 있다.

*Major James Grant and the
family crest, above left.*

*Enjoying the gardens (top)
and the greenhouses.*

글렌 그란트 전성기를 연 메이저 그란트

원 한 사람 한 사람을 가족처럼 대할 만큼 따뜻했다. 훌륭한 인품과 더불어 마케팅 능력까지 뛰어났던 맥색은 글렌 그란트를 세계 시장에 진출시킨 인물로 평가받는다. 1950년대에 맥색은 아르만도 지오비네티Armando Giovinetti라는 사업가와 손잡고 글렌 그란트 위스키를 이탈리아에 수출하기 시작한다. 이때 맥색과 아르만도는 이탈리아 사람들이 그리파*에 익숙하다는 사실을 감안해 저숙성인 5년 싱글몰트를 집중 홍보했다. 이 전략이 맞아떨어져 1960년대부터 이탈리아에서 판매가 늘어났다. 글렌 그란트가 지금도 이탈리아에서 큰 인기를 끌고 있는 데에는 이런 배경이 있다.

글렌 그란트 역사는 걸출한 인물 네 명이 이끌어왔다. 창업자 제임스 그란트와 정화기를 도입한 메이저 그란트, 세계무대에 도전한 더글러스 맥색과 이 세 사람의 정신을 이어받아 60년 넘게 글렌

----

* 그라파grappa는 포도를 압착하고 남은 찌꺼기로 만드는 증류주이다. 과거엔 오크통 숙성을 하지 않거나 하더라도 짧게 했다.

James Grant

제임스 그란트

메이저 그란트

더글러스 맥색

데니스 말콤

그란트를 지켜온 데니스 말콤. 이 네 명의 영웅이 글렌 그란트를 지탱해왔다.

증류소에서 비를 좋아하는 이유

스코틀랜드 하늘은 변덕이 심하다. 이날도 그랬다. 오전만 해도 구름 한 점 없었는데 증류소에 도착하자 비가 쏟아졌다. 그러다가 설비를 둘러보려고 밖으로 나오자 언제 그랬느냐는 듯 맑게 갰다. "다행히 비가 그쳤다"고 하자 데니스는 우산을 접으며 "스코틀랜드 늦가을에는 하루에 봄, 여름, 가을, 겨울, 사계절이 다 있다four seasons in one day"라고 말했다. 날씨 얘기를 하며 걷다보니 백 번 계곡에서 흘러내려오는 개울이 보인다. 데니스는 "여기는 물이 풍부한 곳"이라며 "우리가 제조 용수production water로 사용하는 개울물이 일주일에 200만 리터나 된다"고 했다. 이어서 그는 "설비 가동을 위한 냉각수cooling water는 스페이강에서 끌어온다. 강물을 일주일에 1800만 리터쯤 사용한다"고 덧붙였다. 제조 용수 200만 리터에 냉각수 1800만 리터라면 일주일에만 2000만 리터의 물을 쓴다는 얘기이다. 증류소는 물이 없는 곳에는 세울 수 없다는 말이 다시금 떠올랐다. 데니스는 "위스키를 만들려면 물이 많이 필요하다. 그래서 증류소 사람들은 비가 조금만 안 와도 걱정이 크다. 우리는 비 오는 게 너무나도 좋다"고 웃으면서 말했다.

생산 시설로 걸어가는 동안 데니스는 곳곳을 친절하게 설명해주었다. 개울 옆에 있는 작은 꽃밭을 우산으로 가리키더니 "원래 이 자리에 오크통을 수선하는 쿠퍼리지cooperage가 있었다. 내가

백 번 계곡에서 흘러내려오는 개울

▲ 옛 쿠퍼리지가 있던 자리
◀ 세금 징수원이 사용하던 건물

15살 때 증류소에 들어와 처음 일한 곳이 바로 여기"라고 했다. 또 커다란 벽시계가 걸려 있는 2층 건물은 "세금을 징수하는 정부 관리 두 명이 사용하다가 지금은 증류소 직원 사무실로 쓰고 있다"고 했다.

증류소 몽둥이의 정체

▲ 글렌 그란트 역시 구형 포르테우스 제분기를
50년 넘게 쓰고 있다
▼ 증류소의 '뚫어뻥'

글렌 그란트는 1972년에 생산 규모를 확장하며 설비를 현대화했다. 창업자의 아들 메이저 그란트가 생산량을 두 배로 늘린 지 100년 만에 이뤄진 증설이었다. 이때 확장을 설계한 데니스 말콤은 증류기를 추가로 들여오려고 몰팅 장비를 철거했다. 자체 몰트 제조를 중단하고 전문 제조업체에서 스코틀랜드 보리로 만든 몰트를 구입해 쓰기 시작했다. 지금 글렌 그란트는 위스키 제조에 사용할 몰트를 17개 저장고malt bin에 넣어 저장한다.

저장고에 있는 몰트를 제분실milling room로 옮기는 건 자동화되어 있다. 통제실에서 버튼 하나만 누르면 몰트가 아래로 떨어져 컨베이어를 타고 제분실로 이동한다. 쭉정이나 돌을 걸러내는 드레서dresser와 디스토너de-stoner를 통과한 몰트는 한 번에 40킬로그램씩 제분기로 들어가 분쇄된다. 글렌 그란트 역시 빨간색 포르테우스Porteus 제분기를 쓰고 있다. 정확히 1969년 7월에 처음 설치해 지금까지 사용하고 있다고 데니스는 설명했다.

몰트가 제분기로 이동해 분쇄되는 과정을 설명하다가 데니스가 북 치는 방망이처럼 생긴 몽둥이를 들고 왔다. 데니스는 몽둥이로 몰트 저장고를 퉁퉁 치면서 용도를 설명했다. 데니스 얘기를 들어보니 표현이 좀 그렇긴 하지만 이 몽둥이는 한마디로 증류소의 '뚫어뻥'이라고 해야 할 것 같다. 저장된 몰트가 아래로 한꺼번에 떨어지면 가끔 컨베이어 이동 통로 입구를 꽉 막아버릴 때가 있다. 이때는 이 몽둥이밖에 답이 없다. 직원이 저장고에 와서 몽둥이로 통로 입구를 내리쳐 몰트를 내려가게 해야 한다. 데니스는 "자동화 시스템이 아무리 발전해도 100년 전에 쓰던 구식 장비가 항상 필요한 법이다. 컴퓨터가 모든 걸 대체할 순 없다"고 말했다.

혁신을 상징하는 원격 프로그램

컴퓨터가 모든 걸 제어할 수는 없어도 상당 부분을 대체하고 있는 건 사실이다. 글렌 그란트 역시 다른 대형 증류소처럼 당화와 발효, 증류까지 거의 모든 공정을 컴퓨터 프로그램으로 통제하고 있다. 근무자는 모니터 석 대를 보면서 클릭 한 번으로 설비를 돌린다. 원격으로 조정하는 PLCProgrammable Logic Controller 시스템을 활용하고 있기에 근무자 한 명이 모든 공정을 제어할 수 있다. 데니스는 증류실 의자에 앉아 워트wort(맥아즙)를 열 교환기heat

증류소 거의 모든 공정을 통제하는 원격 프로그램

exchanger에 넣어 냉각하는 공정을 컴퓨터 프로그램으로 진행하는 걸 보여줬다. 데니스는 "혁신innovation과 전통tradition이 공존하는 곳이 바로 현대식 증류소"라고 설명했다.

왜 나무 발효조를 고집할까?

원격 제어 프로그램이 혁신의 상징이라면 발효실은 글렌 그란트의 전통을 보여준다. 글렌 그란트는 9만 리터 대형 발효조 10개를 쓴다. 재질은 오레곤 파인oregon pine(미송)이다. 데니스는 낡은 발효조 하나를 만지면서 "글렌 그란트는 창업 이후 180년 넘게 나무 발효조만 써왔다. 앞으로도 그럴 것이다. 요즘 스테인리스로 교체하는 곳이 늘고 있지만 나는 그럴 생각이 전혀 없다"라고 말했다. 왜

글렌 그란트는 창업 이후 180년 넘게 나무 발효조만 써왔다

나무 발효조만 고집하는지 묻자 "박테리아가 조금도 남지 않는 스테인리스와 달리 나무 발효조에는 숨어 있는 미생물이 많다. 그것이 위스키 풍미에 좋은 영향을 준다고 믿는다"라고 답했다. 이어서 "나무 발효조는 위생에 신경을 더 써야 한다. 발효액wash 산도pH 확인도 철저하게 해야 한다. 스테인리스보다 불편한 건 사실이다. 그럼에도 나는 전통을 지키고 싶다"고 강조했다.

대다수 증류소는 보통 20~30년마다 나무 발효조를 교체한다. 하지만 글렌 그란트는 웬만해서는 바꾸지 않는다. 지금 있는 발효조 10개 가운데 4개는 1973년에 들여왔다. 나머지 6개도 1975년과 76년 사이에 설치해 아직까지 쓰고 있다. 데니스는 "해마다 발효조 상태를 꼼꼼히 확인해 보수한다. 우리는 나무 발효조 수명을 70년 정도로 보고 있다"고 말했다.

발효에 앞서 당화는 12.3톤짜리 세미 라우터semi lauter 당화조에서 6시간에 한 번, 하루에 4번 한다. 한 번 당화할 때 나오는 워트로 발효조 하나를 채운다. 이른바 '1 mash(당화)-1 fermenter(발효)' 방식이다. 발효 시간은 길지 않다. 평균 48시간 정도로 짧게 마친다.

가볍고 깔끔한 풍미의 비밀

글렌 그란트는 개성이 확실하다. 과일fruity과 꽃floral이 풍성하다. 화사하고 경쾌하고 깔끔하다. 계절로 치면 봄이나 초여름이다. 한 모금 머금고 눈을 감으면 싱그러운 햇살이 떠오른다. 살랑살랑 산들바람에 흔들리는 나뭇잎도 생각난다. 글렌 그란트 특유의 이런 풍미는 어떻게 완성되는 걸까? 이 질문에 대해 데니스 말콤은 "모든 공정이 중요하다. 하지만 무엇보다 증류 공정이 결정적"이라고 확실하게 말했다.

데니스 말콤과 함께 증류실로 향했다. 번쩍번쩍 빛나는 구리 단식 증류기 8대가 돌아가고 있었다. 4대는 1차 증류기wash still였고 4대는 2차 증류기spirit still였다. 글렌 그란트 증류기 특징은 몸통이 길고 유난히 날씬하다는 점이다. 또 본체와 목 사이에는 환류reflux를 증가시키는 보일 볼boil ball도 달려 있다. 그중에서도 1차 증류기 보일 볼은 모양이 독특했다. 공처럼 둥근 형태가 아니라 2차 세계대전 독일군 철모처럼 각이 져 있었다. 이런 이유로 글렌 그란트 1차

독일군 헬멧을 닮은 1차 증류기와 둥근 보일 볼이 달린 2차 증류기

증류기를 독일 철모German Helmet 혹은 거인 핸드 벨Giant Hand Bell 이라고 부르기도 한다.

정화기의 역할은?

맥캘란 편에서 설명한 것처럼 목이 긴 증류기를 쓰면 대체적으

글렌 그란트 위스키 특징을 좌우하는 정화기

로 환류가 증가한다. 가볍고 깔끔한 풍미의 스피릿을 뽑아낼 수 있다. 글렌 그란트는 여기서 한 발 더 나간다. 유난히 길고 날씬한 증류기에 정화기까지 달아 환류를 극대화시킨다. 글렌 그란트 증류기를 다시 살펴보자. 라인 암lyne arm 끝부분에 커다란 원통 모양의 장치가 눈에 띈다. 이게 글렌 그란트 위스키 특징을 좌우하는 정화기이다. 이 대목에서 '대체 정화기가 뭔데?' 하실 분이 있을 것이다. 이 기회에 정화기에 대해 공부하고 넘어가자.

글렌 그란트와 아드벡 등 몇몇 증류소에서 사용하고 있는 정화기는 '강제 환류 장치'라고 할 수 있다. 이해를 돕기 위해 정화기가 안 달린 일반 증류기와 비교해 설명하겠다. 정화기가 없으면 증류기에서 끓어오른 증기가 라인 암을 거쳐 곧바로 응축기condenser로 넘어가 스피릿으로 바뀐다. 하지만 정화기가 있으면 상황이 달라진다. 알코올 증기가 응축기로 넘어가기 전에 정화기에서 한 번 더

정화기의 원리

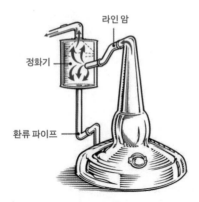

정화기 내부에서 무거운 기체는 아래로 떨어져 증류기로 되돌아가 다시 증류된다

걸러진다. 정화기를 통과하는 동안 가벼운 기체만 응축기로 넘어가고 무거운 기체는 증류기로 되돌아간다.

글렌 그란트 정화기 구조와 작동 방식은 이렇다. 정화기 중간 부분에는 라인 암을 통해 알코올 증기가 들어오는 입구가 있다. 정화기 위쪽에는 증기가 응축기로 빠져나가는 출구가 있다. 반대로 아래쪽에는 파이프 하나가 증류기 본체로 연결돼 있다. 그럼 알코올 증기는 정화기에서 어떻게 걸러지는 걸까? 먼저 가벼운 기체는 라인 암에 연결된 입구를 통해 정화기로 들어와 위쪽 출구로 빠져나간다. 하지만 무거운 기체는 냉각수˙로 차갑게 식혀진 정화기 구리 표면과 만나 액체로 응결된다. 정화기 바닥으로 떨어진 액체는 관(환류 파이프)을 타고 증류기 본체로 되돌아가 다시 증류된다.

정화기 역할을 설명하면서 데니스 말콤은 "가장 가벼운only lightest 기체만 정화기를 통과해 응축기로 넘어갈 수 있다. 사랑스럽게 가벼운lovely light 기체만이 글렌 그란트 위스키로 변하는 것"이

˙정화기 방식은 증류소마다 다르다. 글렌 그란트는 냉각수를 정화기에 흘려보내 환류를 유도하지만 아드벡은 감압 장치로 압력을 떨어뜨려 기체를 응결시켜 환류시킨다.

라고 힘주어 말했다. 데니스에 따르면 글렌 그란트가 정화기를 도입한 때는 1873년. 창업자의 아들 메이저 그란트가 증류소를 물려받은 이듬해였다. 데니스는 "단언할 수는 없지만 아마도 스코틀랜드에서 정화기를 최초로 도입한 증류소가 글렌 그란트가 아닐까 생각한다"라면서 "정화기야말로 글렌 그란트의 역사이고 전통"이라고 강조했다.

증류소의 DNA

글렌 그란트 스피릿 중류 범위middle cut range는 평균 73%(abv)에서 63%까지이다. 다시 말해 초류에서 중류로 넘어가는 컷 포인트는 알코올 도수 73도, 중류에서 후류로 전환하는 컷 포인트는 63도이다. 이걸 기준으로 증류실 근무자가 스피릿 샘플을 확인하면서 1% 정도는 앞뒤로 조정tweak한다(글렌 그란트뿐 아니라 다른 증류소도 이런 식으로 스피릿 상태를 봐가며 컷 포인트를 조금씩 조정한다). 따라서 중류로 확보하는 스피릿 범위는 74%~63%가 될 때도 있고 72%~64%가 될 때도 있다. 데니스는 "모든 증류소에는 자기만의 컷 포인트가 있다. 이걸 오랜 세월 그대로 유지한다. 컷 포인트는 위스키 맛을 결정하는 증류소의 DNA"라고 말했다.

설비를 둘러보는 내내 데니스 말콤은 전통tradition, 유산heritage 그리고 유전자DNA라는 단어를 자주 꺼냈다. 세월이 흐르면서 컴퓨터 제어시스템 같은 신기술을 도입했지만 대부분의 공정은 100년 전이나 지금이나 크게 다르지 않다고 강조했다. 증류된 스피릿을 초류head와 중류heart, 후류tail로 끊어내는 컷spirit cut 작업을 설명

▲ 글렌 그란트의 스피릿 중류 범위는 평균 73%에서 63%이다
▼ 데니스 말콤은 "컷 포인트는 위스키 맛을 결정하는 증류소의 DNA"라고 강조했다

할 때도 데니스는 스피릿 세이프spirit safe를 가리키며 "여길 한번 봐라. 아직도 스피릿 세이프에 온도계와 비중계가 달려 있다. 컷 작업을 100% 자동화하면 이런 온도계나 비중계는 달아놓을 필요가 없다. 하지만 지금도 근무자가 일일이 스피릿 샘플을 꺼내 눈으로 상태를 살펴본다. 온도와 도수를 계속 확인한다. 이런 식으로 컷 작업을 하기 때문에 온도계와 비중계가 달려 있는 것"이라고 설명했다.

응축기를 밖에 설치한 이유는?

글렌 그란트에서는 알코올 증기를 냉각시켜 스피릿으로 바꾸는 응축기condenser를 외부에 설치했다. 응축기를 증류실 바깥으로 빼놓는 건 이유가 있다. 여름에 증류실 내부 온도가 올라가면 응축이 제대로 이뤄지지 않기 때문이다. 증류소를 다녀보면 증류기가 돌아가는 증류실은 한겨울에도 땀이 줄줄 흐를 만큼 덥다. 마치 사우나 안에 들어온 것 같은 느낌이 든다. 그렇기에 글렌 그란트뿐 아니라 글렌 모레이나 벤리악 같은 증류소에서도 응축기의 일부 혹은 전부를 바깥으로 빼놓는다. 데니스는 "응축기를 돌리려면 냉각수 온도도 20도 이하로 유지해야 한다. 하지만 폭염이 발생하면 냉각수로 쓰는 강물 온도가 20도 이상으로 올라가 응축이 이뤄지지 않을 때가 있다"고 말했다. 데니스에 따르면, 폭염이 심했던 1976년 여름 스페이강River Spey 수온이 22도까지 올라가면서 글렌 그란트도 설비 가동을 잠시 중단한 적이 있다.

증류실 내부 고온을 피해 바깥에 설치한 응축기

증류소의 에너지 재활용

스코틀랜드 증류소에선 에너지 회수energy recovery 혹은 에너지 재활용energy recycling에 신경을 많이 쓴다. 위스키 생산 과정에서 발생하는 열에너지는 어떤 식으로든 회수해 다시 사용한다. 그냥 버리는 열에너지는 거의 없다. 글렌 그란트도 마찬가지다. 예를 들어 글렌 그란트 증류실 밖으로 나오면 증기가 피어오르는 커다란 물탱크 2개를 볼 수 있다. 이 탱크는 응축기에서 빠져나온 물을 보관해두는 곳이다. 강에서 끌어온 섭씨 20도 이하의 냉각수cooling water는 응축기에서 스피릿을 응축시키는 동안 섭씨 80에서 85도까지 올라간다. 이렇게 뜨거워진 열을 활용하려고 탱크에 넣어두는 것이다. 그렇다면 뜨거워진 냉각수를 어떻게 열에너지로 재활용하는 걸까? 바로 섭씨 34도 내외인 워시wash(발효액)를 미리 끓여서 예열pre-heating할 때 사용한다. 섭씨 80도에서 85도까지 뜨거워진 냉각수를 열교환기에 집어넣고 이 열에너지를 이용해 증류기에 넣을 워시의 온도를 미리 올려놓는 것이다. 데니스는 "이렇게 하면 증류기에서 워시를 끓이는 시간을 20분 정도 줄일 수 있다. 또한 연간 10만 톤에 달하는 연료도 절약할 수 있다. 똑같은 생산 설비로 글렌 그란트 위스키 25만 리터를 추가 생산하는 효과가 발생한다"고 강조했다. 한마디로 돈도 아끼고 환경에도 도움이 되니 일석이조라는 설명이었다.

좋은 캐스크를 고르는 비법

증류 공정까지 살펴본 뒤 숙성고로 향했다. 글렌 그란트에는 전통 더니지 숙성고dunnage warehouse 11개와 현대식 선반형 숙성고 racked warehouse 2개가 있다. 3단까지만 쌓는 더니지 숙성고 11곳에 저장된 오크통은 1만 1000개였다. 선반형 숙성고 2곳에는 총 6만 개의 캐스크가 숙성중이다. 숙성고에 있는 캐스크는 200리터 배럴barrel과 250리터 혹스헤드hogshead, 그리고 500리터 벗butt 사이즈까지 총 세 가지였고 세 번까지만 재사용한다.

데니스가 안내한 곳은 11개 더니지 숙성고 중에서도 가장 오래되고 희귀한 캐스크가 많은 곳이었다. 지난 2021년 글렌 그란트는 데니스 말콤 위스키 인생 60년을 기념해 증류소 역사상 최고 숙성 연수인 60년 제품을 내놨다. 그때 이 위스키를 꺼낸 5040번 캐스크도 이곳에 있었다. 데니스는 "안쪽 깊숙한 곳에 있어서 보이진 않겠지만 1958년과 1955년, 그리고 1953년 빈티지 캐스크도 여기 저장돼 있다"고 말했다. 1953년 빈티지라면 올해(2023년)로 숙성 연수가 70년이 넘어가는 초고숙성이다. 만약 이걸 지금 꺼내 병입한다면 가격이 얼마나 나갈지 궁금했다.

데니스 말콤 위스키 인생 60년을 기념해 출시한 글렌 그란트 60년

초고가 희귀 캐스크가 즐비한 탓에 숙성고 내부는 마치 교도소처럼 돼 있었다. 캐스크에는 접근조차 할 수 없게 철창으로 완벽히 막아놨다. 곳곳에 CCTV까지 달아 철통 보안을 유지하고 있다. 이곳에서 데니스에게

위스키가 잘 숙성된 좋은 캐스크를 고르는 특별한 방법이 있는지 물었다. 데니스는 50여 년 전 자신을 매니저로 발탁한 더글러스 맥색이 전수해준 방법이 있다고 했다. 데니스에 따르면, 당시 맥색은 매년 1월이 되면 숙성고에 들러 캐스크 상태를 점검했다. 이때 맥색은 캐스크를 바닥에 일렬로 늘어놓고 하나씩 마개bung를 연 다음 구멍bung hole에 '훅' 하고 입으로 바람을 불어넣고 나서 코를 킁킁거리며 향을 맡았다. 데니스는 "그렇게 하면 캐스크 내부에 공기가 들어가면서 약간의 압력이 발생해 향을 보다 더 잘 느낄 수 있다. 맥색에게 배운 이 방법을 나도 50년째 써먹고 있다"고 말하

희귀 캐스크가 즐비한 만큼 보안에 철저한 숙성고

며 웃었다.

숙성고를 나오기 전 데니스는 "좋은 위스키를 만들기 위해 좋은 캐스크를 써야 하는 건 너무나 당연하다. 그런 점에서 글렌 그란트는 매우 운이 좋다"라고 했다. 데니스의 설명을 요약하면 2006년 증류소를 인수한 캄파리는 글렌 그란트를 최고급 브랜드로 키우려고 캐스크에 아낌없이 투자하고 있다고 한다. 캄파리가 미국 켄터키 와일드 터키 증류소도 갖고 있어서 버번 캐스크는 와일드 터키 숙성에 사용한 캐스크 중에서 가장 좋은 것만 골라서 가져온다. 데니스는 "캄파리는 돈이 많다. 글렌 그란트에 많은 돈을 투자하고 있다. 덕분에 우리는 최고 품질의 캐스크를 살 여유가 충분하다"고 덧붙였다.

환상적인 증류소 정원

티나 터너Tina Turner라는 유명한 가수가 있다. 그래미 어워드만 10번 넘게 받은 티나 터너가 지난 2009년 글렌 그란트 증류소를 찾아왔다. VIP 손님인 티나 터너에게 데니스 말콤은 생산 공정을 보여준 뒤 증류소의 빅토리아식 정원victorian garden을 구경시켜줬다. 티나 터너는 정원을 산책하고 뒤편에 있는 백 번 계곡까지 올라가 거기서 글렌 그란트 한잔을 마셨다. 그때 티나 터너는 빼어난 정원 경치와 환상적인 위스키 맛에 반해 감탄사를 연발했다고 한다.

티나 터너가 찬사를 아끼지 않은 글렌 그란트 정원은 메이저 가든Major's garden으로 불린다. 창업자의 아들로 증류소 역사에 큰 족

▲ 단풍이 곱게 물든 증류소의 가을 풍경
▼ '메이저 가든'으로 불리는 글렌 그란트 정원

적을 남긴 메이저 그란트가 1886년에 이 정원을 꾸몄기 때문이다. 풍류와 낭만을 즐긴 메이저 그란트는 증류소 부지에 대저택을 짓고 살면서 정원을 크고 아름답게 가꿨다. 갖가지 꽃과 나무를 심고 온실까지 만들어 복숭아나 포도, 멜론 같은 과일도 재배했다. 사시사철 맑은 물이 흐르는 계곡 비탈에는 오크통을 보관하는 비밀 금고를 놔두고 손님을 데려와 위스키 한잔을 대접했다. 19세기 후반 빅토리아 시대에 유행한 스타일로 꾸민 정원은 넓기도 어찌나 넓은지 정원사만 15명에 달했다고 한다.

마침 낙엽 지는 가을이었다. 비도 그치고 햇살이 눈부시게 쏟아졌다. 산책하기에 이보다 더 좋은 날도 없을 것 같았다. 생산 설비를 둘러보고 데니스와 함께 정원으로 향했다. 티나 터너 얘기를 하며 산책로를 걷다보니 오른쪽으로 개울이 흐른다. 왼쪽으로는 커다란 호수도 보인다. 더 올라가니 푸른 잔디밭이 나타난다. 곳곳에 사과나무가 빨간 열매를 맺고 있다. 하늘엔 예쁜 구름이 있다. 땅에는 꽃과 나무, 호수와 연못이 있다. 여기가 위스키 만드는 곳인지 아니면 야외 식물원인지 헷갈릴 정도로 넓고 멋졌다. 모든 게 충만하게 아름다웠다.

정원 풍경에 빠져 탄성을 터뜨리며 걷다보니 티나 터너가 위스키를 대접받았다는 백 번 계곡에 도착했다. 꽃과 잔디, 나무로 가득한 빅토리아 정원도 대단했지만 시원한 물줄기가 콸콸 쏟아져 내리는 풍광도 환상적이었다. 대학 때 종주했던 지리산 어느 계곡에 와 있는 기분이었다. 사진을 찍느라 정신없는 사이 데니스는 움막처럼 생긴 곳으로 들어갔다. 비탈진 계곡 움막에는 글렌 그란트 10년, 12년, 15년, 18년이 사이좋게 놓여 있었다. 데니스는 이중에서 18년을 집어들더니 한 잔을 따라줬다. 그러고 나서 계단을 타고 계곡 위로 성큼성큼 올라가더니 허리춤에서 뭔가를 꺼냈다. 오크통에서 위스키를 꺼내 맛볼 때 쓰는 코퍼독copper dog이었다. 데니스는 기다란 줄을 풀어 코퍼독을 계곡으로 늘어뜨린 뒤 이걸로 물을 길어올려 가져왔다. 피트peat 때문에 황토 빛깔에 가까운 계곡물을 위스키에 따라주면서 데니스는 "이 물을 타면 훨씬 맛있을 것"이라고 했다. 데니스와 기분 좋게 '짠'을 하고 계곡물을 탄 글렌 그란트 위스키를 맛봤다. 그 순간 "와우"라는 말이 무의식적으로 튀어나왔다. 더없이 경탄스러운 맛이었다. 티나 터너가 왜 이 계곡에서 위스키를 마신 뒤 감탄사를 연발했는지 충분히 이해가 됐다. 흐뭇한 미소를 짓던 데니스는 비밀 장소가 하나 더 있다며 계곡 위로 안내했다. 계단을 따라 올라가보니 거기엔 이 정원을 만든 메이저 그란트가 오크통을 숨겨놨던 위스키 금고가 있었다. 메이저 그란트의 보물 창고였던 이 금고 철장 안에는 지금도 오래된 캐스크 하나가 놓여 있었다.

계곡에서 글렌 그란트 18년을 맛본 뒤 다시 정원으로 걸어내려 왔다. 산책로를 걷던 데니스는 갑자기 우산으로 사과나무를 툭툭 쳐서 잘 익은 사과 하나를 따더니 "한번 먹어보라"고 건넸다. 데니스가 우산으로 따준 사과를 아싹 베어 물었다. 다시 한번 "우와"라는 탄성이 터졌다. 거짓말 하나도 안 보태고 평생 먹어본 사과 중에 제일 맛있었다. 스코틀랜드 사과가 이렇게 맛있는 줄 알았으면 진작에 사먹을걸 하는 후회가 들었다.

▲ 코퍼독으로 길어온 계곡물을 섞은 위스키는 경탄스러운 맛이었다
▼ 메이저 그란트의 보물 금고

데니스 말콤이 따준 사과는 정말 맛
있었다

62년 장인이 위스키 테이스팅하는 방법

데니스가 일하는 사무실로 가서 테이스팅을 했다. 메이저 그란트 초상화가 걸린 방에는 글렌 그란트 10년부터 18년까지 핵심 제품이 준비돼 있었다. 보통 다른 증류소에선 방문객한테만 위스키를 맛보게 하고 설명을 해주는데 데니스 말콤은 달랐다. 자신도 직접 한 모금씩 모두 맛보며 향과 맛을 세세하게 표현했다. 62년 경력 장인은 테이스팅을 어떻게 하는지 궁금해 유심히 지켜봤다. 가장 눈에 띈 건 데니스가 물을 제법 많이 타서 음미한다는 점이었다. 보통 물을 섞지 않고 니트neat로 마시거나 물을 타더라도 스포이트로 한두 방울 떨어뜨리는 게 정석이라고 알고 있었다. 하지만 데니스는 잔에 따른 위스키의 1/3에 달하는 물을 타서 테이스팅했다. 이유를 묻자 데니스는 "나는 물을 충분히 타서 희석을 해야 향aroma이 오히려 잘 느껴진다"라고 했다. 위스키 테이스팅에는 정석이 따로 없다는 생각이 들었다.

맨 먼저 맛본 글렌 그란트 10년은 과일 풍미가 지배적이었다. 데니스는 "서양배pear와 사과 같은 과수원 과일orchard fruit에 말린 과일dried fruit 맛이 약간 느껴진다"라고 했다. 이어서 맛본 12년 제품에 대해서는 "10년에 비해 더 달콤한 과일 향이 난다"면서 음식으로 비유하면 "애플파이 맛 같다"라고 표현했다. 10년과 12년에서 서양배와 사과 풍미를 제대로 느낄 수 있다면 15년은 색깔이 확실히 달랐다. 서양배나 사과 대신 오렌지 향이 느껴지고 크림creamy 풍미가 복합적으로 어우러진다. 데니스는 "15년은 셰리 캐스크를 섞지 않고 오로지 퍼스트 필first fill 버번 배럴만 썼기 때문"이라며 "알코올 도수도 50%라서 더 강력하다"고 설명했다. 마지막으로는

데니스 말콤과 함께한 테이스팅

살다보면 꿈같은 일이 벌어진다.
위스키가 가져다준 행복, '우상'과의 한 컷

나의 우상이자 영웅인 데니스 말콤이 직접
증류소를 안내해주었다

18년을 함께 테이스팅했다. 데니스는 "앞서 마신 세 가지에 비해 꽃 향이 풍성하고 알싸한spicy 풍미도 돋보인다"고 했다.

데니스 말콤은 테이스팅을 하면서 글렌 그란트가 자신에게 어떤 의미인지 들려주었다. 그는 "글렌 그란트는 내 영혼의 집spiritual home이다. 나는 다시 태어나도 이곳에서 일하고 싶다"라고 했다. 이어서 "나는 이 증류소에서 태어났고 지금도 증류소에 있는 집에서 살고 있다. 글렌 그란트에서 태어나 글렌 그란트에서 죽는 게 나의 운명"이라고 담담히 말했다. 끝으로 데니스 말콤은 꼭 해주고 싶은 말이 있다며 이렇게 얘기했다.

"나는 글렌 그란트의 전통, 글렌 그란트의 DNA를 잃어버리고 싶지 않다. 그 전통과 DNA는 1840년부터 형성돼 지금까지 이어져온 것이다. 결코 잊지 말기 바란다. 우리는 현재에 살고 있고 항상 미래를 내다본다. 하지만 뿌리와 유산을 잊어버려서는 안 된다. 지금의 글렌 그란트 역시 그 뿌리와 유산에서 나온 것이기 때문이다."

뿌리와 유산, 전통과 DNA. 세상이 변하고 기술이 아무리 발전해도 핵심 가치만큼은 절대 잃어버려서는 안 된다는 한마디는 큰 울림으로 다가왔다. 데니스의 말처럼 글렌 그란트가 이 가치를 지켜나간다면 10년, 20년, 아니 100년 뒤에도 그들은 여전히 나무 발효조와 정화기 달린 증류기로 달콤하고 과일 향 풍부한 위스키를 만들고 있을 것이다.

> *2024년 5월, 스코틀랜드 현역 최고 장인 데니스 말콤은 마스터 디스틸러 자리를 후계자에게 물려주고 은퇴하겠다고 밝혔다.

"나는 글렌 그란트의 전통, 글렌 그란트의 DNA를 잃어버리고 싶지 않다."

STRATHISLA

설립 1786년
소속 페르노리카Pernod Ricard
주소 Seafield Avenue, Keith, Banffshire AB55 5BS

예약

시바스 리갈의 탄생

어릴 적 나에게 세상 최고 위스키는 맥캘란도 아니고 발베니도 아니었다. 그땐 그런 게 있는 줄도 몰랐으니까. 그 시절에는 그저 블렌디드가 위스키의 전부였다. 아버지가 술장에 고이 모셔둔 조니워커, 발렌타인, 시바스 리갈, 로얄 살루트 같은 것 말이다. 그중에서도 시바스 리갈은 동경의 대상이었다. 명절 때 집안 어른 한 분이 "박정희 대통령도 시바스 리갈을 마셨다"라고 말씀하시는 걸 귓결로 들은 뒤 '언젠가 나도 저걸 마셔야지'라고 생각했다. 위스키가 귀하디귀하던 시절 '대통령의 술' 시바스 리갈은 그렇게 특별한 위스키였다.

비싸고 고급스러운 위스키의 대명사였던 시바스 리갈. 이 위스키를 탄생시킨 시바스 브라더스Chivas Brothers는 제임스James와 존John 시바스 형제가 세웠다. 스코틀랜드 외딴 시골 농장에서 태어난 시바스 형제는 1836년 가난을 벗어나려고 꼬박 사흘을 걸어 대도시 애버딘Aberdeen에 도착한다. 기회의 땅 애버딘에서 형 제임스는 커피와 향신료, 주류를 취급하는 상점에 취업한다. 능력이 어찌나 뛰어났는지 점원이던 제임스는 몇 년 만에 가게 운영을 책임지게 된다. 제임스의 상점은 1843년 영국 왕실에 상품을 공급하는 로열 워런트Royal Warrant를 받는다. 이를 계기로 사업은 더욱 번창한다. 자신감을 얻은 제임스는 1850년대부터 위스키 제조에 뛰어든다. 이때 의류 도매 회사에서 일하던 동생 존을 불러들여 시바스 브라더스를 창업한다.

시바스 브라더스의 명작 시바스 리갈은 1909년 세상에 나왔다. 당시 시바스 브라더스 경영진은 미국 진출을 위해 자신들이 갖

'명사의 위스키' 시바스 리갈

고 있던 원액 중에서 가장 오래된 것만 블렌딩해 25년 숙성 제품
을 개발한다. 고급스러움을 강조하려고 이름은 제왕이라는 뜻의
리갈Regal로 붙였다. 미국 뉴욕 시장에 첫선을 보인 시바스 리갈은
곧바로 대박을 터뜨렸다. 상류층과 팝스타들이 시바스 리갈을 즐
기면서 '명사의 위스키celebrity whisky'라는 별명도 얻게 된다.

"스코틀랜드에서 가장 아름다운 증류소"

스트라스아일라는 '시바스 리갈의 고향'으로 불린다. 세상에서 네번째로 많이 팔리는 블렌디드 위스키 시바스 리갈의 핵심 원액key malt을 여기서 생산한다. 물론 스트라스아일라 증류소에선 12년이나 15년 숙성 제품 같은 싱글몰트도 내놓고 있다. 하지만 존재감은 아직 약하다. 생산량 대부분을 시바스 리갈이나 로얄 살루트 제조를 위해 공급하고 있기 때문이다.

시바스 리갈의 심장이자 상징인 스트라스아일라 증류소는 스페이사이드 키스Keith 마을에 있다. 스페이사이드 다른 증류소가 대부분 들판이나 언덕으로 둘러싸인 다소 외진 곳에 있는 반면 스트라스아일라는 마을 중심에서 멀지 않은 주택가에 자리하고 있다. 마을로 들어가 표지판을 따라가다보면 길가에 바로 증류소가 있어서 찾기도 쉽다.

스트라스아일라를 소개하는 책이나 자료에서 빼놓지 않는 표현이 있다. "아름다운 증류소"라는 것이다. 어떤 책에는 "스코틀랜드에서 가장 예쁜 증류소the prettiest distillery in Scotland"라고 돼 있다. 또 다른 책에는 "세상에서 가장 아름다운 증류소the most beautiful distillery in the world"라고 적혀 있다. 사실 '아름답다'라는 건 지극히 주관적이다. 그런데 뭐가 얼마나 아름답기에 하나같이 이렇게 적었을까? 도착하자마자 이유를 알았다. 스트라스아일라는 그냥 아름다운 정도가 아니었다. 빼어나게 아름다웠다. 진부한 표현을 빌리면 '한 폭의 그림' 같았다. 아마 인스타그램 즐겨 하는 분은 여기서 사진 찍느라 시간 가는 줄 모를 것 같다는 생각도 들었다. 아니나 다를까, 함께 증류소를 방문한 이세기씨(라세이 증류소 디스틸

'가장 아름다운 증류소'로 꼽히는 스트라스아일라 증류소.
쌍둥이 파고다 루프가 먼저 눈길을 사로잡는다

18세기 농장 증류소 모습을 간직한 방문자 센터

러)는 차에서 내리자마자 사진부터 찍고 있다.

증류소가 너무 예뻐서 여기저기를 찬찬히 둘러봤다. 우아하게 솟아 있는 쌍둥이 파고다 루프pagoda roof부터 눈길을 사로잡는다. 그동안 증류소를 돌아다니며 수없이 많은 파고다 루프를 봤지만 스트라스아일라처럼 멋진 건 처음이었다. 쌍둥이 루프가 있는 건물 앞으로는 작은 물길이 흐르고 수차가 빙글빙글 돌아간다. 푸른 잔디와 꽃이 핀 아담한 정원도 있다. 이 모든 게 완벽하게 조화를 이루고 있다.

예스러운 정취가 가득한 생산 시설을 살펴본 뒤 방문자 센터로 향했다. 전통 더니지 숙성고 옆에 있는 방문자 센터는 18세기 농장 증류소farm distillery 모습을 간직하고 있었다. 화강암으로 낮게 지은 건물 앞으로 아담한 안뜰이 있고 입구에는 오크통을 실은 수레가 정겹게 놓여 있다. 화려하지는 않지만 시골 농장에 온 것 같은 소박한 아름다움이 느껴졌다.

시바스 리갈의 고향이 된 사연

흔히 '옛것이 아름답다'라는 말을 한다. 스트라스아일라가 딱 그렇다. 이 증류소는 시바스 리갈을 만든 시바스 브라더스 회사보다 역사가 훨씬 오래됐다. 공식 창업 연도는 1786년. 스페이사이드에서는 말할 것도 없고 현재 가동중인 스코틀랜드 전체 증류소 중에서도 역사와 전통으로 1, 2위를 다툰다. 230여 년 전 이곳에 처음 증류소를 세운 사람은 조지 테일러George Taylor와 알렉산더 밀른 Alexander Milne이라는 지역상인. 창업 초기 이 두 사람은 180리터짜리 초소형 증류기 한 대로 위스키를 만들었다. 1년 동안 사용하는 몰트도 28톤 정도밖에 안 됐다.

증류소 이름은 처음엔 밀타운Milltown이었다가 금방 밀톤Millton으로 바뀐다. 하지만 밀톤 증류소에서 생산한 위스키는 1820년대 중반부터 지역 사람들 사이에서 '스트라스아일라'로 불렸다(스트라스아일라는 '아일라강 계곡valley of the River Isla'이라는 뜻이다). 밀톤 증류소는 1830년에 윌리엄 롱모어William Longmore라는 곡물 거래상한테 넘어간다. 이 시기에 대대적인 증설과 혁신이 이뤄지면서 '롱모어의 스트라스아일라Longmore's Strathisla'는 품질 좋은 위스키로 명성을 얻게 된다. 이후 1949년까지 롱모어가 설립한 회사 William Longmore & Co에서 증류소를 운영한다.

밀톤(스트라스아일라) 증류소가 블렌디드 세상 거물인 시바스 브라더스 품에 안기게 된 사연은 희한하고 특이하다. 스토리는 이렇다. 1940년대에 접어들어 제이 포메로이Jay Pomeroy라는 사업가가 밀톤 증류소 지분을 사들여 경영에 참여한다. 하지만 제이 포메로이는 양심적인 사람이 아니었다. 그는 증류소 운영을 맡은 뒤 숙성고에 있던 위스키를 몰래 빼돌렸다. 그런 다음 암시장black market에 팔아 막대한 이득을 챙겼다. 4년 동안이나 횡령과 탈세를 일삼은 제이 포메로이는 꼬리가 밟혀 교도소에 가게 됐고 증류소는 1949년에 파산한다. 사기꾼 하나 때문에 망해버린 밀톤 증류소는 이듬해 시바스 브라더스로 넘어간다. 이름도 지금의 스트라스아일라로 바뀐다. 새 주인이 된 시바스 브라더스는 주력 상품 시바스 리갈의 핵심 원액 생산 기지로 증류소를 탈바꿈시켰다. 현재 스트라스아일라 증류소는 5톤짜리 전통 구식 당화조를 쓰고 있다. 나무 발효조 7개로 평균 54시간 발효한다. 랜턴형 1차 증류기 2대와 보일 볼

시바스 리갈 핵심 원액을
생산하는 스트라스아일라

스트라스아일라는 증류실도 멋스럽다

이 달린 2차 증류기 2대를 가동하고 있다.

특별한 시바스 리갈 테이스팅 투어

기왕 '시바스 리갈의 고향'에 왔으니 투어도 특별하게 하고 싶었다. 마침 스트라스아일라에서는 시바스 리갈 마니아를 위한 테이스팅 프로그램을 운영하고 있었다. 시바스 셀러 테이스팅The Chivas Cellar Tasting이란 이름의 이 투어는 다른 증류소 프로그램과는 확연히 다르다. 보통 증류소 투어는 방문자 센터에서 역사를 듣고 생산 설비를 둘러본 뒤 위스키 몇 가지를 맛보는 것으로 마무리된다. 하지만 시바스 셀러 테이스팅은 역사 설명은 물론 제조 공정 견학도 빠져 있다. 오로지 테이스팅 하나에 초점을 맞춘다.

투어가 시작되자 가이드는 참가자들을 3번 더니지 숙성고로 데리고 갔다. 오크통으로 가득찬 숙성고를 잠시 소개하더니 철창으로 닫혀 있는 안쪽으로 다시 우리를 안내했다. 굳게 닫힌 철창문을 가이드가 열쇠로 열었다. 들어가보니 숙성고 내부에 마련된 테이스팅 룸이었다. 분위기부터 특별한 철창 테이스팅 룸에는 오크통 5개가 놓여 있었다. 각각의 오크통에는 시바스 리갈 12년과 13년 엑스트라, 18년, 25년, 그리고 얼티스Ultis가 담겨 있었다. 그렇다면 이 테이스팅 프로그램은 시중에 판매중인 시바스 리갈을 오크통에 넣어놓고 다시 꺼내 마시는 것에 불과한 것인가? 물론 그렇지 않다. 이 오크통 5개에 담긴 위스키는 아직 물을 타지 않은 일종의 캐스크 스트렝스cask strength였다. 시중에 판매되는 시바스 리갈은 블렌딩을 마친 뒤 물을 타서 도수를 40%(abv)로 맞춰서 병입한다. 하

3번 더니지 숙성고에 저장된 오크통

물로 희석하지 않은 블렌디드 위스키를 테이스팅하는 특별한 경험을 했다

지만 여기서 맛보게 되는 건 물을 타지 않은 고도수 시바스 리갈 위스키이다. 싱글몰트 캐스크 스트렝스 제품이야 흔히 맛볼 수 있지만 물로 희석하지 않은uncut 블렌디드 위스키를 접할 기회는 좀처럼 없기에 나에게도 특별한 경험이었다.

가이드가 첫번째 캐스크에서 꺼낸 위스키는 시바스 리갈 12년이었다. 40도짜리 일반 시바스 리갈 12년은 지겹게 마셔봤다. 하지만 물 한 방울 타지 않은 건 처음이라 차이가 궁금했다. 한 모금 슬쩍 머금었다. 훅 치고 올라오는 타격감부터 상당하다. 물을 안 타서 그런지 시바스 리갈 특유의 달달한 맛과 오렌지와 사과 같은 과일 풍미가 농축된 느낌이었다. 다음은 시바스 리갈 엑스트라 13년 셰리 캐스크. 역시 도수 조정을 하지 않아 혀에 닿는 순간 얼얼할 정도로 짜릿했다. 시장에 출시된 엑스트라 13년 셰리 캐스크는 〈주락이월드〉 영상을 준비하며 여러 번 테이스팅했다. 이번에 고도수로 마셔보니 토피toffee와 견과류 같은 셰리 풍미가 훨씬 잘 느껴졌다. 세번째로 맛본 위스키는 18년. 숙성 연수가 올라가서인지 오크 향과 바닐라에 다크초콜릿 같은 풍미가 곁들여져 있었다.

이어서 가장 기대했던 시바스 리갈 25년 위스키를 테이스팅했다. 이건 향이 제대로 풍부했다. 입안이 금세 풍성해졌다. 바닐라에 꿀, 시트러스citrus한 과일과 함께 피니시에서는 계피의 알싸한 풍미까지 어우러졌다. 생산 단가 때문에 정식으로 내놓기는 힘들겠지만 만약 물에 안 탄 시바스 리갈 25년을 프리미엄 제품으로 별도 출시한다면 어떨까 하는 생각까지 들었다.

마지막으로 마신 얼티스는 앞서 테이스팅한 네 가지와 달랐다. 그레인위스키를 넣지 않은 블렌디드 몰트blended malt였다. 만약 이걸로 블라인드 테이스팅을 한다면 시바스 리갈이라고 맞힐 사람이 누가 있을까 싶었다. 그만큼 향과 맛이 독특했다. 곡물과 꿀 같은 달달한 맛이 진하고 과일과 스파이시spicy한 풍미도 은은하게 맴돌았다. 이 제품은 어떻게 블렌딩했는지 궁금해 투어를 마치고 정보를 찾아봤다. 스트라스아일라를 중심으로 토모어Tormore, 얼트어베인Allt-a-Bhainne, 롱몬Longmorn, 브라이발Braeval까지 페르노리카 소속 스페이사이드 증류소 5곳의 몰트 원액을 섞었다고 한다.

테이스팅을 마치고 방문자 센터 위스키 판매점에 들렀다. 시바스 리갈의 고향답게 모든 시바스 리갈 제품이 가지런히 진열돼 있었다. 또 스트라스아일라 원액을 넣어 블렌딩하는 로얄 살루트 제품도 다양했다. 글렌 키스나 롱몬 같은 자매 증류소나 지금은 폐쇄된 캐퍼도닉 증류소 싱글몰트 제품도 구매할 수 있다. 아, 그리고 시바스 리갈 테이스팅만으로 아쉽다면 판매점 직원한테 한번 얘기해보라. 스트라스아일라 싱글몰트(12년, 15년) 한두 잔 정도는 그냥 따라줄 것이다. 세상 곳곳의 증류소를 웬만큼 다 돌아본 내 경험으로 말한다면 스코틀랜드만큼 인심 좋은 곳도 없다. 멀리서 찾아온 손님에게 결코 박하지 않다. 시음용 샘플 위스키까지 꼬박꼬박 돈 받는 증류소도 더러 있지만 대부분 한두 잔은 공짜로 내준다. 그렇다고 술집에 온 손님마냥 이것저것 다 달라고 하지는 마시라. 위스키를 사랑해 이 책을 읽는 분이라면 그런 친절과 인심을 악용하지는 않을 거라고 믿는다.

방문자 센터 위스키 판매점에 진열된 제품들

AULTMORE

설립 1896년
소속 듀어스 John Dewar's & Sons
주소 Keith, Banffshire AB55 6QY
예약 방문자 센터 없음

안개와 이끼가 많은 곳

스트라스아일라가 있는 키스Keith 마을에서 북쪽으로 8킬로미터쯤 올라가면 포기 모스Foggie Moss, Foggy Moss라는 곳이 나온다. 포기 모스는 우리말로 직역하면 '안개 낀foggy 이끼moss'라는 뜻이다. 언덕과 구릉으로 둘러싸인 이 일대에 안개가 유난히 자주 끼고 사방에 이끼가 자라서 이런 이름이 붙었다. 안개와 이끼가 많은 포기 모스는 19세기 초반 불법 증류 천국이었다. 옆으로 강River Isla이 흐르는 덕분에 물이 풍부했고 늘 안개에 덮여 있어 단속을 피하기에도 좋았다. 몰래 위스키 만드는 밀주업자한테는 짙게 낀 안개가 가림막 역할을 했던 것이다. 더구나 이 지역에는 증류기를 돌릴 때 연료로 썼던 피트peat(이탄)까지 널려 있어서 밀주 위스키 만들기에 더할 나위 없었다고 한다.

이처럼 위스키 증류 역사가 오래된 포기 모스에 자리하고 있는 곳이 올트모어이다. 듀어스 회사°가 갖고 있는 5개 몰트 증류소 가운데 하나이다. 올트모어는 과거에는 블렌디드 원액 생산에만 주력했다. 하지만 2014년부터 다양한 싱글몰트 제품을 내놓으며 주목받고 있다. 아직 방문자 센터가 없는 곳이라서 나는 사전에 연락해 취재를 허락받았다. 증류소에 도착하니 브랜드 홍보대사 매튜Mattew

올트모어는 아직 방문자 센터가 없어서
사전에 취재 허락을 받고 방문했다

● 존 듀어스 앤 선즈John Dewar's & Sons는 거대 주류 기업 바카디 소속이다.

Cordiner가 환하게 웃으며 반겼다. 매튜는 사무실로 안내하더니 19세기 후반 이곳에 증류소를 세운 알렉산더 에드워드 얘기부터 들려주었다.

"버키 로드 한 잔!"

올트모어 창업자 알렉산더 에드워드는 타고난 위스키 사업가였다. 그는 벤리니스 증류소를 운영하던 아버지의 뒤를 이어 일찌감치 위스키 제조에 뛰어들었다. 알렉산더는 27살이던 1891년에 라가불린 주인인 피터 맥키Peter Mackie와 손잡고 스페이사이드 크레이겔라키Craigellachie 마을에 증류소(크레이겔라키 증류소)를 세웠다. 호텔도 짓고 주민들이 함께 쓸 수 있도록 전기까지 끌어와 마을을 탈바꿈시켰다. 이런 공로로 크레이겔라키 마을에는 지금도 그의 이름을 딴 에드워드 거리가 있다. 크레이겔라키에서 성공을 거둔 알렉산더는 1896년에는 아버지한테 벤리니스를 물려받은 뒤 증류소 하나를 더 짓게 되는데 그게 올트모어였다.

1897년 5월부터 가동에 들어간 올트모어는 성공가도를 달린다. 위스키를 내놓자마자 블렌디드 제조업자 사이에서 "톱 클래스top class"로 평가받으며 주문이 밀려든다. 호평이 이어지면서 올트모어는 지역 주민한테도 큰 인기를 끌었다. 특히 항구가 있는 버키Buckie 마을 어부들이 올트모어를 사랑했다. 당시 스페이사이드 술집에 가서 "버키 로드 한 잔a nip of the Buckie Road"이라고 외치면 그건 "올트모어 한 잔 달라"는 뜻으로 통했다. 지금도 올트모어 병 아래쪽에 버키 로드라고 적혀 있는 걸 볼 수 있는데, 바로 이런 사연

알렉산더가 설립한 크레이겔라키 증류소

에서 비롯된 것이다. 너도나도 올트모어 위스키를 찾으면서 증류소에선 1년 만에 생산량을 두 배(45만 리터)로 늘렸다. 하지만 워낙 인기가 많아 공급이 수요를 쫓아가기 힘들 정도였다고 한다.

크레이겔라키와 벤리니스에 이어 올트모어까지 성공시킨 알렉산더 에드워드는 1898년 오반 증류소를 사들여 사업을 확장한다. 그렇게 설립된 회사가 Oban & Aultmore Glenlivet Distilleries 였다. 하지만 일이란 게 항상 잘 풀릴 수는 없는 법. 스카치 산업을 붕괴 직전으로 몰고 간 패티슨 사태Pattison Crash(글렌파클라스 편 참고)로 위스키 판매가 점점 줄었다. 1923년 알렉산더 에드워드는 올트모어를 비롯해 갖고 있던 증류소를 DCL(거대 주류기업 디아지오의 전신)에 넘기고 위스키 사업에서 손을 뗀다.

올트모어 역사를 설명하면서 매튜는 "알렉산더 에드워드야말로 진정한 영웅"이라고 말했다. 창업자 인생을 깊이 연구한 매튜에 따

르면, 알렉산더는 능력도 뛰어나고
재산도 많았지만 늘 겸손하고 소박했
다. 또 남에게 항상 베푸는 사람이기
도 했다. 외국산에 밀려 스코틀랜드
보리 판매가 감소하자 알렉산더 에드
워드는 기금을 조성해 농부들을 도
왔다. 세계대전이 터졌을 때에는 자
기 집을 야전 재활병원으로 제공해
군인들이 치료받을 수 있도록 했다.
눈을 감을 때에도 공공의료를 담당
하는 정부기관NHS에 재산을 기부하
고 떠났다. 이처럼 평생 나눔을 실천
했지만 선행이 세상에 알려지는 것은
꺼렸다고 한다.

127년 된 초석. 올트모어의 역사를 보여준다

품위 있는 인생을 산 창업자 이야
기를 들려주던 매튜가 잠시 기다리라
고 하더니 돌덩어리 하나를 들고 나

타났다. 뭔가 싶어서 물었더니 1896년 올트모어 증류소를 지을 때
건물 밑에 받쳤던 초석corner stone이라고 한다. 올트모어의 역사를
보여주는 이 초석은 1970년대에 새로 증류소를 지으려고 옛 건물
을 허물 때 꺼내서 지금까지 보관해왔다. 127년이나 된 초석에는
창업 연도인 1896이라는 숫자와 함께 이 돌을 깎아 다듬은 제임
스 라파라는 석공 이름이 새겨져 있었다. 초석을 보면서 역사는 결
국 숫자와 이름으로 기록되는 게 아닐까 하는 생각을 했다. 매튜가
초석을 건네줘서 조심스럽게 들어올려봤다. 생각보다 엄청 무거워

서 놀랐다. 이 모습을 보고 씩 웃던 매튜는 "언젠가 방문자 센터가 생기면 이 초석이 더 빛나게 될 것"이라고 말했다.

증류실에 대형 유리창이 달린 이유

생산 공정을 살펴보려고 밖으로 나왔다. 매튜는 걸어가면서 올트모어가 자리한 포기 모스에 대한 여러 가지를 들려줬다. 안개가 많은 건 물이 풍부해서이고, 이끼가 자생하는 건 그만큼 물이 좋다는 뜻이라고 강조했다. 또 이 일대에는 물고기 사냥의 달인인 물수리osprey가 많아 증류소에서도 자주 눈에 띈다고 한다. 그래서 올트모어에서는 포기 모스에 서식하는 물수리를 브랜드 로고로 삼고 병에도 그려넣었다고 덧붙였다. 올트모어 병에 박힌 새가 어떤 의미인가 했는데 궁금증이 풀렸다.

증류실 앞을 걸어가다보니 증류기가 밖에서 훤히 보인다. 정면에 커다란 창을 달아놓고 열었다 닫았다 할 수 있게 증류실을 지었기 때문이다. 스코틀랜드 증류소를 다녀보면 이렇게 증류실 한쪽을 벽이 아니라 대형 창으로 설계한 곳이 많다. 이런 곳에서는 구리 증류기가 햇살을 받아 반짝반짝 빛나는 걸 창 너머로 볼 수 있다.

대형 창을 증류실에 단 건 멋져 보이기 위해서가 아니다. 미관상 이유보다는 실용적 목적에서 나왔다. 이 디자인이 나오기 전까지 증류실은 당화실이나 발효실과 다를 게 없었다. 사방이 벽으로 돼 있고 작은 창문과 출입구만 있었다. 하지만 증류실이 이렇게 막혀 있으면 문제가 있었다. 증류소에선 보통 20~30년에 한 번씩 증

올트모어의 브랜드 로고 물수리

류기를 바꾼다. 그런데 증류기라는 게 워낙 커서 문짝을 떼어내도 증류실 안으로 집어넣는 게 쉽지 않았다. 결국 증류기 한번 바꿀 때마다 큰돈을 들여 천장이나 지붕을 뜯어내는 대공사를 감행해야 했다. 이 문제를 해결하기 위해 나온 아이디어가 한쪽 벽에 커다란 창을 달아서 창문만 열면 바로 증류기를 넣었다 뺄 수 있게 하자는 것이었다. 이렇게 하면 증류기를 교체할 때 돈과 시간을 절약할 수 있다. 증류기가 밖에서 훤히 보이니 미관상으로도 아름답다. 말 그대로 일석삼조였다.

증류실에 대형 창을 달자는 아이디어를 처음 떠올린 곳은 조니 워커를 갖고 있는 디아지오의 전신 DCL이었다. DCL은 1970년대 올트모어를 비롯해 로얄 브라클라, 애버펠디, 크레이겔라키, 쿨일라 등 자기 회사 소속 증류소를 리뉴얼할 때 이 디자인을 채택한다. 이후 커다란 창이 달린 증류실 디자인이 스코틀랜드 전역으로

'워털루 스트리트 디자인'으로 지은 증류소

퍼진다. 당시 DCL 사무실은 글래스고Glasgow 워털루 거리Waterloo Street에 있었다. 이런 이유로 대형 창이 있는 증류실 구조를 '워털루 스트리트 디자인'이라고 부른다.

70년 동안 사용한 증기기관

몰트 분쇄부터 당화, 발효, 증류까지 이뤄지는 생산 시설로 들어갔다. 1층 출입문을 열자마자 녹색 페인트로 칠해진 증기기관steam engine이 눈에 띈다. 커다란 회전축(라인샤프트)이 달린 이 증기기관은 올트모어에서 수십 년 동안 실제로 사용한 것이다. 물이 풍부한 곳에 증류소를 세운 올트모어는 창업 초기부터 수차waterwheel를 돌려 얻은 에너지로 설비를 가동했다. 1898년에는 10마력짜리 이

1898년부터 70년 동안 임무를 수행하고 퇴역한 증기기관

증기기관까지 추가로 설치해 더 많은 동력을 확보했다. 보리를 옮기는 컨베이어와 제분기는 물론 당화조 설비도 다 이걸로 돌렸다. 올트모어 동력원이었던 증기기관은 1969년까지 70년 동안 임무를 충실히 수행한 뒤 현대식 보일러에게 자리를 물려주고 퇴역했다.

제분기 수리하는 남자

올트모어 제분기는 예상대로 포르테우스Porteus였다. 1966년에 중고품으로 들여온 걸 지금까지 사용하고 있다. 포르테우스가 얼마나 튼튼하고 또 이 회사가 왜 망했는지는 글렌알라키 편에서 이미 전했다. 여기에 덧붙여 매튜는 포르테우스를 왜 오래 쓸 수 있는지 설명해줬다. 매튜는 "포르테우스가 고장 없이 잘 돌아가는 건 구조가 매우 단순하기 때문"이라고 했다. 매튜에 따르면, 요즘 나오는 최신형 제분기에는 자동화 기능이 많다. 이게 편리하긴 해도 복잡한 센서가 달려 있어 잔고장은 더 많다고 한다. 매튜는 "최근에 새로 증류소를 짓는 사람들도 구형 포르테우스를 오히려 선호한다. 하지만 이미 단종된 탓에 매물을 찾기 쉽지 않다. 이런 이유로 포르테우스 중고품 가격이 껑충 뛰었다"고 말했다.

여기서 이런 의문을 갖는 분도 있을 것이다. 아무리 포르테우스가 튼튼하다고 해도 부품 교체나 정기적인 보수는 해줘야 할 텐데 그게 어떻게 가능하냐는 것이다. 설마하니 1973년에 문을 닫은 포르테우스가 지금까지 A/S를 해주고 있는 건 아닐 테니 말이다. 바로 이 대목에서 등장하는 게 로니 리Ronnie Lee라는 인물이다. 로니 리는 우리에겐 생소하지만 스카치 업계에서는 '셀럽'이나 마찬가지

▲ 올트모어도 '역시' 포르테우스 제분기를 사용한다
▼ 포르테우스를 수리하는 유일한 사람 '로니 리'

다. 증류소를 다니다보면 로니 리라는 이름을 수십 번 듣게 된다. 로니 리의 고향이 어디이고 키는 몇 센티미터이고 아들이 몇 명 있는지까지 온갖 시시콜콜한 정보도 알게 된다.

로니 리가 유명해진 건 1970년대부터 지금까지 스코틀랜드에 있는 '모든' 포르테우스와 보비 제분기를 혼자서 손봐왔기 때문이다. 상태를 점검하고 낡은 톱니를 갈아끼우고 고장나면 고치는 것까지 로니 리가 다 했다. 포르테우스 제분기를 만질 수 있는 사람이 스코틀랜드 전체에 딱 한 명뿐이라 증류소에선 조금만 이상이 생겨도 무조건 로니 리한테 전화를 한다. 그렇기에 증류소에 있는 포르테우스나 보비 제분기를 살펴보면 로니 리라는 이름과 전화번호가 적혀 있는 걸 볼 수 있다. 올트모어가 57년째 쓰고 있는 빨간색 포르테우스에도 당연히 로니 리의 명판이 부착돼 있었다. 포르테우스 제분기 얘기를 주고받다가 매튜는 "언젠가 로니 리를 직접 만난 적이 있다. 그날 아내와 약속이 있어서 서둘러 가려던 참이었는데 로니 리를 만나 즐겁게 얘기를 주고받다보니 약속 시간을 한 시간이나 넘겼다"고 했다. '유명인사' 로니 리는 실력만큼이나 성격도 좋은 사람인가보다.

독특한 발효 시간

올트모어는 1968년까지 플로어 몰팅floor malting으로 몰트를 생산했다. 그 이후부터는 다른 증류소들처럼 전문 회사 제품을 사서 쓴다. 지금은 베어스Bairds와 양대산맥을 이루고 있는 심슨스Simpsons에서 몰트를 가져온다. 올트모어는 애버펠디, 로얄 브라클

듀어스 로고가 그려져 있는 당화조

라, 크레이겔라키와 자매 증류소다. 같은 듀어스(바카디 소유) 소속
이다. 하지만 몰트는 서로 다른 걸 쓴다. 올트모어와 애버펠디는 심
슨스 몰트를 쓰지만 로얄 브라클라는 베어스 몰트를 쓴다. 또 크레
이겔라키는 글렌에스크Glenesk 몰트를 사용한다.

올트모어는 1998년에 교체한 10톤짜리 풀 라우터full lauter 방식
당화조를 쓰고 있었다. 글렌알라키나 벤리악처럼 올트모어도 4단
계로 당화를 진행한다(당화 공정은 글렌알라키 편 참고). 첫번째 물
first water은 섭씨 64도로 넣고 두번째 물second water은 섭씨 76도
로 투입해 4만 6200리터 워트를 뽑아낸다. 다음 당화 공정의 첫번
째 물을 확보하기 위해 넣는 세번째 물third water과 네번째 물fourth
water의 온도는 각각 81도와 84도였다.

올트모어 발효실에는 발효조가 6개 있다. 모두 나무(낙엽송 5개,
오레곤 파인 1개) 재질이었다. 특이한 건 발효 시간이다. 워트wort(맥

발효조. 발효실 바닥은 물이 빠져야 해서 구멍
이 숭숭하다

아즙)의 2/3는 60시간 발효하고 나머지 1/3은 70시간으로 더 길게 발효한다. 왜 이렇게 발효 시간을 다르게 하는지 궁금해서 물었다. 사정과 이유가 있었다. 매튜의 설명은 이렇다. 올트모어는 1차 증류기wash still 2대를 가동한다. 증류기 하나에는 발효를 마친 전체 워시wash(발효액)의 1/3만 들어간다. 따라서 1차 증류기에 워시를 가득 채워 2대를 다 돌려도 어차피 1/3은 증류기에 넣을 수가 없다. 결국 증류기를 놀리는 동안 워시의 1/3은 발효조에 그냥 놔두고 10시간을 더 발효시킨다. 매튜는 "전체 워시의 1/3을 70시간으로 길게 발효하기 때문에 스피릿 풍미가 더 복합적이고 과일fruity 향도 풍부하다"고 강조했다.

발효실을 둘러보는데 마침 발효조를 세척하고 있었다. 증류소에서 설비와 장비 청소를 어떻게 하는지 궁금한 분도 있을 거 같은데 크게 두 가지로 나뉜다. 먼저 외부에 노출된 장비와 설비는 사람이 직접 닦는다. 이걸 증류소나 양조장에서는 COP Clean Out Place라고 한다. 반면 파

발효조는 뜨거운 물과 증기로 내부를 세척한다. 세척중인 발효조에서 증기가 솟아오른다

이프나 탱크 내부처럼 사람이 직접 들어가서 닦을 수 없는 것도 있다. 이런 설비는 뜨거운 물을 강한 압력으로 쏘거나 증기를 넣어 청소한다. 이게 CIPClean In Place이다. 발효조 역시 CIP에 해당한다. 뜨거운 물과 증기로 내부를 세척한다. 올트모어의 경우엔 고압의 물줄기가 뿜어져나오는 장치(스프레이 볼spray ball)를 달아 편리하고 효율적으로 발효조 청소를 하고 있었다. 매튜는 "스프레이 볼을 이용해 발효조 하나를 청소하는 데 보통 50분에서 60분가량 걸린다"고 설명했다.

마지막으로 증류 공정을 보러 갔다. 앞서 말한 대로 올트모어는 1차 증류기 2대와 2차 증류기 2대를 가동한다. 2만 2900리터짜리 1차 증류기와 1만 7500리터짜리 2차 증류기는 모두 전형적인 양파형onion-shaped이었다. 증류기와 응축기를 연결하는 라인 암lyne arm은 살짝 아래로 꺾인 형태여서 스피릿이 지나치게 가벼워지는 걸 막

아주고 있었다. 초류head에서 중류heart, middle cut로 넘어갈 때 컷 포인트는 알코올 도수 73%(abv)이고, 중류에서 후류tail로 넘어갈 때 컷 포인트는 61%였다. 매튜는 "평균적으로 초반 30분 동안 흘러나오는 스피릿은 초류로 끊어내고 그 뒤로 세 시간 반 동안 중류를 확보한 뒤 나머지는 후류로 분리해낸다"고 설명했다.

증류기는 전형적인 양파형에 라인 암이 살짝 아래로 꺾여 있다

팟 에일과 스펜트리스

올트모어 증류소가 스카치 업계에 기여한 공로도 소개할까 한다. 올트모어는 증류하고 남은 찌꺼기를 효율적으로 활용하는 방안을 업계 최초로 개발해냈다. 그게 어떤 방법인지 설명하기 전에 증류 찌꺼기란 게 무엇인지부터 알고 넘어가자. 발효를 마친 워시를 1차 증류기에 넣고 끓이면 이 중 1/3정도는 알코올 도수 25% 안팎의 로우 와인low wine(1차 증류액)으로 나온다. 나머지 2/3는 증류기에 남아 있게 된다. 예를 들어 글렌모렌지 증류소는 1차 증류기에 워시 1만 2000리터를 넣고 돌린다. 증류를 마치면 약 4000리터가 로우 와인으로 나오고 증류기에 8000리터의 찌꺼기가 남는다. 이렇게 1차 증류기에 남아 있는 찌꺼기를 팟 에일pot ale이라고 한다. 에일이라는 이름이 붙은 건 맥주처럼 황금색을 띤 액체라서 그렇다. 알코올 도수 0.1% 내

외인 팟 에일의 성분은 대부분 물이지만 죽은 효모와 단백질도 제법 들어 있다. 상당수 스코틀랜드 증류소에서는 단백질이 풍부한 팟 에일을 시럽으로 농축한 뒤 여기에 드래프draff(드래프에 관해서는 탐뷰 편 참고)를 섞어 다크 그레인dark grain이라는 소 사료를 만든다. 바로 이 다크 그레인 사료를 1950년대에 맨 처음 개발한 곳이 올트모어 증류소이다.

기왕 얘기 꺼낸 김에 2차 증류기 찌꺼기도 설명하려고 한다. 2차 증류기에 로우 와인(1차 증류액)을 넣고 끓이면 대략 2/3 정도는 스피릿spirit(2차 증류액)으로 나온다. 나머지 1/3은 찌꺼기로 남는다. 스펜트리스spentless라고 하는 2차 증류 찌꺼기는 팟 에일과 달리 영양 성분이 없어서 사료나 비료로 만들 수 없다. 그래서 정화 처리를 해서 강이나 바다로 배출해야 하는데 증류소에서는 이것마저도 그냥 버리지는 않는다. 섭씨 98도에서 99도에 달하는 스펜트리스와 팟 에일 모두 꽤 쓸모 있는 열에너지이기 때문이다. 이 열을 이용하기 위해 증류소에서는 뜨거운 팟 에일과 스펜트리스를 열교환기heat exchanger에 흘려보내 1차 증류기에 넣을 워시나 2차 증류기에 넣을 로우 와인을 예열pre-heating한다. 정리하면 1차 증류 잔여물 팟 에일은 워시 예열에 사용한 다음 드래프와 섞어 다크 그레인 사료로 만들거나 아니면 바이오매스 에너지 생산 공장으로 보낸다. 2차 증류 잔여물 스펜트리스는 로우 와인 예열에 사용한 뒤 정화시켜서 폐기한다.

팟 에일 → (열 교환기) → 워시 예열 → 다크 그레인 사료 or 바이오매스 공장

스펜트리스 → (열 교환기) → 로우 와인 예열 → 정화+폐기

블라인드 테이스팅 대회의 이변

올트모어에선 숙성고 구경을 할 수 없다. 1996년에 숙성고를 폐쇄했기 때문이다. 그렇기에 생산한 스피릿은 탱크에 실어 글래스고에 있는 숙성고로 보낸다. 숙성고는 못 봐서 아쉬웠지만 매튜와 함께한 테이스팅은 기억에 생생하게 남아 있다. 이날 나는 이세기씨(라세이 증류소 디스틸러)와 함께 올트모어 12년, 18년, 21년을 맛봤다. 세 가지 다 훌륭했지만 특히 21년은 이 글을 쓰는 지금도 입맛을 쩝쩝 다실 만큼 인상적이었다. 다크초콜릿 같은 진한 셰리 캐스크 풍미와 버번 캐스크의 바닐라 풍미가 제대로 어울렸다. 위스키가 너무나 맛있다고 하자 매튜는 신이 난 듯 올트모어 자랑에 시간 가는 줄 모른다. 매튜의 그 긴 자랑을 다 옮기다가는 몇 페이지를 더 적어야 할 거 같아서 딱 하나만 소개하려고 한다.

해마다 스페이사이드에서 엿새 동안 열리는 스피릿 오브 스페이사이드Spirit of Speyside라는 위스키 축제가 있다. 이 축제의 하이라이트는 '위스키 어워드Spirit of Speyside Whisky Awards'. 이름에서 알 수 있듯이 스카치의 심장 스페이사이드 위스키 가운데 왕 중의 왕을 가리는 대회이다. 위스키 어워드는 역사와 권위를 자랑하는 대회이기에 선정 방식도 객관적이고 공정하다. 모든 과정이 블라인드 테이스팅이다. 브랜드 인지도나 이름값은 따지지 않는다. 오로지 맛 하나로만 평가한다. 한마디로 계급장 다 떼고 제대로 한판 붙는 셈이다. 그렇다면 대회는 어떻게 진행될까? 먼저 축제가 열리기에 앞서 위스키 평론가와 업계 전문가 10명이 12년 이하, 13년부터 20년, 21년 이상, 숙성 연수 미표기NAS까지 네 개 부문에서 가장 뛰어난 위스키 두 가지를 블라인드 테이스팅으로 골라 결선에

올트모어 21년은 지금도 입맛을 다실 정도로 특히 인상적이었다

올린다. 그런 다음 축제가 열리면 지역 주민과 세계 곳곳에서 찾아온 관광객들이 역시 블라인드 테이스팅으로 맛을 본 뒤 투표를 하고 이 점수를 합산해 대회 마지막 날 우승 제품을 발표한다. 자, 그런데 이 대회에서 최근 큰 이변이 일어났다. 싱글몰트 시장에서 인지도가 한참이나 떨어지는 올트모어가 2019년에 이어 2022년에도 21년 이상 숙성 위스키 부문 결선에 진출해 은메달을 차지한 것이다. 더 놀라운 것은 숙성 연수를 따지지 않고 결선에 오른 모든 제품을 평가하는 종합 선호도 부문overall favorite에서는 올트모어 21년이 글렌리벳(2019년)과 발베니(2022년)를 제치고 우승을 차지했다는 사실이다. 이 대목에서 '이거 실화야?'라고 하실 분을 위해 사족 하나만 덧붙인다. 지금 올트모어 증류소 사무실에 가면 위스키 어워드에서 받은 우승 상패 두 개가 자랑스럽게 전시돼 있다.

스페이사이드 '위스키 어워드'에서 이변을 일으킨 올트모어 21년

BENRIACH

예약

설립 1897년
소속 브라운 포맨Brown-Forman
주소 Longmorn, Elgin, Morayshire IV30 8SJ

파란만장한 창업자 인생

　스페이사이드 로시스Rothes에서 엘긴Elgin으로 이어지는 A941번
도로 주변에는 증류소가 많다. 글렌로시스, 롱몬, 벤리악에 이어
글렌 엘긴과 글렌 모레이도 이 길을 따라가면 나온다. 특히 벤리악
은 도로 옆에 바로 붙어 있다. 벽에 커다랗게 BENRIACH이라고
적혀 있어서 눈에 안 띌 수가 없다. 벤리악 증류소로 차를 몰고 들
어갔다. 주변이 온통 들판과 농장이다. 증류소 옆에도 돼지 키우
는 농장이 있다.

　스코틀랜드 증류소 역사를 살피다보면 파란만장한 인생을 살
다 간 창업자가 많다. 벤리악을 세운 존 더프John Duff도 그렇다. 위

멀리서도 눈길을 사로잡는 '벤리악'

스키 작가 찰스 맥클린이 쓴 『Spirit of Place』에 따르면, 존 더프는 원래 펍을 운영하며 글렌드로낙 증류소 매니저로 일했다. 1876년에는 지역 상인들과 연합해 글렌로시Glenlossie 증류소를 운영했지만 얼마 못 가서 동업자에게 넘겨주게 된다. 그 뒤 존 더프는 가족을 모두 데리고 남아프리카 공화국으로 이민을 간다. 당시 남아공 트란스발Transvaal 지역에서 금광이 발견돼 사람이 몰려들고 있었다. 존 더프는 여기에 증류소를 차렸지만 사업

벤리악 창업자 존 더프

이 잘되지 않았다. 그러자 이번엔 미국으로 건너간다. 다시 증류소를 짓고 재기에 나섰는데 또 망하고 만다. 거듭된 실패에 존 더프는 1892년 고향인 스코틀랜드로 돌아와 애버딘에 있는 증류소에 취업해 돈을 모은다. 그리고 이듬해인 1893년 롱몬Longmorn 증류소를 설립한다.

롱몬은 성공적으로 출발했다. 때마침 불어온 스카치 바람Scotch Boom 덕분이었다. 자신감을 얻은 존 더프는 1897년 롱몬 바로 옆에 두번째 증류소를 짓는다. 바로 벤리악이다. 롱몬 위스키 생산을 더 늘리고 롱몬에 몰트도 공급하려는 목적으로 지었기에 벤리악의 원래 이름은 롱몬 2Longmorn 2 Distillery였다. 불과 0.5마일, 걸어서 10분 거리에 있는 두 증류소(롱몬 1, 롱몬 2)는 철길로 연결됐다. 증류소에서만 쓰는 철길private railway을 통해 벤리악(롱몬 2)에서 생산한 몰트를 롱몬(롱몬 1)까지 디젤기관차로 실어 날랐다. 롱몬과 벤리악으로 이제야 빛을 좀 보나 싶었던 존 더프. 하지만 그는 운이

좋은 사람이 아니었다. 그동안 여러 차례 언급한 패티슨 사태Pattison Crash가 터지면서 경영은 급격히 악화됐다. 존 더프는 1899년에 두 증류소를 팔고 스카치 업계를 떠난다.

빌리 워커와 브라운 포맨

벤리악 증류소는 파란만장한 창업자 인생을 닮았다. 그만큼 우여곡절이 많았다. 존 더프가 물러난 뒤 증류소는 위스키 생산을 멈춘다. 이때부터 1965년까지 벤리악은 오로지 몰트를 생산해 롱몬 증류소에 공급하는 몰팅 공장 역할만 한다. 그러다가 1965년 글렌리벳Glenlivet Distillers이 증류소를 사들이면서 오랜만에 재가동에 들어간다. 이때 건물도 새로 짓고 증류 설비도 교체한다. 1977년 글렌리벳이 씨그램Seagram으로 넘어가면서 벤리악도 씨그램 자회사 시바스 브라더스 소속이 된다. 하지만 2001년 거대 기업 페르노리카에 편입된 뒤 벤리악은 다시 위스키 생산을 중단한다. 이렇게 벤리악이 휴업에 들어간 시기에 등장한 인물이 스카치 업계 '미다스의 손' 빌리 워커다. 빌리 워커는 2004년 남아공 투자자들과 함께 벤리악을 인수해 그해 9월부터 생산을 재개했다. 빌리 워커와 함께 부활한 벤리악은 2016년에는 잭 다니엘스를 갖고 있는 미국 주류 기업 브라운 포맨 품에 안긴다. 다소 복잡한 증류소 역사를 1965년부터 정리하면 다음과 같다.

1965년 글렌리벳 → 1977년 씨그램(시바스 브라더스) → 2001년 페르노리카(시바스 브라더스) → 2004년 빌리 워커 → 2016년 브라운 포맨

플로어 몰팅과 피트 몰트

벤리악은 몰트 얘기를 빼놓을 수 없다. 발베니 편에서 설명한 것처럼 전통 방식 플로어 몰팅floor malting으로 몰트를 직접 만드는 증류소는 스코틀랜드 전체를 다 따져도 얼마 없다. 50개 넘는 증류소가 있는 스페이사이드에서 플로어 몰팅을 하는 곳은 2022년 말 현재 발베니와 글렌기리(2022년 부활), 그리고 벤리악(2012년 부활) 정도에 불과하다. 그중에서도 벤리악은 플로어 몰팅으로 상당히 유명한 곳이다. 1897년 설립 당시부터 1999년까지 100년 넘게 플로어 몰팅을 해왔다. 1900년부터 1965년까지 가동을 멈춘 시기에도 몰트 생산만큼은 계속했다. 2000년대 들어 플로어 몰팅을 중단한 적도 있지만 2012년 빌리 워커가 부활시켰다. 브라운 포맨이 운영하는 지금도 1년에 8주 동안은 플로어 몰팅을 한다. 2021년에 나온 몰팅 시즌Malting Season First Edition이 플로어 몰팅으로 자체 생산한 몰트로 제조한 위스키이다.

특이한 건 또 있다. 스페이사이드는 다른 지역과 달리 피트 향을 입힌 피트 몰트peated malt를 거의 쓰지 않는다. 쓰더라도 아주 살짝 약하게 쓴다. 그렇기에 스페이사이드 위스키 중에서 피트 향을 제대로 느낄 수 있는 건 극히 일부이다. 벤로막 피트 스모크Benromach Peat Smoke나 발베니 피트 위크Balvenie Peat Week, 글렌피딕 빈티지 캐스크Glenfiddich Vintage Cask처럼 손에 꼽을 정도다. 하지만 벤리악은 1970년대 초반부터 피트 몰트를 증류소에서 자체 생산해 사용했다. 당시 벤리악의 주인이던 시바스 브라더스에서 블렌디드 위스키에 넣을 스모키한 원액이 필요해 피트 몰트를 만들게 했다는 얘기도 있다. 이런 전통 때문에 벤리악은 페놀 함량 35ppm에 달하

▲ 벤리악은 100년 넘는 세월 플로어 몰팅을 해왔다
▼ 자체 생산한 몰트로 제조한 '몰팅 시즌'

▲ 피트. 벤리악은 피트 몰트를 증류소에서 자체 생산했다
▼ 스모키 10 & 스모키 12

는 강력한 피트 위스키도 꾸준히 출시해왔다. 스모키 10Smokey Ten 이나 스모키 12Smoky Twelve 같은 피트 위스키가 지금도 핵심 제품 core range에 포함돼 있다. 벤리악 피트 위스키를 테이스팅해보면 아일라 피트와는 풍미가 다르다. 소독약 냄새 대신에 하일랜드 피트의 스모키한 단맛이 강하게 느껴진다.

▲ 겉모습은 무척 '현대식'이지만, 오늘날에는
보기 드문 전통 당화조이다
▼ 회전 팔에 달린 갈퀴가 곡물을 휘젓는다

갈퀴가 달린 전통 당화조

벤리악에선 홍보대사 스튜어트가 설비와 공정을 안내해주었다. 스튜어트는 1965년에 제작된 포르테우스 제분기를 보여준 뒤 곧바로 당화실로 데려갔다. 벤리악 당화조는 겉으로 볼 땐 특이하지 않다. 다른 증류소에서 흔히 볼 수 있는 스테인리스 재질의 현대식 라우터 당화조lauter tun처럼 보였다. 하지만 5.8톤짜리 이 당화조는 매우 특별하다. 주철(무쇠cast iron)로 제작한, 갈퀴rake가 달린 전통 당화조traditional mash tun이다. 주철 전통 당화조에 부식 방지를 위해 스테인리스 판을 덧입히고 뚜껑을 달아놔서 현대식으로 보일 뿐이다. 여기서 '전통 당화조라는 건 또 뭐냐' 하실 분이

367

분명히 있을 것이다. 이미 글렌파클라스 편에서 설명한 것처럼 현대식 당화조 라우터 튠은 회전 팔에 여러 개 날blade, knife이 수직으로 달려 있다. 이 수직 날이 회전 팔을 따라 함께 돌아가면서 몰트를 섞는다. 하지만 벤리악이 쓰고 있는 전통 당화조는 다르다. 날이 아니라 커다란 갈퀴 여러 개가 회전 팔에 달려 있다. 마치 자유형 수영할 때 팔 동작을 하는 것처럼 갈퀴가 360도 위아래로 회전하면서 곡물을 휘젓는다.

'전통traditional'이라는 말에서 짐작할 수 있듯이 1960년대까지 스코틀랜드에서는 다 이런 당화조를 썼다. 그러나 1970년대 현대식 라우터 튠이 보급되면서 전통 당화조는 거의 자취를 감췄다. 아직까지 갈퀴 달린 전통 당화조를 쓰는 곳은 스페이사이드 벤리악을 비롯해 아일라 브룩라디, 캠벨타운 스프링뱅크와 글렌스코시아, 하일랜드 글렌드로낙, 로얄 로크나가, 글렌터렛 정도이다. 전통 당화조는 당화 효율에서는 라우터 튠에 뒤진다. 그래도 전통과 역사를 강조하는 곳에서는 여전히 이 당화조를 고집하고 있다.

프루티한 풍미의 비밀은 물?

홍보대사 스튜어트는 벤리악 스피릿spirit(증류액) 풍미의 핵심적인 특징이 프루티fruity, 즉 과일 풍미라고 설명했다. 그러면서 "벤리악은 쓰는 물부터 다르다"고 강조했다. 스튜어트에 따르면, 벤리악은 증류소에서 0.8킬로미터 떨어진 번사이드Burnside 샘물을 제조 용수process water로 사용한다. 그런데 글렌리벳의 물(조시의 우물물)처럼 이 샘물도 미네랄 함량이 100ppm(100밀리그램/리터)● 정도로

●120ppm 이상이면 경수, 그 아래이면 연수로 분류한다.

벤리악은 과일 풍미의 비결이 번 사이드
샘물과 긴 발효 시간이라고 설명한다

꽤 높다고 한다. 스튜어트는 "이 물로 4단계*에 걸쳐 당화를 하기 때문에 좀더 과일 풍미가 생긴다"고 말했다(솔직히 나는 이 설명이 얼마나 과학적 근거가 있는 건지 이해하지 못한다. 물의 성질과 풍미의 연관 관계는 심도 깊은 주제이기 때문이다. 다만 벤리악에서는 미네랄 풍부한 번 사이드 샘물이 과일 풍미에 영향을 준다고 믿고 있다).

프루티한 풍미를 위해 벤리악은 발효도 충분히 길게 한다. 스튜어트는 "벤리악은 3만 리터 용량의 스테인리스 발효조 8개를 쓴다. 최소 85시간에서 100시간까지 발효를 길게 해서 청사과green apple 같은 과일 풍미를 풍성하게 이끌어낸다"고 설명했다.

독특한 3중 증류 스피릿

벤리악은 스피릿 종류가 다양하다. 사용하는 몰트부터 여러 가지이기 때문이다. 우선 피트 처리를 하지 않은 몰트non peated malt로 만든 스피릿이 기본이다. 또 스모키 10 같은 피트 위스키 제조를 위해 피트 몰트peated malt로 생산하는 스피릿이 있다. 여기에 플로어 몰팅으로 만든 몰트로 별도의 스피릿을 뽑아낸다. 하지만 이게 전부가 아니다. 1년에 딱 일주일은 피트 없는 몰트로 3중 증류triple distillation를 해서 스피릿 1만 5000리터를 생산한다. 벤리악

● 벤리악 당화 방식은 통상적인 3단계가 아니라 4단계로 진행된다. 단계별로 투입하는 물의 온도는 1단계 65.5도 → 2단계 76도 → 3단계 84도 → 4단계 93도이다.

Triple Distilled 10 같은 제품이 3중 증류한 스피릿으로 만든 위스키이다. 이 책을 읽는 분이라면 아는 얘기이겠지만 아일랜드와 달리 스코틀랜드에서는 3중 증류가 흔하지 않다. 오켄토션Auchentoshan 같은 로우랜드 증류소나 캠벨타운 스프링뱅크의 헤이즐번Hazelburn 정도가 3중 증류 싱글몰트이다. 스페이사이드에선 벤리악과 벤로막이 3중 증류한 위스키를 소량 출시하고 있다.

3중 증류한 스피릿으로 만든
'Triple Distilled 10'

벤리악의 3중 증류는 방식도 독특하다. 2차 증류를 마친 스피릿을 바로 3차 증류하지 않는다. 2차 증류를 끝내고 나면 스피릿을 저장 탱크에 넣은 뒤 물을 타서 도수를 떨어뜨린 다음에 세번째 증류를 한다. '1차 증류 → 2차 증류 → 도수 조정 → 3차 증류 → 최종 스피릿'인 셈이다. 중간에 한 차례 도수 조정을 하는 건 최종 스피릿의 도수가 지나치게 올라가지 않게 하면서 동시에 과일 풍미가 풍부하고 부드러운 느낌의 스피릿을 얻기 위해서라고 스튜어트는 설명했다.

피트 위스키는 왜 컷 포인트가 다를까?

증류 공정에서 하나 더 눈여겨봐야 할 것은 컷 포인트cut point 이다. 벤리악에서는 2차 증류 스피릿이 흘러나오면 처음 13분 정

컷 포인트를 더 낮게 설정해 피트 위스키 특유의 스모키 풍미를 돋보이게 한다

도는 초류head로 분리해 끊어낸다. 그런 다음 스피릿 알코올 도수 70%(abv)부터 60.5%까지의 스피릿을 오크통 숙성에 사용할 중류heart로 잡아낸다. 초류에서 중류로 전환되는 컷 포인트는 70%, 중류에서 후류tail로 전환되는 컷 포인트는 60.5%이다. 그런데 피트 위스키 제조에 사용할 스피릿은 컷 포인트를 이보다 더 낮게 설정한다. 일반 제품에 사용할 스피릿 중류 범위는 60.5%까지이지만 피트 위스키 스피릿은 59.5%까지 확보한다. 시간으로 따지면 피트 몰트 스피릿은 중류를 10분 정도 더 받아낸다. 스튜어트는 "이 10분의 차이가 풍미를 완전히 다르게 한다"면서 "피트 위스키는 컷 포인트를 더 낮게 설정함으로써 스모키smoky하고 달달한 sweet 풍미를 추가로 얻어낸다"라고 강조했다.

스튜어트의 설명에 조금만 보태자면 피트 위스키를 주력으로 하는 증류소는 대체적으로 후류로 바뀌는 컷 포인트를 낮게 조정해 중류를 더 길게 뽑아낸다. 예를 들어 라프로익은 스피릿 알코올 도수 60%까지를 중류로 잡아낸다. 라가불린도 59%까지 뽑아낸

다. 다른 증류소들이 후류로 끊어 분리하는 부분까지 증류에 포
함시켜 피트 위스키 특유의 스모키 풍미를 돋보이게 하려는 의도
이다.

서양배를 닮은 증류기

스튜어트의 안내로 증류실을 훑어봤다. 2만 리터짜리 1차 증류
기wash still 2대와 1만 2700리터짜리 2차 증류기spirit still 2대가 설
치돼 있었다. 증류기를 살펴보던 나에게 스튜어트는 "증류기 모양
이 꼭 서양배pear를 닮은 것 같지 않냐?"라고 물어본다. 듣고 보니
정말 그런 것 같다. 서양배처럼 아래쪽은 볼록하고 위쪽은 갸름했
다. 스튜어트는 "벤리악 직원들은 '증류기가 서양배 모양이라 위스
키에서도 서양배 풍미가 나는 것'이라는 우스갯소리를 한다"고 말
하며 웃었다.

증류기를 열심히 찍고 있는데 스튜어트가 이번엔 바닥을 가리
킨다. 그러면서 "당신이 지금 서 있는 그 자리에도 증류기 한 대
가 더 있었다"고 말했다. 얼른 발밑을 내려다봤다. 증류기를 떼어
낸 흔적이 남아 있었다. 스튜어트에 따르면 원래 이 자리에는 3중
증류할 때 쓰던 별도의 3차 증류기가 있었다. 하지만 3중 증류 위
스키 생산이 줄어들면서 증류기를 떼어내고 지금은 2차 증류기를
한 번 더 돌려서 세번째 증류를 한다.

벤리악 2차 증류기를 살펴보니 본체와 목 색깔이 확연히 달랐
다. 목은 밝은 구릿빛이지만 본체는 어두운 갈색으로 변해 있었다.
마치 윗도리와 아랫도리 색깔이 다른 것처럼 느껴졌다. 같은 증류

▲ 서양배를 닮은 증류기(좌). 본체와 목을 서로 다른 시기에 교체해서 위아래 색이 다르다(우)

▼ 증류기 구리는 알코올 증기에 있는 황 화합물을 빨아들여 황산구리로 변해 떨어져 나온다

기인데 왜 이렇게 색깔이 다른 걸까? 그건 본체와 목을 따로따로 바꿨기 때문이다. 좀더 설명하면 증류소에서 증류기를 교체할 때에는 본체와 목을 통째로 다 바꾸기도 하지만 그렇지 않을 때가 많다. 구리가 얼마나 닳았는지 두께나 상태를 확인한 뒤에 본체만 잘라내서 바꾸기도 하고 반대로 목만 잘라 교체하기도 한다. 그래서 밝은 구릿빛이 나는 목 부분은 최근에 교체한 것이고 어두운 갈색이 된 본체 부분은 바꾼 지 오래됐다는 걸 보여준다. 스튜어트는 "가장 낡은 증류기는 벌써 25년이나 지나서 조만간 교체할 예정"이라고 말했다.

증류기 얘기를 나누다가 스튜어트가 "증류기를 오래 쓰면 왜 바꿔야 하는지 보여주겠다"면서 푸른 가루가 담긴 비커를 들고 왔다. 에메랄드빛에 가까운 이 가루는 증류기 구리가 알코올 증기에 있는 황 화합물을 빨아들이며 생긴 황산구리copper sulfate이다. 이런 황산구리는 스피릿과 함께 증류기 밖으로 빠져나와 스피릿 세이프spirit safe로 떨어진다. 증류소를 다니다보면 스피릿 세이프 곳곳에 푸른 가루가 붙어 있는 걸 종종 보게 된다. 그게 바로 황산구리이다.

증류 과정에서 구리가 황산구리로 변해 계속 떨어져나오기 때문에 증류기는 오래 쓸수록 닳아 얇아지게 된다. 20~30년이 흐르면 새것으로 바꿔야 한다. 황산구리 가루를 만지작거리던 스튜어트는 "옛날엔 증류소 직원들이 여기에 불을 붙여 불꽃놀이를 즐겼다. 하지만 요즘엔 절대로 그런 위험한 일은 하지 않는다"고 말했다.

숙성 캐스크만 40종류

증류실에서 나왔다. 숙성고 마당에 오크통이 한가득이다. 미국에서 가져온 버번 배럴과 버진 오크 캐스크*를 비롯해 셰리 캐스크와 포트 캐스크 등 온갖 종류의 오크통이 통입**을 기다리고 있었다. 이것만 봐도 알 수 있듯이 벤리악은 캐스크를 다양하게 활용하는 걸로 유명하다. 지금 이 증류소에서 쓰는 오크통은 재질과 크기를 다 따지면 총 40가지에 달한다. 어떻게 40가지나 되는지 궁금했는데 설명을 들어보니 이해가 됐다.

벤리악 오크통은 미국산 버번 배럴과 버진 오크, 포르투갈 포트와 마데이라, 스페인 셰리, 프랑스 레드 와인, 이탈리아 마르살라, 자메이카 럼까지 8가지를 기본으로 한다. 그런데 버진 캐스크 하나만 해도 다 같은 걸 쓰지 않는다. 차 레벨char level, 즉 오크통 내부를 태운 정도가 각각 다른 네 가지 캐스크를 쓴다. 오크통을 살짝만 태운 레벨 1부터 심하게 태운 레벨 4 버진 캐스크까지 골고루 사용한다. 셰리 캐스크 역시 500리터짜리 펀천puncheon과 벗butt에서부터 250리터 혹스헤드hogshead와 125리터 쿼터 캐스크quarter cask까지 다양하다. 이런 식이다보니 다 합치면 40가지나 되는 것이다.

3중 증류까지 포함해 스피릿은 4종류이다. 오크통은 40가지나 된다. 그러니 이걸 다 조합해 제품을 개발하는 건 쉬운 일이 아니다. 수많은 테이스팅과 오랜 연구와 실험이 불가피하다. 다행히 벤리악에는 명예의 전당Whisky Magazine's Hall of Fame에도 이름을 올린 30년 경력 블렌딩 장인 레이첼 베리Rachel Barrie가 있다. 2016년 브라운 포맨이 벤리악을 인수한 뒤 마스터 블렌더가 된 레이첼 베

●버진 오크virgin oak는 한 번도 숙성에 사용하지 않은 오크통을 말한다.

●●통입filling은 증류한 스피릿을 오크통에 집어넣는 작업을 말한다.

숙성고 마당에 가득한
오크통

30년 경력 블렌딩 장인
레이첼 베리

리는 빌리 워커가 남기고 간 오크통을 일일이 뒤져 자신의 취향과 방식으로 새롭게 위스키를 블렌딩했다. 그 결과 2020년까지 7개의 핵심 제품 구성을 끝냈다. 또 여러 면세점 상품과 한정판 제품까지 시장에 내놓았다.

오크통 종류가 많다보니 벤리악은 기본 제품에도 다양한 캐스크를 활용한다. 엔트리 급인 벤리악 10년Original Ten은 버번과 셰리에 버진 오크를 조합한다. 피트 위스키인 스모키 10년은 버번과 버진 오크에 럼 캐스크를 섞는다. 또 12년은 셰리와 버번에 포트 캐스크를, 스모키 12년은 버번과 셰리에 마르살라 캐스크를 블렌딩한다. 숙성 연수가 높은 21년과 25년, 30년 역시 버번＋셰리＋버진 오크 기본 조합에 각각 레드 와인(21년)과 마데이라(25년), 포트(30년)를 추가해 네 가지 캐스크로 숙성한다.

눈에 띄는 점은 버진 오크 활용도가 매우 높다는 것이다. 이는 벤리악 모회사 브라운 포맨이 켄터키와 테네시에 초대형 쿠퍼리지 cooperage를 운영하고 있기에 가능한 일이다. 내가 벤리악 증류소를 방문했을 때에도 켄터키에서 가져온 버진 오크 캐스크가 끝도 없이 마당에 깔려 있었다. 캐스크 덮개에는 BRVO-01, BRVO-02, BRVO-03, BRVO-04라고 각각 적혀 있었다. 여기서 BR은 브라운 포맨이다. VO는 버진 오크를 뜻한다. 또 뒤에 적힌 숫자는 앞서 얘기한 차 레벨이다. 마스터 블렌더 레이첼 베리는 이렇게 태운 정도가 다른 네 가지 버진 오크를 스피릿 특성에 맞춰 매치한다. 예를 들어 플로어 몰팅 몰트로 생산한 스피릿을 숙성할 때는 차 레벨 1만 쓴다. 플로어 몰팅 몰트의 고소한 풍미가 스파이시한 버진 오크에 가리지 않도록 일부러 조금만 태운 오크통을 고른 것이다.

켄터키에서 온 버진 오크 캐스크

벤리악의 보물 창고 13번 숙성고

벤리악에는 숙성고가 8개 있다. 숙성고 번호는 9번부터 시작한다. 1번부터 8번 숙성고는 없다. 이유가 궁금해 물어봤더니 애초에 벤리악이 롱몬의 두번째 증류소였기 때문이라고 한다. 롱몬 증류소에 1번부터 8번 숙성고까지 있고 이곳에는 9번부터 16번까지 있었다는 얘기다. 나중에 숙성고 번호를 1번부터 8번으로 바꾸는 걸 검토했지만 옛날 서류를 죄다 다시 정리하는 게 엄두가 나지 않아서 그냥 놔뒀다고 한다.

9번부터 시작하는 벤리악 숙성고 중에서 '보물 창고'로 불리는 곳이 있다. 창업 당시부터 지금까지 120년 넘게 쓰고 있는 13번 더니지 숙성고이다. 이곳으로 나를 안내하던 스튜어트는 "13번 숙성고는 우리 증류소의 최고 비밀 장소top secret place"라면서 "가장 오래되고 희귀한 캐스크가 다 여기 모여 있다"고 말했다. 숙성고 안으로 조심스럽게 들어갔다. 스튜어트의 말처럼 수십 년째 잠을 자고 있는 고숙성 캐스크가 즐비하다. 그중에는 1975년에 통입해 숙성중인 올로로소 셰리 캐스크도 있었다. 이걸 가리키며 스튜어트는 "아마 이 오크통도 지금 수백만 파운드쯤 할 것"이라고 말했다. 하긴 아드벡 희귀 캐스크(NO.3 캐스크) 하나가 1600만 파운드(약 250억 원)에 거래되는 상황이니 충분히 가능한 가격이다.

진귀한 캐스크가 가득한 공간에서 스튜어트는 벤리악이 장기 숙성할 때 캐스크 고르는 원칙을 알려줬다. 스튜어트에 따르면, 벤리악은 글렌드로낙과 달리 장기 숙성으로 가져갈 스피릿은 퍼스트 필이 아니라 서드 필*에 넣는다. 스튜어트는 "글렌드로낙처럼 스피릿 풍미가 묵직heavy하고 풍부rich할 경우엔 나무 특성이 강한 퍼스

---

* 퍼스트 필first fill은 첫번째 재사용하는 오크통. 서드 필third fill은 세번째 재사용하는 오크통을 말한다.

트 필에 장기 숙성하는 게 좋다. 하지만 벤리악은 스피릿이 가벼운 편이다. 그래서 퍼스트 필에 넣어 장기 숙성하면 벤리악 특유의 화사한 풍미가 나무 맛에 다 잡아먹혀버린다"고 설명했다. 이어서 그는 "증류소는 스피릿 특성에 따라 캐스크 선택과 숙성 방식을 다르게 한다. 벤리악은 10년에서 20년까지 숙성할 스피릿은 퍼스트 필에 넣고 30년 넘게 숙성할 때는 나무 영향력이 적은 서드 필을 고른다"라고 말했다.

창업 당시부터 120년 넘게 쓰고 있는 13번 숙성고

숙성고를 둘러보니 중간에 통을 옮겨 다시 숙성하는 캐스크도 많았다. 벤리악에서는 이걸 '2차 재숙성'이라는 의미로 second re-maturation이라고 부른다. 예를 들어 내가 본 것 중에는 1986년부터 20년간 버번 캐스크에 담아둔 위스키를 2006년에 꺼낸 뒤 다시 포트 캐스크로 옮겨 16년째 2차 재숙성하고 있는 것도 있었다. 스튜어트는 "2차 재숙성은 흔히 말하는 피니싱finishing과 완전히 다른 개념이다. 피니싱은 통을 옮겨서 짧게 마무리 숙성한다. 하지만 2차 재숙성은 통을 바꿔 매우 길게 숙성한다"고 차이를 설명했다. 벤리악에서는 이렇게 2차 재숙성하는 경우 캐스크 덮개에 3이나 4라는 숫자를 적는다. 3은 피트 풍미가 없는 논 피티드 위스키를 2차 재숙성하고 있다는 뜻이고, 4는 피트 위

스키 2차 재숙성을 의미한다. 또 중간에 통을 바꾸지 않고 장기 숙성full maturation하는 경우 논 피티드는 1, 피트는 2이라고 적어서 구별한다.

벤리악 위스키 테이스팅

방문자 센터로 돌아와 테이스팅을 했다. 스튜어트는 10년이나 12년 같은 기본 제품 말고 특별한 걸 내주겠다고 했다. 스튜어트가 처음 꺼낸 건 2021년에 나온 몰팅 시즌 첫 에디션이었다. 플로어 몰팅을 부활시킨 2012년에 증류소에서 직접 제조한 몰트로 스피릿을 생산해 2021년에 병입한 제품이다. 버번 캐스크와 살짝만 태운 레벨 1 버진 오크 캐스크를 썼기에 색깔은 밝은 황금빛이었다. 시음을 해보니 벤리악 스피릿 특징인 청사과 향이 두드러졌다. 바닐라 같은 버번 캐스크 풍미와 곡물malty 풍미도 은은하게 혀끝에 남았다. 벤리악이 지금도 매년 봄 8주 동안 플로어 몰팅을 하고 있기에 이 시리즈는 앞으로 계속 나올 것이다. 다음 에디션은 어떻게 달라질지 궁금했다.

몰팅 시즌에 이어 맛본 건 역시 한정판으로 나온 스모크 시즌. 몰트 페놀 수치(피트 레벨)가 35ppm에 달하는 피트 위스키로 알코올 도수는 52.8%였다. 버번 캐스크와 버진 오크 캐스크를 섞은 이 제품은 몰팅 시즌보다 색이 훨씬 진하다. 차 레벨이 더 높은 버진 오크를 숙성에 사용했기 때문이다. 이 녀석은 잔에 따르자마자 고소한 훈연 향이 코끝에 밀려들었다. 마치 '피트는 아일라에만 있는 게 아니야'라고 외치는 것 같았다. 말린 풀을 태운 듯한 은은한

'한정판'으로 진행된 테이스팅

하일랜드 피트 향이 과일과 바닐라, 버진 오크의 스파이시spicy한 풍미와 만나 더욱 풍성해진 느낌이었다.

스튜어트가 마지막으로 가져온 건 2021년 벤리악이 한정 출시한 캐스크 에디션Cask Edition 시리즈 가운데 하나였다. 1994년에 증류해 올로로소 셰리 캐스크에서 27년 숙성한 싱글 캐스크 제품이었다. 맛을 보니 흔히 말하는 '피트 셰리'의 전형이었다. 찐득한 셰리와 강한 피트가 충돌하듯 만났다가 손 붙잡고 헤어지는 느낌이었다. 입안에서 감도는 다크초콜릿 풍미가 제법 인상적이었다.

투어를 마치고 걸어가다가 증류소 옆에 있는 농장이 눈에 띄어서 "저 돼지들은 드래프draff를 사료로 먹겠네요?"라고 물었다. 스튜어트는 "그렇지 않다"고 했다. 스튜어트 얘기를 들어보니 벤리악은 당화하고 남은 드래프와 1차 증류 찌꺼기 팟 에일pot ale을 바이오 플랜트 공장으로 보내 전기 생산에 활용한다. 스튜어트는 "벤리악 증류소 한 곳에서 나온 부산물만으로도 9000가구에 전기를 공급할 수 있다"고 말했다. 드래프와 팟 에일을 사료로 쓰는 시대도 점점 저물고 있다는 생각이 들었다.

아, 마지막으로 한 가지 팩트 체크를 하려고 한다. 내가 너무나 존경하는 데이비드 위셔트 선생님이 집필한 『위스키 대백과』를 보면 "벤리악은 게일어로 '붉은 사슴의 계곡'이라는 뜻"이며 "증류소 근처 숲에서 붉은 수사슴들이 울부짖는다"라고 돼 있다. 하지만 이번에 가서 물어보니 그런 뜻은 아니라고 한다. 증류소에서는 "벤ben은 언덕hill을 말하고 리악riach은 애시 그레이 빛깔ash grey을 의미한다"고 했다. 궁금해서 더 조사를 해봤다.

스코틀랜드에는 위스키와 관련한 온갖 저작물이 다 나와 있다. 그중에는 증류소 이름의 뜻과 유래만 정리한 『The A to Z of Whisky』라는 책도 있다. 이 책에 따르면 벤리악에서 리악은 게일어 riabhach에서 나왔다. 뜻은 '얼룩덜룩한speckled' 혹은 '얼룩무늬인brindled'이다. 이 일대가 송이풀louse-wort로 뒤덮여 있었고 얼룩덜룩한 송이풀을 '리악'이라고 불렀던 데에서 유래했다. 결국 벤리악의 뜻은 '얼룩덜룩한 언덕' 혹은 '(얼룩덜룩한) 송이풀이 있던 언덕'으로 해석하는 게 맞는 것 같다.

BENROMACH

설립 1898년
소속 고든 앤 맥페일Gordon & MacPhail
주소 Invererne Road, Forres, Morayshire IV36 3EB

파고다 루프와 찰스 도이그

스코틀랜드 증류소에 가면 하늘로 솟아 있는 굴뚝 지붕을 자주 보게 된다. 탑pagoda처럼 생긴 지붕roof이라고 해서 이름이 파고다 루프pagoda roof이다. 원래 이 지붕은 몰트 건조실 굴뚝에 설치했다. 몰트를 말릴 때 나오는 연기를 빼내고 바깥 공기가 들어가게 만드는 환풍구 역할이었다. 그러다가 1960년대 이후 플로어 몰팅을 하는 곳이 거의 사라지면서 파고다 루프는 제 기능을 잃었다. 하지만 그 자체로 멋지고 아름다워서 대부분 증류소에선 지금도 파고다 루프를 그대로 달아놓고 있다. 스카치 증류소 상징이 된 파고다 루프는 19세기 후반 찰스 도이그Charles Doig라는 건축가가 디자인했다. 그렇기에 파고다 루프를 도이그 환풍구Doig Ventilator라고 부르기도 한다.

파고다 루프로 유명한 찰스 도이그는 당대 최고의 증류소 건축가였다. 앞서 탐험한 증류소 중에서도 그가 설계한 곳이 한둘이 아니다. 글렌파클라스를 비롯해 탐듀, 올트모어, 벤리악 등이 모두 찰스 도이그 작품이다. 스페이사이드 말고도 달위니, 발블레어, 애버펠디, 올드 풀트니, 탈리스커, 글렌킨치에 이르기까지 스코틀랜드 전역의 수많은 증류소를 찰스 도이그가 디자인했다. 실력이 뛰

찰스 도이그가 탄생시킨
'파고다 루프'(벤로막의 파
고다 루프는 철거되어 이제는
볼 수 없다)

어나다보니 19세기 후반엔 증류소를 새로 짓거나 확장할 때 거의 무조건 찰스 도이그한테 작업을 맡겼다. 일부 자료에서는 찰스 도이그가 설계한 증류소가 56군데라고 돼 있다. 하지만 찰스 도이그가 운영했던 회사 기록을 확인해보면 100여 곳에 달한다고 한다.

매각, 휴업, 매각, 휴업

벤로막 증류소는 빨간 벽돌 굴뚝과 새하얀 건물로 유명하다. 이 증류소 역시 찰스 도이그가 디자인했다. 스카치 유행 막바지였던 1898년 찰스 도이그는 캠벨타운에서 증류소를 운영하던 던컨 맥컬럼Duncan MacCallum과 주류 거래상 브릭만F. W. Brickmann의 의뢰를 받아 벤로막 설계에 들어간다. 지금 방문자 센터에 전시돼 있는

빨간 벽돌 굴뚝과 새하얀 건물로 유명한 벤로막 증류소

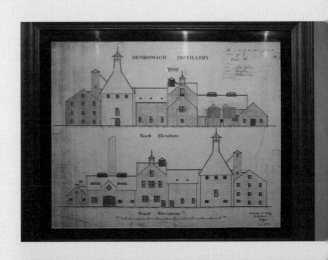

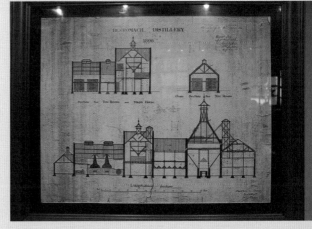

찰스 도이그의 최초 도면.
증류 설비까지 그려져 있다

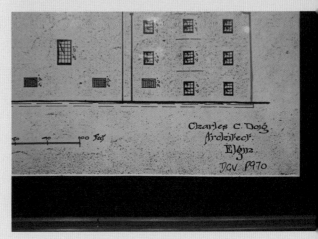

최초 도면을 보면 당시 찰스 도이그는 건물 구조에서부터 당화기나 증류기 같은 설비까지 꼼꼼하게 그려놓은 걸 확인할 수 있다. 하지만 이 설계대로 건물을 다 지은 뒤에도 벤로막은 10년 동안이나 증류소를 가동하지 못한다. 그사이 대체 무슨 일이 있었던 걸까?

이번에도 등장하는 게 패티슨 사태Pattison Crash(글렌파클라스 편 참고)이다. 이 희대의 사건이 터지기 전부터 벤로막 공동 창업자 브릭만은 패티슨과 위스키 거래를 하고 있었다. 1898년 12월 패티슨이 파산하자 브릭만은 당시 돈으로 7만 파운드에 달하는 막대한 부채를 떠안는다. 결국 벤로막은 건물만 지어놓고 1909년까지 단 한 방울의 위스키도 만들지 못한다. 그 뒤로 벤로막의 역사는 한마디로 '매각→휴업→매각→휴업'이라고 할 수 있다. 하도 여러 번 주인이 바뀌고 툭하면 가동이 중단돼 이 과정을 다 적는 건 의미도 없고 재미도 없다.

의미 있는 역사가 다시 시작된 건 한참 세월이 흐른 1953년이다. 이때 벤로막은 새 주인을 맞게 되는데 그게 거대 주류 기업 디아지오의 전신 DCL이었다. 증류소 재벌 DCL은 스페이사이드의 숨은 보물이나 마찬가지였던 벤로막을 인수한 뒤 대대적인 혁신에 착수한다. 1966년 설비를 현대화하고 1974년에는 확장 공사를 통해 생산량을 늘렸다. 하지만 스카치 공급 과잉과 보드카 같은 화이트 스피릿white spirit의 인기로 불황이 찾아오면서 1983년에 다시 가동을 멈춘다. 그렇게 10년이 또 흐른 뒤에야 벤로막은 스코틀랜드 최대 독립병입 회사 고든 앤 맥페일을 만나 새롭게 출발한다.

고든 앤 맥페일의 오랜 꿈

독립병입Independent Bottler 회사는 원래 증류소를 갖고 있을 이유가 없었다. 기존 증류소에서 생산한 스피릿spirit을 사 와서 숙성하거나 숙성을 마친 캐스크를 구매해 원액을 블렌딩한 뒤 자기 브랜드로 병입해 팔면 그만이었다. 하지만 싱글몰트 인기가 올라가면서 스피릿이나 캐스크를 사 오는 게 점점 어려워졌다. 결국 규모 있는 독립병입 회사는 직접 증류소를 세우거나 인수해 운영하고 있다. 독립병입을 하던 시그나토리 빈티지Signatory Vintage가 2002년 에드라두어를 사들인 것이나 이언 맥클로드Ian Macloed가 2003년 글렌고인을 인수한 데 이어 2011년 탐듀를 매입한 것도 다 이런 이유다. 그런데 스코틀랜드의 수많은 독립병입 회사 중에서 최초로 증류소를 직접 운영하기 시작한 곳은 바로 고든 앤 맥페일이다.

자기 증류소를 운영하는 건 120년 넘는 역사를 가진 고든 앤 맥페일의 오랜 꿈이었다. 4대째 가족 독립 경영을 유지하고 있는 고든 앤 맥페일은 수십 년 전부터 증류소 매입을 시도했다. 1950년 스트라스아일라 증류소가 경매 시장 매물로 나왔을 때였다. 당시 고든 앤 맥페일은 캐나다 주류 기업 씨그램Seagram과 치열한 입찰 경생을 했다. 그때 고든 앤 맥페일이 인수 대금으로 써낸 금액은 7만 파운드. 하지만 결과는 안타까운 패배였다. 경쟁자 씨그램이 딱 1000파운드 많은 7만 1000파운드를 제시하며 스트라스아일라를 가져갔기 때문이다. 결국 가문 대대로 내려온 증류소 운영의 꿈은 그로부터 43년이나 지난 1993년 벤로막을 인수하면서 이뤄진다.

120년 넘는 역사를 가진 고든 앤 맥페일.
벤로막을 인수하면서 증류소 운영의 꿈을 이룬다

고품질 소량 생산

증류소에 도착하자 고든 앤 맥페일 아시아 담당 이사 닐Neil James Farquhar이 마중 나와 있었다. 닐은 나를 보자마자 "마침 잘 왔다"라면서 증류를 마친 스피릿을 오크통에 넣고 있으니 빨리 보러 가자고 재촉한다. 서둘러 통입실filling store로 가니 오크통 수십 개를 늘어놓고 스피릿을 채우고 있었다. 닐은 "벤로막은 1년에 뽑아내는 스피릿이 40~50만 리터에 불과하다. 그래서 통입 작업도 매주 수요일과 금요일에 아주 잠깐만 한다. 이걸 보게 된 건 행운"이라고 말했다. 닐의 말처럼 고든 앤 맥페일은 벤로막을 인수하면서 고품질 소량 생산Good Quality Small Production 원칙을 세웠다. 설비가 아담해 365일 풀가동해도 생산 가능한 스피릿은 연간 70만 리터에 불과하다. 2014년에 설립돼 1년에 10만 리터만 뽑아내는

벤로막 증류소 마당에 놓인 오크통

발린달록Ballindalloch을 빼면 스페이사이드에서 가장 작은 생산 규모이다.

올드 스쿨 스페이사이드

벤로막을 인수할 때부터 고든 앤 맥페일이 내세운 지향점은 확실했다. 그들의 목표는 '올드 스쿨 스페이사이드old school Speyside', 즉 '전통 스페이사이드traditional Speyside' 위스키를 부활시키는 것이었다. 요즘 스타일이 아니라 1930~50년대 스페이사이드 위스키로 돌아가겠다는 얘기였다. 고든 앤 맥페일이 이런 목표를 세운 것에 대해 닐은 "1960년대를 기점으로 스페이사이드 위스키는 지나치게 가벼워졌다. 깔끔하고 화사한 쪽으로만 흘러갔다. 벤로막은 너무 가볍지 않으면서 풍부한 풍미와 보디감을 지닌 옛날 스페이사이드 스타일을 지향한다"라고 말했다.

뉴 스쿨new school이 아닌 올드 스쿨old school을 지향하기에 벤로막은 몰트도 10~12ppm 정도로 피트 처리된 걸 기본으로 사용한다. 핵심 라인업인 벤로막 10년, 15년, 21년을 비롯해 대부분의 제품을 은은한 피트 몰트로 만든다. 또 피트 스모크Peat Smoke 같은 제품을 만들 때에는 30~55ppm에 달하는 강력한 피트 몰트를 쓰기도 한다.

▲ 은은한 피트 몰트로 만든 핵심 라인업 제품
▼ 피트 스모크는 강력한 피트 몰트를 쓴다

유기농 위스키 오가닉

벤로막은 유기농 몰트로도 위스키를 만든다. 토양 협회Soil Association 정식 인증까지 받은 오가닉Contrasts Organic이다. 이 제품 이야기를 하면서 닐은 유기농 위스키 생산이 얼마나 힘든지 설명 해주었다. 일단 유기농 위스키는 재료비부터 많이 든다. 유기농 몰트가 비유기농보다 두 배 이상 비싸다. 또 만들고 싶다고 아무 때나 만들 수 있는 것도 아니다. 벤로막의 경우에는 여름에 증류소 가동을 중단하는 시기°에만 잠깐 생산한다. 일반 제품 만들 때 쓰는 비유기농 몰트가 조금이라도 섞이면 안 되기 때문이다. 같은 이유로 유기농 위스키 생산에 들어갈 때에는 당화조와 발효조, 증류기를 포함해 모든 설비를 먼지 하나 남지 않도록 깨끗이 청소한다. 벤로막을 비롯해 스프링뱅크나 브룩라디 등에서 유기농 위스키를

사일런트 시즌에만 잠깐 생산하는 유기농 위스키

소량 한정판으로만 내놓는 건 이런 어려움이 있기 때문이다.

컴퓨터 안 쓰는 핸드 크래프트 증류소

벤로막은 생산량이 적기 때문에 발효와 증류가 한 공간에서 이뤄진다. 설비 다루는 근무자도 딱 한 명뿐이다. 물론 요즘엔 모든 공정을 컴퓨터로 자동제어하는 시스템을 갖춘 곳이 많아서 혼자 모니터만 보며 일하는 데도 많다. 하지만 벤로막은 그런 경우가 아니었다. 여기는 자동화 설비라는 게 아예 없다. 모두 사람이 손으로 돌려 작업하는 수동식이다. 증류액spirit을 초류, 중류, 후류로 나누는 스피릿 컷spirit cut도 당연히 손으로 직접 한다. 발효와 증류 상황을 기록하는 작업 일지까지도 수기로 작성한다. 닐은 "벤로막은 수공업 방식, 핸드 크래프트hand craft 정신에 충실한 곳이다. 컴퓨터 장비는 하나도 없다. 사무실에 있는 컴퓨터는 오로지 이메일 보낼 때만 사용한다"고 말했다.

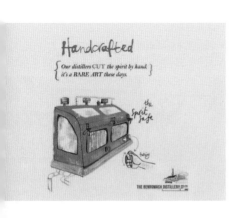

▲ 핸드 크래프트 정신에 충실한 스피릿 컷
▼ 작업 일지도 수기로 작성한다

지금 벤로막이 쓰고 있는 모든 설비는 1993년 고든 앤 맥페일이 증류

소를 인수한 뒤에 마련한 것이다. 증류소를 넘겨받을 당시 건물에는 스피릿을 담아두는 탱크spirit receiver 하나 말고는 그 어떤 것도 남아 있지 않았다고 한다. 닐은 "남은 설비가 하나도 없어서 증류소를 가동하기까지 준비 기간이 5년이나 걸렸다"면서 "증류소가 텅 비어 있어서 새로 들여온 장비를 집어넣기에는 오히려 수월했다"고 회상했다.

▲ 100살 넘은 나이에도 끄떡없이 잘 돌아가는 보비 제분기
▼ 어김없이 로니 리의 이름이 보인다

대강의 설명을 듣고 난 뒤 생산 설비를 하나하나 살펴봤다. 우선 몰트를 분쇄하는 보비R. Boby 제분기는 한눈에 봐도 역사가 느껴졌다. 낡아도 너무 낡아 보였다. 대체 얼마나 된 거냐고 물었더니 정확한 생산 연도는 알 수 없지만 100년은 훨씬 넘었다고 한다. 100년 넘은 제분기가 잘 돌아가

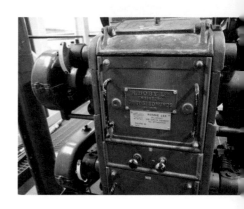

는 게 신기하다고 하자 닐은 "아직까지 고장이 한 번도 없었다. 만약 문제가 생겨도 이분이 다 해결해줄 것"이라며 제분기에 붙어 있는 로니 리라는 이름을 가리켰다(로니 리는 올트모어 편 참고). 역시 로니 리는 스카치 업계의 유명인사가 틀림없다.

벤로막 당화조는 세미 라우터 방식으로 1.5톤짜리 초소형이다. 이걸로 뽑아내는 워트wort(맥아즙) 역시 한 번에 7500리터밖에 안 된다. 내가 가본 스코틀랜드 증류소 중에 벤로막보다 작은 당화조

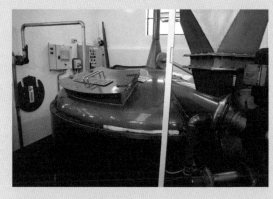

◀ 1.5톤짜리 초소형 당화조
▼ 발효조도 아담하다

▼ 맥주 양조 효모를 쓰면서 곡물과 과일 풍미가 더 강해졌다고 한다

를 쓰는 곳은 하일랜드 울프번(1.1톤)과 아일라섬 킬호만(1.2톤)뿐이다. 낙엽송 재질의 발효조 4개도 크기가 작았다. 일주일에 닷새만 설비를 가동하기 때문에 발효 시간도 이원화했다(주 5일 가동 증류소 발효 시간은 크래건모어 편 참고). 주말을 끼고 길게 할 때는 135시간 동안 발효하고 평일에 짧게 할 때는 59시간 만에 마친다. 구체적으로 설명하면 벤로막은 일주일에 총 14번 발효를 한다. 그중 9번은 135시간, 나머지 5번은 59시간이다. 평균으로 따지면 나흘 정도 충분히 발효하는 셈이다. 발효 공정에서 특이한 점은 글렌알라키나 벤네비스처럼 이곳에서도 맥주 양조용 효모brewer's yeast를 섞어서 쓴다는 사실이다. 닐은 "맥주 양조 효모가 풍미를 더 다양하게 이끌어낸다. 맥주 효모를 쓰면서 곡물과 과일 풍미가 더 강해졌다more malty, more fruity"라고 설명했다.

적당히 묵직한 스피릿

증류기도 크지 않았다. 1차 증류기wash still는 1만 리터, 2차 증류기spirit still는 6000리터 정도였다. 라인 암lyne arm은 수평에 가깝지만 살짝 아래로 향하고 있었다. 이런 증류기 크기와 형태만 봐도 벤로막이 추구하는 스피릿을 짐작할 수 있었다. 닐은 "전통 스페이사이드 위스키처럼 너무 가볍지 않고 적당히 묵직한, 미디엄 헤비medium heavy 스피릿을 뽑아내는 게 우리의 목표"라고 강조했다.

2차 증류기에서 나오는 스피릿 가운데 처음 20분은 초류head로 끊어낸다. 그 뒤로부터 나오는 스피릿을 중류heart로 잡아낸다. 초류에서 중류로 전환되는 컷 포인트heart cut point는 스피릿 알코올

증류기 크기와 형태에서 짐작할 수 있듯
이 벤로막은 적당히 묵직한 스피릿을 추
구한다

도수 72%(abv)였다. 증류에서 후류tail로 바뀌는 컷 포인트feints cut point는 60.8%였다. 벤로막 역시 제품 특성에 따라 컷 포인트는 다양하게 조정한다. 유기농 위스키 오가닉은 증류를 72%에서 63%까지 잡아낸다. 일반 제품보다 가볍고 활기찬 느낌을 주기 위해서다. 반대로 피트 스모크는 컷 포인트를 59%까지 확 낮춘다. 벤리악 편에서도 설명한 것처럼 컷 포인트를 낮춰서 스모키한 풍미를 강조하려는 의도이다.

중류로 확보한 스피릿은 저장 탱크인 스피릿 리시버spirit receiver로 옮긴다. 다른 증류소가 스테인리스 통을 리시버로 쓰는 반면에 벤로막은 참나무 통을 쓰고 있었다. 닐은 "우리는 전통 방식을 지향하기 때문에 가급적 나무 설비를 많이 사용한다"고 말했다. 닐의 설명처럼 벤로막은 리시버에 담긴 스피릿의 양을 확인할 때도 기다란 나무막대기를 쓴다. 나무로 된 자를 집어넣어 용량을 재는 모습은 벤로막이나 스프링뱅크처럼 전통 방식을 시극히 중시하는 증류소에서만 볼 수 있는 희귀한 모습이다. 설비가 현대화된 대다수 증류소에서는 용량을 센서로 자동 측정한다.

증류 공정까지 살펴보고 밖으로 나오려는데 증류실 아래층 벽에 붙은 나무판이 눈에 띈다. 다가가서 자세히 봤더니 1983년 DCL이 증류소 문을 닫기 직전에 마지막 통입filling을 하면서 남겨

전통 방식을 지향하는 벤로막은 리시버에 담긴 스피릿의 양을 확인할 때 나무로 된 자를 사용한다

놓은 기록이었다. 이걸 보니 마지막 통입last filling은 정확히 1983년 3월 24일에 했고 당시 매니저는 맥도날드Macdonald라는 분이었다는 걸 알 수 있었다. 정든 증류소를 떠나기에 앞서 마지막으로 오크통에 스피릿을 채우면서 매니저와 직원들은 어떤 심정이었을까? 끝까지 최선을 다해 위스키를 만든 그들의 이름을 기억하기 위해 고든 앤 맥페일은 증류소 인수 이후에도 이 나무판을 떼지 않았다. 그리고 바로 옆에 다시 증류를 시작한 날짜(1998년 8월 21일)와 매니저 이름을 적어놨다. 벽 한쪽에 붙어 있는 이 나무판은 한 시대가 저물고 다시 새로운 시대가 시작됐음을 알리는 벤로막 역사의 이정표 같다는 생각이 들었다.

벤로막 역사의 이정표

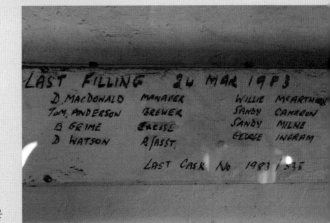

DCL 마지막 통입은
1983년 3월 24일,
재가동 이후 첫 증류는
1998년 8월 21일이다

오로지 퍼스트 필만 쓴다

나는 위스키 생산 철학과 제조 원칙이 뚜렷한 곳을 좋아한다. '100% 직접 가열'을 내세우는 글렌파클라스나 '오로지 셰리only sherry'를 외치는 탐듀가 맘에 드는 건 자기만의 확실한 고집이 있기 때문이다. 그런 면에서 볼 때 벤로막도 철학과 원칙이 확고하다. 요즘이 아니라 옛날 스타일 위스키를 만들겠다는 목표나 핸드 크래프트 정신에 입각한 생산 시스템부터 그렇다. 하지만 이보다 더 결정적인 원칙은 숙성 방식이다. 벤로막은 '오로지 퍼스트 필 캐스크 숙성exclusively first fill cask matured'을 캐치프레이즈로 내걸고 있다. 아예 이 문구를 증류실에 커다랗게 써놨다.

말이야 쉽지, 퍼스트 필만 쓴다는 건 대단히 힘든 일이다. 수익을 내야 하는 증류소 입장에선 쉽지 않은 결정이다. 켄터키에서 잔뜩 가져올 수 있는 버번 캐스크는 큰일이 아닐 수 있지만, 요즘 말로 가격이 '안드로메다로 가버린' 셰리 캐스크까지 퍼스트 필로만 쓴다는 건 과감한 투자 없이는 불가능하다. 따지고 보면 벤로막이 모든 위스키를 퍼스트 필 캐스크로 숙성할 수 있는 건 두 가지 요인이 있다. 하나는 연간 생산량이 40~50만 리터밖에 안 될 만큼 적기 때문이다. 또 하나는 캐스크 확보에 있어서는 누구한테도 뒤지지 않는 고든 앤 맥페일이 든든히 버티고 있어서다. 닐은 "벤로막은 작은 증류소이고 고든 앤 맥페일은 좋은 캐스크를 살 돈이 충분하다"고 설명했다.

벤로막 숙성고는 모두 7개이다. 6개는 전통 더니지 숙성고이고 하나는 현대식 선반형이다. 이 7개 숙성고에 3만 캐스크가 저장돼 있다. 4000개 정도의 캐스크가 잠자고 있는 전통 더니지 숙성

벤로막 이름 위로 "EXCLUSIVELY FIRST-FILL CASK MATURED"라는 문구가 보인다

고 한 곳에 들어가봤다. 맨 아래 칸에는 증류소가 재가동에 들어 간 1998년부터 생산한 오크통이 연도별로 나란히 놓여 있었다. 맨 위 칸에는 버진 오크virgin oak에 담긴 오가닉 위스키 캐스크가 있 었다. 닐은 "오가닉 캐스크를 가장 위쪽에 올려놓은 것도 이유가 있다. 혹시라도 오가닉 위스키 캐스크를 아래에 봐뒀다가 위 칸에 놓인 오크통이 새서 일반 위스키가 오가닉 캐스크에 스며들어가 면 안 되기 때문"이라고 말했다.

1998년부터 생산한 오크통이 연도별로 놓여 있다

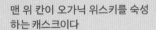

맨 위 칸이 오가닉 위스키를 숙성하는 캐스크이다

벤로막의 네 가지 키워드

숙성고까지 둘러보고 나서 테이스팅을 했다. 친절한 닐은 방문자 센터에 벤로막 기본 제품(10년, 15년, 21년)은 물론이고 오가닉과 피트 스모크, 그리고 2022년에 선보인 3중 증류 위스키 트리플 디스틸드Triple Distilled까지 깔아놨다. 이걸 한 잔씩 다 마셨다가는 오전부터 취할 거 같았다. 고민 끝에 한국에서 이미 맛본 기본 제품은 빼고 나머지 세 가지만 테이스팅하기로 했다. 처음으로 맛본 오가닉은 2013년에 스피릿을 뽑아서 버진 오크 캐스크에서 8년 이상 숙성했다. 약하게 피트 처리한 몰트를 썼지만 숙성을 버진 오크에 해서인지 스모키한 풍미가 확실하게 다가왔다. 달달한 곡물 풍미도 잘 느껴졌다. 다음으로는 트리플 디스틸드를 테이스팅했다. 2022년에 출시된 이 제품은 '1차 증류기→2차 증류기→2차 증류기' 이렇게 세 번 증류한 스피릿을 버번 캐스크에서 10년 숙성했다. 3중 증류를 했기에 확실히 기본 제품에 비해 더 가볍고 활발했다. 레몬 같은 시트러스한 과일 향도 인상적이었다. 마지막으로 맛본 피트 스모크는 버번 캐스크에 11년을 숙성했다. 몰트 건조할 때 사용한 피트는 애버딘Aberdeen 인근에서 캐 왔고 피트 레벨(몰트 페놀 수치)은 35ppm이었다. 소독약 냄새가 진동하는 아일라 피트와 달리 은은하고 부드러운 하일랜드 피트 향이 산산하게 맴돌았다.

테이스팅을 하는 동안 닐은 마치 '일타강사'가 된 것처럼 벤로막의 핵심 키워드를 네 가지로 정리했다. 그러면서 "다른 건 다 잊어도 이것만은 꼭 기억해달라"고 당부했다.

'일타강사' 닐이 정의한 벤로막의 키워드는 ①전통 ②수공업 정신 ③고품질 소량 생산 ④퍼스트 필이었다.

벤로막 방문자 센터

이날 준비된 테이스팅 제품. 이중에서 오가닉
과 피트 스모크, 트리플 디스틸드를 테이스팅
했다(나머지 기본 제품은 바이알에 담아 왔다)

"전통, 수공업 정신, 고품질 소량 생산, 퍼스트 필"

　자, 이제 여러분도 벤로막의 특징이 뭐냐고 누군가 묻거든 딱 저렇게만 대답하면 된다.

　이상 벤로막 강의 끝.

GLEN MORAY

설립 1897년
소속 라 마르티니케스La Martiniquaise
주소 Bruceland Road, Elgin, Morayshire IV30 1YE

예약

금주법이 탄생시킨 위스키

먼저 퀴즈 하나. 다음의 힌트를 보고 떠오르는 위스키를 맞히시오.

①범선 ②금주법Prohibition ③리얼 맥코이Real McCoy ④무라카미 하루키 ⑤영화 〈그린북〉

문제가 너무 쉽지 않은가? 그렇다. 정답은 커티삭Cutty Sark이다. 아마 위스키 좀 즐기는 분이라면 1번 힌트 하나만으로 충분했을 것이다. 돛을 단 배가 라벨에 그려진 위스키라고 하면 커티삭부터 떠올랐을 테니까. 라벨에서 짐작할 수 있듯이 커티삭은 19세기 홍차를 실어 나르던 범선(커티삭호)에서 이름을 따왔다.

1923년에 출시된 커티삭은 미국 금주법과 연관이 크다. 애초에 이 위스키는 런던에 있는 베리 브라더스 앤 러드Berry Bros. & Rudd라는 회사가 미국 시장을 겨냥해 만들었다. 17세기 말부터 와인과 위스키를 거래해온 베리 브라더스는 1920년 금주법 시행으로 타격을 입게 되자 미국으로 밀수출할 제품 개발에 들어간다. 미국 술꾼들이 가볍고 깔끔한 위스키를 선호하는 걸 고려해 피트peat 풍미를 빼고 순하고 부드러운 맛에 색깔까지 연하게 만들었다.

철저하게 미국인 입맛에 맞게 개발한 커티삭은 금주법 기간에 미국에서 인기를 끈다. 그러면서 '리얼 맥코이'라는 신조어가 탄생한다. 진품 혹은 진짜를 뜻하는 리얼 맥코이는 이 시기에 커티삭을 미국으로 몰래 실어 나른 윌리엄 맥코이 선장 이름에서 나왔다. 맥코이 선장이 가져온 커티삭 위스키를 미국 주류 밀매 상인들은 "이게 진짜 맥코이 선장이 실어온 것It's the Real McCoy"이라고 홍보했다.

이 표현이 굳어져 리얼 맥코이(진품)라는 말이 생겼다.

커티삭은 일본 작가 무라카미 하루키가 대놓고 편애한 위스키이기도 하다. 위스키를 너무도 사랑해 『위스키 성지여행』이라는 책까지 펴낸 하루키는 평소 가장 즐기는 블렌디드 위스키로 시바스 리갈과 함께 커티삭을 꼽았다. 1983년에 펴낸 에세이집에는 「커티삭 자신을 위한 광고」라는 글까지 수록했다. 또 『1Q84』를 비롯해 장편소설 6편에 커티삭을 등장시켰다. 그런가 하면 커티삭은 영화 〈그린북〉에서도 비중 있게 나온다. 흑인 천재 피

무라카미 하루키가 사랑한 위스키 커티삭

아니스트 돈 셜리는 인종차별이 심한 남부에서 연주 여행을 하는 동안 매일 밤 이 위스키를 홀짝인다.

프랑스 억만장자가 소유한 증류소

커티삭 위스키 브랜드는 프랑스 회사 라 마르티니케스가 갖고 있다. 2019년 라 마르티니케스는 맥캘란으로 유명한 에드링턴The Edrington Group한테서 커티삭을 사들였다. 거액이 오갔을 것으로 추정되지만 매입 가격은 비밀에 붙여졌다. 커티삭 주인이 된 라 마르티니케스가 생소한 분도 있을 것 같아 잠깐만 소개하겠다. 이 회사는 포브스 추정 자산 1조 4000억 원에 달하는 장피에르 카야드Jean-

▲ 세계 10대 증류주 생산 업체 중 하나인 라 마르티니케스

▼ 세계에서 8번째로 많이 팔리는 스카치위스키 '라벨 5'

Pierre Cayard가 소유한 프랑스 주류 기업이다. 세계 10대 증류주 생산 업체 중 하나인 라 마르티니케스는 럼, 진, 보드카 등 여러 주류 브랜드와 함께 세계에서 8번째로 많이 팔리는 스카치위스키 라벨 5Label 5도 갖고 있다. 유럽에서 인기 많은 라벨 5는 2021년 기준으로 듀어스Dewar's나 제이앤비J&B보다 많이 팔렸다. 라벨 5 같은 블렌디드 위스키 생산을 원활하게 하려고 억만장자 장피에르 카야드는 2008년 루이비통이 갖고 있던 스코틀랜드 증류소를 매입한다. 그게 바로 글렌 모레이였다.

증류소가 된 맥주 양조장

글렌 모레이는 스페이사이드에서 가장 큰 도시인 엘긴Elgin에 있다. 엘긴 중심가에서 차로 5분도 안 걸린다. 접근성이 좋다보니 방문객이 끊이지 않는다. 내가 찾아갔을 때에도 프랑스 단체 관광객을 비롯해 곳곳에서 온 위스키 애호가로 북적이고

411

있었다. 1897년에 설립된 이 증류소의 첫 인상은 작고 오래됐다는 것이다. 증류실을 비롯해 곳곳의 벽이 온통 새까만 곰팡이로 뒤덮여 있었다. 역사와 전통이 한눈에 느껴졌다.

글렌 모레이 역사를 살피다보면 서늘한 얘기가 있다. 17세기 말, 정확히는 1697년까지 지금 증류소 자리에 중범죄자를 단죄하는 처형장gallows이 있었다. 1962년 글렌 모레이 증류소에서 숙성고를 지으려고 땅을 파자 시신 7구가 나왔다. 그중 한 구는 턱에 총알이 박혀 있었다. 물론 이런 섬뜩한 얘기를 증류소 투어 가이드가 해주지는 않는다. 하지만 글렌 모레이를 다룬 거의 모든 책에는 이 이야기가 담겨 있다.

처형장이 문을 닫고 130년이 흐른 뒤엔 에일 맥주 양조장Elgin West Brewery이 생겼다. 바로 옆에 로시강River Lossie이 흘러 물이 풍부했기 때문이다. 위스키든 맥주든 술을 만들려면 역시 물이 좋고 또 많아야 한다. 250미터 떨어진 로시강에서 물을 끌어와 맥주를 만들던 양조장이 증류소로 바뀐 건 1897년이다. 19세기 후반 스카치 황금기가 이어지자 엘긴의 여러 상인은 양조장을 인수해 증류소로 탈바꿈시킨다. 양조장 건물에 증류 설비를 갖추고 전기까지 끌어와 위스키 생산에 들어간다.

스카치위스키의 황금기

여기까지 읽으며 1897이라는 연도에 주목해 밑줄을 긋거나 동그라미를 친 분이 있는가? 그렇다면 당신은 대단히 훌륭한 독자다. 왜냐? 그동안 우리가 탐험한 스페이사이드 증류소 중에는

작고 오래된 증류소

▲ 긴 세월이 엿보이는 생산 시설
▶ 곰팡이로 뒤덮인 새까만 벽에서도 역사와 전통이
  느껴진다

1897년에 창업하거나 가동에 들어간 곳이 많았기 때문이다. 우선 탐듀가 건립된 게 1897년이다. 올트모어가 공사를 마치고 위스키 생산에 돌입한 것도 1897년이다. 파란만장한 존 더프가 벤리악을 지은 것 역시 1897년이다. 이런 역사를 설명할 때마다 나는 '스카치의 황금기'라는 표현을 썼다. 이참에 1897년 무렵 스카치 황금기 상황을 살펴보자.

19세기 후반 스카치위스키가 봄날을 맞은 건 두 가지 때문이다. 하나는 몰트위스키에 그레인위스키를 섞은 블렌디드 위스키의 탄생이다. 지금이야 싱글몰트가 인기를 끌고 있지만 과거엔 그렇지 않았다. 19세기 스코틀랜드 증류소에서 생산한 몰트위스키는 품질이 들쭉날쭉한데다 풍미도 지나치게 강했다. 하지만 1830년대 이니어스 코페이Aeneas Coffey가 개량한 연속식 증류기가 보급되면서 변화가 생긴다. 적은 비용으로 스피릿을 대량 생산할 수 있게 되자 1860년대부터 블렌디드 위스키가 쏟아져나온다. 조니워커, 듀어스, 발렌타인 같은 게 전부 이 시기에 나왔다. 새롭게 등장한 블렌디드 위스키는 소비자에게 만족감을 줬다. 먼저 기존 몰트위스키보다 부드럽고 가벼워 마시기에 편했다. 더구나 그레인위스키를 섞었기에 가격도 합리적이었다. 맛은 부드럽고 가격은 착한 블렌디드가 인기를 끌면서 스카치 황금시대가 열린다.

블렌디드 위스키가 뜨기 시작한 시기에 프랑스에선 전대미문의 재앙이 벌어진다. '포도나무 흑사병'으로 불린 필록세라phylloxera였다. 1863년 프랑스 아를에서 발병한 필록세라는 삽시간에 유럽 전역으로 퍼졌다. 필록세라가 창궐하며 유럽 전체 포도밭의 4/5가 황폐화됐다. 포도가 없으니 와인을 만들 수 없었다. 브랜디 생산도 당연히 불가능했다. 이게 스카치 생산업자에게는 하늘이 내린

1897년은 '스카치의 황금기'였다

기회나 마찬가지였다. 강력한 경쟁자가 사라진 상황에서 블렌디드 위스키는 유럽과 미국 주류 시장을 장악한다.

글렌 모레이와 글렌모렌지

달이 차면 기운다고 했던가. 한창 잘나가던 스카치위스키는 1898년 12월 패티슨 사태를 계기로 추락한다. 이때 패티슨과 손잡고 있던 증류소와 위스키 회사가 한꺼번에 폭삭 망한다. 여기에 보어전쟁Boer War* 여파로 스카치 수요까지 줄면서 업계 전체가 바닥으로 떨어진다. 이런 암울한 상황에서 글렌 모레이도 오래 버티지 못했다. 20세기 들어 판매 부진에 시달리다 1910년에 가동을 중단한다. 그렇게 10년이 흐른 뒤 글렌 모레이는 맥도날드 앤 뮤어 Macdonald & Muir라는 회사한테 넘어간다.

1893년 스코틀랜드 리스Leith에서 설립된 맥도날드 앤 뮤어는 하일랜드 퀸Highland Queen이라는 블렌디드 위스키로 명성을 얻고

415 ●1899~1902년 영국이 남아프리카에서 보어인이 건설한 트란스발 공화국과 벌인 전쟁

있었다. 하일랜드 퀸에 필요한 몰트 원액을 위해 맥도날드 앤 뮤어는 1910년대 후반부터 몰트 증류소 매입을 시도한다. 1918년에는 하일랜드 글렌모렌지 증류소 지분 40%를 확보했고 2년 뒤인 1920년에는 스페이사이드 글렌 모레이 증류소를 사들였다. 이후 맥도날드 앤 뮤어는 글렌모렌지의 나머지 지분까지 매입해 두 증류소를 함께 운영한다.

글렌 모레이는 1980년대까지는 블렌디드 제조용 원액 생산에 전념했다. 가끔 싱글몰트도 내놨지만 시장에서 찾아보기 힘들었다. 그러다가 1990년대 들어 싱글몰트 제조에 힘을 쏟으며 마무리 숙성, 즉 피니싱finishing을 본격 도입한다. 발베니 편에서 언급한 것처럼 당시 글렌 모레이 자매 증류소였던 글렌모렌지는 마무리 숙성의 선두 주자였다. 이 영향으로 같은 회사 소속 글렌 모레이도 피니싱을 일찍 시작하게 된 것이다. 그 결과 1999년에는 샤르도네 와인 캐스크에서 마무리 숙성한 싱글몰트에 이어 슈냉블랑Chenin Blanc 와인 캐스크에서 피니싱한 제품을 내놓았다. 오랜 세월 글렌모렌지와 한 가족이었던 글렌 모레이는 2004년 명품기업 루이비통으로 함께 매각됐다. 4년 뒤에는 억만장자가 소유한 라 마르티니 케스로 넘어간다(글렌모렌지와 아드벡은 여전히 루이비통 소속이다).

응축기를 두 대 쓰는 까닭

전 세계 100개국에 판매망을 갖고 있고 재정적으로도 탄탄한 새 주인을 만난 뒤 글렌 모레이는 빠르게 성장하고 있다. 블렌디드 원액 생산 말고도 싱글몰트 비중이 점점 커지고 있다.『몰트위스키 이

◀ 한때 글렌 모레이 자
매 증류소였던 글렌모
렌지
▼ 글렌모렌지의 영향으
로 글렌 모레이도 일찍
이 피니싱을 시작했다

어북』에 따르면, 2020년 한 해 동안 글렌 모레이 싱글몰트는 모두 170만 병이 팔렸다. 라 마르티니케스가 증류소를 인수한 2008년과 비교하면 260% 증가했다. 글렌 모레이 투어 가이드는 "스피릿 생산량도 꾸준히 늘고 있다"면서 "과거엔 연간 200만 리터에 불과했지만 지금은 최대 600만 리터까지 가능하다"고 말했다.

스피릿 생산량이 늘면 몰트도 그만큼 많이 써야 한다. 현재 글렌 모레이는 10톤짜리 당화조로 일주일에 27번 당화 공정을 한다. 하루 평균 4번 정도 당화를 하기에 매일 몰트 40톤 이상을 사용한다. 스페이사이드 버키Buckie에 있는 전문 업체Boort Malt에서 가져온 몰트를 70톤짜리 대형 사일로 18곳에 나눠서 저장해둔다. 몰트를 분쇄할 때에는 80년 된 빨간색 포르테우스Porteus 제분기를 사용한다.

▲ 10톤짜리 당화조
▼ 80년 된 포르테우스 제분기

발효조는 16개를 가동한다. 2021년 여름에 2개를 더 늘렸다. 모두 스테인리스 발효조이고 발효 시간은 평균 58시간으로 그리 길지 않다. 이어서 증류 공정을 살펴봤다. 설비 배치가 특이했다. 보통 다른 증류소에서는 1차 증류기wash still와 2차 증류기spirit still를 한 공간에 놔두고 돌린다. 하지만 글렌 모레이는 1차 증류기 3대를 당화조 옆에 배치하고 2차 증류기 6대

는 별도 공간에 따로 놔뒀다. 왜 이렇게 했는지 궁금해 물어봤더니 생산량을 늘리려고 증류기를 추가 설치하면서 공간이 부족해 떼어놨다고 한다.

2015년에 교체한 1차 증류기는 이탈리아 프릴리Frilli사 제품이었다. 스코틀랜드, 특히 스페이사이드 증류소를 다니며 프릴리 증류기를 보게 될 줄은 몰랐다. 거의 다 스페이사이드 로시스Rothes에 있는 포사이스Forsyths 회사 제품을 쓰기 때문이다. 증류기와 연결된 응축기condenser도 눈에 띄었다. 1차 증류기에 응축기가 각각 2개씩 달려 있었다. 1차 증류기가 3대인데 응축기는 다 합쳐 6대나 됐다. 이렇게 추가 응축기extra condenser까지 달아서 두 번에 걸쳐 응축을 하는 이유는 스피릿을 한 방울이라도 더 뽑아내 생산 효율을 올리기 위해서이다. 탐나불린 등에서 쓰는 서브 쿨러sub cooler가 일종의 보조장치인 반면에 글렌 모레이 추가 응축기는 크기도 본체와 맞먹는다.

유리창 달린 2차 증류기

낭화실에 있는 1차 증류기를 보고 나서 2차 증류기 6대가 모여 있는 증류실로 향했다. 자세히 살펴보니 2차 증류기는 모양에서 조금씩 차이가 있었다. 최근에 설치했다고 하는 1번 2차 증류기는 구형인 2번 2차 증류기에 비해 본체 밑 부분이 옆으로 더 퍼진 형태였다. 그중에서도 눈길이 가는 건 5번 2차 증류기였다. 이 증류기에는 특이하게 유리창이 달려 있었다. 아마 이 대목에서 2차 증류기에 유리창 달린 게 왜 특이하냐고 묻는 분도 있을 것 같다.

▲ 이탈리아 프릴리사의 1차 증류기
▼ 증류기 하나에 응축기 2개가 달려 있다

▲ 2차 증류기는 별도 공간에 설치되어 있다
▼ 유리창이 달린 2차 증류기

　　스코틀랜드 증류소에서 1차 증류기와 2차 증류기를 구별하는 가장 쉬운 방법은 유리창sight glass이 있는지 없는지 살펴보는 것이다. 유리창이 있으면 1차 증류기, 없으면 2차 증류기라고 보면 된다. 1차 증류기에 유리창이 달려 있는 건 이유가 있다. 발효를 마친 워시wash(발효액)에는 단백질 성분이 많다. 이걸 1차 증류기에 넣고 증류하면 단백질 때문에 거품이 많이 생긴다. 이 거품이 끓어 넘쳐 라인 암lyne arm을 타고 응축기로 넘어가면 스피릿 자체를 망칠 뿐 아니라 라인 암과 응축기까지 전부 세척한 뒤 다시 증류해야 한다. 이런 악몽 같은 일을 막기 위해 증류소 스틸맨still man은 1차 증류기 유리창으로 거품이 어디까지 올라왔는지 확인한다. 거품이 지나치게 끓어오른다 싶으면 불 조질을 해서 온도를 낮춘다. 거품 발생을 줄이려고 비누 같은 계면활성제를 넣고 증류하는 곳도 많다.

　　2차 증류기에는 유리창이 필요 없다. 1차 증류를 마친 로우 와인low wine에는 단백질 성분이 남아 있지 않아 거품이 끓어 넘칠 걱정이 없어서다. 하지만 예외 없는 법칙은 없다. 글렌 모레이에서는 유리창 달린 2차 증류기를 쓰고 있다. 또 나와 투어를 함께한 이세기씨가 일하는 라세이Raasay 증류소를 비롯해 몇 곳은 창이 달린 2차 증류기를 사용한다. 라세이 증류 공정을 담당하는 이세기씨 얘기를 들어보면 2차 증류기에 유리창이 달려 있어서 나쁠 건 하나도 없다. 오히려 증류 상황을 살필 수 있어 도움이 된다고 한다.

끝없는 캐스크 탐험 정신

글렌 모레이 증류소를 돌아다니다보면 곳곳에 "Cask Explorer (캐스크 탐험가)"라는 문구가 적혀 있는 걸 보게 된다. '캐스크 탐험'이라는 표현을 캐치프레이즈로 내세운 건 그만큼 이 증류소가 다양한 오크통을 숙성에 활용한다는 뜻이다. 글렌 모레이 숙성 방식은 한마디로 '기본 숙성+다양한 마무리 숙성(피니싱)'이라고 할 수 있다. 먼저 기본 숙성에는 대부분 버번 캐스크를 쓴다. 이 캐스크는 에반 윌리엄스로 유명한 켄터키 헤븐힐 증류소에서 가져온다. 버번 캐스크로 기본 숙성이 끝난 뒤에는 추가 숙성을 한다. 피니싱에 활용하는 캐스크는 정말 다양하다. 럼이나 코냑, 마데이라, 포트는 물론이다. 보르도, 부르고뉴, 소테른, 리오하 등 와인 캐스크도 여러 곳에서 가져온다. 마무리 숙성용으로 쓰는 웬만한 오크통은 전부 다 사용한다고 보면 된다. '이탈리아 와인의 왕'으로 불리는 바롤

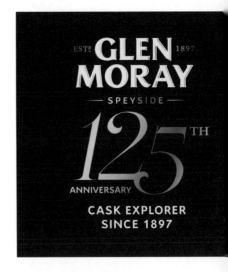

다양한 오크통을 숙성에 활용하는
'캐스크 탐험가' 글렌 모레이

로를 숙성시켰던 캐스크나 헝가리 토카이 캐스크, 스페인 만자니아 캐스크에서 각각 마무리 숙성한 위스키를 '1번 숙성고 컬렉션 Warehouse 1 Collection'으로 묶어서 내놓기도 했다.

특유의 버터스카치 풍미

어릴 때 선물로 받은 종합 과자 세트에 빠지지 않고 들어 있던 게 스카치 캔디였다. 이거 하나 입에 넣고 살살 녹이면 버터와 설탕 맛이 어우러져 아주 그만이었다. 우리가 '스카치 캔디' 맛이라고 하는 버터스카치butterscotch 풍미는 위스키 마실 때도 가끔 느껴진다. 대표적인 게 글렌 모레이이다. 글렌 모레이 풍미를 언급할 때마다 전문가들도 버터스카치 얘기를 빼놓지 않는다.

버터스카치 풍미가 특징인 글렌 모레이 위스키 세 가지를 테이스팅했다. 버번 캐스크 숙성 이후 카베르네 쇼비뇽 캐스크에서 추가 숙성한 클래식 시리즈 카베르네 피니시Cabernet Cask Finish를 맨

1번 숙성고 컬렉션

'캐스크 탐험가'답게 정말 다양한 캐스크를 활용해 피니싱한다

버터스카치 풍미가 잘 느껴지는 글렌 모레이

먼저 맛봤다. 다음으로는 45ppm으로 피트 처리된 몰트로 제조한 클래식 시리즈 피티드 싱글몰트Peated Single Malt를 테이스팅했다. 마지막으로 버번 배럴에서만 숙성한 12년 제품도 시음했다. 이 세 가지는 몰트(피트/논피트)와 숙성 방식(피니싱 여부)이 달라 모두 개성적이었다. 하지만 공통적으로 버번 캐스크 풍미가 지배적이었다. 무게감은 가볍고 바닐라vanilla와 꽃floral, 그리고 추억의 '스카치 캔디' 맛이 잘 느껴졌다. 투어 가이드는 달달하고 부드러운 글렌 모레이 풍미를 설명하면서 "스페이사이드에서 가장 달콤한 위스키 sweetest whisky in the Speyside"라는 표현을 했다.

마지막으로 사진 찍기 좋은 곳 하나 소개하려고 한다. 증류소에 들어오면 오른쪽 언덕 위에 오래된 집 한 채가 보인다. 19세기 후반 증류소가 처음 생길 때부터 있던 건물이다. 예전엔 주세를 매기는 세무 공무원이 상주하는 곳이었다. 지금은 글렌 모레이 마스터 블렌더가 신제품 개발 연구실로 쓰고 있다. 역사 깊은 이 건물 앞에는 자그마한 잔디 언덕이 있고 여러 색깔 꽃으로 증류기 모양의 꽃밭을 꾸며놨다. 작지만 아름다운 이 꽃밭과 100년 넘은 건물 앞에서 글렌 모레이 한 병 들고 사진을 남긴다면 좋은 추억이 될 것 같다.

GLENBURGIE

설립 1810년
소속 페르노리카Pernod Ricard
주소 Glenburgie, Forres, Morayshire IV36 2QY
예약 방문자 센터 없음

발렌타인 위스키의 탄생

1822년 스코틀랜드 에든버러 상점에 13살 소년이 견습생으로 취업한다. 조지 발렌타인George Ballantine이란 이름의 소년은 식료품과 와인을 팔던 상점에서 5년 동안 일한다. 19살이 된 1827년에는 자기 가게를 차려 독립한다. 장사 수완이 뛰어나 사업은 번창한다. 1831년에 조지 발렌타인은 두번째 가게를 연다. 5년 뒤엔 상류층 고객이 많은 목 좋은 곳으로 가게를 확장해 옮긴다. 부자 단골 손님이 늘어나자 조지 발렌타인은 1844년부터 무료 배송 서비스도 도입한다. 상점에서 반경 10마일(16킬로미터) 이내에 있는 고객한테는 집까지 물건을 마차로 배달해줬다. 자동차나 오토바이도 없던 시절에 지금의 아마존이나 쿠팡 같은 배송 시스템을 갖춘 셈이다. 물건만 고르면 힘들게 들고 올 필요가 없게 되자 상류층 고객은 너나 할 것 없이 조지 발렌타인 가게로 몰려들었다.

장사로 성공한 조지 발렌타인이 위스키 제조에 뛰어든 건 1850년대이다. 당시 상황을 살펴보면 숙성 연수가 다른 몰트위스키를 섞어서vatting 판매하는 게 1853년에 처음 허용된다. 1860년에는 스피릿 법Spirit Act이 통과되면서 몰트위스키와 그레인위스키*를 섞어 블렌디드 위스키를 제조하는 것도 가능해진다. 블렌디드 시대가 도래하자 조지 발렌타인은 제품 개발을 위해 연구와 실험에 몰두한다. 이때 그를 도운 사람이 '블렌디드 위스키의 아버지' 혹은 '블렌딩의 대부'로 불리는 앤드류 어셔 2세(글렌리벳 편 참고)였다. 이렇게 친구인 앤드류 어셔의 조언에 힘입어 조지 발렌타인이 탄생시킨 위스키가 지금 세상에서 두번째로 많이 팔리는 스카치 발렌타인Ballantine's이다.

• 보리(몰트)가 아닌 다른 곡물로 만든 위스키. 연속식 증류기로 대량 생산한다.

발렌타인 위스키는 나오자마자 단 골고객 입소문을 타면서 상류층에서 큰 인기를 끌었다. 창업자 조지 발렌타인이 세상을 떠난 1891년부터는 두 아들이 물려받아 사업을 더 키웠다. 발렌타인의 명성이 올라가면서 1895년에는 글래스고를 방문한 빅토리아 여왕이 왕실 인증을 뜻하는 로열 워런트Royal Warrant를 하사했다. 1938년에는 스코틀랜드 문장원Lord Lyon에서도 품격 있는 신뢰를 상징하는 헤럴딕 암즈Heraldic Arms 문장紋章을 수여했다. 지금도 발렌타인 위스키에 박혀 있는 이 문장에는 위스키를 만드는 네 가지 요소인 보리, 물, 증류기, 오크통과 함께 '모든 인류의 친구A Friend of All Mankind'라는 뜻의 라틴어 문구가 적혀 있다.

▲ 조지 발렌타인
▼ 조지 발렌타인이 운영한 상점

거위가 지킨 발렌타인 숙성고

발렌타인은 거위를 모델로 내세운 것으로도 유명하다. 〈주락이월드〉에서도 소개한 이 이야기는 1959년으

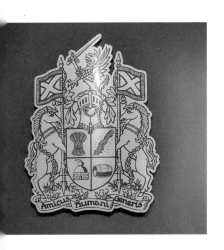

"Amicus Humani Generis"
모든 인류의 친구 발렌타인 위스키

로 거슬러올라간다. 당시 발렌타인 회사에서는 스코틀랜드 덤바턴Dumbarton에 14에이커(1만 7000평)에 달하는 숙성고 단지를 마련했다. 그런데 숙성고를 다 짓고 나자 도둑을 어떻게 막을지 고민이 됐다. CCTV 같은 보안 장치가 없던 시절이었다. 경비원을 고용해 24시간 지키려고 했더니 인건비가 문제였다. 이러저러 방안을 논의하던 차에 숙성고 토목기사가 아이디어를 낸다. 그는 "청력도 좋고 밤에 시력도 좋은 거위를 기르자"라고 말했다. 이 제안을 받아들인 발렌타인에서는 거위 6마리를 데려와 스카치 경비대Scotch Watch로 이름 붙이고 숙성고 주변에 풀어놨다. 그렇다면 거위가 숙성고를 제대로 지켜냈을까? 효과는 기대 이상이었다. 낯선 사람이 나타나기만 하면 꽥꽥 소리를 쳐서 도둑을 다 쫓아냈다. 잡풀을 먹어치워 숙성고 주변도 깨끗하게 청소해줬다. 암컷은 때때로 알을 낳아 직원들 영양 공급까지 해줬다. 발렌타인 거위 경비대 활약상은 신문과 방송을 통해 영국 전역으로 알려졌다. 거위가 24시간 철통 경비를 하는 발렌타인 숙성고는 "영국에서 제일 안전한 곳"이란 말까지 나왔다. 발렌타인의 거위가 일약 '전국구 스타'가 된 것이다. 그러자 발렌타인에서는 숙성고를 지키는 거위를 100마리로 늘렸다. "발렌타인의 보디가드는 거위"라는 광고도 제작해 큰 화제를 뿌렸다. 홍보 모델 역할까지 한 거위 경비대는 2012년까지 발렌타인 숙성고를 지켰다.

발렌타인의 거위 경비대

BALLANTINE'S BODYGUARDS

At Ballantine's Dumbarton Distillery a unique and highly efficient burglar alarm operates day and night. Geese! 70 white geese - all completely dedicated to their job of helping to guard the vast stocks of Ballantine's.

If anyone should wander near the warehouses where the Scotch matures, he'll get quite a shock. A barrage of piercing shrill cackles will

explode in his ears, bringing out the authorities at full speed.

Thus the 42 fine Scotch whiskies that go to make Ballantine's can age undisturbed. Expertly blended, these top quality whiskies will one day become Ballantine's - the Superb Scotch.

It's worth taking good care of Ballantine's. Any knowledgeable whisky drinker will tell you why.

THE MORE YOU KNOW ABOUT SCOTCH, THE MORE YOU LIKE BALLANTINE'S

70 *hoinck, hoinck, hoincks lead the big pa*

Seventy of the most unsociable geese you ever saw are keeping a twenty four hour guard on B Dumbarton Distillery. At Dumbarton, Ballantine's vast stocks of forty two kinds of great matured and blended into one superb Scotch — Ballantine's. In the meantime, these to their duty, so Ballantine's expert. And of course, so you'd expect, we will go Ballantine's to your nearest bar. to help you keep your pocket up! So, ask for B After all, there isn't a Whisky connoisseur a ...

who'd say boo to a Ball

한국인이 사랑하는 위스키 발렌타인

한국인이 사랑하는 위스키

발렌타인은 한국인들에게 큰 사랑을 받았다. 오랜 세월 부와 권위를 상징하는 고급 위스키의 대명사였다. 월간 〈현대경영〉에서 국내 500대 기업 최고 경영자를 상대로 설문조사한 결과를 보면 발렌타인은 18년 연속 'CEO가 사랑하는 양주 1위'에 올랐다. 발렌타인을 좋아한 건 성공한 사장님들뿐만이 아니다. 당대 최고 권력자도 이 위스키를 아꼈다. 월간 〈신동아〉 보도에 따르면 노태우 전 대통령은 발렌타인 30년을 너무나 좋아해 주변 사람들한테 많이 뿌렸다고 한다. 김종필 전 총재나 박태준 전 총리 같은 유력 정치인도 발렌타인을 즐겨 마셨다. 특히 김종필 전 총재는 "먹다보면 17년인지 30년인지 구별이 안 돼서 그냥 17년 먹는다"라는 말까지 남겼다. 이렇게 '힘센' 분들이 즐기는 위스키라는 인식 때문에 한국 시장 판매량은 어마어마하다. 20여 년을 거슬러올라가면 2001년 당시 1년 동안 생산된 발렌타인 17년 세 병 가운데 한 병(37.5%)이 한국에서 팔렸다. 물론 지금은 그 정도까지는 아니다. 하지만 판매액value 기준으로 프랑스, 스페인에 이어 세번째로 발렌타인을 많이 소비하는 나라가 한국이다.

발렌타인의 심장 글렌버기

스페이사이드 북쪽 해안가Moray Coast에 자리한 글렌버기는 발렌타인의 심장으로 불린다. 밀튼더프, 글렌토커스와 함께 발렌타인의 핵심 몰트key malt를 만들기 때문이다. 스페이사이드 엘긴에서 차로 15분 정도 떨어진 글렌버기에 도착했다. 생산 시설 앞에 표지판 하나가 서 있기에 다가가서 살펴봤다. 페르노리카 소속 자매 증류소 스카파, 밀튼더프, 글렌토커스, 그리고 발렌타인의 고향 에든버러까지의 거리와 방향을 알려주고 있었다. 그런데 표지판에 서울Seoul이란 글자와 8463킬로미터라는 거리도 함께 적혀 있는 게 아닌가. 뉴욕, 파리, 도쿄는 당연히 없다. 발렌

▲ 글렌버기 생산 시설
▼ 페르노리카 소속 자매 증류소와 함께 서울이 적혀 있다

타인을 유난히 사랑하는 한국의 수도만 따로 적어둔 것이다. 발렌타인이 한국 시장을 얼마나 중요하게 생각하고 있는지 이것만 봐도 알 수 있었다.

서울이 적힌 표지판이 반가워 한참을 보다가 증류소로 들어갔다. 브랜드 매니저 펠리시티 화이트Felicity White가 활짝 웃으며 반긴다. 펠리시티는 증류소 주변이 내려다보이는 꼭대기 층으로 안내하더니 잔디 마당에 있는 건물부터 가리켰다. 그러면서 "바로 저기서 글렌버기의 역사가 시작됐다"라고 말했다. 펠리시티에 따르면 이곳에 처음 증류소가 생긴 건 지금으로부터 210여 년 전인 1810년이다. 당시 윌리엄 폴William Paul이라는 농부가 농장에서 불법 증류를 시작했다. 지금 증류소 잔디밭에 있는 석조 건물이 바로 그때 지은 것이다. 증류소 이름은 1878년에 이르러 킬른 플랫Kiln Flat에서 지금의 글렌버기로 바뀐다. 16세기에 지은 버기성Burgie Castle이 근처에 있어서 그 이름을 가져온 것이라고 한다.

자, 그렇다면 글렌버기는 어떻게 해서 발렌타인의 심장이 된 걸까? 글렌버기와 발렌타인을 연결한 사람은 스카치 역사에 큰 족적을 남긴 지미 바클레이Jimmy Barclay였다. 벤리니스 증류소 출신인 지미는 1909년 글래스고로 건너가 업계 거물이던 피터 맥키Peter Mackie*와 함께 일했다. 1919년에는 동업자MacKinlay와 손잡고 조지 발렌타인 아들이 운영하던 발렌타인 회사George Ballantine & Sons를 인수하는 데 성공한다. 발렌타인 매입 직후 지미는 큰 어려움에 처한다. 미국에서 금주법Prohibition, 1920~1933이 시행돼 공식적인 수출길이 끊겼기 때문이다. 하지만 지미는 수완이 대단한 사람이었다. 미국 뉴욕에 있는 무허가 주점, 스피크이지speakeasy** 여러 곳

● '위대한 피터Peter The Great'로 불린 피터 맥키는 화이트 호스White Horse라는 블렌디드 위스키를 탄생시킨 인물로 아일라섬 라가불린 증류소도 운영했다.

435 ●● 미국 금주법 시기에 유행한 불법 주점으로 아무나 들어오지 못하도록 출입구가 숨겨져 있었다.

글렌버기의 역사가 시작된 석조 건물

발렌타인 파이니스트는 납작한 병 덕분에
밀반입에 유리했다

을 고객으로 확보한 뒤 캐나다를 통해 발
렌타인을 밀수출한다. 당시 발렌타인 위
스키(지금의 발렌타인 파이니스트Ballantine's
Finest)는 납작한 사각형 병에 담겨 있어서
서류 가방에 넣어 몰래 반입하기에 유리
했다. 금주법 기간에도 위스키를 미국에
꾸준히 팔 수 있게 되자 지미는 발렌타인
원액을 생산할 몰트 증류소 몇 곳을 매
입한다. 그 가운데 하나가 글렌버기였다.
이렇게 해서 1927년부터 발렌타인 핵심
몰트 증류소가 된 글렌버기는 1930년대
발렌타인 브랜드와 묶여 캐나다 기업 하
이램 워커Hiram Walker로 넘어갔다가 영
국계 얼라이드 도맥Allied Domecq을 거쳐
2005년부터 페르노리카 소속이 된다.

150년 넘은 제분기

글렌버기 증류소에는 당화조나 발효조, 증류기 같은 설비가
한 개 층에 다 있다. 설비를 한곳에 모아놔서 제조 공정을 한꺼번
에 살필 수 있다. 이런 효율적인 공간 배치는 지난 2004년에 이뤄
졌다. 당시 글렌버기는 430만 파운드(약 70억 원)를 투자해 건물
을 새로 짓고 설비도 현대식으로 교체했다. 하지만 대대적인 리노
베이션을 하면서도 바꾸지 않은 게 있다. 150년 넘은 포르테우스

Porteus 제분기이다. 브랜드 매니저 펠리시티는 "이게 스코틀랜드에 남아 있는 포르테우스 제분기 가운데 가장 오래된 제품이다. 150년이 넘었지만 놀랍게도 아직까지 잘 돌아간다"라고 말했다. 그동안 증류소를 다니며 70~80년에서 100년 정도 된 포르테우스는 몇 번 봤다. 하지만 이렇게 오래된 건 나도 처음이었다. 역시 포르테우스는 '제분기의 롤스로이스'로 불릴 자격이 충분하다.

독특한 몰트 분쇄 비율

흔히 몰트를 제분기로 분쇄한다고 하면 밀가루나 쌀가루 빻듯이 완전히 가루로 만든다고 생각하기 쉽다. 하지만 몰트 분쇄를 그렇게 하는 증류소는 없다. 곱게 갈아서 100% 가루로 만들면 당화할 때 물이 몰트의 당분을 충분히 빨아들일 수 없어서다. 그래서 증류소에서 분쇄를 마친 몰트를 보게 되면 껍질(허스크husk)과 거칠게 갈린 몰트(그릿grit), 곱게 갈린

150년 넘은 포르테우스 제분기

허스크, 그릿, 플라워로 분리된 모습

가루(플라워flour), 이 세 가지가 섞여 있는 걸 알 수 있다. 통상적으로는 껍질 20%에 거칠게 갈린 몰트 70%, 곱게 갈린 가루 10%가 되도록 조정한다. 다시 정리하면 '분쇄 몰트(그리스트grist)=껍질(허스크) 20%＋거칠게 갈린 몰트(그릿) 70%＋곱게 갈린 가루(플라워) 10%'인 것이다. 대다수 증류소가 이 비율로 분쇄하기 때문에 2:7:1을 몰트 분쇄 황금비율golden ratio이라고 부른다. 하지만 예외도 있다. 글렌버기나 녹듀, 스카파 같은 곳은 이 황금비율을 따르지 않는다. 분쇄 몰트 중에서 껍질 비중을 30%로 늘리고 거칠게 갈린 몰트는 60%로 줄인다. 결국 글렌버기 증류소의 몰트 분쇄 비율은 '껍질 30%＋거칠게 갈린 몰트 60%＋가루 10%'이다.

글렌버기나 스카파, 녹듀에서 껍질 비중을 30%로 높인 데에는 이유가 있다. 몰트 껍질이 당화 과정에서 일종의 여과 장치, 필터filter 역할을 하기 때문이다. 껍질이 많아지면 더 맑고 투명한 워트wort(맥아즙)를 얻어낼 수 있어서다. 자, 그렇다면 여기서 질문 하나.

껍질 비중을 늘려서 맑고 투명한 워트를 뽑아내면 대체 뭐가 달라지는 걸까?

스카치 업계에서는 당화를 마친 워트를 두 가지로 나눈다. 몰트 가루가 섞여 탁하고 흐린 워트cloudy wort와 맑고 투명한 워트clear wort이다. 중요한 건 맑은 워트인지 탁한 워트인지에 따라 풍미가 달라진다는 점이다. 탁하고 흐린 워트로 발효하면 곡물malt이나 견과류nuts 풍미가 많은 워시가 나온다. 반면에 맑고 투명한 워트는 곡물 풍미 대신에 깔끔하고 가벼운 풍미를 이끌어낸다. 이런 점 때문에 각각의 증류소에서는 자신들이 추구하는 방향에 따라 워트 탁도를 여러 방법으로 조절한다. 예를 들어 매우 맑은 워트를 지향하는 녹듀 증류소 같은 곳은

가벼운 풍미를 위해 껍질 비중을 30%로 올려 몰트 분쇄를 한다

껍질 비중을 30%로 올려 몰트 분쇄를 하는 것은 물론이고 당화를 다 마친 뒤에도 별도 여과장치로 또 한번 곡물가루를 걸러낸다. 반대로 몰트 풍미가 있는 탁한 워트를 원하는 곳에서는 껍질 비중을 15%로 줄이기도 한다. 글렌버기 브랜드 매니저 펠리시티는 "우리는 가벼운light 풍미의 위스키를 지향하고 있기 때문에 3 : 6 : 1이 황금비율"이라면서 "이 비율대로 몰트가 분쇄되고 있는지를 일주일에 두 번씩 샘플로 검사하고 있다"고 설명했다.

스피릿을 훔쳐 먹는 원칙

글렌버기는 구리 뚜껑이 덮인 7.5톤 풀 라우터 방식 당화조mash tun를 쓴다. 주 7일 24시간 설비를 풀가동하고 있기 때문에 당화 작업도 일주일에 30번 한다. 당연히 몰트 사용량도 많아서 일주일이면 225톤(7.5톤×30번=225)에 달한다. 스테인리스 재질 발효조 washback는 3만 6000리터 용량으로 모두 12개였다. 발효 시간은 과거엔 70시간이었지만 지금은 55시간으로 짧게 마친다.

증류기는 6대였다. 1차 증류기wash still 3대, 2차 증류기spirit still 3대이다. 1, 2차 증류기 모두 양파형onion-shaped이었고 라인 암lyne arm은 수평에 가까웠다. 증류기에서 눈에 띄는 게 있다면 목 아래 본체가 상당히 크고 넓다는 점이다. 이에 대해 펠리시티는 "본체가 이렇게 크고 넓으면 알코올 증기와 구리 접촉copper contact이 늘어나서 글렌버기가 추구하는 가볍고 깔끔한 스피릿spirit(증류액)을 뽑아내는 데 도움이 된다"고 설명했다.

생산 설비를 둘러보다가 펠리시티가 재미있는 이야기를 들려주 겠다면서 증류기 뒤쪽 공간을 가리켰다. 펠리시티에 따르면 과거엔 증류소 직원들이 증류기에서 막 뽑아낸 스피릿을 자주 훔쳐 먹었다고 한다. 그런데 여기에도 암묵적인 원칙이 있었다. 스피릿을 빼내는 일은 반드시 증류소에서 가장 나이 어린 막내가 맡는다는 것이었다. 막내가 스피릿을 슬쩍해 오면 선배들은 증류기 뒤쪽 사각지대에 둘러앉아 찻잔 세트까지 놓고 나눠 먹었다. 이렇게 스피릿 훔치는 일을 전담했던 막내 중에는 아직까지 이 증류소에서 일하는 분도 있다. 올해로 36년째 글렌버기에서 일하고 있는 수트Soot 라는 직원이다. 펠리시티는 "56살이 된 수트는 지금도 종종 그때

7.5톤 풀 라우터 방식 당화조

◀ 발효는 과거 70시간에서 55시간으로 줄였다
▼ 증류기는 몸통이 상당히 크고 넓다

과거엔 직원들이 증류기에서 막 뽑아낸 스피릿을 훔쳐 먹는 '추억'도 있었다고 한다

일을 얘기한다"면서 "옛날엔 증류소에서 참 많은 일이 벌어졌다"고
말했다.

글렌버기의 보물 창고

증류 공정까지 살펴본 뒤 펠리시티는 "이제 특별한 곳으로 안내
하겠다"고 말했다. 특별한 곳이라면 어디일까? 펠리시티가 데려간
곳은 여기서 처음 위스키 증류를 하던 시절에 지은 건물이었다. 앞
서 얘기한 것처럼 글렌버기 역사는 1810년에 설립된 불법 농장 증
류소illegal farm distillery에서 출발한다. 창업자 윌리엄 폴이 그 당시에
지은 건물이 아직까지 그대로 남아 있다. 글렌버기의 전통을 상징하
는 단층짜리 석조 건물은 주세를 매기는 세무 공무원이 상주하는

사무실excise office로 오랜 세월 쓰였다. Old Customs House라는 표지판이 붙어 있는 건물 앞에 도착하자 펠리시티가 걸음을 멈춘다. 그녀는 "일단 지하실부터 들어가보자. 이 지하실은 아무나 못 들어가는 곳이다. 들어가면 깜짝 놀랄 것"이라고 말했다.

1810년에 지어진 'Old Customs House'

펠리시티가 지하실 문 자물쇠를 열었다. 안으로 들어가자마자 왜 '아무나 구경 못한다'라고 했는지 알게 됐다. 지은 지 210년 된 이 건물 지하실은 글렌버기의 보물 창고나 마찬가지였다. 증류소에서 가장 아끼는 캐스크만 따로 저장해둔 숙성고였다. 벽돌 바닥으로 된 지하실 숙성고에는 오크통 30개가 2단으로 쌓여 있었다. 그중에는 1976년에 생산한 스피릿을

담은 혹스헤드 버번 캐스크가 많았다. 펠리시티는 "1976년부터 숙성중인 이 캐스크 하나만 해도 지금 150만 파운드(약 23억 원)쯤 한다. 이곳이 글렌버기의 숨은 보물 숙성고secret treasure warehouse다"라고 말했다.

1976년 캐스크를 비롯해 증류소에서
가장 아끼는 캐스크만 따로 저장해둔 보물 창고

추억의 발렌타인 17년

지하 숙성고에서 나와 1층으로 올라갔다. 세무 공무원이 머물던 사무실은 조지 발렌타인 하우스George Ballantine House라는 전시 공간으로 활용되고 있었다. 증류소 손님을 위한 테이스팅 공간이 널찍하게 마련돼 있고 조지 발렌타인의 옛 사무실을 그대로 재현한 방도 있었다. 벽에는 200년 가까운 발렌타인 역사를 보여주는 사진이 장식돼 있었다. 19살 조지 발렌타인이 처음으로 문을 연 에든버러 상점이나 1962년 칸 영화제 파티에서 발렌타인을 즐긴 오드리 햅번Audrey Hepburn의 모습도 여기서 살펴볼 수 있었다.

조지 발렌타인의 숨결이 느껴지는 곳에서 발렌타인 핵심 몰트 세 가지를 맛봤다. 먼저 2017년 발렌타인 싱글몰트 시리즈로 선보인 글렌버기 15년은 달달하면서 사과나 배 같은 과일 풍미가 지배적이었다. 이 위스키는 사촌 동생이 선물해줘서 집에서도 자주 즐겼는데 증류소에서 맛보니 더 특별했다. 이어서 테이스팅한 밀튼더프 15년은 플로럴floral한 풍미가 돋보였다. 입안에서 은은하게 퍼지는 꽃 향이 일품이었다. 밝고 화사한 글렌버기나 밀튼더프에 비해 글렌토커스는 색깔이 확실히 달랐다. 시트러스한 과일에 스모키smoky하고 스파이시spicy한 풍미

조지 발렌타인 사무실을 재현한 공간

GEORGE BALLANTINE
1850-1881

GEORGE BALLANTINE
1881-1922

JACK GOUDY
1959-1994

ROBERT HICKS
1994-2005

SANDY HYSLOP
2005-PRESENT

200년 가까운 발렌타인 역사를 보여주는 전시물

▲ 조지 발렌타인의 숨결이 느껴지는 곳에서 진행된 테이스팅
▼ 발렌타인 핵심 몰트 세 가지와 '내 청춘의 기억'

발렌타인 17년
병 변천사

❶ 1940년대
❷ 1940년대(2)
❸ 1950년대
❹ 1960년대
❺ 1970년대
❻ 1980년대
❼ 1990년대

가 어우러졌다.

이대로 테이스팅이 끝나는 줄 알았는데 펠리시티가 '막잔'을 하
잔다. 뭘 내주려나 싶었는데…… 아이고 세상에나. 발렌타인 17년
이었다. 펠리시티가 따라준 발렌타인 17년을 입에 머금고 눈을 감
았다. 발렌타인 17년과 얽힌 별의별 추억이 다 떠오른다. 생각해
보니 처음으로 '내돈내산'한 위스키도 이 녀석이 아니었던가. 해
외 출장 마치고 돌아오던 길에 면세점에서 샀던 발렌타인 17년을
다 비우고 빈병도 아깝다며 책장에 올려놨던 게 어제 일 같다. 어
디 그뿐인가. 집으로 나를 부르더니 아버지가 즐겼던 거라면서 조
심스레 발렌타인 17년을 꺼내준 친구도 있었다. 둘이서 한 병 나눠
마시고 얼큰하게 취해 한 곡조 불러젖히던 그때가 생각났다.

추억이 가득한 발렌타인을 마시는 순간에는 맛이 어떻고 향이
어떻고 피니시가 어떤지는 정말 하나도 중요치 않다. 발렌타인은
그냥 위스키가 아니라 내 청춘의 기억이니까.

매시툰
The Mash Tun

주소   Broomfield Sq, Aberlour AB38 9QP, United Kingdom
연락처 +44 1340 881771

매시툰은 스페이사이드에서 가장 오래되고 유명한 위스키 바이다. 스카치 황금기였던 1896년에 철도가 지나는 아벨라워 마을에 생겼다. 매시툰 홈페이지에 따르면 원래 이름은 'Station Bar'였다. 우리로 치면 역 앞에 있는 '역전식당'이었던 모양이다. 1963년 철로가 폐쇄된 뒤 지금 이름인 매시툰mash tun(당화조)으로 바뀌었다.

매시툰은 생긴 것부터 독특하다. 제임스 캠벨이라는 선장이 건축가에게 의뢰해 작은 배 모양으로 설계했다는 얘기가 홈페이지에 적혀 있다. 위스키 바는 1층에 있다. 판매하는 위스키 종류는 생각보다는 다양하지 않다. 주로 스페이사이드 위스키다. 하지만 진열장에 가지런히 놓인 패밀리 캐스크는 눈에 확 띈다. 패밀리 캐스크 거의 모든 빈티지를 잔으로 판다. 글렌파클라스 팬이라면 꼭 가보라고 하고 싶다. 음식도 꽤 맛있다(스페이사이드에는 점심때 문 여는 레스토랑이 많지 않다. 여긴 점심 메뉴를 판다).

2층과 3층은 숙소다. 방은 모두 5개. 각각의 방에는 글렌리벳, 맥캘란, 글렌피딕, 아벨라워, 글렌파클라스라는 스페이사이드 위스키 이름이 붙어 있다. 나는 글렌피딕 룸에서 2박을 했다. 위스키 이름이 붙은 방에서 잠을 자는 건 특별한 경험이었다. 홍보하려는 건 아니지만 여기에 숙소를 잡으면 좋은 점이 참 많다. 술 마시고 싶을 때 언제든 1층으로 내려가면 된다. 서빙하는 직원 중에는 증류소에서 일한 분도 있어서 꽤 전문적인 조언을 받을 수 있다. 게다가 매시툰 바로 앞은 스페이강이다. 아침에 일어나 스페이강 산책로를 걸으면 기분이 끝내줄 것이다.

▲ 스페이사이드에서 가장 오래되고 유명한 위스키 바 매시튠
▼ 매시튠 바로 앞에 있는 스페이강 풍경

아벨라워 증류소

2부

아일라

ISLAY

ISLAY

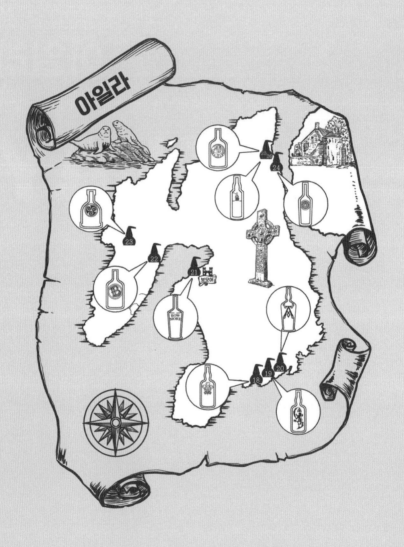

아일라Islay

무라카미 하루키의 『위스키 성지여행』으로 인해 우리에겐 '위스키 성지'로 통하는 곳이다. 섬 인구는 3000명에 불과하지만 현재 가동중인 증류소만 9곳에 달한다. 가장 오래된 증류소는 1779년에 설립된 보모어Bowmore이다. 2018년에 문을 연 아드나호Ardnahoe는 가장 최근에 생긴 곳이다. 폐쇄된 포트 엘런은 재가동을 눈앞에 두고 있고, 또 다른 증류소 2곳이 건설에 한창이다. 때문에 아일라 증류소 숫자는 더 늘어날 것이다. 아일라는 강력한 피트로 유명한 지역이다. 하지만 부나하벤처럼 피트감 없는 제품을 내놓는 증류소도 있다.

아일라		
18. 라프로익	19. 라가불린	20. 아드벡
21. 보모어	22. 브룩라디	23. 킬호만
24. 아드나호	25. 부나하벤	26. 쿨일라

LAPHROAIG

설립 1815년
소속 빔 산토리Beam Suntory
주소 Port Ellen, Islay, Argyll PA42 7DU

예약

압도적인 풍광과 강력한 피트 향

아일라섬은 예쁘다. 어딜 가나 다 예쁘다. 물론 나도 안다, 예쁘다라는 표현이 지극히 식상하다는 것을. 하지만 어떡하랴? 더 그럴싸한 말을 찾으려 노력해봐도 '예쁘다'는 단어만 자꾸 떠오른다. 예쁘고 또 예쁜 섬이기에 아일라에서는 사진 못 찍는 분도 걱정할 필요가 없다. 어디든 적당히 렌즈를 맞추고 셔터를 눌러도 엽서 같은 풍경이 담긴다. 이 경치를 보고 있노라면 왜 많은 작가들이 아일라까지 날아와 한두 달씩 머물며 그림을 그리는지 이해된다.

어딜 가나 다 예쁜 아일라섬이지만 그중에서도 남쪽 포트 엘런Port Ellen은 더 환상적이다. 끝도 없이 펼쳐진 푸른 바다, 멀리 조그맣게 보이는 작은 섬들, 항구를 오가는 페리까지 지극히 낭만적이다. 이런 풍경을 보고 살면 으르렁거리던 앙숙도 친해질 수밖에 없을 것 같다. 경치만 아름다운 게 아니다. 포트 엘런에는 증류소도 세 개나 있다. 킬달튼Kildalton 해안을 따라 조르르 붙어 있는 라프로익, 라가불린, 아드벡이다. 워낙 거리도 가깝고 강력한 피트를 쓴다는 공통점 때문에 이 세 곳을 '킬달튼 삼총사Kildalton Trio'라고 부른다.

삼총사 가운데 맨 먼저 라프로익으로 향했다. 증류소로 들어서자 앞에 바다가 보인다. 역시 식상한 표현이지만 '한 폭의 그림' 같은 모습이다. 파도가 굽이치는 킬달튼 해안의 압도적인 풍광에 속이 뻥 뚫린다. '라프로익Laphroaig'이라는 이름이 '만灣의 움푹 들어간 곳hollow by the bay'이란 뜻이라더니 말 그대로였다. 뭐랄까, 거대한 바다가 증류소를 품에 안고 있는 느낌이랄까. 바다 한가운데에 증류소가 서 있는 듯했다.

아일라섬은 어딜 가나 다 예쁘다

포트 엘런에 자리잡은 '킬달튼 삼총사'. 라프로익, 라가불린, 아드벡

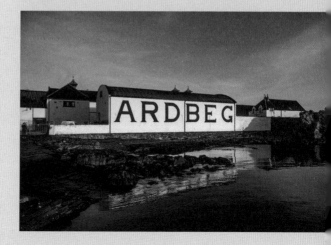

진한 피트 향이 반겨주는 라프로익 증류소

때론 후각이 시각보다 선명하다. 눈으로 본 모습보다 코로 맡은 향과 냄새가 더 오래 기억에 머물기도 한다. 나에겐 라프로익 증류소가 그랬다. 라프로익에 도착했을 때는 오전 10시 반이었다. 증류소에선 마침 피트peat를 태워 몰트를 말리고 있었다. 온통 피트 향으로 가득차 있었다. 피트를 싫어하는 사람은 진저리를 쳤을 것이고 좋아하는 사람은 환장할 냄새였다. 물론 나는 후자였다.

라프로익의 출발

아일라섬은 19세기 중반까지 캠벨Campbell 가문이 소유했다. 17세기 초 스코틀랜드 왕이 아일라섬을 캠벨 가문에 하사했기 때문이다. 따라서 아일라섬 주민 대부분은 캠벨 가문으로부터 땅을 빌려 농사를 짓거나 소를 키워 생계를 유지했다. 이런 소작농 중에 도널드 존스톤Donald Johnston과 알렉산더 존스톤Alexander Johnston 형

'아일라 No.1 위스키' 라프로익 역사의
시작

제가 있었다. 존스톤 형제는 당시 아일
라섬 주인이던 월터 프레데릭 캠벨Walter
Frederick Campbell한테 1000에이커(약
4000제곱미터) 땅을 임대해 소를 키우다
가 1815년부터 농장에 증류기를 갖다놓
고 위스키를 만든다. 이것이 연간 판매량
400만 병을 자랑하는 '아일라 No.1 위스
키' 라프로익 역사의 시작이었다. 참고로
존스톤 형제에게 땅을 빌려준 월터 프레
데릭 캠벨은 섬 주민들이 위스키 만드는
걸 적극 권장하고 지원한 인물이다. 오랜
세월 문을 닫았다가 지금 재가동을 준비
중인 포트 엘런Port Ellen 증류소나 브룩라디가 브랜드를 갖고 있는
폐쇄 증류소 포트 샬럿Port Charlotte도 캠벨이 설립을 도왔다(포트
엘런에서 '엘런'은 월터 프레데릭 캠벨의 딸 이름이고 포트 샬럿에서 '샬
럿'은 그의 어머니 이름이다).

라프로익 역사를 집대성한 『1815-2015, 200 Years of Laphroaig』
에 따르면 창업자 도널드 존스톤의 이름이 세무 기록에 처음 등장
한 건 1826년이다. 다시 말해 존스톤 형제는 스코틀랜드 다른 증
류소처럼 창업 이후 10년 기꺼이 불법으로 증류를 하다가 1823년
소비세법Excise Act이 통과된 뒤 합법 면허를 받은 것으로 보인다.
라프로익은 합법 증류소가 된 지 10여 년이 흐른 1836년부터 도
널드 존스톤 혼자서 운영하게 된다. 네 살 터울의 동생 알렉산더가
호주로 이민을 가게 되자● 도널드는 당시 돈 350파운드, 지금 가치
로 환산하면 9만 파운드(약 1억 4000만 원)를 주고 동생 지분을 사

● 당시 스코틀랜드에는 호주 이민 열풍이 불었다. 라프로익 공동 창업자 알렉산더 존스톤도 이
때 다른 주민 300명과 함께 기회의 땅 호주로 떠났다.

1887년

1900년

과거 라프로익
증류소 모습

LAPHROAIG DISTILLERY, ISLAY.

1904년

들인다. 이렇게 해서 라프로익의 유일한 주인이 된 도널드는 열정적으로 증류소를 운영한다. 1840년대에는 미국 시장에 진출해 라프로익 위스키를 팔기 시작한다. 1846년 〈뉴욕 모닝 쿠리어New York Morning Courier〉에 실린 광고를 보면 "one Puncheon • of the celebrated Laphroig(유명한 라프로익 위스키 펀천 캐스크 하나)"라는 문구가 눈에 띈다. 이걸 보면 당시 도널드가 수출한 라프로익 위스키는 500리터 펀천 캐스크로 거래됐다는 걸 알 수 있다. 또 라프로익 철자는 지금의 Laphroaig이 아니라 a가 하나 빠진 Laphroig이었다는 사실도 확인할 수 있다.

라프로익 창업자 스토리는 비극으로 끝난다. 그토록 애지중지하던 증류소에서 끔찍한 사고를 당했기 때문이다. 1847년 6월 어느 날 도널드 존스톤은 1차 증류 찌꺼기인 팟 에일pot ale을 넣어둔 통에 빠져 숨진다. 창업자가 51살 나이에 세상을 떠나면서 증류소는 도널드의 아들 두갈드 •• 에게 넘어갔다. 이후 1954년까지 존스톤 가문이 대를 이어 증류소를 운영한다.

사활을 건 물 전쟁

위스기는 물 없이는 못 만든다. 당화에 필요한 제조 용수뿐이 나라 설비 가동을 위해서도 엄청난 물(냉각수)이 필요하다. 그런데 20세기 초 라프로익에서는 물이 끊겨 증류소를 가동하지 못하는 일이 벌어진다. 무슨 일이 생긴 걸까? 사건은 1908년에 벌어졌다. 바로 이해에 창업자 도널드 존스톤의 증손자인 이언 헌터Ian Hunter

---

• 펀천은 용량이 다양하다. 다만 스카치 증류소에서 쓰는 펀천puncheon 캐스크는 셰리를 숙성시켰던 500리터 오크통이다. 같은 500리터 용량인 벗butt 캐스크에 비해 통통하게 생겼다.
•• 아버지 사망으로 라프로익 증류소를 물려받은 두갈드는 당시 11살에 불과했다. 때문에 삼촌과 친척들이 증류소를 대신 운영해야 했다.

가 글래스고에서 연수를 마치고 아일라섬에 돌아와 증류소 매니저가 된다. 혈기왕성하고 의욕에 찬 이언 헌터는 증류소를 맡자마자 70년 넘게 라프로익 위스키 판매를 대행해온 맥키Mackie 컴퍼니와 거래를 끊어버린다. 실적과 이윤이 기대에 못 미쳤기 때문이다. 하지만 이언 헌터가 거래 중단을 선언한 맥키 컴퍼니는 호락호락한 곳이 아니었다. 스카치 역사에 큰 족적을 남겨 위대한 피터Peter The Great로 불리는 피터 맥키가 운영하던 곳이었다. 피터 맥키는 화이트 호스White Horse라는 블렌디드 위스키를 탄생시켰을 뿐 아니라 라프로익 옆에 있는 라가불린 증류소까지 갖고 있던 거물이었다. 성격이 불같기로 소문난 피터 맥키는 라프로익에서 날아온 계약 종료 통지서를 받아들고 전쟁을 선포한다.

첫 보복 조치는 라프로익 수원지 물길을 끊은 것이다. 라프로익은 증류소 북쪽 킬브라이드Kilbride 샘물에서 물을 끌어와 위스키를 만들었다. 하지만 피터 맥키가 갑자기 벽돌을 쌓아 이 물길을 막아버렸다. 물이 없어 위스키를 만들지 못하게 된 라프로익에서 강력하게 항의했지만 소용없었다. 피터 맥키는 "킬브라이드 샘물이 왜 라프로익 것이냐?"라며 물러서지 않았다. 결국 라프로익은 소송을 냈고 법원 명령으로 물길을 열 수 있었다. 소송에서 이긴 뒤 라프로익은 다시는 이런 일이 벌어지지 않도록 증류소까지 이어지는 물길 주변 땅을 모두 사들였다.

물 전쟁water war에서 패한 뒤에도 보복은 계속됐다. 피터가 새롭게 택한 방법은 '인력과 기술 빼 가기'였다. 라프로익에서 오래 일한 전문 기술자head brewer를 스카우트하고 자기가 갖고 있던 라가불린 증류소 안에 몰트 밀Malt Mill이라는 또 다른 증류소를 지었다. 그런 다음 증류기를 비롯한 설비를 라프로익하고 똑같이 베껴

창업자의 증손자 이언 헌터

▲ 라프로익에 '전쟁'을 선포한 피터 맥키
▶ '물 전쟁'이 벌어진 킬브라이드 물길

서 만들고 똑같은 공정으로 위스키를 제조하기 시작했다. 그렇다면 모든 걸 카피해 만든 위스키는 라프로익과 똑같은 맛이 났을까? 전혀 같지 않았다고 한다. 그 뒤로도 피터 맥키는 라프로익 증류소를 돈으로 사버리려고 시도했지만 그마저도 실패하고 만다.

여기까지만 얘기하면 독자 여러분에게 피터 맥키는 치졸하고 옹졸할뿐더러 파렴치한 사람으로 기억될 것 같다. 하지만 한 인물에 대한 평가는 겉으로 드러난 것만으로 쉽게 내릴 수 없다. '오죽했으면 그랬을까'라고 생각할 수 있는 부분이 분명히 있기 때문이다. 라프로익 역사를 객관적으로 서술한 『1815-2015, 200 Years of Laphroaig』에서는 "(계약 종료에 대한) 피터 맥키의 분노는 충분히 이해할 수 있는understandable 것이었다. 왜냐면 라프로익이 뛰어난 위스키라는 명성을 얻게 해준 게 (70년 이상 판매를 대행한) 맥키 가문이었기 때문이다"라고 적고 있다. 뭐, 물론 그렇다고 물길을 막고 기술자를 빼 가고 증류소를 카피한 것까지 정당했다고 볼 수는 없겠지만 말이다.

라프로익이 약으로 수출된 사연

라프로익을 처음 맛본 사람의 반응은 대개 비슷하다. 인상을 찌푸리거나 콜록콜록 기침을 하거나 심지어 토하고 싶다는 사람도 있다. 당연하다. 잠깐 향만 맡아도 '병원 냄새' 혹은 '소독약 냄새'가 진동하기 때문이다. 라프로익에서는 자기네 위스키에 넌더리를 내는 사람들의 반응만 모아 홍보 영상을 만들기도 했다. 그렇지만 희한한 게 있다. 처음에 질색을 하던 이들 중에 몇몇은 특유의 향

라프로익 위스키에 넌더리를 내는 반응

"Love or Hate"

과 맛에 빠져 마니아가 된다는 사실이다. 중독성이 강해 한 번 맛들이고 나면 계속 찾게 된다. 그래서 나온 말이 "Love or Hate", '아주 좋아하거나 아니면 증오하거나'라는 문구이다.

라프로익이 소독약 같은 풍미를 지닌 까닭에 미국 금주법 시기에 희한한 일도 일어난다. 먼저 이 얘기에 앞서 위스키 같은 증류주가 오랜 세월 의약품과 치료제 역할을 했다는 걸 기억하는가? 실제로 중세 유럽인은 위스키 한 모금에 몸이 후끈 달아오르는 걸 보면서 놀라운 치유 능력이 있다고 생각했다. 아스피린이나 타이레놀이 없던 시절, 유럽인은 위스키 같은 증류주로 거의 모든 질병을 치료할 수 있다고 확신했다. '생명의 물'• 위스키를 얼마나 대단한 약으로 생각했는지 보여주는 기록은 많다. 예를 들어 스코틀랜드 시인 제임스 호그는 "위스키를 꾸준히 마시면 죽지 않고 영원히 살 수 있다. 의사나 묘지도 덧없어진다"라는 말을 남겼다. 이런 믿음 때문에 16세기까지 위스키는 대부분 의료용으로 소비됐다. 마시는 술이기에 앞서 환자한테 처방하는 엄연한 의약품이었다.

위스키가 생명의 물이라는 인식은 미국에서도 마찬가지였다. 20세기 초반까지 미국에서는 위스키를 정식 약으로 처방했다. 감기나 근육통은 물론 변비나 설사, 심지어 치질 환자한테도 위스키를 권했다. 당시 미국 신문 광고를 보면 "위스키를 마시면 건강해진다"라거나 "위스키로 400만 명을 치료했다"는 문구도 눈에 띈다. 이렇다 보니 1920년 금주법을 시행하면서도 미국 정부는 약으로 정식 처방되는 위스키만큼은 막을 수가 없었다. 미국 술꾼들은 금주법 기간에도 병원에서 처방만 받으면 열흘마다 0.5리터의 위스키를 합

• whisky(위스키)라는 단어도 스코틀랜드 게일어로 '생명의 물'이란 뜻인 uisge beatha(위스케바하)라는 말에서 나왔다.

의료용 위스키 처방전

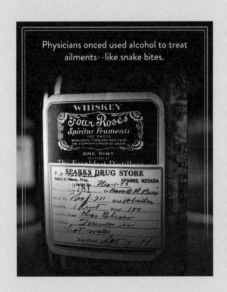

의료용으로 판매된 위스키 (사진 출처: Four Roses)

법적으로 마실 수 있었다.

이런 금주법의 허점을 파고든 게 라프로익이었다. 피터 맥키와의 전쟁에서 완승을 거두고 매니저에서 사장이 된 이언 헌터는 금주법이 시행되자 미국으로 건너간다. 그는 라프로익 위스키를 미국 세관 직원에게 건네며 의약품 반입 허가를 신청한다. 세관 직원은 처음엔 안 된다고 했지만 이언 헌터의 권유로 라프로익 향을 맡아보더니 "약이 분명하다"라며 허가를 내준다. 미국 수출길이 막혀 스코틀랜드 여러 증류소가 쓰러지던 상황에서 라프로익은 이같은 기발한 아이디어로 매출 신기록을 세웠다.

이언 헌터와 베시 윌리엄슨

최근 라프로익에서 1년에 하나씩 내놓는 한정판 제품이 있다. 이언 헌터 스토리The Ian Hunter Story 시리즈이다. 2019년 선보인 시리즈 1과 2020년에 나온 시리즈 2는 30년 숙성이었다. 2021년에 출시된 시리즈 3은 33년 숙성. 2022년에 공개된 시리즈 4는 34년 숙성이었다. 비싸고 희귀한 이언 헌터 스토리는 제품 포장도 특별하다. 두툼한 양장본 책처럼 된 상자에 위스키가 담겨 있다. 이 시리즈를 구매한 이들은 "책을 샀더니 위스키를 덤으로 끼워준다"는 우스갯소리를 하기도 한다.

이렇게 특별한 제품에 이름이 남아 있는 이언 헌터는 라프로익 역사에서 가장 큰 업적을 남긴 인물로 평가된다. 앞서 본 것처럼 그는 남들이 다 망해가던 금주법 시기에 미국 수출길을 뚫어 활로를 찾았다. 또한 캐스크 숙성 방식을 바꾸고 증류소도 대대적으로 확장했다. 무엇보다 임대료를 내고 빌려서 사용해온 증류소 부지와 농장을 매입하고 친척들 지분까지 사들여 라프로익을 온전히 자기 소유로 만들었다.

라프로익 입지가 탄탄해지던 시기에 이언 헌터가 '단기 알바'로 뽑은 여성이 있다. 문서 타이핑을 도와줄 임시 직원을 뽑는다는 광고를 보고 지원한 베시 윌리엄슨Bessie Williamson이었다. 합격 통보를 받고 아일라섬에 건너올 때 베시는 작은 옷가방 하나만 딸랑 챙겼다. 임시직 고용 계약 기간이 딱 석 달이었기 때문이다. 하지만 이 석 달은 베시의 운명을 완전히 뒤바꿔놓는다. 이언 헌터가 능력이 출중한 베시를 후계자로 점찍었기 때문이다. 이언 헌터는 베시를 정식 직원으로 고용하고 증류소 운영에 필요한 지식과 기술을 전수했다. 그리고 1954년 세상을 떠나면서 자신이 평생 일군 라프로익 증류소를

The Ian Hunter Story

베시에게 넘겨준다. 당시 작성된 유언장을 보면, 이언 헌터는 10년 이상 증류소에서 일한 직원들에게 100파운드씩을 남겼다. 레이첼Rachael이란 비서에게는 1000파운드를 물려줬다. 하지만 이걸 제

외한 모든 재산은 베시에게 돌아갔다. 증류소는 물론이고 대저택 Ardenistle House과 포트 엘런 앞바다에 있는 작은 섬Texa Island, 현금 5000파운드까지 베시의 몫이 됐다. 이로써 베시는 19세기 카듀 증류소를 운영한 엘리자베스 커밍에 이어 스카치 역사상 두번째로 여성 증류소 CEO가 됐다.

▲ 스카치 증류소 역사상 두번째 여성 CEO 베시 윌리엄슨
▼ The Bessie Williamson Story

3개월 단기 알바로 출발해 사장이 된 베시는 따뜻한 마음을 지닌 인물이었다. 자선사업을 적극적으로 펼치고 직원 복지에도 신경을 썼다. 그녀의 됨됨이가 얼마나 훌륭했는지 보여주는 일화는 많다. 월급날 술값으로 생활비를 날린 직원한테 슬쩍 돈을 챙겨줬는가 하면 정년이 지난 직원을 계속 고용해 생계유지를 돕기도 했다. 또 증류소 직원들에게 위스키 몇 잔을 매일 공짜로 나눠주는 드래밍dramming* 전통도 베시가 사장으로 있는 동안 그대로 유지됐다.

하지만 직원들에게 사랑받던 베시에게도 어려움이 찾아왔다. 교체해야 하는 설비는 점점 늘어나는데 여윳돈이 없었던 것이다. 아마 이 대목에서 이언 헌터의 막대한 유산을 물려받았는데 왜 돈 걱정을 했을까 싶

●1970년대 중반까지 스코틀랜드 증류소에서 드래밍은 일반적인 관행이었다. 아침에 일을 시작하기 전에 한 잔을 제공하고 중간중간 몇 잔을 더 주었다. 이때 직원들에게 배급한 위스키는 숙성을 하지 않은 증류액, 즉 뉴메이크 스피릿new make spirit이었다.

라프로익은 현재 빔 산토리 소속이다

은 분도 있을 것이다. 바로 상속세 때문이었다. 자산가치가 높은 증류소를 물려받으며 베시는 상속세를 엄청나게 물었다. 그 바람에 당장 수중에는 현금이 없었다. 결국 베시는 증류소 보수와 증설을 위해 자기 지분 일부를 미국 기업 셴리Schenley에 넘겨야 했다. 1970년에는 셴리가 베시의 나머지 지분까지 사들여 라프로익의 주인이 된다. 이후 라프로익은 여러 기업의 손을 거쳐 지금은 산토리 자회사 빔 산토리에 소속돼 있다.

찰스 왕의 위스키

증류소 투어를 위해 방문자 센터로 들어갔다. 전시실처럼 꾸며진 방문자 센터 벽에는 이언 헌터와 베시 윌리엄슨 사진이 나란히

2015년 창업 200주년 당시 증류소를 방문한 찰스 왕세자

◀ 찰스 왕세자가 수여한 로열 워런트
▼ 아직은 '왕세자'로 되어 있지만 조만간 '왕'으로 바꿀 예정이라고 한다

TOP   HRH Prince Charles on his eventful visit to the distillery in 1994.

BELOW   HRH Prince Charles and The Duchess of Cornwall visiting the distillery in 2008.

붙어 있었다. 그 옆에는 지금은 영국 국왕이 된 찰스 3세 사진도 여러 장 보였다. 왕세자 시절 라프로익에 찾아온 찰스가 숙성고에서 망치로 오크통 마개bung를 여는 모습이라든가 플로어 몰팅을 체험하는 장면을 담은 사진이었다. 증류소에 전시된 사진에서 알 수 있듯이 라프로익은 찰스 왕의 애정을 듬뿍 받았다. 찰스가 처음 이 증류소를 찾은 건 1994년 6월 29일. 김원곤 선생님이 쓴 『세계 지도자와 술』이란 책에 따르면 당시 찰스 왕세자는 원래 20분만 라프로익에 머물 예정이었다. 하지만 타고 온 비행기에 문제가 생기는 바람에 2시간 반이나 증류소에 있게 된다. 찰스는 이때 라프로익 제조 공정을 자세히 살펴보고 위스키도 맛보고 돌아간다. 이걸 계기로 찰스는 로열 워런트Royal Warrant, 영국 왕실 인증서를 라프로익에 수여한다. 찰스는 60세 생일을 맞은 2008년에도 다시 라프로익을 찾았다. 또 2015년에는 증류소 창업 200주년을 축하하기 위해 세번째로 방문했다. 투어 가이드 클레어Claire는 찰스 왕과의 인연을 설명하면서 "지금은 사진 설명에 왕세자Prince라고 돼 있지만 조만간 왕으로 바꿀 예정이다. 당신이 나중에 다시 여기 오게 되면 호칭이 바뀌어 있을 것"이라고 말했다.

플로어 몰팅을 할 때는 어떤 장비를 쓸까?

방문자 센터를 둘러본 뒤 투어에 나섰다. 가이드 클레어가 먼저 안내한 곳은 전통 방식으로 보리를 싹 틔우는 플로어 몰팅floor malting실이었다(플로어 몰팅 개념과 방식은 발베니 편 참고). 발베니 편에서도 설명한 것처럼 플로어 몰팅을 하는 증류소는 현재 스코틀랜드 전체에 10곳이 안 된다(이 숫자는 계속 변할 수 있다). 아일라에서는 라프로익과 보모어, 그리고 2005년에 문을 연 킬호만에서 플로어 몰팅을 한다. 이 가운데 라프로익은 전체 몰트의 20%를 플로어 몰팅으로 직접 만든다. 나머지 80%는 인근 포트 엘런 몰팅 공장에서 가져온다. 증류소에서 플로어 몰팅으로 만드는 몰트는 페놀 함량(피트 레벨)이 50ppm 이상이다. 포트 엘런에 주문해서 받아오는 몰트는 40~45ppm 정도이다.

플로어 몰팅을 하는 몰트맨malt man이 보리를 뒤집을 때 쓰는 장비는 세 가지이다. 가장 기본은 터너turner라는 기계식 장비이다. 바닥에 보리를 펼쳐놓고 그 위로 터너를 끌고 가면 보리가 공중으로 떠올랐다가 떨어지면서 뒤집힌다. 터너를 쓴 다음에는 쇠갈퀴처럼 생긴 그러버grubber로 다시 한번 뒤집는다. 기계식 장비 터너로는 밑바닥에 깔린 보리까지 뒤집을 수 없어서다. 몰팅실 중간에 기둥이 없다면 터너와 그러버 이 두 가지만으로 충분하다. 하지만 라프로익처럼 기둥이 있으면 삽도 필요하다. 기둥 언저리에 있는 보리는 터너나 그러버로 뒤집기 힘들어 삽을 써야 한다. 지금은 기계식 장비 터너를 함께 쓰기 때문에 플로어 몰팅이 과거에 비해 한결 낫다. 옛날 몰트맨들이 원숭이처럼 어깨가 굽는 몽키 숄더라는 질병에 시달린 건 오로지 삽과 그러버로만 작업했기 때문이다.

플로어 몰딩실에 갔더니 몰트맨이 터너로 보리를 뒤집고 있었다. 라프로익 몰팅실에는 총 4명이 일한다. 이들은 월요일부터 목요일까지 나흘 동안 2명씩 2교대로 작업한다. 보리 뒤집는 걸 지켜보고 있었더니 몰트맨이 "직접 해볼래요?"라고 말한다. 마다할 내가 아니다. '뭐, 이쯤이야' 싶어 곧바로 손잡이를 잡고 터너를 끌었다. 그런데 이게 보기보다 힘들었다. 일단 터너 무게가 상당했다. 터너

이 넓은 바닥에 깔린 보리를 터너와 그러버, 삽을 사용해 뒤집어주어야 한다

터너를 끌고 가면 보리가 공중으로 떠올랐다가 떨어지면서 뒤집힌다

기계식 장비가 닿지 않는 기둥 주변은 삽으로 뒤집어준다

를 제대로 다루지 못하다보니 한 방향으로 가지 않고 갈지자로 움직였다. 이 모습을 보던 몰트맨은 "초보자에겐 쉬운 일이 아니다"라며 껄껄 웃었다.

보리 뒤집는 체험을 끝내자 클레어는 바닥에 쌓인 보리에 손을 집어넣어보라고 했다. 손을 푹 넣었더니 온기가 느껴졌다. 클레어는 "보리를 계속 뒤집어주면서 발아를 시키는 건 바로 이 열 때문이다. 뒤집어주지 않고 놔두면 싹이 트면서 생긴 열 때문에 보리가 썩어버리게 된다"고 설명했다.

▲ 피트로 아궁이에 불을 지피면 연기를 통해 피트 풍미가 몰트에 배어든다
▼ 라프로익은 더 강한 피트 풍미를 위해 축축한 피트도 함께 쓴다

축축한 피트를 쓰는 까닭

발아가 된 몰트는 대형 가마kiln가 있는 건조실에서 말린다. 이때 피트를 땔감으로 써서 아궁이에 불을 지피면 연기를 통해 피트 풍미가 몰트에 배어든다. 이렇게 만든 피트 몰트peated malt로 당화와 발효, 증류, 숙성을 마치면 라프로익 같은 피트 위스키가 탄생한다. 몰트 건조는 피트 위스키냐 아니냐를 결정하는 중요한 공정인 셈이다.

피트 몰트를 건조할 때 가장 흔한 방법은 석탄을 때서 몰트를 조금 말려놓고 그 다음에 피트로 불을 지펴 향을 입힌 뒤 마지막에 다시 석탄으로 건조를 마치는 것이다. 하지만 라프로익은 이런 식으로 하지 않는다. 발아된 몰트를 가마에 넣고 바로 피트부터 태운다. 총 12시간 피트 연기를 충분히 입힌 다음에 뜨거운 공기를 20시간 동안 불어넣어 몰트를 건조한다.

라프로익에서는 바짝 말린 피트와 축축하게 젖은 피트wet peat를 함께 쓴다. 습기가 남아 있는 피트를 섞어서 쓰는 건 그래야 연기가 더 많이 피어올라 피트 풍미가 강하게 배어들기 때문이다(100% 플로어 몰팅을 하는 스프링뱅크 역시 젖은 피트를 함께 쓴다).

피트 풍미 시리얼?

몰트를 건조하는 곳으로 가봤다. 가이드 클레어는 "이곳에서 마법이 시작된다"라면서 건조실 가마 문을 열었다. 가마 내부는 연기로 자욱했다. 아래쪽 아궁이에서 올라온 피트 연기였다. 강한 피트 향이 코를 찔러 잠시 어릿했다. 연기로 가득찬 가마를 살펴보니 바닥에는 발아된 몰트(그린 몰트)가 균일한 두께로 깔려 있었다. 저렇게 12시간을 가마에 머무는 동안 몰트는 피트 향을 잔뜩 머금게 된다. 클레어는 가마 문을 닫기 전에 피트 훈연중인 몰트를 한 움큼 집어들더니 나한

연기로 자욱한 가마 내부. 바닥에는 발아된 몰트가 깔려 있다

한쪽에 쌓인 피트를 삽으로 떠서 아궁이에
집어넣는다

◀ 2015년 방문 당시 찰스 왕세자도 아궁이
에 피트를 집어넣는 체험을 했다
▼ 라프로익은 피트 연기를 가마에서 재순환
하지 않고 굴뚝으로 빼낸다

테 건네주며 맛을 보라고 권했다. 오독오독 몰트를 씹었다. 와, 의외로 맛있다!! 피트 맛 시리얼을 먹는 기분이었다. 엄지를 추켜세우며 "훌륭한 아침 식사네요"라고 말했다. 클레어는 "우리도 배고플 때 가끔 집어먹는다"면서 씩 웃었다.

피트를 때는 아궁이로 내려갔다. 한쪽에 피트가 잔뜩 쌓여 있었다. 건조실 직원이 피트를 삽으로 떠서 아궁이로 계속 집어넣었다. 피트가 타닥타닥 소리를 내며 활활 탄다. 그러면서 연기가 쉴새없이 위로 올라가고 있었다. 스프링뱅크 같은 곳에선 이 연기를 가마에서 재순환(리서큘레이션recirculation)시켜 피트 향을 입힌다. 하지만 라프로익은 피트 연기를 그대로 굴뚝으로 빼내고 있었다. 땔감으로 쓸 피트가 풍부해서 굳이 연기를 재순환시키지 않는 게 아닌가 싶었다.

피트란 무엇인가?

라프로익 같은 아일라 위스키의 핵심은 피트다. 아일라 하면 피트, 피트 하면 아일라이기 때문이다(물론 예외도 있다). 이 책을 읽는 분 정도라면 아일라 위스키의 핵심인 피트가 뭔지 알고 있을 것이다. 하지만 혹시 모르는 분을 위해 잠시 설명하고 가려고 한다. 우리말로 이탄泥炭 혹은 토탄土炭으로 번역하는 피트는 풀이나 꽃, 이끼 등이 썩어 습지대에 쌓인 걸 말한다. 위스키 전문 서적에서는 지나치게 복잡하게 설명하기도 하는데 우리가 피트 하나 이해하자고 지질학까지 공부할 이유는 없지 않겠는가? 그래서 내가 찾아낸 가장 쉬운 표현 하나를 인용하려고 한다. 위스키 전문지 〈위스키

스코틀랜드는 기후와 지질의 영향으로 피트가 많다. 아일라 피트는 그중에서도 페놀 함량이 높고 풍미가 독특하다

앤 위즈덤Whisky and Wisdom〉에서는 피트를 "사춘기가 되기 전의 석탄pre-pubescent coal"이라고 정의했다. 다시 말해 식물이 퇴적해 천 년 이상 흐르면 피트가 되고 거기서 수천 년 혹은 수억 년이 더 지나면 석탄이 된다는 뜻이다.

기후와 지질 영향으로 스코틀랜드에는 피트가 많다. 습지대 어딜 파도 나온다고 할 만큼 널려 있어서 오래 전부터 피트를 때서 난방도 하고 요리도 했다. 특히 나무나 숲이 별로 없어 땔감이 부족했던 서부 해안에선 피트가 주 연료나 마찬가지였다. 이렇게 흔한 피트를 몰트 건조할 때 사용하면서 스카치 특유의 스모키한 풍미가 생긴 것이다. 자, 그렇다면 아일라 말고 다른 곳에서도 피트를 많이 쓰는데 왜 피트하면 아일라, 아일라 하면 피트가 된 걸까? 그건 피트라고 해서 다 같은 피트가 아니라서 그렇다. 어느 지역, 어떤 땅에서 캐냈느냐에 따라 풍미가 달라지기 때문이다. 예를 들어 헤더 꽃이 많은 지역에서 캐낸 피트에선 헤더가 퇴적된 냄새가 배어 있다. 또 어떤 지역 피트는 유난히 풀grassy 향이 강하다. 아일라 피트에서 '병원 냄새'가 나는 것도 그런 이유다. 잔디나 양치식물은 물론 이끼나 해조류까지 함께 퇴적돼 페놀 함량이 높고 풍미가 독특해서다.

피트를 사람이 직접 캐는 이유

라프로익이 쓰는 피트는 아일라 공항 근처 피트 밭peat bed에서 4월부터 9월 사이에 캐낸다. 보모어나 다른 증류소에선 콤바인처럼 생긴 기계로 채굴하지만 라프로익은 사람이 캔다. 왜 기계를 쓰지 않는지 물어봤다. 클레어는 "사람이 직접 캐야 더 축축한 피트를 퍼올릴 수 있어서"라고 답했다(앞서 언급한 것처럼 라프로익은 젖어 있는 피트를 함께 사용한다). 사람이 직접 피트를 캘 때는 피트 커터peat cutter라고 부르는 채굴 도구를 사용한다. 피트 커터를 땅에 깊숙이 찔러넣어 덩어리로 잘라낸 뒤 쇠스랑이나 삽으로 떠낸다. 마침 아궁이 옆에 피트 커터가 놓여 있었다. 이걸 들고 사진을 찍으려다가 가만히 보니 끝부분에 뾰족한 뭔가가 달려 있었다. 가이드 클레어는 "진짜 하일

창고에 피트가 수북이 쌓여 있다. 라프로익의 연간 피트 사용량은 250톤에 달한다

라프로익은 축축한 피트를 확보하기 위해 사람이 직접 피트를 캔다

피트 커터 끝에 장식된 하일랜드 소뿔

랜드 소뿔을 장식해놓은 것"이라고 했다. 피트 커터를 설명하면서 클레어는 "이 장비로 5~6피트(1.5~1.8미터) 깊이까지 파서 피트를 캐낸다. 피트가 1년에 1밀리미터 정도 퇴적되는 걸 고려하면 엄청나게 오랜 세월 쌓인 피트를 한 번에 캐내는 것"이라고 했다. 이어서 클레어는 "이런 점 때문에 증류소에서도 피트 지속 가능성peat sustainability 연구를 계속하고 있다"고 덧붙였다.

클레어가 언급한 것처럼 피트 몰트를 제조하기 위해서는 엄청난 양의 피트가 필요하다. 라프로익만 해도 몰트 훈연할 때 쓰는 피트가 하루 약 1톤에 달한다. 피트 훈연을 1년에 250일 정도 하니까 연간 사용량은 250톤이나 된다. 투어를 함께 한 이세기씨(라세이 증류소 디스틸러)가 "이렇게 계속 피트를 파내면 언젠가는 고갈돼 라프로익도 못 만드는 것 아니냐"고 물었다. 클레어는 "당신이 세상을 떠나기 전까지는 피트가 충분히 남아 있을 테니 아직은 걱정하지 말라"고 말하며 웃었다(서로 웃기는 했지만 피트 고갈 가능성은 스카치 업계는 물론 영국 정부에서도 심각하게 고민하고 있다).

올빼미 인형이 있는 발효실

당화와 발효 공정을 견학할 차례다. 라프로익은 5.5톤짜리 풀라우터 방식 당화조를 쓰고 있었다. 당화는 전형적인 3단계로 진행된다. 투입하는 물의 온도는 ① 섭씨 63도 ② 섭씨 80도 ③ 섭씨 90도였다. 당화 용수는 물 전쟁을 치러가며 지켜낸 킬브라이드 샘물이다. 발효 공정도 살펴봤다. 발효조는 8개였고 모두 스테인리스 재질이었다. 원래는 6개였는데 2022년 여름에 2개를 증설했다. 이때부터 라프로익은 발효 시간도 기존 53시간에서 72시간으로 늘렸다. 발효 시간을 늘린 건 "더 복합적more complex이고 더 과일 풍미 있는more fruity 위스키를 만들기 위해서"라고 클레어는 설명했다(발효 시간과 풍미의 관계는 글렌알라키 편 참고).

가이드 클레어가 줄이 달린 통을 발효조에 넣어 워시wash(발효액)를 꺼냈다. 그러고 나서 "난 이걸 너무 좋아한다"며 마셔보라고 권했다. 솔직히 나는 워시 맛보는 걸 그다지 좋아하지 않는다. 곡물 향이 강해 비릿할 때가 많아서다. 하지만 라프로익 워시는 달랐다. 너무 맛있어서 깜짝 놀랐다. 스코틀랜드 에일 맥주에 풍성한 피트를 가미한 것 같은 맛이었다. 곡물의 비릿함을 피트가 다 가려버린 느낌이었다. 이 정도면 그대로 제품화해서 '라프로익 피트 맥주peated beer'로 팔아도 될 것 같다는 생각을 했다. 한 잔을 그대로 원샷한 뒤 "너무 훌륭하다"고 말하자 클레어는 웃으며 "우리 증류소 워시는 내가 마셔봐도 맛있다"라고 말했다.

5.5톤짜리 풀 라우터 방식 당화조. 당화 용수는 물 전쟁에서 지켜낸 킬브라이드 샘물이다

발효실을 빠져나오려는데 공정 신행 상황을 알려주는 계기판 위에 웬 올빼미 인형 하나가 놓여 있는 게 눈에 띄었다. 발효실에 왜 저걸 놔뒀을까 싶어서 물어봤다. 클레어는 "몰트 가루가 많은 곳이라 가끔 여기로 새

더 복합적이고 더 과일 풍미 있는 위스키를 만들기 위해 발효 시간을 과거 53시간에서 지금은 72시간으로 늘렸다

가이드 클레어가 발효조에서 워시를 꺼내주었다. 스코틀랜드 에일 맥주에 풍성한 피트를 가미한 것 같은 훌륭한 맛이었다

발효실로 날아들어오는 새를 쫓기 위한 올빼미 인형. 효과는 별로 없다고 한다

들이 날아와서 인형을 봐뒀다. 하지만 효과는 별로 없는 것 같다"
고 했다. 우리나라 농부들이 새를 쫓으려고 논에 허수아비를 세워
놓은 것과 비슷하다는 생각이 들었다.

증류와 숙성

라프로익 증류실에는 1차 증류기wash still 3대와 2차 증류기spirit
still 4대가 가동되고 있었다. 보통 1차 증류기와 2차 증류기는 2-2
혹은 3-3 이렇게 쌍pair으로 숫자를 맞추는 게 일반적이다. 하지만
라프로익은 2차 증류기가 하나 더 많았다. 또 1차 증류기는 용량
이 모두 같지만(1만 400리터) 2차 증류기는 그렇지 않았다. 2차 증
류기 가운데 3대는 4700리터인 반면에 1대는 9400리터로 용량이

두 배였다. 클레어는 "원래 1만 400리터짜리 1차 증류기 3대와 4700리터 2차 증류기 3대만 쓰다가 스피릿 생산을 늘리려고 대형 2차 증류기 1대를 추가했다"고 말했다.

라프로익은 컷 포인트를 낮게 설정하고 있다. 피트 몰트로 위스키를 만들기 때문이다(피트 위스키 컷 포인트는 벤리악 편 참고). 2차 증류 초반에 나오는 초류head를 45분 동안 충분히 받아낸 뒤에 알코올 도수 72%(abv)부터 숙성에 사용할 중류 heart를 확보한다. 스피릿 알코올 도수가 60%로 떨어지면 후류tail, feints로 전환한다. 정리하면 라프로익 중류 컷 포인트heart cut point는 72%이고 후류 컷 포인트feints cut point는 60% 이다.

▲ 1만 400리터짜리 1차 증류기 3대
▼ 2차 증류기는 1대는 9400리터(맨 왼쪽)이고, 3대는 4700리터이다

오크통을 저장하는 숙성고에도 들렀다. 2015년 증류소 설립 200주년 기념 캐스크를 비롯해 찰스 (당시) 왕세자나 빔 산토리 경영진이 왔을 때 통입한 특별 캐스크가 눈길을 끌었다. 라프로익이 빔 산토리 소속이기에 버번 배럴은 거의 대부분 켄터키 메이커스 마크Maker's Mark나 짐 빔Jeam Beam에서 가져온다. 라프로익 증류소에는 숙성고가 9개 있다. 전통 더니지 숙성고는 3개였고 현대식 선반형 숙성고가 6개였다. 9개 숙성고에 저장된 오크통은 모두 6만

5000개에 달한다. 클레어는 "증류소에 있는 숙성고는 이미 오크통으로 가득차서 아일라섬 다른 지역에 숙성고 4개를 더 지었다"고 알려주었다.

바다 경치를 보며 라프로익을

숙성고 구경을 하고 밖으로 나왔다. 환상적인 경치가 다시 눈길을 사로잡는다. 잔잔하게 파도가 일렁이는 바다와 LAPHROAIG이라고 커다랗게 적힌 증류소 회색 벽이 정겹게 어울린다. 증류소에서 그럴싸하게 포즈 잡고 사진 찍는 걸 싫어하지만 그런 나도 여기서만큼은 딱 한 장 찍어

▲ 전통 더니지 숙성고
▼ 찰스 왕세자나 빔 산토리 경영진 서명이 있는 특별 캐스크도 보관되어 있었다

가고 싶었다. 만약 햇살 가득한 봄이나 여름에 왔다면 정말 인생 사진 하나 건질 뻔했다.

라프로익 테이스팅은 입이 즐겁기 이전에 눈이 즐거웠다. 클레어가 안내한 프라이빗 테이스팅 룸은 바다 경치가 한눈에 잡히는 곳이었다. 이런 곳에서 술을 마시면 '깡소주'도 맛있게 느껴질 것 같았다. 테이스팅 룸 바로 옆에는 증류소 운영을 총괄하는 매니저 방도 보였다. 문이 열려 있어서 슬쩍 들여다봤다. 라프로익의 두 영웅, 이언 헌터와 베시 윌리엄슨 사진이 벽에 걸려 있었다. 클레어는

491

▲ 절로 사진 한 장쯤 남기고 싶게 만드는 증류소 풍경
▼ 라프로익의 두 영웅이 지켜보고 있는 매니저 방

❶ 2019년 위스키 바이블이 선정한 최고의 NAS 스카치 로어
❷ 아일라섬 최대 축제 페이스 아일을 맞아 선보인 한정판 위스키 카처스
❸ 버번 캐스크에서만 8년 숙성한 비매품 싱글 캐스크. 강렬한 풍미가 딱 라프로익다웠다

"매니저가 허튼 일을 안 하는지 이언 헌터와 베시 윌리엄슨이 감시하고 있는 것"이라고 농담을 건넸다.

테이스팅은 세 가지를 했다. 처음 맛본 건 7년부터 21년 숙성까지 섞어 숙성 연수 미표기No Age Statement, NAS 제품으로 내놓은 로어Lore였다. 일반 버번 캐스크와 125리터짜리 쿼터 캐스크, 그리고 올로로소 셰리 캐스크 등 5가지를 블렌딩했다. 지난 2019년 위스키 바이블이 선정한 최고의 NAS 스카치였던 로어는 라프로익 치고는 부드럽고 은은했다. 특유의 스모키smoky함과 '병원 냄새'에 더불어 달콤하고 신선한 과일 풍미가 곁들여져 있었다. 다음으로 맛본 Cardeas 2021은 발음하는 것부터 힘들었다. 가이드 클레어의 발음을 여러 번 들어보니 내가 알고 있던 "카디어스"가 아니라 "카처스"에 가까웠다(Cardeas는 스코틀랜드 게일어로 우정friendship이라는 뜻이다). 매년 5월 말에서 6월 초에 열리는 아일라섬 최대 축제 페이스 아일Feis Isle을 맞아 아일라섬 증류소는 저마다 한정판 위스키를 선보인다. 카처스는 2021년 축제 때 라프로익이 내놓은 제품이다. 일반 버번 캐스크와 쿼터 캐스크, 그리고 PX 셰리 캐스크까지 세 가지 오크통을 썼다. 이 위스키 역시 전형적인 라프로익과는 결이 조금 달랐다. PX 캐스크로 마무리를 해서인지 단맛도 강하고 베리berry류의 풍미가 잘 느껴졌다. 마지막으로는 버번 캐스크에서만 8년 숙성한 비매품 싱글 캐스크single cask를 테이스팅 했다. 입에 대자마자 '그래, 라프로익은 아무래도 이래야지' 싶은 생각이 들었다. 그 정도로 강렬한 피트 풍미가 혀를 자극했다.

대작가 하루키가 사랑한 위스키

라프로익은 무라카미 하루키가 사랑하는 위스키이기도 하다. 하루키는 『위스키 성지여행』에서 "라프로익에는 라프로익만의 맛이 있다. 사람들 입맛에 맞추려는 경박한 알랑거림 따윈 느껴지지 않는다"라고 찬사를 보냈다. 지난 2015년에도 스코틀랜드 위스키를 추천해달라는 팬에게 "나는 아일라섬의 라프로익 위스키를 좋아한다"라고 답했다.

아, 그리고 마지막으로 하나 더. 라프로익에서는 팬클럽인 '라프로익의 친구들Friends of Laphroaig' 회원이 되면 가로세로 30센티미터 정도 되는 증류소 땅을 평생 임대해준다. 나도 몇 년 전 회원으로 가입해 땅을 받았다. 예전엔 위스키 케이스에 들어 있는 코드만 입력하면 됐는데 요즘엔 포인트를 적립해서 땅을 받는다고 들었다. 뭐, 어쨌든 이번에 가서 보니 라프로익이 나눠주는 땅은 증류소 입구에 '정말로' 있었다. 표지판에는 "당신 땅을 찾아보세요Find Your

"당신 땅을 찾아보세요"

Plot"라고도 적혀 있었다. 그렇지만 내 땅이 어디 있는지 찾아보는 건 불가능했다. 회원 한 명 한 명한테 나눠준 땅이 워낙 작고 많아서 일일이 표시를 해놓지 못했기 때문이다. 하지만 그래도 그게 어딘가. 스코틀랜드 작은 섬 아일라에 조그맣게라도 내 땅이 있다고 생각하면 기분이라도 좋지 않은가. 나는 이 넓은 서울에도 내 땅 한 평이 없는데.

LAGAVULIN

설립 1816년
소속 디아지오Diageo
주소 Port Ellen, Islay, Argyll PA42 7DZ

예약

화이트 호스와 피터 맥키

춘원 이광수의 소설 『흙』에 나오는 한 장면. 경성제국대학 법학과 출신 갑진은 미국에서 박사학위를 받은 건영을 낙원동 카페로 데리고 들어간다. 이때 갑진은 위스키를 주문하면서 이렇게 말한다. "병째로 가져오너라. 백마표. 응?" 1932년 당시 『흙』을 연재한 동아일보 삽화에는 카페 탁자에 놓인 백마표 위스키 병도 그려져 있다. 소설에서 식민지 조선의 부유한 엘리트 계층이 즐기는 술로 등장하는 백마표는 블렌디드 스카치위스키 화이트 호스White Horse 였다. 브랜드 이름처럼 상표에 하얀 말이 그려져 있다. 1891년에 출시된 화이트 호스는 1908년에는 영국 왕실 납품 허가Royal Warrant 까지 받을 만큼 명성과 인기를 얻었다.

1930년대 조선 경성에서도 즐긴 화이트 호스를 탄생시킨 사람은 앞서 라프로익 편에 잠깐 등장한 피터 맥키Peter Mackie였다. 스카치 업계 거물로 기사 작위까지 받은 피터 맥키는 수많은 업적을 남겨 '위대한 피터Peter The Great'로 불린다. 반면 희한하고 독특한 성격 때문에 '안절부절못하는 피터Restless Peter'라는 별명을 얻기도 했다. 생각도 특이하고 행동도 기이해서 어떤 작가는 "1/3은 천재, 1/3은 과대망상증 환자, 1/3은 괴짜"라고 평가했다.

이런 일도 있었다. 한번은 피터가 밀기울·bran과 동물 뼈bone, 그리고 힘줄muscle을 갈아 자기만의 레시피로 일명 'BBM'이라는 영양제를 만들었다. '힘을 주는 가루power flour'로 불린 이 특수 영양제를 자기가 운영하는 증류소 직원들한테 매일 먹게 했다. 이유는 "증류소 일을 잘하려면 영양가 있는 걸 섭취해야 한다"는 것이었다. 피터는 또 "정원 관리를 말끔하게 해야 한다"고 강조하며 정원을 가

1930년대 조선 경성에서도 즐긴 화이트 호스
(사진 출처: https://www.whiskybase.com)

"1/3은 천재, 1/3은 과대망상증 환자, 1/3은
괴짜", 스카치 업계 거물 피터 맥키 (사진 출처:
위키피디아)

라가불린은 화이트 호스의 심장이다

장 잘 꾸민 직원을 뽑아 1년에 한 번 큰 상을 줬다. 그런가 하면 소 사육을 장려하겠다면서 농장 소떼를 아프리카에 보내기도 하고 우간다로 인류학 탐험을 떠나는 이들을 후원하기도 했다. 사냥에도 관심이 많아서 사냥터지기를 위한 핸드북을 직접 집필했다.

피터 맥키는 열성적인 보수당원으로 정치 활동에도 적극적이었다. 당시 영국 재무장관 로이드 조지Lloyd George가 위스키를 악마의 술demon drink로 규정하고 제재 조치를 취하자 정면으로 맞서 싸웠다. 로이드 조지가 증류주 면허 비용을 30% 인상하는 법안을 밀어붙일 때에는 "변덕쟁이에 괴짜faddist and a crank"라며 현직 장관을 공개 비난했다. '잠시도 가만히 있지 못하는restless 사람'이라는 별명답게 피터는 세상 모든 일에 관심을 갖고 열정을 쏟았다. 사무실 벽에 걸려 있던 피터 맥키의 좌우명은 "그 무엇도 당연한 건 없다Take Nothing for Granted"였다.

화이트 호스의 심장 라가불린

스카치 역사에서 가장 열정적인 인물로 평가받는 피터 맥키. 그의 위스키 인생이 시작된 게 라가불린이다. 피터 맥키는 23살이던 1878년, 삼촌 제임스 로건 맥키가 운영하던 라가불린 증류소에 견습 직원으로 들어가 위스키를 배웠다. 이후 피터는 1890년부터 삼촌한테 증류소를 물려받아 운영하며 라가불린 몰트를 섞은 블렌디드 위스키를 개발한다. 그게 바로 앞에서 언급한 화이트 호스였다. 이렇게 탄생한 화이트 호스 위스키는 시장에서 큰 히트를 쳤다. 피터 맥키의 회사Mackie & Co는 당시 조니워커, 듀어스 등과 어

지금은 라가불린 증류소와 화이트 호스 브랜드 모두 디아지오에 소속되어 있다

깨를 나란히 하며 스카치 업계 'Big 5'로 급부상하게 된다. 결국 라가불린은 화이트 호스의 영혼 혹은 심장이나 마찬가지였던 것이다. 라가불린 증류소와 화이트 호스 브랜드는 괴짜이자 천재인 피터 맥키가 세상을 떠나고 3년 뒤인 1927년에 디아지오의 전신 DCL에 합병돼 지금까지 디아지오가 갖고 있다.

"탁월하게 좋은 위스키"

라가불린은 게일어로 '방앗간의 움푹 들어간 곳hollow of the mill'이란 뜻이다. 실제로 가보면 바다가 육지로 푹 파고 들어온 라가불린만灣에 증류소가 있다. 이 일대는 아일라 역사에서 중요한 의미를 갖는다. 12세기에 바이킹을 물리치고 스코틀랜드 서부 해안을 장악한 소머레드Somerled 왕이 라가불린만에 있던 더니벡성Dunyvaig

더니벡성 잔해 (사진 출처: 위키피디아)

Castle에 살았기 때문이다. 스코틀랜드 유명 가문 맥도날드 클랜Macdonald Clan의 창시자이자 아일라섬 최초 군주였던 소머레드가 머물던 더니벡성 잔해는 지금도 증류소 앞에 남아 있다.

증류소 설립 200주년을 기념해 출시된 라가불린 8년

'아일라의 왕자Prince of Islay'로 불리는 라가불린 역사는 18세기로 거슬러올라간다. 지금 증류소가 있는 곳에서는 1742년부터 위스키 증류가 시작된 것으로 전해진다. 수확하고 남은 보리로 몰래 위스키를 만들던 불법 농장 증류소였다. 그러다가 1816년에 이르러 존 존스톤John Johnston이란 농부가 최초로 면허를 받아 합법 증류소를 설립한다. 존 존스톤은 4년 뒤엔 옆에 있던 아드모어Ardmore• 증류소를 매입했고 1837년에 두 증류소가 합쳐져 라가불린이 됐다. 존스톤 가문이 운영하던 라가불린은 1852년에 피터 맥키의 삼촌 제임스 로건 맥키와 그래엄이라는 사업가에게 넘어갔고 피터 맥키가 합류하기 전까지는 제임스 로건 맥키 혼자 증류소를 운영했다. 제임스 로건 맥키가 사장이던 1886년에 이 증류소를 방문한 작가 알프레드 버나드Alfred Barnard의 기록을 보면 당시에도 라가불린의 품질은 상당히 뛰어났던 것 같다. 버나드는 라가불린 8년 숙성 위스키를 맛본 뒤 "탁월하게 좋다exceptionally fine"고 평가하면서 "싱글몰트single whisky로 사용할 만한 스피릿spirit을 생산할 수 있는 증류소가 (스코틀랜드에) 많지 않은데 라가불린은 그중에서도 탁월하다"고 적었다 (라가불린은 알프레드 버나드가 극찬했던 8년 숙성 위스키를 증류소 설립

200주년을 맞은 지난 2016년에 다시 출시했다).

조니 뎁이 사랑한 위스키

라가불린은 조니 뎁Johnny Depp이 사랑한 위스키이기도 하다. 내가 진행하는 〈주락이월드〉에서도 몇 번 얘기했는데 조니 뎁은 할리우드 최고 술꾼이다. 한 달에 와인 값으로만 3000만 원을 쓴다고 알려진 그는 한때 프랑스 보르도 와이너리를 매입해 와인을 만든 뒤 시장에 내놓지 않고 가까운 사람들한테만 선물하기도 했다. 이런 조니 뎁이 끔찍이 아끼고 좋아했던 게 라가불린이다. 술 때문에 이런저런 사고를 많이 쳤던 조니 뎁은 2005년에 위스키 같은 도수 높은 술을 아예 끊었다. 그런데 이 시기에 조니 뎁은 영국 〈가디언The Guardian〉 기자와 런던 클라리지스Claridge's 호텔 바에서 인터뷰를 하게 된다. 당시 가디언 기사에 따르면, 조니 뎁은 와인을 홀짝이며 인터뷰를 하다가 종업원에게 라가불린 한 잔을 스트레이트로 달라고 한다. 그러면서 "내가 지금 독한 술을 끊었지만 향 때문에 라가불린은 가끔 주문한다"고 말했다. 잠시 뒤 그는 라가불린이 담긴 잔에 코를 깊숙이 들이밀고 향을 음미하더니 환해진 표정으로 "피트peat"라고 한마디를 내뱉었다. 이런 일화를 보면 할리우드 최고 술꾼 조니 뎁은 다른 위스키는 다 끊어도 라가불린의 피트 향만큼은 참을 수 없었던 모양이다.

기타면 기타, 노래면 노래, 못하는 게 없는 존 메이어John Mayer도 라가불린 위스키 마니아로 유명하다. 〈Whiskey, Whiskey, Whiskey〉라는 노래를 발표했을 만큼 위스키를 사랑하는 존 메이어는 라가불린을 일주일에 한 병씩 마시는 것으로 알려져 있다. 또 세계적인 위스키 평론가 마이클 잭슨 역시 라가불린을 호평해 화제가 된 적이 있다. 마이클 잭슨은 『Michael Jackson's Complete Guide to Single Malt Scotch』에서 라가불린 16년에 95점을 줬다. 이 책에 등장하는 위스키 대부분이 90점 이하인 걸 고려하면 파격적인 점수였다. 마이클 잭슨이 95점을 매긴 다른 위스키로는 맥캘란 25년과 30년이 있다. 라가불린은 숙

세계적인 위스키 평론가 마이클 잭슨에게
높은 평가를 받은 라가불린 16년

성 연수가 더 짧은데도 같은 점수를 받은 걸 보면 얼마나 높게 평가한 것인지 알 수 있다.

피트 가득한 물

라가불린 증류소로 가는 길은 환상적이었다. 포트 엘런 항구부터 해안을 따라 이어진 도로를 타고 달리면 바다 경치가 영화 장면처럼 스쳐 지나간다. 창문을 열자 짭조름한 아일라 바다 냄새가 바람결에 실려 온다. 낭만적인 해안도로에서 빠져 좁은 길을 따라 조금 가다보니 벽이 하얗게 칠해진 라가불린 증류소가 나타났다. 석탄을 연료로 쓰던 시절의 유산인 빨간 굴뚝이 터줏대감처럼 우뚝 서 있고 쌍둥이 파고다 루프도 멋스럽고 고풍스럽다. 차에서 내려 방문자 센터로 들어가려는데 건물 옆에 폭포수처럼 콸콸 흘러내리

▲ 라가불린 증류소 앞 바다 풍경도 환상적이다
▼ 하얀 벽과 빨간 굴뚝이 아름다운 라가불린 증류소

▼ 쌍둥이 파고다 루프도 멋스럽다

는 물길이 보인다. 증류소 북쪽 산에 있는 호수Lochan Sholum에서 흘러온 물이다. 라가불린은 아일라 땅 피트를 듬뿍 머금어 갈색 빛깔인 이 물로 위스키를 만들고 있다.

여기서 질문 하나. '라가불린처럼 피트 가득한 갈색 물로 위스키를 만들면 피트 풍미가 더 풍부해질까?' 느닷없이 이 질문을 던진 이유는 과거 여러 증류소에서 광고나 홍보 영상을 통해 이런 얘기를 해왔기 때문이다. 내가 본 것 중에는 증류소 매니저가 나와서 "피트 가득한 물로 위스키를 만들기 때문에 더 풍성한 피트 풍미를 이끌어낸다"고 말하는 영상도 있었다. 하지만 이런 주장은 명확한 과학적 근거가 없다. 단지 '물 색깔이 다른 걸 보면 영향을 주지 않을

방문자 센터 건물 옆으로 폭포수처럼 콸콸 흘러내리는 물길. 피트를 듬뿍 머금어 갈색 빛깔인 이 물로 위스키를 만든다

까' 하는 추정일 뿐이다. 이건 그동안 내가 스코틀랜드 증류소 수십 곳을 다니며 확인한 사례만 봐도 그렇다. 예를 들어 스페이사이드 글렌 그란트 증류소에서도 피트층을 통과해 갈색으로 변한 물로 위스키를 만든다. 하지만 그렇다고 해서 글렌 그란트가 피트 위스키가 되는 건 아니다. 결국 우리가 위스키를 마실 때 느끼는 피트 풍미는 몰트를 건조할 때 피트를 태워 입힌 것이라고 봐야 한다.

전설의 몰트 밀 증류소

〈주락이월드〉에서 '술맛 나는 영화' 특집을 통해 소개한 작품이 하나 있다. 거장 켄 로치 감독의 〈엔젤스 셰어The Angel's Share〉다. 술꾼 필수 영화로 통하는 이 작품에는 위스키 애호가라면 눈여겨볼 장면이 많이 나온다. 그중에서도 나는 희귀 위스키 경매 장면을 잊을 수 없다. 영화 속 설정은 이렇다. 수십 년 전 증류소 가동을 멈추고 폐쇄된 전설의 몰트 밀Malt Mill 증류소에서 1960년대에 생산한 캐스크가 갑자기 발견된다. 몰트 밀 위스키는 워낙 희귀한 것이라 곧바로 경매 매물로 올라온다. 이 소식을 들은 주인공 로비 일행은 이 위스키를 훔칠 계획을 세우고 경매가 열리는 증류소로 향한다. 과연 로비는 위스키 절도로 인생 역전의 꿈을 이뤘을까? 다음 스토리가 궁금한 분은 영화를 직접 보시기 바란다. 참고로 영화에서 위스키 경매가 열리는 증류소로 나오는 곳은 하일랜드 발블레어Balblair이다.

영화 〈엔젤스 셰어〉에서 몰트 밀 위스키 경매가 열린 곳으로 나온 발블레어 증류소 (사진 출처: 발블레어)

켄 로치 감독의 명작 〈엔젤스 셰어〉에 등장하는 '전설의 몰트 밀'은 1908년부터 1962년까지 실제로 존재했던 증류소 이름이다. 라프로익 챕터를 꼼꼼히 읽은 분이라면 '괴짜 천재' 피터 맥키가 라프로익에서 기술자를 빼 온 뒤 증류기까지 카피해 세운 증류소 이름이 몰트 밀이었다는 걸 기억할 것이다. 맞다. 몰트 밀은 피터 맥키가 라프로익에 타격을 입히려고 라가불린 부지 안에 별도로 세운 증류소였다. 영화 속 설정과 비슷하게 몰트 밀은 위스키 시장에 모습을 드러낸 적이 없다. 증류소가 폐쇄될 때까지 '몰트 밀'이란 이름을 단 싱글몰트가 출시된 적이 없어서다. 그런데 영화에서도 전문가로 출연한, 진짜 스카치 전문가 찰스 맥클린 Charles Maclean에 따르면 〈엔젤스 셰어〉가 개봉되고 얼마 지나지 않아 과거 몰트 밀에서 생산한 스피릿spirit(증류액) 몇 병이

전설의 몰트 밀 증류소 건물. 현재는 라가불린 방문자 센터로 쓰이고 있다

라가불린 증류소에서 '우연히' 발견됐다고 한다(내 생각엔 영화 개봉 이후에 이 잡듯이 증류소를 뒤지지 않았나 싶다). 이렇게 영화에도 등장하는 전설의 몰트 밀 증류소 건물이 지금의 라가불린 방문자 센터이다.

포트 엘런 몰트

라가불린 증류소에선 투어를 시작하자마자 소동이 있었다. 화재경보가 울리는 바람에 투어 참가자들이 건물 밖으로 빠져나왔다. 모든 스코틀랜드 증류소에는 화재 발생에 대비한 대피 장소 assembly point가 있다. 라가불린은 주차장 옆에 대피 공간이 있었다. 증류소 투어를 하다보면 화재경보가 종종 울린다는 얘기를 익

히 들어 알고 있었다. 꼭 연기가 나지 않더라도 조금이라도 이상한 낌새가 감지되면 센서가 민감하게 작동하기 때문이다. 그렇기에 라가불린 투어 가이드도 전혀 긴장한 모습이 아니었다. 늘 겪는 일이라는 듯 태연하게 팔짱을 끼고 "잠시 기다리면 곧 꺼질 것"이라고 말했다. 투어 참가자 중 한 명은 "이렇게 대피하는 것도 투어 프로그램에 원래 포함돼 있는 것 아니냐?"라고 물었다. 모두 웃음을 터뜨렸다.

플로어 몰팅을 중단한 이후 가마도 가동을 멈췄다

예정에 없던 화재 대피 훈련이 끝났다. 투어 참가자들은 몰트를 건조할 때 쓰던 가마kiln부터 보러 갔다. 이 가마는 거의 50년째 가동되지 않고 있다. 1974년에 플로어 몰팅을 중단하면서 몰트를 말리는 가마도 가동을 멈췄다. 라가불린은 산업유산이 된 가마를 없애지 않고 방문객한테 보여주며 몰트 제조 과정을 설명한다.

라가불린이 1974년에 플로어 몰팅을 중단한 건 바로 이해부터 근처에 있는 포트 엘런 몰팅Port Ellen Maltings에서 몰트 생산을 시작했기 때문이다. 그때부터 지금까지 라가불린은 같은 회사(디아지오) 소속인 포트 엘런에서 생산한 몰트로 위스키를 만든다. 컴퓨터로 제어되는 기계식 몰

라가불린은 포트 엘런 몰팅에서 생산한 몰트를 사용한다 (사진 출처: 포트 엘런)

팅 장비를 갖춘 포트 엘런에서는 뜨거운 바람으로 몰트를 말린 뒤
에 아일라섬 피트를 태워 향을 입힌다. 라가불린이나 쿨일라같은
디아지오 산하 증류소 말고도 포트 엘런 몰트를 쓰는 아일라 증
류소는 여러 곳이다. 우선 '킬달튼 삼총사' 중에서 라가불린과 아
드벡은 100% 포트 엘런 몰트로 위스키를 만든다. 자체 플로어 몰
팅을 하는 라프로익 역시 전체 사용 몰트의 80%를 포트 엘런에서
가져온다. 이렇게 세 곳 모두 같은 포트 엘런 몰트를 쓰지만 피트
처리 정도는 제각각이다. 라프로익에서 사용하는 포트 엘런 몰트
는 페놀 수치가 40~45ppm이고 아드벡은 50ppm 이상이다. 반면
라가불린은 34~38ppm(평균 36)으로 셋 중에서 가장 낮다. 라가
불린 피트 향이 아드벡이나 라프로익에 비해 은은한 것은 이런 영
향이 크다.

급격히 꺾인 증류기 라인 암

몰트에 대한 설명을 들은 뒤 당화와 발효 공정을 살피러 생산 시설로 이동했다. 라가불린 역시 빨간색 포르테우스 제분기를 쓰고 있었다. 이 구식 제분기로 일주일에 몰트 120톤을 분쇄해 위스키를 만든다. 분쇄한 몰트에서 당분을 뽑아내는 당화 공정은 4.4톤짜리 풀 라우터full lauter 방식 당화조로 한다. 발효조 10개는 모두 나무 재질이었다. 한 번 발효할 때마다 액상 효모 100리터를 쓰고 발효는 평균 55시간에 끝낸다.

다음은 증류실로 향했다. 라가불린 증류실에 들어가면 유리창이 달린 1차 증류기wash still 2대와 2차 증류기spirit still 2대가 보인다. 1, 2차 증류기 모두 양파형onion-shaped이었다. 일반적인 양파형에 비해 아래는 더 뚱뚱하고 위는 뾰족해서 서양배pear 모양이라고 표현하는 사람도 많다. 용량은 1차 증류기 1만 500리터, 2차 증류기 1만 2200리터로 2차 증류기가 오히려 더 크다. 라가불린 증류기

서양배 모양의 증류기

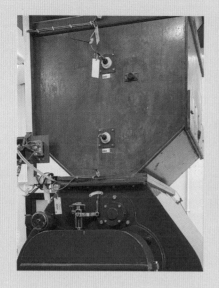

◀ 라가불린도 빨간색 포르테우스 제분기를 쓴다
▲ 4.4톤짜리 풀 라우터 방식 당화조

발효 시간은 평균 55시간이다

급강하하는 라인 암은 무거운 스피릿을 뽑아내는 한 요소가 된다

에서 유난히 눈에 띄는 건 라인 암lyne arm(증류관) 각도이다. 1, 2차 증류기 모두 라인 암이 아래로 꺾인 형태descending lyne arm이다. 특히 1차 증류기 라인 암은 매우 가파르게 급강하한다. 그렇다면 이런 형태의 라인 암은 라가불린 스피릿에 어떤 영향을 줄까?

　맥캘란 편에서 잠시 설명했지만 증류기와 응축기(콘덴서condenser)를 연결하는 라인 암은 단순히 알코올 증기가 지나가는 통로가 아니다. 라인 암을 통과하는 동안에도 일부 알코올 증기는 구리와 접촉하며 액체로 응축되기도 한다. 그렇기에 라인 암이 위를 향하고 있으면 알코올 증기에서 응축된 액체가 콘덴서로 넘어가지 못하고 증류기 쪽으로 떨어져 다시 증류된다. 반대로 라인 암이 아래를 향하고 있으면 응축된 액체가 콘덴서 쪽으로 쉽게 흘러들어간다. 다시 말해 라인 암이 상향上向, ascending이면 대체적으로 환류reflux가 증가하면서 스피릿이 가벼운 풍미를 갖게 된다. 반대로 하향下

向, descending이면 상향 라인 암에 비해 환류가 줄어들어 풍미가 보다 묵직해진다. 물론 그렇다고 '상향 라인암=가벼운 스피릿' '하향 라인암=묵직한 스피릿' 이런 식으로 단순화해서 생각하면 안 된다. 라인 암 각도는 스피릿 풍미를 결정하는 수많은 변수 중의 하나에 불과하다. 증류기 형태나 크기는 물론이고 증류 속도와 컷 포인트에 이르기까지 여러 가지가 풍미에 영향을 준다. 증류는 일차방정식이 아니라 매우 복잡한 고차방정식이다.

장작 태우는 풍미의 비밀

라가불린과 라프로익을 비교하는 이들이 많다. 이름부터 라La로 시작하는데다 거리도 가깝고 무엇보다 피트 풍미로 유명하기 때문이다. 그런데 이 두 위스키를 비교할 때마다 전문가들이 쓰는 표현이 있다. 라프로익 피트 풍미가 타르tar에 가깝다면 라가불린은 모닥불bonfire 같다는 것이다. 또 라가불린은 라프로익에 비해 '병원 냄새'가 덜 나면서 단맛sweet과 과일fruity 풍미가 잘 느껴진다고 얘기한다. 대표적으로 스카치 전문가 찰스 맥클린은 라프로익 풍미를 한마디로 "very smoky(매우 스모키)"라고 표현하면서 반면에 라가불린은 "fragrant smoky(향기로운 스모키)"라고 설명했다.

아일라 피트를 대표하는 라가불린과 라프로익 풍미가 다른 건 당연하다. 피트 훈연 정도부터 다를 뿐 아니라 증류 공정에서도 차이가 있기 때문이다. 두 증류소 증류 공정을 비교해보면, 우선 라프로익은 2차 증류 초반에 나오는 초류head를 길게 잡아낸다. 초반 45분 동안 흘러나온 스피릿을 초류로 분류해 끊어낸다. 이에

"향기로운 스모키" 풍미를 내는 라가불린 위스키

비해 라가불린은 초류를 30분 동안만 적당히 잡아낸다. 30분 이후부터는 중류heart로 확보해 오크통 숙성에 사용한다. 여기에 더해 라가불린은 증류를 천천히 진행한다. 온도를 서서히 올려 1차 증류는 5시간 동안 하고 2차 증류는 최대 9시간 한다. 이렇게 속도를 낮춰 천천히 증류하면 구리와 접촉하는 시간이 늘어나면서 과일 풍미가 강조된다고 증류소에서는 설명한다.

고숙성 피트의 맛

라가불린 테이스팅은 색다르게 진행됐다. 보통 증류소에서 테이스팅을 하면 숙성 연수가 짧은 엔트리급으로 시작해 점점 고숙성을 맛보는 순서로 진행된다. 하지만 내가 선택한 투어 프로그램은 달랐다. 맨 처음 따라준 게 2021년 디아지오 스페셜 릴리즈SR로 나온 라가불린 26년이었다. 스코틀랜드 현지에서도 병당 가격이 우리 돈 200만 원을 넘어가는 제품이다. PX와 올로로소 캐스크에서 숙성한 라가불린 26년은 고숙성 피트답게 향부터 복합적이었다. 장작불 타는 듯한 라가불린 특유의 풍미가 살아 있으면서도 셰리의 달콤함이 어우러져 부드럽고 은은하게 느껴졌다. 역시 피트 위스키는 고숙성으로 갈수록 강렬함은 누그러지고 풍미는 더 복잡해지는 것 같다.

아일라섬 최대 축제Feis Isle에 맞춰 2022년에 한정판으로 나온 제품도 맛봤다. 이 위스키는 버진 오크virgin oak에서 피니싱(추가 숙성)을 해서인지 좀더 알싸한 오크 맛이 풍겼다. 테이스팅의 마지막은 오크통에 담긴 위스키 몇 가지를 맛본 뒤 그중에서 하나를 골라 200밀리리터 병에 담아 가는 것이었다. 참고로 스코틀랜드 증류소에서는 가격대가 다양한 투어 프로그램을 제공하는데 가격이 비싼 투어에선 특별히 핸드필hand fill로 위스키를 담아 가는 기회를 주기도 한다. 이게 별것 아닌 것 같아도 참가자들이 제품 정보와 핸드필 병입 날짜까지 라벨에 직접 적기 때문에 꽤 기념이 된다. 나는 고심 끝에 2011년에 증류해 9년 숙성한 캐스크를 골라 작은 병에 위스키를 담아서 한국으로 가져왔다.

짐작하시겠지만 지금 이 글을 쓰면서도 나는 그때 증류소에서 담아 온 라가불린 9년 위스키를 한 잔 마시고 있다. 그러면서 조니 뎁이 된 것처럼 조용히 한마디 내뱉는다.

"피트……"

피트 위스키는 고숙성으로 갈수록 풍미가 부드럽고 복합적이다

▶ 핸드필은 2011년에 증류해 9년 숙성
한 캐스크를 골랐다 (사진은 이번 증류소
탐험에 동행한 이세기씨)
▼ "피트……"

ARDBEG

설립 1815년
소속 LVMH(Moet Hennessy)
주소 Port Ellen, Islay, Argyll PA42 7EA

예약

캐스크 하나에 250억 원

아드벡은 2022년에 위스키 역사를 새로 썼다. 1975년에 증류한 위스키를 담은 아드벡 No.3 캐스크가 1600만 파운드, 우리 돈 약 250억 원에 팔렸다. 위스키 오크통 하나가 250억 원이라니…… 상상을 초월한다. 250억 원은 당연히 세계 최고 기록이다. 그전까지 가장 비싸게 팔린 캐스크는 1988년 빈티지 맥캘란이었다. 경매 시장에서 91만 5500파운드, 약 14억 5000만 원에 팔렸다. 이와 비교하면 아드벡 No.3 캐스크는 종전 기록보다 16배 넘는 가격에 거래된 것이다. 허니 재미있는 건 1997년 글렌모렌지(지금은 LVMH 소속)가 아드벡 증류소를 인수하면서 건물과 주식까지 모두 사들이는 데 쓴 돈이 700만 파운드(약 111억 원)에 불과하다는 사실이다. 다시 말해 캐스크 딱 하나 팔아서 당시 증류소 매입 비용의 두 배 이상을 벌어들인 셈이다.

세계 기록을 세운 아드벡 No.3 캐스크를 구매한 사람은 아시아의 한 위스키 수집가였다. 익명의 구매자는 2022년부터 2026년까지 5년 동안 이 캐스크에서 꺼낸 위스키를 매년 88병씩 받게 된다. 캐스크에 있는 위스키를 한 번에 다 꺼내서 병입하지 않기 때문이다. 첫해인 2022년에 46년간 숙성된 위스키 88병을 받고 이듬해엔 47년째 숙성된 위스키 88병을 받는 식이다. 이렇게 하면 마지막 해인 2026년에는 숙성 연수 50년에 달하는 아드벡 위스키를 갖게 된다.

250억 원에 거래된 아드벡 No.3 캐스크는 실제로는 두 가지 오크통에서 따로 숙성된 위스키를 한 통에 합친 것이다. 원래는 1975년 11월에 버번 배럴과 올로로소 셰리 캐스크에 넣어 38년간 숙성한 위스키 두 가지가 있었다. 이걸 2014년 3월에 꺼내서 섞은 다

▲ 위스키 역사를 새로 쓴 아드벡 No.3 캐스크
▼ 아드벡 No.3 캐스크를 탄생시킨 글렌모렌지 마스터 블렌더 빌 럼스덴

음 500리터 올로로소 셰리 벗butt에 옮겨 2차 숙성했다. 이 작업을 지휘한 마스터 블렌더(공식 직함은 글렌모렌지 이사) 빌 럼스덴Bill Lumsden 박사는 "이런 위스키는 나도 평생 두세 번밖에 맛보지 못했다. 말로 표현하기 힘들 정도"라고 언급했다.

하지만 이런 생각도 든다. 아무리 희귀하고 또 맛이 뛰어난 위스키를 담은 캐스크라고 해도 어떻게 250억 원이라는 가격이 나올 수 있을까? 이에 대한 업계 전문가의 공통적인 분석은 한마디로 아드벡이 그만큼 수집가들에게 가치를 인정받고 있다는 것이다. 스카치 전문가 찰스 맥클린Charles Maclean은 "위스키에 투자하는 세 가지 이유는 희귀성과 풍미, 그리고 다양함이다. 수집가들은 특히 기원과 역사가 있는 위스키를 찾는다"라며 초고가 판매 배경을 설명했다. 스카치위스키닷컴scotchwhisky.com 전 편집자이자 주류 저널리스트인 베키 패스킨Becky Paskin 역시 "아드벡은 아름다운 위스키를 창조하는 것으로 명성이 높고 세계적으로 컬트cult적인 지위를 갖고 있으며 위스키 애호가들의 마음에 확고한 자리를 차지하고 있다"고 말했다.

해안에 자리잡은 이유

전 세계 팬들에게 거의 종교적인 수준의 지지와 응원을 받는 아드벡. 이 위스키를 만드는 아드벡 증류소는 이웃인 라프로익, 라가불린과 마찬가지로 바닷가에 딱 붙어 있다. 세 증류소 모두 바다가 육지로 파고 들어온 만灣, bay에 자리한다. 역사가 오래된 아일라 증류소가 해안에 터를 잡은 이유는 분명하다. 해상 운송의 편리함

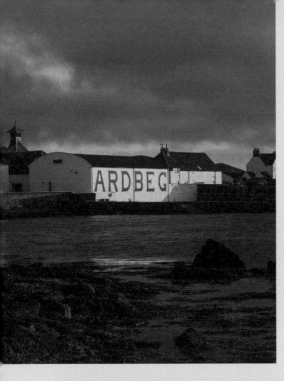

해상 운송의 편리함을 위해 해안에 터를 잡은 아드벡 증류소. 대형 페리가 오가기 전에는 위스키를 실은 작은 배가 난파되는 일도 있었다

때문이다. 자동차나 트럭을 싣고 오갈 수 있는 대형 페리가 아일라섬을 운항하기 시작한 건 1968년부터이다. 그전까지는 오로지 작은 배로 위스키를 육지까지 실어 날라야 했다. 결국 부두가 있는 바닷가 근처에 증류소가 있어야 오크통을 쉽고 빠르게 실어 보낼 수 있었다. 이러다보니 크고 작은 해상 사고도 종종 일어났다. 1925년 12월에는 아드벡 위스키를 싣고 부두를 떠나던 작은 배가 암초에 걸려 난파하기도 했다. 다행히 선원은 구조됐지만 위스키는 배와 함께 증류소 앞바다에 수장됐다.

아드벡의 부활

아드벡도 역사와 전통이 상당하다. 문헌 기록으로는 지금의 증류소가 있는 곳에서 최초로 위스키를 만들기 시작한 게 1794년이라고 한다. 이후 1815년에 맥두걸MacDougall 가문의 존 맥두걸이라는 농부가 정식 면허를 받아 증류소를 운영한다. 라프로익 편에서 설명한 것처럼 당시 아일라 땅 대부분을 갖고 있던 캠벨Campbell 가문에서는 위스키 제조를 적극적으로 독려하며 증류소 설립을 도왔다.

창업 초기 아드벡은 아일라섬에서 제일 잘나가는 증류소였다. 찰스 맥클린 책에 따르면 1835년 아드벡은 일주일에 2300리터의 스피릿을 뽑아내며 아일라에서 가장 큰 생산 규모를 자랑했다. 1850년대 들어 증류소를 운영하던 알렉산더 맥두걸(창업자 존 맥두걸의 아들)이 갑자기 사망하면서 위기를 맞았지만 1870년대 스카치 유행으로 다시 전성기를 누렸다. 이 무렵 증류소 일대에는 직원과 가족들이 사는 아드벡 마을Ardbeg town이 형성됐다. 증류소 직원만 한때 60명에 달했고 아드벡 마을 학교에 다니는 직원 자녀도 100명이 넘었다고 한다.

하지만 호황은 오래가지 못했다. 20세기 들어 스카치 유행이 잠잠해지고 1차 세계대전에 이어 미국 금주법 시행 같은 사건이 연달아 터지는 바람에 아드벡은 내리막길을 걷는다. 1970년대 이후부터 는 인수와 합병, 그리고 가동 중단이 이

1815년 존 맥두걸이 증류소를 설립한다

어지면서 위스키를 제대로 만들어내지 못했다.

1976년 캐나다 주류 기업 하이램 워커Hiram Walker가 아드벡을 인수했지만 5년 뒤인 1981년에 생산을 멈췄다. 1987년에는 영국계 기업 얼라이드Allied가 증류소를 매입해 재건에 나섰다. 하지만 1989년부터 1995년까지 1년에 딱 두 달씩만 위스키를 만들었다. 그러다가 1996년에 다시 증류소 문을 닫고 만다. 이렇게 두 차례나 가동이 중단됐기에 1980년대와 1990년대 아드벡 캐스크를 찾는 건 지금 하늘의 별 따기에 가깝다.

다 죽어가던 아드벡이 부활한 건 글렌모렌지가 증류소를 매입한 1997년부터이다. 700만 파운드에 아드벡을 인수한 글렌모렌지는 140만 파운드를 더 투자해 생산 설비를 확충하고 방문자 센터를 단장한다. 그러면서 부족한 숙성고 재고를 채우려고 그동안 아드벡과 거래한 블렌디드 위스키 제조회사와 접촉해 1980년대 혹은 1990년대 초반에 생산한 아드벡 캐스크를 다시 사들였다.

1998년부터 생산을 재개한 아드벡이 컬트 위스키 위상을 갖게

된 데는 역대 매니저의 역할도 컸다. 글렌모렌지 인수 직후부터 2007년까지 증류소를 운영한 스튜어트 톰슨 Stuart Thomson과 스튜어트의 뒤를 이어 2020년까지 매니저를 맡은 미키 헤즈Mickey Heads는 각종 행사나 축제에 적극 출연해 홍보에 앞장섰다. 여기에 스튜어트 톰슨의 부인으로 1997년 남편과 함께 아일라로 건너온 재키 톰슨Jackie Thomson 역시 큰 기여를 했다. 방문자 센터 운영을 총괄하면서 전 세계에서 찾아온 손님들에게 아드벡의 매력을 알렸다. 아드벡 홍보대사나 마찬가지인 재키는 지금도 방문자 센터 매니저를 맡고 있다. 또한 13만 회원을 자랑하는 아드벡 팬클럽 '커미티Committee' 의장으로 활동하고 있다. 열정으로 똘똘 뭉친 이들의 노력으로 아드벡은 연간 180만 병(2020년 매출 기준)에 달하는 판매량을 기록하고 있다.

❶ 1976년 하이램 워커가 아드벡을 인수한다
❷ 1981년 아드벡 증류소는 생산을 멈춘다
❸ 1987년 영국계 기업 얼라이드가 증류소를 매입한다

1997년 글렌모렌지가
아드벡 증류소를 매입하고
재건에 나선다

스튜어트 톰슨

미키 헤즈

아드벡이 컬트 위스키 위상
을 갖게 된 데는 역대 매니
저의 역할도 컸다

재키 톰슨

유쾌 상쾌한 매니저

아드벡 증류소를 찾아간 날은 아침부터 비가 왔다. 하늘은 잔뜩 흐리고 바람도 차가웠다. 냉랭한 습기가 뼛속까지 파고들었다. 하지만 이깟 날씨가 뭔 대수인가. 어쩌면 피트가 폭발하는 아드벡을 즐기기엔 더없이 좋은 날 아닌가. 더구나 아드벡에서는 특별한 분이 우리를 기다리고 있었다. 투어를 함께한 이세기씨(라세이 증류소 디스틸러) 덕분에 증류소 매니저 콜린 고든Collin Gordon의 안내로 설비를 둘러볼 기회를 얻었다. 2년간 라가불린에서 매니저로 일한 콜린 고든은 미키 헤즈 후임으로 2020년부터 아드벡 생산을 책임지고 있다.

콜린 고든은 한마디로 유쾌, 상쾌, 통쾌한 사람이었다. 흔히 하는 말로 딱 '상남자' 스타일이었다. 190센티미터는 족히 넘어 보이는 키에 체구도 건장하고 목소리까지 컸다. 그는 만나자마자 환하게 웃으며 악수를 건넨 뒤 "한국에서 여기까지 어떻게 왔느냐?"고 물었다. 한창 얘기를 주고받는데 매니저 사무실에 잠깐 들른 여성이 우리를 보더니 반가워한다. 아드벡 방문자 센터 운영을 총괄하는 재키 톰슨이었다. 재키는 아드벡 방문자 센터에서 일했던 한국인 직원 얘기를 꺼내며 "그는 아일라를 사랑했고 우리는 그를 사랑했다"고 말했다.

오크통을 바깥에 놔두는 이유

증류소 투어를 위해 콜린 고든과 함께 밖으로 나왔다. 사무실과 방문자 센터가 있는 건물은 보수 공사가 한창이었다. 콜린은 "겨울이 오기 전에 지붕을 손봐야 해서 공사를 하고 있다"면서 "이 건물과 맞은편에 있는 건물 두 곳에서 옛날에 플로어 몰팅과 몰트 건조를 했다"고 설명했다. 그러고 보니 콜린이 가리킨 건물 두 곳에는 환풍구 역할을 했던 파고다 루프pagoda roof가 멋스럽게 얹혀 있었다. 콜린의 설명처럼 아드벡은 1977년까지 증류소에서 직접 몰트를 만들었다. 화로에서 피트를 때서 몰트를 말릴 때는 지붕에 달린 창을 거의 닫아서 피트 향을 품은 연기가 가마 안에 최대한 오래 머물게 했다. 이렇게 해서 페놀 수치 50ppm이 넘어가는 강한 피트 몰트를 생산해 위스

아드벡 증류소 투어는 위스키 생산 공정을 총괄하는 매니저 콜린 고든이 안내해주었다

키를 제조했다. 아드벡은 플로어 몰팅을 중단한 뒤부터는 라가불린이나 라프로익처럼 포트 엘런 몰팅 공장에서 50ppm 수준의 피트 몰트를 납품받아 쓰고 있다.

생산 시설 중에 맨 처음 들른 곳은 증류한 스피릿spirit(증류액)을 오크통에 넣는 통입실filling store이었다. 콜린은 "일주일에 네 번 통입filling을 하는데 한 번 할 때마다 오크통 120개를 채운다"고 했다. 통입실에는 빈 오크통이 오와 열을 맞춘 듯 반듯하게 놓여 있었다. 대충 세어보니 콜린의 말처럼 120개쯤 되는 것 같았다. 대부

▲ 사무실과 방문자 센터 건물은 공사가 한창이었다
▼ 플로어 몰팅을 하던 시절 환풍구 역할을 했던 파고다 루프

분 200리터 버번 배럴이었고 250리터 혹스헤드도 일부 있었다. 대다수 증류소처럼 통입은 반자동화돼 있었다. 오크통 구멍bung hole에 주유소 주유건처럼 생긴 걸 꽂아넣고 버튼을 누르면 설정한 양만큼 스피릿이 채워진다. 대략 200리터 정도인 버번 배럴은 여유를 남겨서 190리터쯤 채우고 있었다. 통입 장비에 유량계가 달려 있어서 오차 없이 정확한 양이 오크통으로 들어간다고 콜린은 설명했다.

오크통에 스피릿을 채운 뒤에는 구멍을 마개bung로 막는다. 이 과정을 자세히 살펴보면 작업자는 먼저 구멍에 마개 하나를 놓고 망치로 때려서 밀어넣는다. 그런 다음 그 위에 천bung cloth을 덮고 나서 다시 또 다른 마개를 역시 망치로 쳐서 구멍 안으로 집어넣는다. 스피릿이 새지 않도록 마개 두 개와 천으로 완벽하게 밀봉하는 것이다. 구멍을 막은 오크통은 굴려서 통입실 입구에 일렬로 늘어놓는다. 그러면 지게차가 와서 트럭에 오크통을 실어 숙성고로 가져간다.

통입 공정을 살펴보고 나왔더니 뒷마당에도 빈 오크통이 한가득했다. 오전 내내 내린 비에 오크통은 축축하게 젖어 있었다. 스코틀랜드 증류소를 돌아다니다보면 이렇게 숙성에 쓸 오크통을 공터에 늘어놓고 비바람 맞도록 놔두는 걸 보게 된다. 이런 모습을 처음 본 사람들은 비싼 돈 주고 사 온 오크통을 왜 저렇게 방치하는지 의아해하기도 한다. 물론 증류소 사람들은 이유가 있다고 말한다. 스코틀랜드는 비가 유난히 자주 온다. 때문에 일부러 바깥에서 비를 맞게 해 오크통을 미리 불려놓는다는 것이다. 그렇게 하면 스피릿을 채워 숙성고에 넣었을 때 증발량(엔젤스 셰어angel's share)이 줄어든다고 말한다. 여기에 더해 바닷가에 자리한 증류소

▲ 통입은 한 번 할 때 오크통 120개를 채운다
▶ 반자동화 통입 시스템

마당에서 비를 맞고 있는 오크통

두번째 재사용하는 오크통은 덮개를 회색으로 칠한다

에서는 오크통이 소금기 머금은 바닷바람을 맞게 되면 위스키 풍미가 달라진다고 말하기도 한다.

　마당에서 비를 맞고 있는 오크통 중에 덮개head가 회색으로 칠해진 게 보였다. 콜린은 "첫번째 재사용하는 오크통first fill은 색을 칠하지 않고 두번째 재사용하는 오크통second fill은 회색으로 칠해 구별하고 있다"고 했다. 재사용 정도를 색깔로 구별해 직관적으로 알 수 있게 하는 곳은 아드벡뿐이 아니다. 로우랜드에 있는 오켄토션 증류소 같은 곳은 첫번째 재사용(흰색)과 두번째 재사용(노란색), 세번째 재사용(오렌지색) 오크통 덮개를 전부 다른 색으로 칠한다. 또 다른 증류소에서는 숫자나 알파벳으로 재사용 횟수를 오크통에 적기도 한다.

나무상자를 흔드는 까닭

몰트 분쇄와 당화, 발효 공정을 살피러 갔다. 제분기는 100년 넘은 보비R. Boby 중고 제품을 쓰고 있었다. 포르테우스Porteus와 마찬가지로 품질이 너무 좋아서 망한 곳이다. 포르테우스가 비교적 흔한 반면 보비를 쓰는 곳은 많지 않아서인지 더 반가웠다. 콜린은 "증류소가 잠시 생산을 멈추는 시기(사일런트 시즌silent season)가 되면 로니 리Ronnie Lee(올트모어 편 참고)가 배를 타고 아일라섬으로 건너와 제분기를 점검하고 부품도 교체해준다"고 했다. 무슨 이유에서인지는 모르겠지만 아일라섬에는 '희귀품'인 보비 제분기를 쓰는 증류소가 많다. 아드벡 말고도 브룩라디와 신생 증류소 아드나호 역시 구형 보비 제분기로 몰트를 분쇄한다.

몰트 분쇄는 이른바 '황금비율'인 2:7:1로 한다. 껍질husk이 20%, 중간 단계로 거칠게 분쇄한 그릿grit이 70%, 곱게 갈린 플라워flour가 10%이다. 몰트 분쇄 비율을 설명하다가 콜린은 방금 전 분쇄를 마친 몰트를 제분기에서 꺼내 나무상자에 담더니 나한테 건넸다. 콜린이 준 이 상자는 스코틀랜드 증류소에 가면 흔히 볼 수 있는 것이다. 증류소에서 정해놓은 비율대로 몰트가 잘 갈렸는지를 확인하는 일종의 '샘플 검사 도구'이다. 뚜껑을 열면 상자는 3단으로 분리된다. 1단과 2단, 그리고 2단과 3단 사이에는 거름망, 즉 채가 달려 있다. 제분기로 분쇄한 몰트를 이 상자에 넣고 2분 정도 힘차게 흔들면 1단에는 껍

몰트 제분기의 양대 산맥 중 하나인 보비.
100년이 넘은 제품이다

질이 남고 그 아래 2단에는 그릿이, 맨 아래 3단에는 밀가루처럼 곱게 갈린 플라워가 떨어진다. 이렇게 세 가지로 분리된 몰트가 애초에 정한 비율(2:7:1 혹은 3:6:1)과 맞는지 확인하는 게 검사 방법이다. 요즘은 몰트 샘플 검사를 기계 장비로 하는 경우도 많다. 하지만 여전히 많은 증류소에선 직원이 직접 상자를 흔들어 확인한다. 콜린이 "직접 한번 해볼래요?"라고 하기에 조금도 망설이지 않고 상자를 건네받았다. 칵테일 셰이킹하듯 신나게 흔들었더니 껍질과 그릿, 플라워가 상자 안에서 각각의 단으로 분리되었다. 콜린은 "몰트 분쇄할 때 가장 유심히 살피는 게 플라워

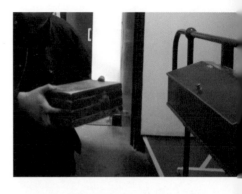

몰트가 황금비율로 분쇄됐는지 확인하기 위해 나무상자를 흔들어서 검사한다

비율"이라며 "곱게 갈린 가루가 지나치게 많으면 당화할 때 당분을 충분히 뽑아내지 못한다"고 강조했다.

아드벡은 1961년에 제작한 5톤짜리 세미 라우터semi lauter 당화조를 지금까지 쓰고 있다. 한 번 당화할 때마다 몰트 5톤을 쓰고 일주일에 26번 당화를 한다. 일주일에 쓰는 몰트가 130톤(26×5=130)에 달한다는 계산이 나온다. 콜린이 뚜껑을 잠시 열어줘서 당화조 내부도 들여다봤다. 12개 수직 날blade이 달린 회전팔rotating arm이 돌아가면서 분쇄된 몰트와 물을 섞고 있었다. 당화는 기본적인 3단계로 진행한다. 첫번째 물, 퍼스트 워터first water는

섭씨 63.5도로 맞춰 1만 8000리터를 넣는다. 두번째 물, 세컨드 워터second water는 섭씨 80도로 올려 1만 리터를 투입한다. 마지막에는 섭씨 85도로 가열한 물 2만 3000리터를 뿌려 다음 당화 때 쓸 첫번째 물, 퍼스트 워터를 확보한다.

아드벡 흑맥주가 출시된 사연

▲ 1961년 제작해 60년 넘게 쓰고 있는 당화조
▼ 12개 수직 날이 달린 회전 팔이 돌아가면서 분쇄된 몰트와 물을 섞는다

아드벡 발효실은 두 군데로 나뉘어 있었다. 두 곳에 있는 발효조는 다 합쳐 12개로 모두 오레곤 파인(미송) 재질이었다. 발효조 용량은 2만 8000리터로 한 번 당화해서 뽑아낸 워트wort(맥아즙)를 발효조 하나에 채운다고 했다. 증류소에서 흔히 말하는 '1 mash(당화)-1 fermenter(발효)' 시스템이다. 1000리터당 1킬로그램 건조 효모를 넣고 66시간에서 72시간 동안 충분히 발효한다.

발효 공정을 설명하던 콜린이 발효가 거의 끝난 발효조 뚜껑을 열더니 향을 맡아보라고 한다. 콜린은 "스모키 바나나smoky banana 향이 날 것"이라고 말했다. 가까이 다가가 코를 킁킁 대며 맡았는데 "오……" 하는

▲ 발효를 마친 워트에서는 스모키 바나나 향이 풍겼다
▼ 2020년 여름 한정 출시된 쇼티 스모키 포터 맥주 (사진 출처: Brewgooder)

감탄사가 나왔다. 정말 딱 '스모키 바나나'였다. 장작불에 바나나를 올려놓고 구우면 이런 향이 날 것 같았다. 이 향을 맡다보니 지난 2020년 여름 아드벡 팬들 사이에서 화제를 일으킨 아드벡 흑맥주Ardbeg The Shortie Smoky Porter가 생각났다. 당시 아드벡은 수제 맥주 사회적 기업 브루구더Brewgooder와 손잡고 아드벡 10을 만들 때 쓰는 피트 몰트로 포터 스타일 맥주를 만들어 내놨다. 동아프리카 말라위에 깨끗한 물을 공급하는 프로젝트를 지원하기 위해 출시한 이 맥주는 영국에서만 한정 판매됐다. 나는 맛보지 못했지만 영국 '맥덕'들이 올린 테이스팅 노트를 보면 아드벡스러운 스모키 풍미가 살아 있으면서 다크초콜릿과 에스프레소 커피 느낌이 났다고 한다. 다시 이런 제품이 나올 수 있을지 모르겠지만 아드벡 워시에서 느껴지는 스모키한 바나나 향을 제대로 담을 수만 있다면 환상적인 맥주가 탄생할지 모르겠다는 생각을 했다.

보일러 고장으로 탄생한 퍼뮤테이션

아드벡 발효조를 보면서 떠오른 제품이 하나 더 있다. 2022년 아드벡 팬클럽 커미티 한정 상품으로 나온 13년 숙성 퍼뮤테이션Fermutation이다. 이 위스키는 스카치 역사상 전무후무한 제품으로 기록될 가능성이 크다. 발효를 무려 2주 반 동안 했기 때문이다. 일반적인 아드벡 위스키가 발효를 사흘 내에 끝내는 것과 비교하면 엄청나게 긴 발효 시간이다. 긴 발효 시간으로 유명한 스카파나 글렌알라키가 160시간 정도이고 스카치 업계 최장 발효를 자랑하는 토마틴도 168시간(일주일)이라는 걸 생각하면 2주 반은 상상조차 하기 힘든 시간이다.

어쩌다가 이렇게 길게 발효하게 된 걸까? 세상 일이 가끔 그렇듯 계획이나 의도보다는 우연의 산물이다. 사연은 이렇다. 2007년 11월 아드벡 증류기를 가동하는 보일러가 갑자기 고장났다. 보일러를 뜯어서 고치려면 최소 2~3주가 걸릴 것으로 예상됐다. 증류기를 2주 이상 돌릴 수 없게 됐으니 발효중인 워시도 버릴 수밖에 없었다. 증류실 직원은 글렌모렌지와 아드벡 위스키 책임자인 빌 럼스덴 박사에게 전화로 상황을 전하며 워시를 폐기해야 할 것 같다고 말했다. 하지만 천재로 소문난 빌 럼스덴의 반응은 의외였다. 그는 "발효중인 워시를 버리지 말라"면서 "발효조 뚜껑을 열어 공기와 접촉시킨 뒤 계속 놔두라"고 지시했다. 이렇게 해서 증류기 보일러를 고칠 때까지 2주 반 동안 발효조에서 장기 발효한 워시가 나왔다. 이걸 꺼내 증류한 뒤 버번 캐스크에 넣고 13년간 숙성한 게 퍼뮤테

'보일러 고장'에서 탄생한 퍼뮤테이션.
무려 2주 반 동안 발효한 뒤 증류했다

이션이다. 그렇다면 2주 반 초장기 발효한 워시를 증류해 만든 퍼뮤테이션의 맛은 어땠을까? 아드벡 특유의 스모키한 풍미와 더불어 시트러스한 과일 향과 잘 익은 파인애플 풍미가 매력적이었다고 한다(한정판 상품이라 나는 맛보지 못했다). 보일러 고장 때문에 탄생

한 퍼뮤테이션에 대해 빌 럼스덴 연구팀에 속한 블랙모어Blackmore
는 인터뷰에서 "2주 반 동안이나 발효를 할 수 있었던 건 날씨 덕
분이었다"고 말했다. 추운 날씨 때문에 온도가 낮아서 워시를 망치
지 않고 발효를 무사히 마칠 수 있었다는 얘기였다.

"오늘의 비가 내일의 위스키"

아드벡은 2019년에 증류실still house을 새로 지었다. 판매량이 꾸
준히 늘어 공급이 수요를 따라가지 못하는 상황이 이어지자 한 쌍
(1차 증류기 1대, 2차 증류기 1대)이던 증류기를 두 쌍으로 늘렸다. 하
지만 해안가 바로 앞 공터에 지은 새 증류실은 코로나가 터져 2년
동안 문을 열지 못했다. 증류기 두 쌍을 갖춘 새 증류실이 가동된
건 2021년 3월부터였다. 콜린은 새 증류실로 가기 전에 지금은 쓰
지 않는 구형 증류기부터 먼저 보자고 했다. 더이상 스피릿 생산을
하지 않는 옛 증류실은 테이스팅 룸으로 활용되고 있었다. 작동은
멈췄지만 증류기 2대는 원래 자리에 남아 있었다. 쓸모가 없어진
스피릿 세이프spirit safe를 비롯해 스피릿을 담아두는 나무통receiver
하나까지 그대로 보존돼 있었다. 콜린은 "구형 증류기는 구리가 너
무 얇아져 중고로 팔 수도 없었다. 어떻게 할까 고민하다가 그대로
놔뒀다"고 했다. 가동 중단된 생산 시설을 없애지 않고 테이스팅 공
간으로 꾸민 아이디어가 멋지다고 생각했다. 아름다우면서도 거대
한 증류기를 바라보며 위스키를 마시는 경험은 아무 데서나 할 수
있는 게 아니니까.

다시 건물 밖으로 나왔다. 여전히 비가 내리고 있었다. 해안가

2019년에 새로 지은 증류실은 코로나로 문을 열지 못하다가 2021년 가동을 시작했다

옛 증류실은 가동 중단된 생산 시설을 그대로
보존한 채 테이스팅 공간으로 꾸며졌다

라서 바람도 거셌다. 빗줄기는 연신 내 뺨을 때렸다. 새 증류실로 걸어가면서 '스코틀랜드에 온 뒤로 비 안 맞은 날이 대체 며칠이나 될까' 싶은 생각이 들었다. 햇살 쨍쨍하다가도 갑자기 비가 오고 그러다 '이젠 그쳤구나' 싶으면 또 비가 쏟아진다. 평생 맞을 비를 여기서 다 맞고 가는 게 아닌가 싶기도 했다. 콜린에게 이 얘기를 하며 "당신은 비 오는 날씨가 반갑지 않냐?"라고 물었다. 그러자 콜린은 "당연하다. 비가 와야 위스키를 만든다. 우리는 위스키를 위해 비가 필요하다. 올 여름에 비가 안 와서 걱정을 정말 많이 했다. 우리는 비를 너무나 사랑한다"라고 말했다.

콜린의 말은 과장이 아니다. 아드벡은 증류소 근처에 있는 호수 두 곳에서 물을 끌어와 위스키를 만든다. 그중 하나는 제품 이름으로 쓰여 익숙한 우가다일 호수Loch Uigeadail이고 또 하나는 아리 남 바이스트 호수Loch Airigh Nam Beist이다. 하늘에서 내린 비는 땅에 스며들어 샘이나 호수로 흘러든다. 그렇게 모인 물로 증류소에선 위스키를 만든다. 비가 오지 않아 샘과 호수가 마르면 위스키도 못 만든다. 그렇다보니 가뭄이라도 들라치면 증류소 사람들은 밤잠을 설친다. "오늘의 비가 내일의 위스키가 된다Today's rain is tomorrow's whisky"라는 스코틀랜드 속담이 괜히 나온 게 아니다.

키가 큰 아드벡 증류기

새로 지은 증류실로 들어갔다. 넓고 깔끔했다. 유리창 너머로 바다가 훤히 보여 마음까지 탁 트였다. 증류실에서 작업하던 스틸맨still man은 우리를 보더니 "혹시 한국에서 왔느냐"고 묻는다. 그

▲ 마당에 쌓인 오크통도 비에 흠뻑 젖었다
▼ 2015년 아드벡을 방문한 찰스 왕세자도 비를 피해갈 수 없었다

▲ 반짝반짝 빛나는 새 증류기
▼ 1, 2차 증류기 모두 키가 커서 구리 접촉과 환류를 늘리는 효과가 있다

렇다고 하자 "프리미어 리그에서 뛰었던 박지성 선수의 팬이라서 한국 사람들이 반갑다"고 말했다. 아드벡 사람들은 참 여러 가지 이유로 한국을 사랑하는 것 같다.

1년 전부터 가동에 들어간 증류기는 새것 느낌이 물씬 났다. 오래돼 색이 변한 구형 증류기와 달리 반짝반짝 빛나고 있었다. 물론 모양과 형태는 구형과 달라지지 않았다. 1만 8270리터짜리 1차 증류기wash still 2대와 1만 6957리터짜리 2차 증류기spirit still 2대 모두 본체와 목 사이가 푹 들어간 랜턴형lantern-shaped이었다. 콜린은 증류기를 가리키며 "1차 증류기와 2차 증류기 모두 상당히 키가 커서 구리 접촉copper contact과 환류reflux를 늘리는 데 도움이 된다"고 설명했다. 콜린의 말처럼 키가 큰 증류기를 쓰면 무거운 기체는 쉽게 응축기로 넘어가지 못한다. 이런 기체는 상대적으로 차가운 구리 표면과 만나 액체로 변하면서 아래로 떨어져 다시 증류된다. 이게 그동안 누누이 강조한 환류이다. 그래서 일반적으로 키가 크고 목이 긴 증류기를 쓰면 보다 깔끔하고 가벼운 스피릿을 얻을 수 있다(증류기 형태와 환류의 관계는 다른 챕터에서 여러 차례 설명했다).

의외의 실험 결과

누구나 아드벡이라고 하면 강력한 피트peat부터 떠올린다. 당연하다. 라프로익이나 라가불린보다 더 강한 피트 몰트를 쓰기 때문이다. 라가불린이 대략 35ppm, 라프로익이 40~45ppm인 반면 아드벡 피트 몰트는 페놀 수치가 50ppm을 넘는다. 이런 이유로 아드벡을 피트 괴물, 피트 몬스터라고 부르기도 한다. 하지만 정작 아드벡을 마셔보면 괴물이라고 할 정도는 아니다. 피트가 강하게 느껴지기는 해도 무겁거나 텁텁하지 않다. 의외로 가볍고 깔끔하게 넘어간다. 피트 괴물이라는 말에 긴장했던 초보자들 중에서도 생각보다 마실 만했다고 말하는 분이 많다.

먼저 알아야 할 게 있다. 위스키 피트 수준을 말할 때 절대 기준처럼 제시하는 ppm 수치(피트 레벨)는 몰트에 포함된 페놀 함량이다. 이 몰트로 발효와 증류를 해서 뽑아낸 스피릿spirit(증류액)의 페놀 수치가 아니다. 우리가 몰트 자체를 씹어 먹는 게 아닌 이상 스피릿의 페놀 수치를 따져보는 게 더 정확한 기준이 된다는 뜻이다. 이런 관점에서 보면 의외의 결과가 눈에 띈다. 앞서 언급한 것처럼 이른바 '킬달튼 삼총사'의 몰트 페놀 수치는 '라가불린(35) < 라프로익(40~45) < 아드벡(50)'이다. 그런데 위스키 매거진 특집 기사에 따르면, 세 증류소의 스피릿 페놀 수치는 라가불린이 16~18ppm이었고 라프로익과 아드벡은 25ppm 정도로 거의 동일했다. 이 결

'피트 괴물'로 불리는 아드벡이지만 의외로 가볍고 깔끔하게 넘어간다

과를 볼 때 발효와 증류를 거치는 동안 아드벡 페놀 수치는 50에서 25ppm으로 절반이나 떨어져 라프로익과 비슷해진 것이다(숙성까지 거치게 되면 페놀 수치는 더 현격히 떨어진다).

아드벡은 왜 정화기를 쓸까?

강한 피트감이 있으면서도 의외로 가볍고 깔끔한 풍미. 이건 아드벡 증류소에서 의도한 것이다. 매니저 콜린은 "우리는 강력한 피트 몰트heavily peated malt를 쓰지만 동시에 가볍고light 과일 풍미fruity가 많으면서 깔끔한clean 스피릿을 뽑아내려고 노력한다"고 말했다. 그러면서 이런 풍미의 스피릿을 만들기 위해 쓰고 있는 특수 장치를 가리켰다. 그건 2차 증류기 라인 암에 달려 있는 정화기purifier였다. 콜린은 "키가 큰 증류기와 정화기는 아드벡 스피릿 개성character을 이끌어내는 핵심 장치"라고 강조했다.

정화기에 대해선 글렌 그란트 편에서 설명했다. 복습하는 의미에서 다시 말하면 정화기는 증류기에 달린 미니 응축기condenser이다. 증류기에서 끓어오른 알코올 증기가 응축기로 넘어가기 전에 한 번 더 걸러내는 장치이다. 이걸 달아놓으면 가벼운 기체만 응축기로 넘어간다. 무거운 기체는 정화기에서 액체로 응축되면서 파이프(환류 관)를 타고 증류기로 되돌아가 다시 증류된다. 이 과정이 반복되면서 최종 결과물인 스피릿은 가볍고 섬세하고 깔끔해진다.

정화기를 쓰는 증류소는 생각보다 많다. 가장 대표적인 곳이 모든 증류기에 정화기를 단 글렌 그란트이다. 또 아드벡과 탈리스커, 글렌스페이 등도 1차 증류기 혹은 2차 증류기에 정화기를 장착해

아드벡 스피릿 개성을 이끌어내는 삼총사.
키가 큰 증류기, 정화기, 스피릿 컷

스피릿을 뽑아낸다. 정화기 작동 방식은 냉각수를 쓰는지 아닌지에 따라 두 가지로 나뉜다. 정화기로 가장 유명한 글렌 그란트는 차가운 물을 흘려보내 응축시키는 수냉식cooled water이다. 하지만 아드벡은 냉각수를 쓰지 않는다. 압력을 조절해 알코올 기체를 응축시키는 비수냉식uncooled water으로 작동한다.

키가 큰 증류기 그리고 정화기와 더불어 아드벡 스피릿 풍미를 완성하는 마지막은 스피릿 컷spirit cut이다. 이미 우리는 라프로익이 증류 초반에 나오는 초류head를 45분간 길게 뽑아내고 라가불린은 30분만 뽑아내서 분리한다는 걸 알고 있다. 그런데 아드벡은 초류를 딱 10분만 잡아낸다. 이렇게 처음 10분간 흘러나온 스피릿만 초류로 잘라내고 바로 중류heart, middle cut로 잡아내기 때문에 달달한 과일 풍미가 더 강조된다고 증류소에서는 설명한다. 찰스 맥클린 같은 전문가가 왜 아드벡 풍미를 "sweet & smoky(달콤하고 스모키)"라고 표현했는지는 이런 스피릿 컷을 통해서도 짐작할 수 있다.

아드벡 마스코트 쇼티

미국 켄터키 버번 증류소 중에는 고양이를 기르는 곳이 많다. 메이커스 마크에는 위스키 진Whiskey Jean이라는 고양이가 있다. 월렛 증류소에는 노아Noah와 로언Rowan이라는 고양이가 있다. 월렛 증류소를 대표하는 위스키가 노아스 밀Noah's Mill과 로언스 크릭Rowan's Creek이라 이런 이름을 붙였다고 한다. 버번위스키 만드는 곳에서 고양이를 기르게 된 건 증류소에 곡물이 많아서였다. 옥수수나 호밀을 훔쳐 먹는 쥐를 잡으려고 고양이를 키우던 전통이 이어져 온 것이다. 물론 지금은 설비가 현대화돼 쥐 잡는 일은 하지 않는다. 그 대신 증류소 마스코트로 활동하며 관광객을 맞이한다. 이처럼 고양이를 길렀던 켄터키와 달리 스코틀랜드 증류소에선 개를 주로 키웠다. 위스키를 훔쳐 가는 좀도둑을 막으려면 경비견이 필요했기 때문이다.

아드벡 증류소에는 쇼티Shortie라는 유명한 개가 있었다. 경비견이 아니라 마스코트로 활약했다. 쇼티는 원래 아드벡 증류소 옆에 있던 집에서 기르던 개였다. 쇼티는 아침만 되면 아드벡 증류소 숙성고로 놀러왔다. 직원들은 쇼티에게 물과 음식을 주며 놀아줬다. 모든 직원들이 쇼티를 아끼고 사랑하게 되자 증류소에서는 쇼티를 공식 마스코트로 임명했다. 오랜 세월 아드벡 홍보대사 역할을 한 쇼티는 10년 전 세상을 떠났다. 하지만 지금도 아드벡 증류소에 가면 곳곳에 쇼티의 사진과 그림이 걸려 있다. 빌 럼스덴이 선물로

◀ 아드벡 증류소 마스코트 쇼티
▼ 왕관을 쓴 쇼티 그림

아드벡 10년 쇼티 본 팩

건물 벽화에도 쇼티의 모습이 보인다. 쇼티는 세상을 떠났지만 여전히 아드벡 사람들의 마음속에 살아 있다

받았다는 왕관을 쓴 쇼티 그림은 증류소 레스토랑에 있다. 팝아트 스타일로 그려진 건물 벽화에도 쇼티의 모습이 보인다. 설비를 다 둘러본 뒤 방문자 센터에 갔더니 여기에도 쇼티를 모델로 한 상품이 많았다. 강아지들이 물고 다니는 하얀 뼈 모양으로 아드벡 10년을 포장한 쇼티 본 팩Shortie Bone Pack도 전시돼 있다. 아드벡 사료 그릇은 물론 강아지 목줄도 팔고 있었다. 쇼티는 오래전에 떠났지만 아드벡 사람들의 마음에 여전히 살아 있었다.

김치와 아드벡

방문자 센터를 안내해주던 콜린이 직원한테 아드벡 25년 한 병을 가져오라고 한다. 2021년에 출시된 아드벡 25년은 6개 핵심 라인업(10년, 우가다일, 코리브레칸, 안오, 위비스트, 25년) 가운데 최고 숙성 제품이다. 증류소 판매 가격만 해도 우리 돈 130만 원이 넘어간다. 저 비싼 걸 왜 가져오라고 하나 했는데 우리한테 한 잔씩 맛보여주고 싶단다. 아드벡 25년을 가져온 직원은 나한테 병을 주더니 직접 열어보라고 했다. 언제나 기분 좋은 '뽕따'의 기회를 준 것이다. 조심조심 겉포장을 벗기고 코르크 마개를 열었다. 순간 나도 모르게 "oh~ smell"이라고 말했다. 마개를 여는 순간부터 향이 기가 막혔다. 흐뭇한

아드벡 6개 핵심 라인업 가운데 최고 숙성 제품인 아드벡 25년

증류소 레스토랑 식탁. 삽을 끼워 식탁 다리를 만든 게 인상적이었다

19년 숙성 아드벡 트라이반 배치 4. 콜린 고든이
고른 캐스크로 만든 제품이다

뜻밖의 안주 등장! 아드벡 증류소 레스토랑 셰프가
직접 담갔다는 김치였다

입안에서 태풍과 태풍이 충
돌하는 느낌이었다. 웃음이
멈추지 않는 환상적인 맛이
었다

미소를 짓던 직원은 "최고의 맛을 느끼게 될 것"이라며 아드벡 25를 잔에 따라 건넸다. 향을 한번 제대로 맡고 나서 한 모금 머금었다. 다시 한번 감탄사가 나왔다. 한마디로 은은하고 우아했다. 오랜 숙성으로 피트 풍미는 지극히 절제돼 있었다. 여러 과일 풍미가 부드럽게 입안으로 스며들었다. 빌 럼스덴이 말한 것처럼 25년은 "분명 아드벡이지만 아드벡이 아닌 것 같은" 느낌이었다.

25년을 맛보고 나자 콜린이 증류소 레스토랑에 가서 한잔 더 하자고 한다. 레스토랑 맨 끝에 별실처럼 꾸며진 방에는 기다란 나무 식탁이 놓여 있었다. 특이하게 식탁 다리는 흙을 퍼내는 삽으로 돼 있었다. 이렇게 삽을 끼워서 식탁을 만들었을까 감탄하고 있는데 콜린이 "이건 꼭 맛보고 가야 한다"면서 다시 한 병을 꺼낸다. 2022년 출시된 19년 숙성 아드벡 트라이반 배치 4Traigh Bhan batch 4였다. 아드벡은 2019년부터 스몰배치small batch 방식으로 소량의 오크통을 선별해 블렌딩한 19년 숙성 트라이반 시리즈를 내놓고 있다. 첫해에 나온 배치 1은 당시 증류소 매니저였던 미키 헤즈가 캐스크를 골랐다. 2020년 배치 2는 방문자 센터를 총괄하는 재키 톰슨 버전이었다. 또 2021년에는 '천재' 빌 럼스덴이 캐스크를 선택했다. 오늘 등장한 배치 4는 콜린 고든 자신이 고른 캐스크로 만든 제품이었다.

콜린은 트라이반 배치 4를 잔에 따라주더니 마시지 말고 잠깐 기다리라고 했다. 그리고 잠시 뒤 아드벡 증류소 레스토랑 셰프가 플라스틱 통 하나를 품에 안고 나타났다. 셰프는 "한국에서 온 당신들을 위해 특별한 안주를 준비했다"면서 통을 열었다. 그런데 세상에나…… 거기에 담긴 건 다름 아닌 김치였다. 코를 찌르는 김치 냄새를 맡는 순간 8700킬로미터 떨어진 한국으로 돌아간 기분이 들었다. 대체 어떻게 아일라섬에서 김치를 담갔을까? 셰프는 "고춧

가루는 아마존에서 주문하고 배추는 동양인이 운영하는 마트에서 사서 직접 담갔다"고 했다.

아…… 정말이지 감동이었다. 머나먼 아일라에 와서 김치 안주에 아드벡을 먹을 거라고는 꿈에도 상상하지 못했다. 직접 김치를 담가 안주로 내준 정성에 감탄하며 김치 안주를 입에 넣은 뒤 트라이반 한 모금을 마셨다. 아드벡의 강렬한 피트와 김치의 매운맛이 폭풍처럼 입안에서 휘몰아쳤다. 마치 태풍과 태풍이 만나 충돌하는 느낌이었다.

김치 안주로 맛좋은 트라이반 한 잔을 비우고 나서 콜린에게 "아드벡을 한 단어로 표현한다면 뭐라고 할 수 있겠느냐?"라고 물었다. 콜린은 망설임 없이 "legendary(전설적인)"라고 말했다. 짧은 한마디였지만 자부심과 자신감이 한껏 느껴졌다.

비약적인 성장을 거듭하며 다시 전성기를 달리고 있는 증류소. 전 세계 열혈 팬클럽 회원만 13만 명이 넘는 증류소. 무엇보다 열정으로 가득찬 직원이 똘똘 뭉쳐서 일하는 증류소. 그런 증류소 매니저가 아니라면 할 수 없는 표현이라고 생각했다. 그래서 "레전더리"라는 콜린의 한마디가 나에게는 이렇게 들렸다.

"아드벡은 과거에도 전설이었고 지금도 전설을 쓰는 중이며 앞으로도 전설을 써내려갈 것이다."

(아드벡 위스키와 맛본 아일라산 김치는 몇 달이 지난 지금도 가끔 생각난다. 이 글을 쓰는 동안에도 그때 아드벡 위스키와 함께 맛본 아일라산 김치가 떠올라 입안 가득 침이 고였다. 그렇게 놀라운 순간이 내 인생에서 앞으로 몇 번이나 더 찾아올까.)

"아드벡은 과거에도 전설이었고 지금도 전설을 쓰는 중이며 앞으로도 전설을 써내려갈 것이다."

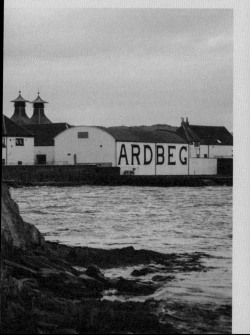

BOWMORE

설립 1779년
소속 빔 산토리Beam Suntory
주소 School Street, Bowmore, Islay, Argyll PA43 7GS

예약

엘리자베스 여왕이 사랑한 위스키

배를 만들어 처음 물에 띄울 때 진수식이나 명명식을 한다. 그때마다 여성이 샴페인 병을 배에 내리쳐 깨뜨리는 걸 볼 수 있다. 정식 출항에 앞서 샴페인 병을 박살내야 배가 난파되는 걸 막을 수 있다는 미신 때문이다. 샴페인 브레이킹Champagne Breaking으로 불리는 이 전통은 역사가 300년을 넘었다. 처음엔 새로 건조한 배에서 술잔을 바다로 던져서 버렸다. 그러다 언젠가부터 샴페인 병을 여성이 깨뜨리는 것으로 바뀌었다. 희한한 이 전통 때문에 해프닝도 많았다. 대표적인 게 1994년 핵잠수함 콜럼비아호 진수식이다. 당시 세리머니 주인공은 클린턴 대통령 부인 힐러리였다. 힐러리는 샴페인 병을 들고 힘차게 잠수함에 내리쳤지만 병은 깨지지 않았다. 또 한번 시도했지만 이번에도 실패. 당황한 힐러리는 다시 온힘을 다해 내리쳤다. 병은 그제야 깨졌다. 세 번 만에 병을 깬 이 장면은 외신을 통해 전 세계로 전파됐다.

이름부터 '샴페인 브레이킹'이니까 당연히 샴페인을 깨뜨리는 게 맞다. 하지만 샴페인이 아닌 싱글몰트 위스키로 의식을 대신한 경우도 있다. 2014년 7월 4일에 열린 '퀸 엘리자베스' 명명식 때였다. 영국 해군 역사상 최대 규모이자 엘리자베스 1세(1558년~1603년 재위) 이름을 딴 항공모함이었기에 명명식에는 엘리자베스 2세 여왕이 직접 참석했다. 스코틀랜드 조선소에서 열린 명명식에서 여왕은 축사를 마친 뒤 단상에 설치된 버튼을 눌러 술병을 깨뜨리는 의식을 진행했다. 하지만 이날 엘리자베스 2세 여왕이 선택한 술은 샴페인이 아니었다. 아일라 싱글몰트 위스키 보모어였다.

퀸 엘리자베스호 명
명식에 참석한 엘리
자베스 2세 여왕

여왕이 버튼을 눌러 술병을 깨고 있다. 이날 여왕이 깬 술은 아일라 싱글몰트 위스키 보모어였다
(사진 출처: 영국 정부 공식 사이트)

"최고의 아일라 위스키"

영국 왕실과 보모어의 인연은 오래됐다. 1841년, 아일라섬 주인 월터 프레데릭 캠벨한테 편지 한 통이 도착한다. 윈저성Windsor Castle에서 보낸 것이었다. 영국 왕실에서 왜 아일라 지주에게 연락을 한 걸까? 편지를 뜯어보니 거기엔 왕실 가족이 윈저성에 머물 때 마실 위스키를 납품해달라는 요청이 담겨 있었다. 편지에는 "아일라 최고의 위스키가 담긴 오크통 하나a cask of your best Islay Mountain Dew를 보내달라"면서 "오크통 크기와 가격은 상관없지만 반드시 최고여야 한다the very best that can be had"라고 적혀 있었다. 자, 그렇다면 1841년 영국 왕실에서 작성한 편지에 등장하는 '아일라 최고의 위스키'란 뭘 말하는 걸까? 당연히 보모어였다.

이런 인연 때문인지 엘리자베스 2세 여왕은 1980년 8월 보모어 증류소를 방문하기도 했다. 엘리자베스가 왕이 된 뒤 스카치 증류소를 찾은 건 이때가 처음이었다. 역사적인 사건을 기념하기 위해 보모어에서는 여왕이 방문한 날에 생산한 스피릿을 오크통에 담아 '여왕의 캐스크Queen's Cask'라고 이름 붙였다. 여왕의 캐스크는 증류소 1번 숙성고No.1 Vaults에서 조용히 잠을 잤다. 그렇게 21년이 흘렀다. 보모어는 엘리자베스 여왕 즉위 50년(골든 주빌리Golden Jubilee)이 된 2002년에 캐스크를 열었다. 일일이 수작업(핸드필hand fill)으로 '여왕의 캐스크' 위스키를 648개 병에 옮겨 담았고 특별한 포장까지 해서 버킹엄 궁으로 보냈다. 여왕은 선물받은 보모어 21년 숙성 위스키를 국빈 방문한 해외 정상을 위해 연회 때 내놓거나 귀빈한테 증정했다. 또 해마다 세 병은 자선 단체에 기증해 기금 마련을 도왔다.

1980년 엘리자베스 2세 여왕 방문을 기념한 '여왕의 캐스크'

2002년 엘리자베스 여왕 즉위 50주년을 기념해 특별 제작한 보모어 QUEEN'S CASK

사상 초유의 보일러 이송 작전

전쟁이 나면 위스키 산업은 초토화된다. 일단 재료부터 문제다. 보리 같은 곡물이 충분해야 위스키도 만든다. 하지만 난리통에는 잉여 곡물이라는 게 없다. 당장 먹을거리부터 걱정해야 하는 상황이니까. 곡물을 확보한다고 쳐도 증류 설비를 돌릴 연료도 부족하다. 나라의 모든 물자와 자원을 군수품과 생필품 제조에 써야 하니 이 역시 당연하다. 재료와 연료가 있더라도 일손이 없을 때도 있다. 직원들이 군인으로 징발돼 떠나면 위스키 만들 사람이 없어서 증류소 가동을 못한다. 그렇기에 1, 2차 세계대전 중에 문 닫은 증류소가 스코틀랜드에 한둘이 아니다.

보모어도 마찬가지였다. 2차 세계대전 중에는 거의 위스키 생

2차 세계대전 중에 보모어 증류소는 군사기지로 쓰였다

산을 하지 못했다. 앞서 언급한 여
러 이유도 있지만 무엇보다 증류소
가 군사시설로 쓰였기 때문이다. 전
쟁 기간에 영국 연안 방위대Coastal
Command는 보모어 증류소를 군사기
지로 활용했다. 당시 영국 공군은 해
군 함정을 지원하고 잠수함 공격에
대비하기 위해 비행정flying boat을 대
서양 연안에 띄웠다. 이 작전 계획을
보모어 증류소에서 세웠다.

영국 육해군 합동 보일러 이송 작전

나라를 위해 증류소 건물을 내
준 것에 대한 보상은 20년 뒤에 받
는다. 1963년 보모어를 인수한 모리
슨 가문Morrison's Bowmore Distillery은
낡은 설비를 뜯어내고 증류소 현대
화에 나섰다. 이듬해인 1964년 모리
슨 보모어는 증류기와 보일러를 교체
할 계획을 세운다. 석탄으로 불을 때
는 직접 가열direct fire 증류기와 보일

러를 철거하고 증기로 열을 전달하는 현대식 스팀 코일steam coil 방
식을 도입하려고 한 것이다. 하지만 새 증류기와 보일러를 주문 제
작한 뒤 모리슨은 고민에 빠진다. 보일러 무게가 18톤에 달할 만큼
무겁고 크기도 초대형이라 본토에서 아일라섬까지 가져올 방법이
마땅치 않았다. 당시만 해도 아일라에는 대형 페리가 오가지 않았
다. 소형 선박만 들락거릴 뿐이었다. 18톤짜리 보일러를 이런 배로

신고 올 수는 없었다. 결국 모리슨 보모어는 영국 국방부에 SOS를 쳤다. 육군 군용 트럭으로 증류기와 보일러를 해군 기지가 있는 루 Rhu 항구까지 보낸 다음에 해군 함정으로 아일라섬까지 배달해달 라고 부탁했다. 2차 세계대전 때 신세를 진 영국 국방부는 '택배 배달' 요청을 받아들였다. 그렇게 해서 사상 초유의 영국 육해군 합동 보일러 이송 작전이 개시됐다.

증류기와 보일러를 실은 군함은 오전 9시 아일라섬 연안 근처에 도착했다. 해군 기지를 떠난 지 12시간 만이었다. 하지만 여기서 난 관에 부딪친다. 예상보다 조수가 낮아서 상륙용 선박landing craft을 내릴 수 없었던 것. 영국 해군은 장기전에 돌입한다. 해안선 1마일 앞에 군함을 세우고 물때를 봐가며 상륙 시도를 이어갔다. 그러다 몇 시간 만에 증류기는 방수포를 씌워 항구에 내리는 데 성공했다. 하지만 18톤 보일러는 쉽지 않았다. 자정 무렵까지 여러 차례 상륙 을 시도했지만 계속 실패. 결국 당일 작전은 종료된다. 트럭에 실린 18톤 보일러가 육지에 도착한 건 하루가 지난 다음날 오전이었다. 해군은 물이 조금 차오른 걸 확인하자마자 상륙을 시도해 성공한 다. 보모어 증류소 보일러 이송 작전은 기지를 출발한 지 36시간 만 에 종료됐다.

블랙 보모어의 태동

영국인은 해마다 11월 5일에 축제를 즐긴다. 가이 폭스 나이트 Guy Fawkes Night 혹은 본 파이어 나이트Bonfire Night로 불리는 축제 다. 1605년 가이 폭스라는 가톨릭 신자가 신교도 국왕을 암살하려

증류소의 새로운 출발을 기념하며 탄생한 '블랙 보모어'

고 국회의사당을 폭파하려다가 실패한 사건을 기념해 불꽃놀이를 하거나 횃불을 들고 행진한다. 영국 전역이 폭죽과 불꽃에 휩싸인 1964년 11월 5일. 아일라섬 보모어 증류소에서는 환호와 박수가 터졌다. 육해군 합동작전으로 천신만고 끝에 실어 온 증류기와 보일러가 이날 정식 가동에 들어갔기 때문이다.

증류기와 보일러가 교체되면서 보모어의 스피릿은 근본적으로 달라졌다. 앞서 언급한 것처럼 석탄으로 직접 가열하지 않고 뜨거운 증기를 흘려보내는 간접 가열로 바뀌었기 때문이다. 증류소의 새로운 출발을 기념하고 기억하기 위해 보모어에서는 새 증류기와 보일러로 뽑아낸 1964년 스피릿을 특별하게 숙성하기로 한다. 스페인 헤레스Jerez의 유명 셰리 양조장Bodegas 윌리엄스 앤 험버트Williams & Humbert에서 가져온 퍼스트 필first fill 올로로소 캐스크 여러 개에 이 스피릿을 채웠다. 그런 다음 보모어의 금고Vaults로

해수면 아래에 있는 1번 숙성고

불리는 1번 숙성고에 집어넣었다. 위스키 수집가들이 '전설'이라고
부르는 블랙 보모어Black Bowmore가 태동한 순간이었다.

위스키에 관심 있는 분이면 블랙 보모어 얘기는 한 번쯤 들어봤
을 것이다. 이름에 블랙이라는 단어가 붙은 건 위스키 빛깔이 간장
처럼 새까맣기 때문이다. 올로로소 셰리 퍼스트 필에 오래 숙성하
면 색이 어둡게 나오는 건 당연하다. 하지만 블랙 보모어는 블랙이
라는 말을 대놓고 붙일 만큼 유난히 검고 풍미까지 독특하다. 이
유가 있다. 블랙 보모어 숙성에 사용한 오크통이 일반적인 올로로
소 셰리 오크통이 아니라서 그렇다. 진한 갈색을 띄는 브라운 셰
리brown sherry 캐스크에 숙성했기 때문이다. 구체적으로는 윌리엄
스 앤 험버트에서 생산하는 월넛 브라운 셰리Walnut Brown Oloroso
Sherry라는 제품이 있는데 이걸 담았던 통을 가져와서 썼다.

블랙 보모어가 전설의 위스키가 된 데는 숙성고 영향도 컸다.

'여왕의 캐스크'를 비롯해 블랙 보모어를 저장한 1번 숙성고는 해수면 아래에 있다. 숙성고 한쪽이 바다와 맞닿아 있다. 벽에 구멍을 뚫으면 바닷물이 밀려들어오게 된다. 숙성고이면서 동시에 방파제 역할을 하는 셈이다. 숙성고가 바다에 잠겨 있는 거나 마찬가지라서 천사들이 먹어치우는 증발량angel's share은 연간 1%밖에 안 된다. 숙성도 천천히 이뤄진다. 정리하면 블랙 보모어는 새 증류 방식에 브라운 셰리 캐스크와 방파제 숙성고까지 세 가지가 결합해 탄생한 특별한 위스키이다.

340배 오른 블랙 보모어

블랙 보모어는 다섯 번에 걸쳐 세상에 나왔다. 맨 처음 모습을 드러낸 건 1993년이었다. 숙성고에서 29년간 잠을 잔 1964년 빈티지 셰리 캐스크들을 꺼내 2000병을 1번 에디션first edition으로 출

1993년 출시된
블랙 보모어 1번 에디션

블랙 보모어 초기 3부작은 현재 위스키 경매 사이트에 높은 값으로 올라 있다. 사진은 초기 3부작이 포함된 블랙 보모어 아카이브 캐비닛

시했다. 최초의 블랙 보모어인 1번 에디션 가격은 80파운드에서 100파운드. 우리 돈 약 12만 원에서 15만 원에 불과했다. 이듬해인 1994년에는 두번째 에디션2nd edition이 나왔다. 숙성 기간은 1년 늘어 30년이었다. 역시 2000병이 출시됐는데 가격은 1번 에디션과 비슷했다. 1995년에 세번째로 나온 블랙 보모어 역시 1964년 빈티지 31년 숙성으로 1812병이 나왔다. 최종 에디션final edition이라고 했던 이 제품 가격은 100파운드에서 150파운드였다. 좀 오르긴 했지만 그래봐야 15만 원에서 23만 원 수준이었다.

자, 그럼 이쯤에서 80파운드에서 100파운드 대에 불과했던 블랙 보모어 초기 3부작trilogy이 지금 얼마나 하는지 알아보자. 위스키 익스체인지whiskyexchange.com 기준으로 1번 에디션은 2만 7500파운드, 약 4300만 원쯤 한다. 2번 에디션은 2만 6000파운드(약 4100만 원)이고 3번(파이널) 에디션도 2만 5000파운드(약 4000만 원)를 호가한다. 80파운드짜리가 2만 7500파운드가 됐으니 가격이 340배 넘게 올랐다는 얘기다. 타임머신이 있으면 몇십 년 전으로 날아가 블랙 보모어부터 사놓을 거라는 농담이 괜히 나온 게 아니다.

3부작 출시 이후 잠잠했던 블랙 보모어 소식이 다시 들린 건 2007년이다. 이해에 보모어는 42년 숙성한 1964년 빈티지 블랙 보모어 827병을 출시했다. 이때만 해도 싱글몰트가 주목받고 있던 때라 가격은 2400파운드(약 390만 원)로 정해졌다. 그렇게 나온 게 지금은 온라인 사이트에서 3만 7500파운드(약 6000만 원)에 팔린다. 역시 15배 넘게 껑충 뛰었다. 진짜 마지막 블랙 보모어는 2016년에 나왔다. '마지막 캐스크The Last Cask'라는 부제가 붙은 블랙 보모어 50년은 딱 159병만 출시됐다. 50년 세월 동안 원액 상당량이 증발했기 때문이다. 엔젤스 셰어만 문제가 아니었다. 숙성 연수가

50년에 다다른 2014년에 캐스크를 열어 알코올 도수를 확인해보니 40.9%(abv)에 불과했다(스코틀랜드에서는 일반적으로 숙성을 오래 할수록 도수가 떨어진다). 도수가 40% 이하로 내려가면 위스키로 팔 수 없기에 보모어에서는 이때 오크통 숙성을 끝낸다. 캐스크에서 꺼낸 위스키를 탱크에 옮겨놨다가 2년 뒤 시장에 내놨다. 출시 당시 가격은 대략 1만 6000파운드, 우리 돈 2500만 원쯤 했다. 그럼 마지막으로 나온 블랙 보모어 50년은 지금 얼마나 할까? 매물 자체가 귀해 가격을 따지는 것도 큰 의미는 없어 보인다. 하지만 최근 온라인 사이트에 올라온 매물을 보니 13만 3000달러, 약 1억 7000만 원이라고 적혀 있었다.

2020년에 출시된 '블랙 보모어 DB5 1964'에 대해서도 잠깐 얘기할까 한다. 2020년에 나왔으니 이게 진짜 마지막 블랙 보모어가 아니냐고 묻는 분이 있을 것 같아서다. 출시 시점으로만 보면 그 말이 맞다. 하지만 보모어가 애스턴마틴Aston Martin과 협업해 발표한 이 제품은 사실 1995년에 나온 블랙 보모어 세번째 에디션final edition을 재포장한 것이다. 당시 보모어 증류소는 31년 숙성 블랙 보모어를 출시하면서 27병은 안 팔고 갖고 있었다. 그리고 25년이 흘러 자동차 업체 애스턴마틴과 콜라보하게 되면서 병 디자인과 포장을 바꿔 소매가격 5만 파운드(약 8000만 원)에 다시 내놨다.

아일라에서 가장 오래된 증류소

증류소로 유명한 보모어는 아일라에서 가장 큰 마을이다. 아일라 행정수도Administrative Capital인 이 마을엔 제법 규모가 큰 슈퍼

2016년에 출시된 '마지막 캐스크' 블랙 보모어 50년. 159병만 출시됐다

자동차 업체 애스턴마틴과 콜라보하며 내놓은
블랙 보모어 DB5 1964

마켓도 있고 우체국과 은행, 호텔 같은 편의 시설도 잘 갖춰져 있다. 항구에서 교회까지 이어지는 메인 스트리트를 사이에 두고 집과 상점이 반듯하게 마주보고 서 있다. 스코틀랜드에서는 최초로 계획적으로 설계된 마을planned village이라서 그렇다. 아일라섬 주인이었던 캠벨 가문이 '계획적으로' 보모어 마을을 건설한 건 1768년. 학자들은 증류소도 이때 지은 걸로 보고 있다. 위스키 전문가 찰스 맥클린에 따르면, 당시 캠벨 가문은 옆 마을Bridgend에 살던 데이비드 심슨David Simpson이라는 농부를 데려와 증류소를 짓게 하고 운영을 맡겼다. 아일라섬 최초의 증류소가 된 보모어는 1779년부터 합법적인 운영에 들어간다. 데이비드 심슨이 면허를 받은 게 증류소 짓고 10여 년이나 지난 뒤라서 공식 창업 연도가 1779년으로 돼 있다. '위스키 성지' 아일라에서 가장 오래됐을 뿐 아니라 스코틀랜드 전체를 다 따져도 역사와 전통으로는 뒤지지 않는다.

심슨 가문이 운영하던 보모어는

항구에서 교회까지 이어지는 메인 스트리트

역사가 오래된 증류소가 그렇듯 보모어도 여러 주인을 거쳤다

◀ 1922년 보모어 증류소 매각 광고
▼ 현재는 빔 산토리 소속이다

1837년 독일계 무터Mutter 형제한테 매각된다. 무터 형제는 증류소를 확장하고 본토에서 보리와 석탄을 가져와 위스키를 만들었다. 제조한 위스키를 글래스고로 가져가서 팔기 위해 소형 철제 증기선steam boat도 띄웠다. 역사가 오래된 증류소가 다들 그렇듯 보모어도 이후 여러 주인을 거친다. 이리 팔리고 저리 팔리다가 1963년에 모리슨 가문이 증류소를 11만 7000파운드에 매입해 모리슨 보모어Morrison Bowmore Distillery를 설립한다. 전설의 블랙 보모어로 대표되는 시기이다. 그러다가 1989년 일본 주류 기업 산토리가 증류소 지분 35%를 사들였다. 산토리는 1994년에는 모리슨이 갖고 있던 증류소를 일괄 매입하며 보모어를 품에 안았다. 보모어는 지금까지도 빔 산토리Beam Suntory 소속으로 남아 있다.

3층으로 된 플로어 몰팅실

계획적으로 건설한 곳이기에 보모어 증류소는 마을 한가운데에 자리하고 있다. 바다를 바라봤을 때 증류소 오른편은 주민 생활 체육 시설이고 왼편 건물은 호텔이다. 증류소가 있는 골목에는 주민들이 사는 집도 많다. 근처엔 고등학교도 있다. 세계적으로 유명한 증류소가 섬 마을 주택가 한복판에 있는 셈이다. 약속한 시간에 맞춰 증류소 방문자 센터에 갔다. 캣Cat이라는 이름의 가이드가 웃으며 반긴다. 캣은 곧바로 플로어 몰팅floor malting을 하는 곳부터 가보자고 했다. 라프로익, 킬호만과 더불어 보모어는 플로어 몰팅을 하는 아일라 증류소 세 곳 가운데 하나이다.

플로어 몰팅실은 3개 층으로 돼 있었다. 층마다 보리 14톤을 펼

▲ 발아가 끝난 보리는 쉽게 가루로 바스러진다
▼ 몰트 위로 걸음을 내디디니 뽀드득 뽀드득
눈 밟는 소리가 났다

쳐놓고 4시간에 한 번씩 뒤집어가며 싹을 틔운다. 캣은 수북하게 쌓인 보리를 가리키며 "이 한 개 층에서 싹 틔운 보리(몰트)로 보모어 위스키 1만 2000병을 만들 수 있다"고 했다. 라프로익처럼 발아에 걸리는 시간은 여름에는 닷새, 겨울엔 일주일이다. 내가 갔을 때 1층에는 몰팅에 들어간 지 6일째 된 보리가 깔려 있었다. 하루만 더 지나면 건조실로 옮겨질 보리였다. 캣은 보리 하나를 집어들어 손가락으로 부서뜨리며 "이렇게 발아가 거의 끝나면 쉽게 가루로 바스러진다"고 설명했다.

2층에는 몰팅을 시작한 지 하루가 지난 보리가 펼쳐져 있었다. 아직 싹이 안 튼 이 보리는 손가락으로 힘을 줘도 부서지지 않을 만큼 단단했다. 여기서 3층으로 올라가려면 바닥에 깔린 몰트를 밟고 지나가야 했다. 발걸음을 내디딜 때마다 뽀드득 뽀드득 소리가 났다. "꼭 눈밭을 걷는 것 같다"라고 하자 가이드 캣은 "정말 소리가 눈 밟을 때랑 비슷하다"라며 웃었다.

3층에 올라가니 몰트맨malt man이 기계식 장비 터너turner로 보리를 뒤집고 있었다. 이미 뿌리가 많이 난 이 보리는 몰팅을 시작한 지 나흘이 지났다. 보리 뒤집는 걸 보고 있으니 가이드 캣이 "직접 한번 해보라"며 갈퀴 세 개가 달린 그 러버grubber를 건넸다. 그러버는 다른 증류소에서 이미 끌어봤다. 그때 배운 방법을 떠올리며 보리 속에 갈퀴를 깊이 찔러넣고 바닥 긁는 소리를 내며 한두 바퀴 돌았다. 쉽게 그러버를 끄는 모습에 가이드 캣이 신기해하며 "거의 완벽하다"고 칭찬을 했다.

▲ 몰트맨이 터너로 보리를 뒤집고 있다
▼ 그러버를 '거의 완벽하게' 끈다고 칭찬받았다

찜질방 같은 몰트 건조 가마

싹 틔운 보리(그린 몰트)를 말리는 건조실에 들렀다. 피트를 때서 몰트에 연기를 입히는 훈연 처리가 막 끝나고 열풍 건조 작업이 시작될 참이었다. 캣은 몰트가 깔린 가마 안으로 들어가보자고 했다. 허리를 굽히

고 들어간 가마는 층고가 낮은 찜질방 같았다. 들어가자마자 후끈 후끈했다. 이때 체감 온도를 설명하라고 한다면 한국에 있는 찜질방 중에 참숯 불가마방 말고 그보다는 온도가 좀 낮은 소금방이나 게르마늄 저온방 정도가 아니었을까 싶다. 땀 흘리는 나를 보더니 캣은 "지금은 플로어 몰팅을 마친 보리를 컨베이어 벨트로 옮기지만 옛날엔 몰트맨이 일일이 가마니에 담아서 옮겼다. 그들이 여기서 얼마나 많은 땀을 흘렸겠느냐"고 했다. 캣의 말을 듣고 나니

언젠가 잡지에서 읽은 "스카치 한 방울 한 방울에는 몰트맨의 땀이 배어 있다"는 문장이 떠올랐다.

피트를 태우는 아궁이로 내려왔다. 이 아궁이에 피트를 넣고 불을 지펴 몰트에 피트 향을 입히는 데는 평균 10시간 걸린다. 이후 뜨거운 바람을 불어넣어 20시간을 말리면 몰팅이 모두 끝난다. 아궁이 옆에는 다음 작업 때 쓸 피트도 잔뜩 쌓여 있었다. 캣의 설명에 따르면, 보모어는 라프로익과 같은 회사(빔 산토리) 소속이라 피트 캐 오는 밭peat bank도 공유한다. 훈연에 사용하는 모든 피트를 아일라 공항 근처 습지대에서 캐 온다. 차이가 있다면 피트를 채굴하는 방식이다. 라프로익은 사람이 피트 커터peat cutter로 직접 피트를 퍼올리지만 보모어는 트랙터처럼 생긴 기계를 쓴다. 캣은 "기계를 사용하면 장점이 많다"면서 "사람이 캘 때보다 땅을 더 깊게 안 파도 돼서 환경보존에 유리하다"고 강조했다.

환경 얘기가 나온 김에 더 설명하자면 보모어 증류소는 열에너지 재활용energy recycling 시스템을 일찍 도입했다. 모리슨 보모어 시절이던 1983년에 응축기에서 나오는 뜨거운 물로 증류기에 넣을 워시wash(발효액)를 예열하는 설비를 마련했다. 이걸로만 연간 10만 파운드에 달하는 예산을 절약했다. 지금도 보모어는 위스키 제조 공정에서 회수한 열로 증류소 바로 옆에 있는 주민 체육시설 Mactaggart Leisure Centre 수영장에 온수를 공급한다. 캣은 "수영장에 따뜻한 물을 공급하는 건 보모어 증류소가 펼치고 있는 지역사회 공헌 활동 가운데 하나"라고 말했다.

막 훈연 처리가 끝난 건조실은 찜질방처럼
더웠다

◀ 보모어는 라프로익과 달리 기계로 피트를 캔다
▼ 아궁이 옆에는 다음 작업에 쓸 피트가 쌓여 있다

포트 엘런 몰트를 쓰지 않는 이유

보모어가 플로어 몰팅으로 직접 생산하는 몰트는 전체 사용량의 약 30%에 달한다. 나머지 70%는 본토에 있는 대형 몰트 제조 업체 심슨스Simpsons에서 가져온다. 한 번 당화를 할 때마다 증류소에서 자체 생산한 몰트 2.5톤에 심슨스 몰트 5.5톤을 섞어 사용한다. 라프로익이나 라가불린, 아드벡을 비롯한 대다수 아일라 증류소가 섬에 있는 포트 엘런 공장Port Ellen Maltings 몰트를 쓰지만 보모어는 그렇게 하지 않는다. 차로 15분 거리에 있는 포트 엘런을 놔두고 왜 멀리서 가져오는 걸까? 가이드 캣은 "포트 엘런 몰트는 피트 처리를 강하게 하기 때문에 우리와 맞지 않는다"고 말했다.

설명을 보태자면 보모어에서는 페놀 수치 25ppm 수준의 피트 몰트로 위스키를 만든다. 페놀 수치 50ppm 이상인 아드벡이나 40~45ppm 정도인 라프로익은 물론이고 35ppm 정도인 라가불린보다도 약한 피트 몰트를 쓴다. 하지만 포트 엘런 몰트 공장에서는 아드벡이나 라프로익, 라가불린 같은 곳에서 원하는 강한 피트 몰트를 주로 생산한다. 그렇기에 보모어와는 어울리지 않는다는 뜻이다. 피트 느낌이 거의 없는 위스키를 많이 만드는 부나하벤 역시 같은 이유로 포트 엘런이 아니라 본토에서 제조하는 심슨스 몰트를 사용한다. 심슨스는 자기 회사 제품을 쓰는 아일라이 두 고객, 보모어와 부나하벤을 위해 초대형 트럭을 페리에 싣고 와서 증류소까지 몰트를 배달해준다.

"우리는 구리를 사랑한다"

보모어는 증류소 남쪽 라간강River Laggan에서 흘러온 물로 위스키를 만든다. 증류소 마당에 가면 강에서 흘러온 물줄기가 수로를 타고 시원스럽게 쏟아져내려오는 걸 볼 수 있다. 라가불린처럼 피트를 머금은 황토 빛깔 물이다. 수로 옆 안내판에는 라간강 물이 증류소까지 어떻게 흘러오는지 적혀 있었다. 읽어보니 구불구불 이어진 물길을 따라 7마일(약 11킬로미터)이나 되는 거리를 흘러온다고 돼 있었다. 또한 라간강은 피트층은 물론이고 모래와 풀이 많은 지대를 통과해 흐르기 때문에 이런 모든 요소가 보모어 위스키 풍미에 영향을 준다고 돼 있었다.

▲ 라간강에서 흘러온 물
▼ 표지판에는 강물이 증류소에 이르기까지의 여정이 적혀 있다

험난한 여정을 거쳐 증류소까지 도착한 강물은 데워서 물탱크hot water tank에 넣어뒀다가 당화할 때 쓴다. 당화조 바로 옆에 있는 물탱크 2개는 특이하게도 스테인리스가 아닌 구리로 돼 있었다. 왜 물탱크까지 구리로 된 걸 쓰는지 궁금해 물었다. 캣은 "구리가 항균 작용anti bacteria을 하는데다 열전도도 잘 되기 때문"이라면서 "증류 설비가 아닌 다른 장비도 가급적이면 구리를 쓰고 있다"고 답

구리를 사랑하는 보모어 증류소. 물탱크도, 당화조 지붕도 구리이다

했다. 이 말을 듣고 보니 몰트와 물을 섞어 워트를 뽑아내는 8톤짜리 당화조도 본체는 스테인리스이지만 지붕은 구리로 돼 있었다. 캣은 당화조 구리 지붕을 가리키면서 "이건 주라Jura 증류소에서 쓰던 당화조에서 지붕만 뜯어서 가져온 것"이라며 "보모어는 유난히 구리를 사랑한다"고 말했다.

발효조에 왜
사람 이름을 붙였을까?

당화 공정을 살펴보고 나서 발효실에 들렀다. 오레곤 파인(미송)으로 만든 4만 리터 용량의 나무 발효조 6개가 있었다. 여기서 가장 눈에 띈 건 발효조 하나하나에 이름을 붙여놨다는 점이다. 예를 들어 첫번째 발효조는 심슨이었고 두번째 발효조는 무터였다. 아마 여기까지만 얘기해도 눈치 빠른 분은 발효조 이름이 어떤 의미를 갖는지 아셨을 것이다. 맞다. 여기 있는 발효조 6개는 산토리로 넘어오기 이전까지 보모어 증류소를 운영한 소유자 6명의 이름을 따서 명명했다. 그래서 첫번째 발효조는 창업자 이름인 심슨이고 맨 마지막 여섯번째 발효조는 모리슨이 된 것이다. 언젠가 "의미 있는 존재에는 반드시 이름을 붙여야 한다"는 말을 들은 적이 있는데 보모어 발효조가 딱 그랬다. 1, 2, 3 같은 숫자가 아닌 사람 이름이 붙어 있기에 더없이 의미 있게 느껴졌다. 이미 흘러간 증류소 역사를 발효조 이름으로 남겨 기록하고 기억하려는 모습에서 감동을 받았다.

보모어는 원래 평일에만 설비를 돌렸다. 하지만 판매가 급증하면서 2019년부터 주 6일 가동에 들어갔고 이듬해에는 일주일 풀가동으로 바꿨다. 증류소 운영 시스템이 바뀌면서 가장 크게 달라진 건 발효 시간이었다. 과거엔 평일 48시간 발효, 주말이 낄 때는 최대 100시간 발효했다. 하지만 주 7일 가동이 된 지금은 62시간으로 발효 시간도 통일했다. 보모어는 앞으로 발효조가 늘어나게 되면 발효 시간을 더 늘릴 계획이다.

보모어 증류실에는 3만 리터 용량의 1차 증류기wash still 2대와 1만 4000리터짜리 2차 증류기spirit still 2대가 가동되고 있었다. 모두 양파형 onion-shaped으로 분류할 수 있는 형태였다. 라인암lyne arm은 1, 2차 증류기 모두 위를 향하고 있었다. 숙성에

증류소 역사를 발효조 이름으로 남겨 기억하는 모습이 감동적이었다

사용하는 중류heart는 알코올 도수 74%에서 61%까지 잡아내고 초류head는 35분 동안 끊어낸다고 가이드는 설명했다.

보모어의 보물 창고 1번 숙성고

투어의 마지막은 보모어가 그토록 자랑하는 1번 숙성고를 구경하는 것이었다. 이미 얘기한 것처럼 '금고'라는 별칭이 붙어 있는 1번 숙싱고는 증류소에서 가장 아끼는 캐스크만 넣어두는 보물 창고이다. '여왕의 캐스크'나 전설의 블랙 보모어가 탄생한 곳도 바로 이곳이다. 바다와 맞닿아 있어 방파제 역할을 겸하고 있고 해수면 아래에 있다는 점도 앞서 이미 설명했다. 여기에 더해 이 숙성고는 건물 자체 역사도 깊다. 증류소가 처음 생길 때부터 있었다고 하니 대략 250년이 넘었다. 워낙 오래된 건물이라 내가 갔을 때에도 보수 공사가 한창이었다. 가이드 캣은 "낡은 건물이라 곳곳에 비가 새서 급히 손을 보고 있다"고 했다.

▲ 1차 증류기와 2차 증류기가 2대씩 가동되고 있다
▼ 커팅 작업중인 스피릿 세이프

책이나 영상에서 보모어 1번 숙성고 얘기를 워낙 많이 듣고 봤다. 그래

250년 넘은 숙성고 건물은 비가 새서 보수 공사를 하고 있었다

서 실제로는 어떤지 너무나 궁금했다. 막상 들어가서 보니 왜 여기가 특별한 곳인지 느낄 수 있었다. 문을 열고 들어서자마자 습기와 냉기가 온몸을 휘감았다. 세계 곳곳의 증류소 숙성고를 수도 없이 들락거렸지만 여기만큼 어둡고 축축하고 서늘한 곳은 없었다. 내가 만약 유령이 나오는 공포 영화를 찍는다면 꼭 여기를 캐스팅할 것 같다. 그만큼 음습한 분위기였다. 이런 환경은 사람이 머문다면 골병들기 딱 좋다. 하지만 오크통에겐 오히려 최고의 조건이다. 어둡고 춥고 습하기까지 해서 위스키를 훔쳐 먹을 천사가 쉽게 접근하지 못하니까 말이다. 소금기 가득한 아일라 바다 냄새가 제대로 느껴지는 숙성고에서 오크통을 찬찬히 살펴봤다. 1990년대부터 2000년대, 2010년대, 그리고 최근에 통입한 캐스크까지 시대별로 가지런히 놓여 있었다. 내 눈에는 보이지 않지만 아마도 구석 어딘가에는 이보다 훨씬 오래된 진귀한 캐스크가 꽁꽁 숨겨져 있을 것이다.

완벽한 균형과 조화

아일라 피트 위스키를 주야장천 먹던 시절 나는 피트가 약한 보모어를 별로 좋아하지 않았다. 맛없다고 느낀 적은 한 번도 없다. 다만 개성이 부족하다고 생각했다. 그땐 피트가 빵빵 터져야 진짜 아일라 위스키라고 확신했다. 하지만 나이가 들고 더 많은 위스키를 접하며 알게 됐다. 보모어의 개성과 매력이 뭔지를. 그것은 결국 균형과 조화였다. 지나치지 않은 피트감과 지나치지 않은 과일 향, 지나치지 않은 달콤함이 어우러지면 얼마나 아름다운 화음을 만드는지를 뒤늦게 깨달았다. 모든 맛이 균형과 조화를 이루는 위스키. 결코 '오버스럽게' 나대지 않는 위스키. 그게 보모어의 진정한 매력이자 개성이다.

벌써 20여 년 전에 증류소를 찾아갔던 하루키는 보모어를 가리켜 "직접적인 자기주장은 없다. 그 대신 난롯불 앞에서 정겨운 옛 편지를 읽을 때와 같은 고요함과 따사로움, 정겨움이 배어 있다"고 표현했다. 그러면서 하루키는 보모어를 마실 때는 "슈베르트의 긴 실내악을 들을 때처럼 호흡을 길게 잡고 음미해야만 깊고 그윽한 맛을 느낄 수 있다"•고 했다.

나는 하루키 선생님의 말에 100% 공감한다.

•『무라카미 하루키의 위스키 성지여행』, 무라카미 하루키 저, 이윤정 옮김, 문학사상사, 2001
(2020년 개정판 제목은 『만약 우리의 언어가 위스키라고 한다면』이다).

증류소에서 가장 아끼는 캐스크만 넣어두는 '보물 창고' 1번 숙성고

모든 맛이 균형과 조화를 이루는 위스키, 보모어

BRUICHLADDICH

설립 1881년
소속 레미 코인트로Remy Cointreau
주소 Bruichladdich, Islay, Argyll PA49 7UN

대량살상무기 사찰 대상이 된 사연

2003년 아일라섬 브룩라디 증류소로 이메일이 왔다. 거기엔 "당신네 증류소 웹캠 하나가 고장났다"고 적혀 있었다. 브룩라디에서는 웹캠을 달아 위스키 만드는 모습을 홈페이지로 생중계해왔다. 그런데 누군가 웹캠이 먹통이 된 걸 확인하고 알려준 것이다. 당시 브룩라디 이사였던 레이니어Reynier는 "관심을 가져줘서 감사하다"고 답장을 보냈다. 며칠 뒤 다시 이메일이 왔다. 이번엔 "우리는 브룩라디 증류소를 살펴보는 걸 정말 즐기고 있다"라고 돼 있었다. 이 이메일을 찬찬히 살펴보던 레이니어는 수상한 점을 발견한다. 맨 아래 발신자 서명에서 DTRA라는 약자가 눈에 띈 것. DTRA가 미 국방부 산하 방위위협감축국Defense Threat Reduction Agency이라는 걸 알게 된 레이니어는 서둘러 메일을 띄워 "무슨 일이 벌어지고 있는지"를 물었다. 그랬더니 발신자는 다시 친절하게 답장을 보내 자신이 어떤 활동을 해왔는지를 밝혔다.

2003년 9월 27일 BBC 뉴스에 따르면, 브룩라디 증류소 웹캠이 고장났다고 알려준 이메일 발신자는 실제로 DTRA에서 일하는 감시 요원이었다. 이 요원은 증류소에 보낸 마지막 메일에서 "위스키 만드는 공정이 대량살상무기Weapon of Mass Destruction, WMD 제조 과정과 흡사해서 (웹캠 화면으로) 브룩라디를 관찰해왔다"라고 적었다. 이 사건이 알려지고 언론 보도가 이어지자, DTRA 대변인은 "공식적 관심 사항은 아니었다No official interest"라고 선을 그었다. 하지만 브룩라디 위스키 생산 공정을 살펴본 것 자체는 부인하지 않았다.

스코틀랜드 증류소가 첩보 활동을 하는 미국 정부기관 감시 목

위스키 만드는 공정이 대량살상무기 제조 과정과 흡사하다고?

록에 올랐다는 사실은 큰 화제가 됐다. 특히 왜 브룩라디가 대상
이 됐는지를 두고 온갖 이야기가 떠돌았다. 그중엔 이런 것도 있었
다. 브룩라디가 폐업한 인버레븐Inverleven 증류소에서 증류 장비
일부를 중고로 매입해 배로 실어 왔는데 이 배가 영국의 핵 잠수
함 기지 파슬레인Faslane 근처를 지나갔다는 것이다. 이 모습이 미
국 정찰 위성에 포착되면서 감시를 받게 됐다는 주장이었다. 구체
적 근거가 없는 '썰'에 불과했지만 당시엔 꽤 그럴듯하게 포장돼 돌
아다녔다.

  이야기가 꼬리에 꼬리를 물고 이어지자 브룩라디 증류소에서는
아예 이 사건을 마케팅에 활용하기로 결정했다. 1984년에 증류한
19년 숙성 위스키를 440병 한정판으로 출시하면서 이름에 대량
살상무기를 뜻하는 WMD라는 단어를 붙였다. 증류소에선 WMD
가 Weapon of Mass Destruction이 아니라 'Whisky of Mass

대량살상무기 1탄

Distinction', 즉 '엄청난 특징을 가진 위스키'라는 뜻이라고 익살스럽게 비틀어 설명했다.

대량살상무기 2탄 '노란 잠수함'

브룩라디 WMD는 시리즈로 나왔다. 대량살상무기 파문이 터지고 2년 뒤인 2005년, 브룩라디는 WMD 2탄 '노란 잠수함Yellow Submarine'을 신보였다. 병에 노란 잠수함이 그려진 이 제품은 1991년 빈티지 14년 숙성 위스키였다. 그렇다면 브룩라디는 왜 위스키 이름을 '대량살상무기-노란 잠수함'이라고 붙인 걸까? 여기에도 희한한 사연이 숨어 있다.

2005년 6월이었다. 아일라에 사는 존 베이커John Baker라는 어부가 바다에서 고기를 잡다가 노란 물체를 발견한다. 가까이 다가가서 보니 원격으로 조정되는 무인잠수정ROV이었다. 존은 아일라 해안경비대에서 일하는 처남 해럴드Harold에게 연락했고 둘은 잠수정을 인양해 뭍으로 끌고 온다. 다음날 해안 경비대원 해럴드는 노란 잠수정에 영국 국방부Ministry of Defense, MOD 마크가 붙어 있는 걸 보고 깜짝 놀란다. 해럴드는 즉시 해군Royal Navy에 연락해 "잠수정 하나를 인양했다"고 밝히고 "혹시 해군이 잃어버린 것인지" 물었다. 하지만 예상과 달리 해군에서는 "사라진 잠수정은 없다"고 답했다. 이후 몇 차례 더 문의했지만 해군의 답은 똑같았다. 결국 해럴드는 '주인 없는 잠수정'을 포트 엘런 항구에 있는 자기 집 앞마당에 놔둬야 했다. 그러는 사이 노란 잠수정이 있는 해럴드의 집은 관광 명소가 됐다. 노란 잠수정이 화제가 되자 영국 해군은 그제야 해럴드에게 전화를 걸어왔다. 해군은 "지뢰 탐지 활동을 하던 로봇 잠수정을 잃어버렸다"고 실토한 뒤 아일라로 군함을 보내 잠수정을 회수해 갔다.

〈세상에 이런 일이〉에 나올 법한 사연을 전해들은 브룩라디는 이번에도 가만히 있지 않았다. 마침 출시하려고 했던 14년 숙성 위스키 병에 노란 잠수정을 그려넣고 이름을 'WMD II Yellow Submarine(대량살상무기 2탄 – 노란 잠수함)'이라고 붙였다. 특이한 병 라벨에 특이한 이름과 사연까지 있는 이 제품은 나오자마자 불티나게 팔렸다. 자, 어떤가? 너무 웃기지 않은가? 하지만 여기서 끝이 아니다. 잠수정 실종 사건 이후 다시 10여 년이 흘렀다. 아일라 앞바다에서 어부가 건져올린 그 노란 잠수정이 2016년 경매 매물로 등장했다. 구식이 돼 쓸모없어진 잠수정을 해군이 매각했고 몇 사람 손을 거쳐 이베이e-Bay에 올라온 것이다. 브룩라디는 경매에 참여해 잠수정을 사들인 뒤 수리까지 마쳐서 증류소로 가져왔다. 이렇게 노란 잠수정을 손에 넣은 브룩라디는 25년 숙성 제품을 출

대량살상무기 2탄

대량살상무기 3탄

브룩라디 증류소 뒷마당에 전시된 노란 잠수정

시하면서 'WMD III Yellow Submarine(대량살상무기 3탄-노란 잠수함)'이라고 명명했다. 브룩라디의 명물이 된 노란 잠수정은 지금 증류소 뒷마당에 전시돼 있다.

4중 증류 위스키는 어떻게 탄생했나?

스코틀랜드 몰트위스키는 통상 두 번 증류한다. 로우랜드 오켄토 션처럼 세 번 증류하는 곳도 있지만 극히 일부에 불과하다. 그런데 세 번도 아니고 네 번씩이나 증류해 위스키를 만든 증류소도 있다. 바로 브룩라디이다. 브룩라디는 왜 4중 증류 위스키를 만든 걸까?

1703년에 초판이 나온『스코틀랜드 서부 제도에 대한 묘사 A Description of the Western Islands of Scotland』라는 책이 있다. 당대 여행 작가 마틴 마틴 Martin Martin이 저술했다. 17세기 말 스코틀랜드 서부 섬 주민 생활상을 기록한 이 책에는 특이하게 초기 위스키에 대한 기록도 등장한다. 거기엔 이렇게 적혀 있다.

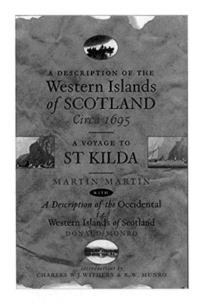

"네 번 증류해 만든 술을 주민들은 Usquebaugh-baul(위험한 위스키)이라고 불렀다. 이건 한 모금만 마셔도 온몸에 영향을 준다. 두 스푼 정도 마시면 충분하다. 만약 누구라도 그 이상 마시게 되면 곧 숨이 멈출 것이다. 생명을 위협할 것이다."

1703년에 출간된 이 책에 4중 증류 위스키가 등장한다

4중 증류를 거쳐 탄생한 '위험한 위스키'

300년 전에 출간된 책에 등장하는 네 번 증류한 위스키. 두 스푼 이상 마시면 생명을 위협할 정도라는 '위험한 위스키'를 브룩라디에서는 재현해보기로 한다. 2006년 2월 27일 가디언 보도에 따르면, 브룩라디의 애초 목표는 네 번 증류해서 알코올 도수 92%(abv)에 달하는 스피릿을 뽑아내는 것이었다. 당시 브룩라디 이사 레이너스는 인터뷰에서 "이것은 도전이다. 꽃floral 풍미가 남길 것으로 기대한다. 알코올 도수는 높지만 이것도 분명히 위스키이다"라고 말했다.

곧바로 프로젝트 팀이 꾸려졌다. 이듬해인 2007년 네 번 증류한 첫 스피릿이 나왔다. 목표 도수 92%까지는 아니었지만 80% 이상으로 도수를 끌어올린 강력한 스피릿이었다. 증류소에서는 이걸 버번 캐스크에 넣고 1년 숙성해 정식 제품으로 선보였다. 이름은 'X4+1, Usquebaugh baul(위험한 위스키)'였다. 'X4'는 네 번 증류했다는 뜻이고 '+1'은 1년 숙성했다는 의미였다. 또 2010년에는 이 스피릿을 3년 숙성한 'X4+3, Usquebaugh-baul'을 내놨다.

진보적인 증류소

브룩라디 증류소는 아일라 서쪽 인달 해협Loch Indaal에 있다. 아일라 최고 드라이브 코스인 해안도로를 타고 서쪽으로 가다보면 BRUICHLADDICH라는 철자가 한 글자 한 글자씩 박힌 오크통 13개가 일렬로 놓인 게 보인다. 여기가 브룩라디이다. 해변 공터 주차장에 차를 세우고 증류소로 걸어들어갔다. 아치형 통로를 통과하니 높이가 낮은 하얀 건물 여러 채가 안뜰을 빙 둘러싸고 있었다. 생산 시설과 방문자 센터로 쓰이는 이 건물들은 출입문부터 나무 창틀 하나까지 브룩라디 상징색으로 칠해져 있었다. 증류소에서 아쿠아마린aquamarine 색이라고 부르는 이 빛깔은 나 같은 브룩라디 애호가한테는 친숙하고 사랑스럽다. 브룩라디를 대표하는 클래식 라디The Classic Laddie 병 색깔이기 때문이다. 바로 이 빛깔로 브룩라디는 건물 벽에 자신의 정체성을 커다랗게 적어놨다.

Progressive Hebridean Distillers Bruichladdich(진보적인 헤브리디스•증류소 브룩라디)

보리에 대한 집요한 관심

투어 시간보다 일찍 도착해 방문자 센터부터 구경했다. 후드티나 모자 같은 기념품이 한쪽에 놓여 있고 증류소에서 판매중인 위스키도 빼곡히 전시돼 있다. 벽 하나를 가득 채운 제품을 살펴보니 무슨 시리즈가 이렇게 많나 싶을 정도로 다양하다. 그중에는

• 헤브리디스 제도는 스코틀랜드 서부에 있는 500개에 달하는 섬을 말한다.

브룩라디 상징색 아쿠아마린

▲ 브라디 철자가 쓰인 오크통
▼ 진보적인 증류소 브룩라디

보리가 자란 환경, 떼루아*를 강조한 제품도 많았다. 우선 아일라 발리Islay Barley 시리즈는 100% 아일라에서 재배한 보리로 만들었다. 아일라 땅에서 아일라 물로 아일라 사람이 재배한 보리로만 위스키를 만든다는 개념이다. 브룩라디는 지역 농부들과 연계한 이 프로젝트를 2000년대 중반에 시작했다. 2006년 아일라 록사이드 농장Rockside Farm에서 수확한 보리로 이듬해에 증류해 6년을 숙성한 Islay Barley Rockside Farm이 첫 결과물이었다. 이후 계약 농가를 점차 늘려가며 100% 아일라 보리로 만드는 위스키를 시리즈로 내놓고 있다. 브룩라디와 협업하는 아일라 농장은 현재 19곳이나 된다. 이들은 브룩라디에서 쓰는 전체 보리의 약 50%를 공급하고 있다.

보리에 대한 집요한 관심은 2012년부터 내놓고 있는 비어 발리 Bere Barley에서도 확인할 수 있다. 신석기시대부터 스코틀랜드에서 재배한 보리 품종 비어Bere로 만드는 이 시리즈는 2022년에도 10년 숙성 제품(2012 빈티지)이 출시됐다. 또한 유기농 보리로만 만드는 오가닉Organic 역시 2009년 첫선을 보인 뒤 점점 발전했다. 2022년에는 일반 유기농보다 인증이 더 까다로운 바이오다이내믹 Biodynamic 보리로 만든 위스키까지 출시했다. 세계 최초 바이오다이내믹 스카치로 기록된 이 제품은 방문자 센터에서 100파운드 (약 15만 원)에 팔리고 있었다.

브룩라디는 2018년 증류소 옆에 30에이커(약 3만 6000평)에 달하는 땅을 매입했다. 보리 품종을 개발하고 지속 가능한 농업 방식을 연구하기 위해서였다. 이 시험 부지에서 브룩라디는 고대 품종 비어와 현대 품종을 교배한 보리의 재배 가능성을 찾고 있다. 이와 더불어 브룩라디는 1961년에 중단된 자체 몰트 생산도 재개

---

* 와인 제조용 포도를 재배하는 데 영향을 주는 토양과 기후 조건을 통틀어 이르는 말이다. **596**

브룩라디는 보리에 대한 관심이 지대하다.
아일라 농장 여러 곳과 계약을 맺고 보리를
공급받는다

100% 아일라산 보리로
만든 아일라 발리 시리즈

비어 발리

▲ 바이오다이내믹
▼ 오가닉

브룩라디의 보리 실험은 앞으
로도 계속될 것이다

하려고 준비하고 있다. 살라딘 박스Saladin box(탐듀 편 참고)를 설치해 몰트까지 직접 만들어 쓰겠다는 계획이다.

브룩라디의 르네상스

브룩라디 투어는 증류소 안뜰에서 시작했다. 가이드는 브룩라디를 상징하는 아쿠아마린 색 매니큐어를 칠하고 나타났다. 그녀는 140년이 넘은 증류소 역사부터 들려줬다. 설명을 들어보니 브룩라디 역사는 2000년 이전과 그 이후로 나눌 수 있을 것 같다. 공식 창업 연도는 스카치 황금기였던 1881년. 글래스고에 그레인 위스키 증류소 2개를 갖고 있던 하비Harvey 가문에서 설립했다. 처음 증류소를 세울 때 해안가에서 조약돌을 주워 와서 건물을 지었다는 얘기도 전해진다. 대대로 증류소를 운영해온 하비 가문 삼형제는 브룩라디 창업 이후 역할을 분담한다. 증류소를 설계한 로버트 하비가 전체 운영을 담당했다. 증류 경험이 많은 존 하비는 위스키를 만들었고, 윌리엄 하비는 거래처 관리와 판매를 맡았다. 1937년까지 하비 가문이 운영한 브룩라디는 그 뒤 여러 번 주인이 바뀐다. 매각과 인수, 그리고 생산 중단. 1990년대 말까지 브룩라디가 걸어온 길은 이렇게 요약된다.

건물과 설비만 남은 브룩라디를 부활

브룩라디 증류소는 하비 가문이 설립해 1937년까지 운영했다

시킨 사람은 주류 사업가 마크 레이니어Mark Reynier였다. 레이니어는 1980년대 런던 소호Soho에 라 레제르브La Réserve라는 와인 가게를 창업했다. 그는 점포를 늘리며 와인 사업을 확장하다가 위스키 쪽으로 눈을 돌렸다. 스프링뱅크와 손잡고 1996년부터 머레이 맥데이비드Murray McDavid라는 독립병입 위스키를 내놨다. 내친김에 레이니어는 지난 2000년 개인 투자자 두 명을 끌어모아 650만 파운드(약 103억 원)에 브룩라디를 사들였다.

브룩라디는 마크 레이니어를 만나 환골탈태한다

레이니어가 주인이 된 뒤 브룩라디는 환골탈태했다. 앞서 살펴본 것처럼 '진보적인 증류소Progressive Distillers'로 거듭나 독창적이고 실험

적인 시도를 이어갔다. 라프로익, 라가불린, 아드벡 같은 전통의 강자가 즐비한 아일라에서도 개성적인 위스키로 존재감을 드러냈다. 성공에 성공을 거듭하며 증류소와 브랜드 가치는 치솟았다. 브룩라디가 2012년 7월 프랑스 회사 레미 코인트로Remy Cointreau로 넘어갈 당시 매각 금액은 5800만 파운드(약 922억 원). 10여 년 전 레이니어가 인수했을 때 지불한 돈의 거의 10배였다.

아일라 최고 장인 짐 맥완

브룩라디 성공 스토리를 얘기할 때마다 빠지지 않고 등장하는 인물이 있다. 2023년 1월 영국 왕실 훈장MBE까지 받은 위스키 장인 짐 맥완Jim McEwan이다. 무라카미 하루키 『위스키 성지여행』에도 나오는 짐 맥완은 보모어 마을에서 태어난 아일라 토박이다. 1963년 15살에 보모어 증류소에 견습 쿠퍼cooper로 입사한 뒤 20대에 숙성고 관리를 책임졌다. 글래스고 보모어 본사에서 7년 동안 마스터 블렌더로 일한 짐 맥완은 1984년 보모어 증류소로 복귀해 매니저가 된다. 이 시기 짐 맥완은 전 세계를 돌아다니면서 아일라 위스키의 매력을 곳곳에 전파해 '복음 전도사gospel preacher'로 불렸다.

이런 짐 맥완이 37년 보모어 생활을 정리하고 선택한 곳이 브룩라디였다. 그는 브룩라디를 인수한 레이니어의 제안을 받아들여 생산 담당 이사production director로 합류했다. 2015년까지 브룩라디 위스키 생산을 총괄한 짐 맥완은 레이니어와 손발을 맞추며 잇따라 히트작을 내놨다. 레이니어와 짐 맥완, 두 사람 모두 실패를 두려워하지 않는 진취적인 성격이라 가능했던 일이다.

한상이 짝꿍이었던 레이니어와 짐 맥완은 처음부터 영리하게 전

아일라 위스키의 매력을
세계 곳곳에 전파한 짐 맥완

▲ 스모키한 풍미를 뺀 브룩라디
▼ 강력한 피트 위스키 포트 샬럿

초강력 피트 위스키
옥토모어

략을 짰다. 2001년 스피릿 생산을 재개하면서 핵심 제품core range 을 3가지로 나눴다. 전체 생산량의 절반을 차지하는 브룩라디 기본 제품은 스모키한 풍미를 뺀 언피티드unpeated 위스키로 만들었다. 여기에 페놀 수치 40ppm에 달하는 강력한 피트 위스키heavily peated 포트 샬럿Port Charlotte을 별도로 제조했다. 또 2002년(스피릿 생산 기준)부터는 몰트 페놀 수치 80ppm이 기본으로 넘어가는 초강력 피트 위스키super heavily peated 옥토모어Octomore까지 만들기 시작했다. 마치 짬뽕 전문점에서 순한 짬뽕, 보통 짬뽕, 불맛 짬뽕을 따로 만드는 것처럼 피트 강도에 따라 핵심 제품을 분화한 것이다.

그중에서도 '불맛 짬뽕'에 해당하는 옥토모어는 엄청난 반향을 불러 일으켰다. "세상에서 가장 피티한 위스키The most peated"를 표방한 옥토모어는 상상을 초월하는 페놀 수치로 아일라 위스키 마니아를 자극했다. 예를 들어 100% 아일라 보리로 2009년에

옥토모어 8.3은 피트 레벨이 무려 309에 달한다

증류해 5년 숙성한 옥토모어 6.3은 페놀 수치 258을 자랑했다. 2011년에 증류한 8.3은 피트 레벨이 무려 309에 달했다. 309라는 숫자가 어느 정도인지 감이 안 오는 분을 위해 비교해 설명해드리겠다. 피트 괴물로 통하는 아드벡 슈퍼노바Supernova 몰트 페놀 수치가 100에서 120ppm이다. 아드벡 역사상 가장 강력한 피트 몰트를 쓴 하이퍼노바Hypernova도 170ppm 정도이다. 그러니까 페놀 수치 309는 짬뽕으로 치면 불맛을 넘어 핵불맛 수준인 셈이다.

'증류소의 박물관'으로 불리는 이유

브룩라디 증류소는 볼거리가 많다. "증류소 박물관museum of
distillery"으로 불릴 만큼 고색창연한
장비가 많아서다. 가이드가 맨 먼저
보여준 건 제분기였다. 제분기 명가
보비R. Boby가 만든 이 제품은 외부
에 노출된 회전 벨트가 돌아가면서
몰트를 분쇄하는 방식이었다. 벨트
가 밖으로 나와 있는 이런 구형 제분
기는 나도 처음 봤다. 나중에 한국에
와서 자료를 뒤져보니 스코틀랜드 전
체에서 브룩라디가 유일하다고 한다.

스코틀랜드 내에서 단 하나뿐인 구형 제분기

7톤짜리 당화조mash tun에도 세
월의 흔적이 역력했다. 브룩라디는
빅토리아 시대 유물인 이 당화조를
1881년 창업 당시부터 지금까지 쓰
고 있다. 벤리악 편에서 설명한 것처
럼 이런 구식 전통 당화조traditional
mash tun는 현대식 라우터 튠lauter tun
과 재질부터 다르다. 스테인리스가
아닌 무쇠cast iron로 만들어져 있다.
또 날blade이 아니라 갈퀴rake가 회전
하며 몰트와 물을 섞는다(전통 당화조
는 벤리악 편 참고). 더구나 브룩라디

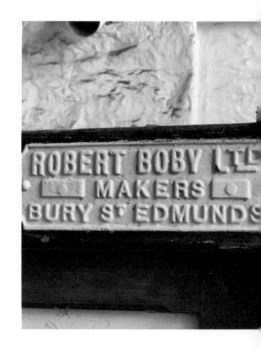

덮개도 없는 구형 중의 구형 당화조.
'증류소의 박물관'답다

오레곤 파인 재질 발효조

당화조는 뚜껑도 없다. 그야말로 구형 중에 구형이다. 투어 가이드는 "덮개가 없는 당화조open mash tun를 쓰는 증류소는 브룩라디를 포함해 이제 6곳밖에 남지 않았다"고 했다. 덮개가 없기에 현대식 당화조보다 온도 보존 능력은 떨어질 수밖에 없다. 그래서 당화의 마지막 단계, 즉 세번째 물third water을 넣을 때는 수온을 92도에서 98도까지 끌어올린다고 가이드는 설명했다.

다음으로 발효 공정을 살펴봤다. 발효실에 있는 발효조는 6개. 오레곤 파인(미송) 재질이었다. 가이드는 "제품에 따라 발효 시간이 제각각"이라며 "짧으면 72시간이고 길면 100시간 넘게 발효하기도 한다"고 했다. 또한 "다양한 풍미를 이끌어내기 위해 효모yeast도 하나가 아니라 두 가지를 섞어서 쓴다"고 강조했다.

시커멓게 변한 증류기

원래의 구릿빛을 알아볼 수 없을 정도로 오래 사용한 증류기

증류소에서 증류기를 얼마나 오래 썼는지는 눈대중으로도 짐작할 수 있다. 최근에 바꾼 새 증류기는 번쩍번쩍 구릿빛이 나는 반면 오래 써서 낡은 건 색이 빠져 있다. 그런데 브룩라디 증류기는 좀 심하다 싶을 정도였다. 색깔이 온통 시커멓게 변해 있었

1959년에 만들어진 '유물' 로몬드 증류기

다. 얼마나 오래 사용했으면 저런 색깔이 됐을까? 살펴봤더니 1만 2000리터 용량인 2차 증류기 목에 1973년이라는 제작 연도가 적혀 있었다. 옆에 있는 1만 7000리터짜리 1차 증류기도 1975년에 제작됐다고 붙어 있었다. 부분 부분 수리도 하고 교체도 했겠지만 그래도 엄청난 세월이다. 브룩라디는 뭐든 한번 들여오면 웬만해선 안 바꾼다더니 그 말이 사실이었다.

집 맥완이 진Gin 제조를 위해 가져온 로몬드 증류기Lomond still도 눈에 띄었다. 로몬드 증류기는 본체는 단식 증류기pot still이지만 목neck은 연속식 증류기coffey still처럼 돼 있다. 목 안쪽에 여러 개의 판plate이 달려 있어서 이걸 열었다 닫았다 조절하면서 다양한 스피릿을 뽑아낸다. 1950년대에 잠깐 유행한 로몬드 증류기는 지금은 쉽게 찾아보기 힘든 '유물'이나 마찬가지이다. '못생긴 베티ugly betty'라는 별명을 갖고 있는 이 증류기만 해도 1959년에 만

든 것이다. 폐업한 인버레븐 증류소에서
2010년에 중고로 가져온 이 증류기로 브
룩라디는 아일라 피트 지대와 해안가에
서 자라는 22가지 허브를 넣어 보타니스
트 진Botanist Gin을 생산한다.

포트 샬럿 MRC:01

와인 캐스크 추가 숙성

내가 즐겁게 마신 위스키 중에 포트 샬
럿 MRC:01이란 제품이 있다. 〈주락이월
드〉를 촬영하는 팩토리 바 사장님이 추천하셔서 맛을 본 뒤 마음에
들어 아일라 특집 영상을 만들 때 애주가 딘딘과 함께 테이스팅하기
도 했다. 이 위스키가 특별한 건 마무리 숙성에 쓴 캐스크 때문이다.
병 라벨에는 이렇게 적혀 있다. "보르도 좌안에 있는 최고의 프렌
치 오크에서 몇 년을 추가 숙성했다matured for an extra year in the finest
French oak from the Bordeaux left bank." 여기서 말하는 '보르도 좌안 최
고 프렌치 오크'는 다름 아닌 '5대 샤토' 중의 하나인 무통 로칠드
캐스크Mouton Rothschild Cask를 말한다. 다시 말해 MRC는 Mouton
Rothschild Cask의 약자인 것이다. 무통 로칠드라는 말을 대놓고
쓰지 못한 건 계약 조건과 법적인 문제 때문이다. 그래서 MRC라고
약자로만 적고 라벨 설명으로 힌트를 준 것이다.

MRC 말고 포트 샬럿 MC라는 제품도 있다. 이탈리아 시칠리아
주정강화 와인 마르살라 캐스크Marsala Cask로 마무리 숙성을 했기
에 이름이 MC가 됐다. 또 CC라는 포트 샬럿 위스키는 코냑 캐스

포트 샬럿 MC:01   포트 샬럿 CC:01

크Cognac Cask로 숙성했다. 이런 사례에서 짐작할 수 있듯이 브룩라
디는 와인과 코냑 캐스크를 적극적으로 숙성에 활용해왔다. 2000
년에 증류소를 인수한 레이니어가 원래 와인 사업가였기 때문이
다. 와인에 해박했던 레이니어는 파트너인 짐 맥완과 함께 여러 가
지 와인 캐스크를 가져와 마무리 숙성에 사용했다. 스카치 업계에
서 일반적으로 쓰는 피니싱finishing이라는 용어 대신에 브룩라디는
자신들의 와인 캐스크 추가 숙성을 에이싱ACE-ing이라고 표현한다.
ACE는 Additional Cask Evolution, 추가 캐스크 진화라는 뜻이다.

특이한 오크통 재활용법

브룩라디 증류소에는 숙성고가 19개 있다. 여기 저장된 오크통

오크통은 수명이 끝나면 아일라섬
자선단체에 기부한다

브룩라디는 자체 병입 시설을 갖추고 있다

만 9만 1000개가 넘는다. 숙성고에서 가이드한테 들은 설명 중에 인상적이었던 건 오크통 재활용 방법이었다. 가이드에 따르면, 브룩라디는 오크통을 세 번third fill까지 숙성에 사용한다. 그리고 수명이 끝난 오크통은 아일라섬 자선단체에 기부한다. 자선단체에서는 오크통 널빤지를 뜯어 가구나 각종 장식품으로 만들어 판매한다. 폐 오크통을 화분이나 쓰레기통으로 쓰는 것보다 의미 있고 좋은 방법이 아닌가 싶었다.

브룩라디는 병입bottling도 증류소에서 직접 한다. 거의 모든 스카치 증류소는 숙성을 마친 위스키를 대도시 주변 공장으로 가져가서 병입한다. 제품 포장과 운송을 할 때 편리해서다. 하지만 브룩라디는 증류소에 자체 병입 시설을 갖추고 있다. 또한 병입할 때 쓰는 물도 특별하다. 제조 용수production water와 냉각수cooling water, 병입할 때 쓰는 물이 각각 다르다. 당화할 때 쓰는 제조 용수는 증류소에서 2마일 떨어진 호수Loch Torran에서 끌어온다. 응축기 같은 설비를 돌릴 때 필요한 냉각수는 브룩라디 번Bruichladdich Burn•의 물을 쓴다. 하지만 병입할 때 도수 조정을 위해 섞는 물은 증류소 인근 옥토모어 농장Octomore Farm에 있는 제임스 브라운 샘물James Brown Spring을 쓴다(제임스 브라운은 옥토모어 농장 주인 이름이다).

"순응하지 않는 증류소"

스카치 전문가 찰스 맥클린은 브룩라디를 "순응하지 않는No conformist 증류소"라고 정의했다. 2000년대 이후 브룩라디가 걸어온 길이 정말 그랬다. 그들은 항상 '아웃사이더'를 자처했다. 남들

• 번burn은 작은 강이나 개울을 뜻한다.

이 하지 않는 선택을 했고 남들이 하지 않는 시도를 했다. 돈이 되고 안 되고는 중요치 않아 보였다. 하고 싶은 건 다 해보겠다는 자세였다. 레이니어와 짐 맥완의 시대를 거쳐 프랑스 주류 기업으로 넘어간 뒤에도 창의적인 도전과 실험 정신은 계속 이어지고 있다. 아일라 바다를 닮은 아쿠아마린 빛깔만큼이나 개성 있고 특별한 매력으로 가득찬 증류소. 나는 브룩라디를 그렇게 기억하고 있다.

WE MAKE CHANGE, WE MAKE PROGRESS.

WE ALSO MAKE WHISKY.

CONCEIVED, DISTILLED, MATURED
AND BOTTLED ON ISLAY, SCOTLAND.

Certified
 Corporation

be**drinkaware**.co.uk

KILCHOMAN

설립 2005년
소속 킬호만 디스틸러리Kilchoman Distillery Co.
주소 Rockside farm, Bruichladdich, Islay PA49 7UT

예약

스카치의 고향은 어디일까?

　스코틀랜드에서 최초로 위스키를 증류한 곳은 어딜까? 몇몇 학자들은 아일라섬이 아닐까 추정한다. 명확한 기록이나 근거는 없지만 설명을 들어보면 그럴 수도 있겠다 싶다. 이야기는 1300년 무렵으로 거슬러올라간다. 이 시기 의사 집안인 맥베스MacBeth, MacBeatha 가문이 아일랜드에서 스코틀랜드로 넘어온다. 맥베스 가문은 대대로 약을 제조해 사람을 치료하는 일을 해왔다. 그들은 방대한 의학 지식과 더불어 증류 기술도 갖고 있었다. 증류가 의학과 약학의 영역이던 시절이었다. 약용 알코올 제조법을 터득한 맥베스 가문은 킨타이어 반도Kintyre Peninsula를 거쳐 아일라섬 서쪽에 정착한다. 그 뒤로 스코틀랜드에 증류 기술이 전파됐다는 게 학

어쩌면 킬호만이 스카치의 진짜 고향일지도 모른다

▲ 124년 만에 탄생한 아일라 증류소, 킬호만
▼ 킬호만 설립자 앤서니 윌스

자들의 추론이다. 자, 그렇다면 이 이야기에 나오는 아일라섬 서쪽은 구체적으로 어디일까? 바로 마키어 베이Machir Bay 해안 근처에 있는 지금의 킬호만이다.

스카치의 진짜 고향일지도 모르는 킬호만에 증류소를 세우기로 결심한 사람은 앤서니 윌스Anthony Wills이다. 독립병입 위스키 회사를 운영하던 앤서니는 아일라 토박이인 캐시Kathy라는 여성과 결혼해 2000년에 섬으로 넘어온다. 이듬해 그는 중세 교회 유적지*로 유명한 킬호만에 있는 록사이드 농장Rockside Farm을 임대해 증류소 설립에 나선다. 다 쓰러져가던 건물을 개조하고 설비를 마련해 2005년 6월 3일 공식적으로 문을 연다. 부나하벤(1881)과 브룩라디(1881) 이후 124년 만에 탄생한 아일라 증류소였다.

From Barley To Bottle

윌스는 평범한 증류소를 만들 생각이 애초에 없었다. 증류소를 설립하며 내건 구호는 "뿌리로 돌아가자Taking whisky back to its roots"였다. 여기서 뿌리라는 건 농장 증류소farm distillery를 말한다. 자급자족형 농상 증류소는 원래 스카치 제조의 원형이다. 농부가 보리를 재배해 수확하고 남으면 이걸로 자기 농상에서 위스키를 생산했다. 위스키 만들며 생긴 찌꺼기는 퇴비로 땅에 뿌려 보리를 재배했다.

하지만 증류소가 대형화하고 상업화하면서 농장 증류소 전통은 사라졌다. 보리 재배는 말할 것도 없다. 몰트 자체를 대형 공장

● 킬호만은 교회를 중심으로 형성된 정착촌이었다. 이 일대에는 아일라섬에서 가장 오래된 교회가 있었던 것으로 추정된다. 14세기에 제작된 것으로 보이는 대형 십자가 같은 유물이 다수 발견되기도 했다.

에서 사 오는 곳이 태반이 됐다. 발효와 증류를 마치고 숙성은 다른 곳에서 하는 증류소도 많아졌다. 병입도 대부분 대도시 주변 공장에서 한다. 위스키 제조 역사가 깊은 아일라섬이라고 예외가 아니다. 이 섬의 농장 증류소는 1800년대 초까지만 해도 13곳에 달했으나 세월이 흐르는 동안 문을 닫거나 운영 방식을 바꿨다.

보리에서 병입까지

킬호만 창업자 앤서니는 시대 흐름을 역행하기로 결심했다. 그는 과거로 돌아가길 꿈꿨다. 농장을 운영하며 직접 보리를 재배하고 전통 방식으로 몰트를 만들기로 했다. 발효와 증류, 숙성은 물론이고 병입까지 모든 공정을 증류소에서 하기로 마음먹었다. 200년 전에 사라진 농장 증류소 전통을 현대적으로 부활시키려고 한 것이다. 이런 철학을 담아 앤서니는 "From Barley To Bottle(보리에서 병입까지)"이라는 문구를 증류소 곳곳에 붙였다.

진짜 농장 증류소

킬호만 증류소를 방문한 날도 종일 비가 내렸다. 바람도 차서 으슬으슬했다. 아침 일찍 보모어 마을 숙소에서 나와 비바람을 뚫고 달렸다. 스코틀랜드 시골 도로가 대부분 그렇듯 1차선뿐인 외길이었다. 아스팔트 포장까지 벗겨져 곳곳이 울퉁불퉁했다. 덜컹거리

로크 곰은 아일라섬에서 가장 큰
담수호 이름을 딴 제품이다

▲ 목초지의 양떼
▼ '진짜' 농장 증류소, 킬호만

넓디넓은 킬호만 농장

며 한참을 갔다. 오른쪽에 커다란 호수가 보인다. 킬호만 제품 이름
으로 쓰여 스카치 애호가들에게 익숙해진 로크 곰Loch Gorm이었
다. 둘레가 4마일(약 6.4킬로미터)에 달하는 로크 곰은 아일라섬에
서 가장 큰 담수호이다. 이 호수를 지나쳐 간판을 따라 왼쪽으로
꺾으면 증류소가 나타난다.

　주차장에 차를 대고 나와 보니 '진짜' 농장이었다. 바닷가에 자
리한 다른 아일라 증류소와는 풍광이 완전히 달랐다. 여기는 주변
이 온통 들판이었다. 목초지에서는 양떼 수십 마리가 한가롭게 풀
을 뜯고 있었다. 옆에 있는 보리밭은 새떼 차지였다. 수확은 끝났지
만 이삭이라도 주워먹으려고 몰려든 모양이다. 증류소는 양을 키
우는 목장과 보리를 재배하는 농장 한가운데에 자리하고 있었다.

'싱글팜 싱글몰트' 100% 아일라

킬호만 농장 규모는 생각보다 크다. 야생 사슴과 산양, 그리고 독수리가 산다는 언덕Cnoc Dubh 아래로 펼쳐진 농장이 2300에이커(약 930만 제곱미터)나 된다. 이 넓은 땅에서 스코틀랜드 토종 흑우 애버딘 앵거스Aberdeen Angus 50마리와 양 520마리를 방목해 기르고 있다. 농장 부지 가운데 대략 10%는 위스키 제조에 사용할 보리를 재배하는 땅이다. 220에이커에 달하는 보리 농장은 다시 12개 밭으로 나뉜다. 면적이 가장 넓은 12번 밭은 30에이커(약 12만 제곱미터)였다. 이 밭 하나에서 수확한 보리로 위스키를 만들면 200리터 버번 캐스크 180개를 채울 수 있다고 한다.

100% 아일라. 싱글팜 싱글몰트이다

철새 5만 마리가 날아가는 봄이 되면 12개 밭 가운데 8개 밭에 파종을 한다. 땅이 거칠어지는 걸 막으려고 4개 밭은 휴경지로 놀려둔다. 작황에 따라 다르지만 해마다 수확하는 보리는 200톤에서 240톤에 이른다. 수확이 끝나고 나면 어느 밭에서 어떤 품종 보리를 재배했으며 생산량은 얼마나 됐는지 홈페이지에 낱낱이 공개한다. 예를 들이 2022년 결과 보고를 봤더니 새시Sassy와 플래닛Planet에 이어 위스키 제조 보리의 대세가 된 로렛Laurette까지 3개 품종을 재배했다. 연초에 정한 목표는 250톤 수확이었다. 하지만 늦여름 2주 동안 비가 쏟아지고 사슴이 보리를 뜯어 먹는 바람에 230톤에 그쳤다는 설명도 적혀 있었다.

킬호만 농장에서 수확한 연간 200톤이 넘는 보리로는 당연히 위스키를 만든다. 그게 2011년에 첫 출시된 100% 아일라100% Islay 이다. 2022년에 12번째 에디션이 나온 100% 아일라는 농장 증류소를 표방하는 킬호만의 정신을 상징한다. 킬호만 농장에서 직접 재배해 수확한 보리로만 만들기 때문이다. 단 한 곳의 보리로 만들기에 싱글팜 싱글몰트Single Farm Single Malt로 불린다.

쿨일라 생산량의 1/10

투어 시간이 되자 킬호만 로고가 박힌 레인코트를 입은 가이드가 나타났다. 키라Kira라는 이름의 가이드는 창업자 앤서니 윌스가 킬호만을 어떻게 설립해 운영해왔는지 들려줬다. 앞서 설명한 내용을 빼고 간략히 요약하면 크게 세 가지였다. 우선 창업 당시 앤서니 윌스는 여러 위스키 애호가들에게 자신의 꿈과 계획을 알리고 끈질기게 설득해 투자를 받아냈다. 2014년부터는 윌스 부부의 아들 삼형제가 증류소에 합류해 가족 경영을 유지하고 있다. 이듬해인 2015년에 이르러서는 그동안 빌려 쓰던 록사이드 농장을 매입해 완벽한 농장 증류소 형태를 갖췄다.

소규모 생산을 강조하는 킬호만 증류소

킬호만 위스키 제조 공정을 살펴러 방문자 센터 밖으로 나왔다. 생산 시설로 가는 동안 가이드 키라는 "이곳은 그동안 당신이 가본 증류소와 많이 다를 것이다. 생산량이 매우 적기 때문이다. 킬호만이 1년 동안 생산하는 스피릿을 다 합쳐봐야 쿨일라 한 달 생산량밖에 안 된다"고 말했다. 소규모 생산을 강조한 키라의 설명에 덧붙이자면 킬호만의 연간 최대 스피릿 생산 능력은 현재 약 65만 리터이다. 아일라 최대 생산량을 자랑하는 쿨일라는 연간 650만 리터에 달한다.

아일라 피트의 장점

맨 처음 들른 곳은 플로어 몰팅floor malting을 하는 건물이었다. 안으로 들어가니 몰트맨 여러 명이 바쁘게 움직이고 있었다. 싹을 틔운 보리(그린 몰트)를 가마로 옮겨 건조하려고 삽으로 퍼서 손수레에 담고 있었다. 가이드 설명에 따르면, 현재 킬호만은 전체 사용 몰트의 25~30% 정도를 플로어 몰팅으로 만든다. 나머지 몰트는 포트 엘런 몰팅 공장에서 가져온다.

플로어 몰팅 방식은 다른 증류소와 크게 차이가 없었다. 물이 담긴 탱크(침지조steeping tank)에 보리를 12시간 담갔다가 물을 빼서 12시간 동안 공기와 접촉시킨 뒤 다시 12시간 물에 담갔다가 또 12시간을 말린다(12시간 steeping→12시간 air rest→12시간 steeping→12시간 air rest). 그런 다음 플로어 몰팅실에 30센티미터 두께로 깔아놓고 닷새에서 일주일 동안 뒤집어가며 싹을 틔운다.

발아가 끝난 보리는 가마로 옮겨 피트 향을 입힌다. 이때 연료

그린 몰트를 가마로 옮기려고 손수레에 퍼 담는 중이었다

◀ 킬호만도 사람이 직접 피트를 채취한다
▲ 아일라 피트는 해조류가 함께 퇴적돼 풍미가 강
    렬하고 독특하다

로 쓰는 피트는 로크 곰 근처 습지대peat bank에서 캐 온다. 라프로익처럼 킬호만 역시 사람이 피트를 채취한다. 피트 덩어리가 놓인 아궁이 앞에서 키라는 아일라 피트의 장점을 설명하며 "아일라 피트는 해조류가 함께 퇴적돼 풍미가 강렬하고 독특하다. 더구나 아일라 피트는 하일랜드 피트보다 더 오래 탄다. 불씨가 길게 지속된다"라고 말했다. 풍미와 더불어 효율에 있어서도 아일라 피트가 낫다는 얘기였다.

피트 훈연과 건조에는 10시간이 걸린다. 증류소에서 직접 생산한 몰트의 피트 수준은 대략 20ppm이다. 포트 엘런 몰팅 공장에서 가져오는 몰트는 50ppm으로 더 강하게 처리돼 있다. 증류소에서 재배하고 몰팅한 보리로 만드는 100% 아일라가 마키어 베이 같은 제품보다 피트 느낌이 덜한 건 이런 차이 때문이다.

짐 스완 박사의 조언

당화와 증류가 함께 이뤄지는 증류실still house은 구조가 특이했다. 증류실로 들어가면 보리 농장이 훤히 내려다보이는 왼편 창가 쪽에 냉화소 하나와 1, 2차 증류기 한 쌍이 설치돼 있다. 또 반대편에도 당화조 하나와 증류기 한 쌍이 놓여 있다. 왼편이나 오른편이나 설비 크기와 형태가 쌍둥이처럼 똑같다. 통로를 기준으로 같은 설비가 마주보고 있는 구조이다. 가이드는 "원래 한쪽에만 당화조 하나와 증류기 한 쌍이 있었지만 생산량이 늘면서 설비를 늘려야 했다. 그래서 똑같은 증류기와 당화조를 거울에 비춘 것처럼 한 공간에 설치했다"고 설명했다.

▲ 양파형 1차 증류기(왼쪽), 보일 볼이 달린 2차 증류기(오른쪽)
▼ 킬호만 증류실에는 증류기와 당화조가 함께 있다

생산량이 적은 증류소이기에 당화조는 1.2톤짜리 소형을 쓴다. 6시간 당화해 뽑아낸 워트wort(맥아즙)는 아래층 발효실로 옮겨진다. 발효조는 꾸준히 늘려서 2022년 말 현재 16개를 가동하고 있었다. 홈페이지에 올라와 있는 창업자 앤서니 윌스 인터뷰에 따르면, 처음 증류 설비를 마련할 때 가장 고심했던 게 발효조 재질이었다고 한다. 나무와 스테인리스 중 어떤 걸 써야 할지 고민하던 앤서니는 스카치 전문가 짐 스완Jim Swan•에게 연락했다. 앤서니의 요청으로 킬호만을 방문한 짐 스완은 "스테인리스 발효조를 쓰면서 발효 시간은 길게 가져가라"고 조언했다. 이에 따라 킬호만은 6000리터 용량 스테인리스 발효조를 도입한다. 또 발효 시간은 평균 85시간에서 90시간으로 길게 유지하고 있다. 발효를 오래 하는 다른 증류소들처럼 킬호만에서도 "충분히 긴 발효 시간을 통해 과일fruity과 꽃floral 풍미를 이끌어낸다"라고 설명한다.

가볍고 신선한 풍미의 스피릿

킬호만은 작은 증류기를 쓰는 걸로 유명하다. 1차 증류기wash still는 3230리터, 2차 증류기spirit still는 2070리터밖에 안 된다. 증류기에 여유 공간을 둬야 해서 실제로 채우는 용량은 1차 증류기 2700리터, 2차 증류기는 1700리터에 불과하다. 이중 2차 증류기만 비교해보자. 킬호만 증류기는 "기이하게 작다curiously small"는 맥캘란(2차 증류기 3900리터)보다 작다. 심지어 직원이 두 명뿐인 소형 증류소 울프번(2차 증류기 3600리터)에도 미치지 못한다. 내가 방문한 스코틀랜드 증류소 55곳 중에 킬호만보다 작은 증류기를

• 2017년에 작고한 짐 스완은 생전에 대만 카발란을 비롯해 세계 곳곳의 증류소 설계를 도운 인물이다.

맥캘란보다 더 작은 증류기를 쓰는 킬호만

쓰는 곳은 없었다.

킬호만이 뽑아내는 스피릿은 앤서니 윌스가 목표한 대로 가볍고 light 꽃floral 풍미가 많다. 증류기 용량이 작은데도 어떻게 가볍고 깔끔한 스피릿을 생산하는 걸까? 이 질문에 대해 증류소에선 2차 증류기의 목neck을 주목해서 보라고 말한다. 실제로 킬호만 2차 증류기 목은 맥캘란과 사뭇 다르다. 목이 상당히 좁고 길다. 한마디로 날씬하다. 여기에 본체와 목 사이에는 보일 볼boil ball도 달려 있다. 이미 여러 번 설명한 대로 이렇게 긴 목과 보일 볼은 환류reflux를 증가시킨다. 증류소에선 "목이 길고 좁은 증류기를 쓰면서 증류까지 천천히 진행하기 때문에 무겁지 않은 풍미의 스피릿을 생산할 수 있다"고 말한다.

가볍고 꽃 풍미가 있는 스피릿을 만들어내는 또 하나의 요인은

가볍고 깔끔한 스피릿을 생산하는 비결 중 하나인 스피릿 컷

스피릿을 잘라내는 컷 포인트cut point에 있다. 킬호만은 스피릿 알
코올 도수 76%(abv)부터 65.5%까지를 중류heart, middle cut로 확보
한다. 65.5% 이후부턴 후류tail로 전환한다. 피트 몰트로 위스키를
민드는 다른 아일라 증류소와 비교할 때 컷 포인트가 상당히 높다.
앞서 살펴본 섯처럼 후류로 바뀌는 컷 포인트는 라프로익의 경우
60%이고 라가불린은 59%이다. 이렇게 컷 포인트를 높게 설정해
일찍 중류를 끊어내기에 특유의 신선함unique and famous freshness을
지닌 스피릿을 만들어낼 수 있다고 킬호만에서는 강조한다.

다양한 캐스크 실험

증류실에서 나왔다. 곡물 찌꺼기가 통에 수북이 쌓여 있다. 당화mashing하고 남은 드래프draff였다. 스펜트 그레인spent grain이라고도 하는 이 찌꺼기는 주로 동물 사료로 쓰인다. 가이드 키라는 "우리는 소를 키우는 증류소이기 때문에 드래프를 소 먹이로 활용한다. 드래프는 단백질이 풍부하고 맛도 달달하다. 이걸 먹는 농장의 소도 행복해할 것"이라고 웃으며 말했다. 이처럼 농장 증류소에서는 위스키 제조 과정에서 생기는 폐기물이 자연스럽게 재순환한다. 당화 찌꺼기 드래프는 농장에서 기르는 소의 살을 찌운다. 증류 찌꺼기 팟 에일pot ale은 퇴비로 뿌려져 보리가 자랄 땅에 영양을 공급한다.

킬호만에서는 전통 더니지 숙성고dunnage warehouse와 현대식 선반형 숙성고lacked warehouse에 오크통을 나눠 저장한다. 가이드가 안내한 더니지 숙성고에 들어갔다. 3단으로 쌓인 캐스크 대부분이 200리터 버번 배럴barrel이었다. 가이드 키라는 "전체 오크통 가운데 약 70%가 버번 배럴이다. 캐스크 품질을 일정하게 유지하려고 켄터키 버팔로 트레이스 증류소 한 곳에서 버번 배럴을 가져온다"고 설명했다. 버번 캐스크 중에는 덮개head가 파란색으로 칠해진 것도 보였다. 가이드는 "100% 아일라 제품을 만들기 위해 숙성하는 오크통"이라며 "우리 농장 보리로만 발효하고 숙성한 스피릿이 담겨 있어서 오크통 덮개를 파랗게 칠했다"고 설명했다. 버번 배럴과 더불어 숙성고에 있는 오크통 가운데 20%는 500리터 벗butt 혹은 250리터 혹스헤드hogshead 셰리 캐스크였다. 킬호만은 스페인 미겔 마틴 양조장Miguel Martin Bodega과 계약을 맺고 올로로소

당화하고 남은 드래프는 소 먹이로 활용한다

▼ 더니지 숙성고에 쌓인 캐스크
▶ '100% 아일라' 제품을 숙성하는 오크통은 덮개를 파랗게 칠했다

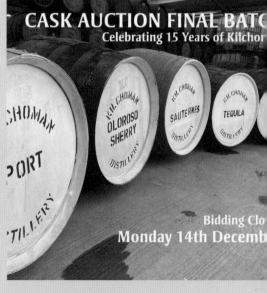

CASK AUCTION FINAL BATC
Celebrating 15 Years of Kilchor

Bidding Clo
Monday 14th Decemb

◀ 6000리터짜리 대형 레드 와인 통
◀ 대형 레드 와인 통에 추가 숙성한 카사도
▲ 캐스크 실험을 사랑하는 킬호만

Oloroso와 페드로 히메네스PX, 피노Fino까지 세 종류의 셰리 캐스크를 가져온다.

킬호만은 다양한 숙성 실험도 이어가고 있다. 마데이라madeira나 포트port, 레드 와인 캐스크를 일찍부터 숙성에 사용해왔다. 2019년 스카치위스키 협회SWA 규정이 완화된 뒤에는 테킬라Tequila와 메즈칼Mezcal 캐스크도 발 빠르게 도입했다. 그 결과 버번 배럴에서 숙성한 위스키를 테킬라나 메즈칼 캐스크로 옮겨 마무리 숙성finishing한 제품을 2022년에 선보일 수 있었다. 또한 2020년에는 포르투갈 양조장에서 6000리터짜리 대형 레드 와인 통vat 두 개를 가져와 내부를 다시 토스팅toasting해 숙성에 활용하고 있다. 퍼스트 필 버번 배럴에서 6년 숙성한 위스키를 개조된 레드 와인 통에 넣어 합치고(매링marrying) 2년을 추가 숙성한 카사도Casado(스페인어로 결혼이라는 뜻)라는 제품이 이 실험의 결과물이다. 가이드는 킬호만이 쓰는 여러 종류의 오크통을 설명하면서 "우리는 캐스크 실험cask experiment을 유난히 사랑한다"고 말했다.

젊고 활기찬 위스키

빙분자 센디로 놀아와 테이스팅을 했니. 킬호만 색심 세품 가운데 하나인 마키어 베이Machir Bay부터 맛봤다. 몰트 페놀 수치는 50ppm이고 버번 캐스크 비중이 90%인 제품이다. 맛을 보니 마키어 베이는 한마디로 시트러스 과일과 피트, 딱 이거였다. 은은한 레몬 향이 느껴지고 입안에선 피트 풍미와 달달한 바닐라가 결합한다. 스모키한 피니시도 적당히 이어졌다. 다음은 이 증류소를 상징하는 100% 아일라 시리즈 중에서 2022년에 출시된 12번째 에디션이었다. 킬호만 농장에서 자란 보리만으로 플로어 몰팅을 해서 생산한 제품이다. 증류소에서 직접 몰트 훈연을 했기에 페놀 수치는 20ppm 정도이다. 100% 아일라 시리즈는 초기엔 숙성 연수가 매우 짧았지만 9번째 에디션부터는 8년에서 9년 이상 된 것을 내놓고 있다. 마키어 베이에 비해 피트는 훨씬 은은하게 다가왔고 풍미는 좀더 복합적이었다. 스모키한 향 너머로 달달한 꿀맛과 사과 같은 과일 풍미가 기분 좋게 느껴졌다. 몇 달만 일찍 와서 킬호만 농장에서 자라는 싱싱한 보리를 바라보며 이걸 마셨더라면 얼마나 좋았을까 하는 생각이 들었다.

▲ 킬호만 핵심 제품 마키어 베이
▼ 시트러스 과일과 피트 향의 '마키어 베이', 스모키한 향과 과일 풍미의 '100% 아일라'

킬호만 증류소는 그동안 거의 모든 제품을 숙성 연수 미표기No Age Statement, NAS로 내놨다. 핵심 제품 마키어 베이와 사닉Sanaig은 물론이고 100% 아일라와 로크 곰도 숙성 기간을 적지 않는다. 여기엔 두 가지 이유가 있다. 하나는 증류소 역사 자체가 짧아서다. 숙성 기간을 자랑스럽게 내세울 만큼 숙성을 길게 못했기 때문이다. 또 다른 이유는 킬호만 스스로 오래 숙성하는 것에 연연하지 않기 때문이다. 킬호만은 자신들이 지향하는 위스키를 '젊고, 활기

'젊고, 활기찬, 아일라 싱글몰트'

찬, 아일라 싱글몰트young, vibrant, Islay Single Malt'로 정의한다. 스피릿spirit(증류액)의 신선한 풍미가 숙성 과정에서 묻혀버리지 않도록 노력한다고 밝히고 있다. 아예 홈페이지에 "(퍼스트 필 배럴로) 너무 길게 숙성하면 오크통에 스피릿이 지나치게 지배당한다Too long and the spirit can become over-dominated by the oak"는 말까지 적어놨다. 이건 스피릿에 그만큼 자신이 있다는 뜻이다. 오래 숙성하지 않아도 충분히 균형 잡힌 맛을 잡아낼 수 있다고 선언한 거나 마찬가지다. 나는 킬호만의 이런 전략이 지금까지는 성공했다고 본다. 숙성은 짧아도 스피릿을 잘 뽑아내서인지 거친 느낌이 별로 없다. 그들이 말한 것처럼 젊고 활기차며 생동감이 넘친다.

사라진 농장 증류소 전통을 되살린 곳. 보리 재배부터 병입까지 스스로 해내는 증류소. 거대 기업에 속하지 않고 가족이 경영하는 증류소. 무엇보다 위스키에 대한 자부심이 넘치는 증류소. 이런 킬호만이 앞으로도 자신들의 철학과 원칙을 포기하지

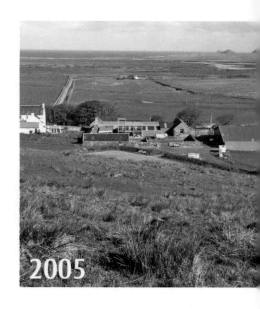

몇십 년 뒤, 킬호만의 모습이 기대된다

않았으면 한다. 그렇게 해서 농장 증류소 성공 사례를 스카치 역사에 남겨주길 바란다. 혹시 아는가? 킬호만이 몇십 년 뒤 스프링뱅크 같은 거물이 될지. 세상 일, 정말 아무도 모른다.

(킬호만은 방문자 센터가 잘 꾸며져 있다. 공간이 넓어서 여유 있다. 전시된 상품 종류가 다양하고, 위스키와 곁들여 먹을 '킬호만 초콜릿'도 팔고 있다. 아, 그리고 방문자 센터에 있는 레스토랑에서 식사를 하는 것도 추천한다. 메뉴가 많지는 않지만 토마토 스프는 정말로 맛있었다.)

ARDNAHOE

설립 2017년
소속 헌터 랭Hunter Laing & Company
주소 Port Askaig, Isle of Islay, PA46 7RU

예약

더글러스 랭과 헌터 랭

더글러스 랭Douglas Laing이란 회사가 있다. 1948년 스코틀랜드 글래스고에서 설립된 독립병입 회사다. 역사와 규모가 상당한 더글러스 랭은 국내에서 인지도가 높다. 스페이사이드 몰트 원액을 섞은 스칼리웩Scallywag이나 아일라 블렌디드 몰트 빅 피트Big Peat 같은 지역 시리즈Remarkable Regional Malts가 히트를 쳤다. 폭스테리어 라벨로 유명한 스칼리웩에는 '석한리'라는 애칭이 붙었다. 빅피트 2022년 추석 에디션은 '위서회'로 불리기도 했다. 임인년 호랑이해를 맞아 출시한 올드 파티큘러Old Particular 호랑이 에디션 역시 국내 위스키 애호가들에게 큰 사랑을 받았다.

더글러스 랭은 가족 기업이다. 창업자가 세상을 떠난 뒤 두 아들 스튜어트와 프레드가 공동 운영했다. 47년을 함께한 형제는 2013년에 갈라섰다. 동생 프레드는 더그러스 랭에 남았고, 형 스튜어트는 자기 지분을 갖고 나와 헌터 랭Hunter Laing을 차렸다. 이 과정에 갈등은 없었다. 사업 규모가 커지면서 자연스럽게 쪼개졌을 뿐이다. 그 결과 지금은 더글러스 랭뿐만 아니라 헌터 랭도 잘나간다. 올드 몰트 캐스크Old Malt Cask나 올드 앤 레어Old & Rare, 퍼스트 에디션First Edition 같은 시리즈로 주목받고 있다. 사업이 안정되자 헌터 랭은 증류소도 짓는다. 킬호만 이후 14년 만에 탄생한 아일라의 아홉번째 증류소 아드나호Ardnahoe이다.

국내에서도 인지도가 높은 더글러스 랭

올드 파티큘러 호랑이 에디션

빅 피트 2022년 추석 에디션

◀ 스튜어트 랭
▼ 헌터 랭의 올드 몰트 캐스크

54년 만에 이룬 꿈

헌터 랭 창업자 스튜어트는 스카치 업계에서 잔뼈가 굵은 인물이다. 올해(2023)로 경력이 58년에 달한다. 그 긴 여정의 출발은 1965년 아일라섬에서였다. 당시 18살이었던 스튜어트는 브룩라디 증류소에서 위스키 제조를 배웠다. 매일 두 번 증류소에서 공짜로 나눠주는 스피릿*을 직원들과 나눠 마시며 아일라 위스키 매력에 흠뻑 빠졌다. 이후 더글러스 랭에 합류해 일하는 동안에도 그는 아일라 증류소 운영을 꿈꿨다. 오랜 소망을 이루기 위해 스튜어트는 헌터 랭으로 독립하자마자 본격적으로 나섰다. 처음엔 아일라에 있는 증류소를 매입하려 했다. 하지만 가격이 맞지 않았다. 2년 반 동안 허탕을 친 스튜어트는 아예 직접 짓기로 결심한다. 2016년 아일라 북동쪽 아드나호 호수Loch Ardnahoe 근처 해안가 땅을 매입해 공사에 들어갔다. 건물 짓고 설비 마련하는 데 1400만 파운드(약 225억 원)가 들었다. 시험 가동을 마치고 처음으로 오크통에 스피릿을 채운 건 2018년 11월 9일. 공식 개장은 이듬해인 2019년 4월 12일에 했다. 아일라에서 위스키 인생을 시작한 스튜어트가 꿈을 이루기까지 꼬박 54년이 걸렸다.

아드나호를 설계한 짐 맥완

스튜어트가 아드나호를 짓는 데 결정적인 도움을 준 사람이 있다. 아일라 최고 위스키 장인 짐 맥완Jim McEwan이다. 짐 맥완은 2015년 브룩라디에서 은퇴한 뒤 쉬고 있었다. 2017년 어느 날 짐

• 과거 증류소에서 직원들에게 공짜로 스피릿을 나눠 주던 전통을 드래밍dramming이라고 한다.

아드나호 호수 근처 땅을 매입해 증류소 건설에 들어갔다

아드나호 증류소 탄생의 일등공신 짐 맥완

생산 설비부터 증류소 구조 설계까지 짐 맥완이 함께했다

맥완은 스튜어트한테 "증류소 건설을 도와달라"는 부탁을 받는다. 스카치위스키닷컴 인터뷰에 따르면 짐 맥완은 처음엔 컨설팅만 해줄 생각이었다. 하지만 스튜어트를 직접 만난 뒤 생각이 바뀌었다. "아일라 위스키의 전통을 계승하면서도 새롭게 해석해보고 싶다"는 스튜어트의 말에 감동을 받았기 때문이다. 아드나호 생산 담당 이사production director로 합류한 짐 맥완은 모든 생산 설비의 크기와 형태, 재질까지 정해줬다. 또 건축가와 의견을 주고받으며 증류소 전체 구조도 함께 설계했다. 결국 지금의 아드나호 증류소는 스카치 업계 거물 스튜어트와 전설적인 마스터 디스틸러 짐 맥완, 이 두 사람의 꿈과 열정이 만나 탄생한 작품이다.

스코틀랜드인이 소유한 증류소

현재 가동중인 아일라 증류소는 킬호만을 제외하고 모두 해안가에 있다. 어딜 가나 경치가 훌륭하다. 아드나호 증류소도 그렇다. 증류소에서 바라본 바다 풍경이 기가 막힌다. 푸른 바다Sound of Islay 너머로 주라Jura 위스키로 유명한 주라섬이 한눈에 잡힌다. 잠시 경치 감상을 하다가 방문자 센터로 들어갔다. 아직 자체 싱글몰트를 내놓지 못한 신생 증류소라서 볼 게 없을 거라고 생각했다. 착각이었다. 넓고 깔끔한 방문자 센터에는 더글러스 랭의 유산을 물려받은 헌터 랭의 독립병입 위스키로 가득했다. 특히 올드 앤 레어 브랜드로 출시된 고숙성 제품이 눈길을 끌었다. 1975년에 증류해 2019년에 병입한 글렌버기 44년이라든가 발메낙Balmenach 40년도 보였다. 한창 몸값이 오른 맥캘란 25년 올드 앤 레어는 1330파

올드 앤 레어 글렌버기 44년

올드 앤 레어 발메낙 40년

올드 앤 레어 맥캘란 25년

올드 앤 레어 포트 엘런 33년

방문자 센터는 헌터 랭의 독립병입 위스키로 가득했다

운드(약 215만 원)라는 가격표가 붙어 있었다. 그중에서 제일 비싼 건 1974년에 증류해 2016년에 병입한 올드 앤 레어 포트 엘런 33년이었다. 방문자 센터 판매 가격이 2400파운드(약 390만 원)였다.

유리징에 있는 고수싱 회귀 위스키를 보니 군침만 흘리디기 투어가 시작됐다. 세계 곳곳의 증류소를 돌아다닌 경험에 비춰보면 신생 증류소일수록 오히려 역사를 친절히 설명해준다. 짐작은 틀리지 않았다. 아드나호 가이드는 스튜어트 랭이 증류소를 아일라에 세운 이유부터 험난했던 공사 과정을 자세히 들려줬다. 그러면서 아드나호가 다국적 거대 기업 소속이 아니라는 점을 강조했다. 창업자 스튜어트를 중심으로 두 아들(스콧, 앤드류 형제)이 이끌어

창업자 스튜어트(가운데)와 두 아들 앤드류(좌측), 스콧(우측)

가고 있으며 온전히 스코틀랜드 사람이 소유한 곳이라고 여러 차
례 힘주어 말했다.

달달하고 고소한 몰트

증류소에서 위스키를 만들 때 쓰는 물은 아드나호 호수에서 길
어온다. 증류소에서 500피트(약 152미터) 거리에 있는 아드나호는
아일라섬에서 가장 수심이 깊은 호수로 알려져 있다. 가이드는 "호
수 깊이가 얼마나 되는지를 아무도 정확히 모른다"면서 "보름달이
뜰 때 백마white steed가 된 유령이 아드나호 호수 밖으로 나온다는
이야기가 옛날부터 전해져내려온다"고 했다.

몰트는 대다수 아일라 증류소와 마찬가지로 포트 엘런Port Ellen

아드나호 위스키는 아드나호 호수 물로 만든다

신생 증류소이지만 제분기는 100년 된 보비 제품을 사용한다

Maltings에서 가져온다. 피트 처리는 40ppm이 기본이다. 평균 40ppm이라면 라가불린보다 더 높고 라프로익과 맞먹는 수치다. 가이드는 한번 맛보라면서 몰트가 담긴 통을 건넸다. 몇 알을 집어서 씹었다. 피트 느낌은 묵직하면서 달달하고 고소했다. 장담한다. 피트 위스키 즐기는 사람이라면 이 맛을 절대 싫어할 리 없다. 농담이 아니라 이걸로 시리얼을 만들어서 팔면 나는 꼭 사서 피트 위스키를 부어서 먹을 것이다. 물론 그런 제품이 정말 나오진 않겠지만.

아일라 햄버거가 맛있는 이유?

제분실로 갔다. 몰트 분쇄는 1920년대에 나온 보비R. Boby 제품으로 하고 있었다. 100년이나 된 보비 제분기는 역사 깊은 페터케언Fettercairn 증류소에서 사 왔다. 낡디 낡은 제분기이지만 색을 빨

▲ 2.5톤짜리 세미 라우터 방식 당화조
▼ 오레곤 파인 재질 발효조

갈게 다시 칠해 겉보기엔 새것 같았다. 가이드는 "오래된 기계이지만 지금까지 아무 문제 없이 돌아가고 있다. 만약 문제가 생겨도 걱정없다. 왜냐면 로니 리Ronnie Lee가 와서 고쳐줄 것이기 때문이다"라고 말했다. 또 로니 리 얘기였다. 이쯤 되니 로니 리라는 사람을 내가 전생에서라도 한 번 만났을 것 같다는 생각이 들었다.

분쇄기를 제외한 나머지 증류 설비는 윤이 났다. 2.5톤짜리 세미 라우터semi lauter 방식 당화조mash tun에 달린 구리 뚜껑도 반짝반짝 빛났다. 빛깔만 봐도 증류소 지을 때 새로 만든 게 분명했다. 당화는 전형적인 3단계였다. 첫번째 물first water은 섭씨 63.5도였고 두번째 물second water은 80에서 85도, 마지막 세번째 물 third water은 90에서 95도였다. 당화를 마치고 남게 되는 지게미, 드래프draff는 소 사료로 농장에 보낸다. 가이드는 "아일라에 왔으면 소고기 햄버거Islay beef burger도 꼭 먹어봐야 한다. 소들이 드래프를 먹기 때문에 햄버거도 맛있다"고 했다. 이런 얘기는 아일라에서뿐만 아니라 하일랜드 증류소에서도 많이 한다. 들을 때마다 '에이, 설마' 하며 농담으로 받아들였지만 스코틀랜드에서 소고기 먹을 때마다 이 말이 떠오르긴 했다.

증류실 통 유리창을 통해 아일라 해협이 한눈에 들어온다

스코틀랜드 전체에서 가장 긴 라인 암

7.5미터짜리 라인 암

발효 공정*을 살펴본 뒤 증류실로 향했다. 아드나호는 바다 경치가 제일 잘 보이는 곳을 증류실로 쓰고 있었다. 통 유리창을 통해 아일라 해협Sound of Islay 장관이 가득 들어왔다. 하지만 이 멋진 풍광보다 더 눈에 띄는 게 있다. 바로 증류기 라인 암lyne arm이다. 1만 2500리터짜리 1차 증류기와 7500리터짜리 2차 증류기 모두 라인 암이 어마어마하게 길었다. 물어보니 둘 다 7.5미터에 달한다고 했다. 아일라는 물론이고 스코틀랜드 전체에서 가장 긴 라인 암이었다. 그렇다면 증류소를 설계한 짐 맥완이 이렇게 엄청나게 긴super long 라인 암을 채택한 이유는 뭘까? 그건 라인 암이 길면 구리 접촉copper contact도 증가하기 때문이다. 이미 설명한 것처럼 구리 접촉 시간이 늘어나면 유황 냄새sulfury note가 사라진다. 전체적으로 스피릿이 깔끔해진다. 가이드는 "우리가 추구하는 스피릿은 피트 느낌이 충분하면서도 과일fruity 풍미가 살아 있는 것"이라면서 "긴 라인 암이 이런 풍미를 완성하는 데 도움을 준다"고 설명했다.

웜텁을 쓰는 단 하나의 아일라 증류소

증류실 밖으로 나왔더니 커다란 나무통 두 개가 보였다. 각각 1, 2차 증류기 라인 암과 연결된 웜텁worm tubs 응축기였다. 웜텁에 대해선 이미 크래건모어 편에서 설명했다. 복습하는 의미로 다시 간단히 정리하겠다. 웜텁은 알코올 증기를 냉각해 액체로 만드는 전통 방식 응축기condenser이다. 통에는 찬물cooling water (냉각수)이

651　● 아드나호 발효조 4개는 모두 오레곤 파인 재질이다. 발효 시간은 60에서 70시간이다.

▲ 증류기 라인 암과 연결된 웜텁 응축기
▼ 77미터에 달하는 구리관이 구부러져 설치돼 있다

담겨 있다. 증류기 라인 암에 연결된 구리 관copper tube은 벌레가 똬리를 틀듯이 구불구불 구부러져 물통에 잠겨 있다. 증류기 라인 암을 빠져나온 알코올 증기는 찬물에 담긴 구리 관을 통과하면서 냉각돼 액체로 변한다. 이런 웜텁 증류기는 아무 데서나 볼 수 있는 게 아니다. 대부분 냉각 효율이 좋은 현대식 응축기 셸 앤 튜브shell and tube를 쓰기 때문이다. 아일라에선 아드나호 한 곳만 웜텁으로 냉각한다.

짐 맥완이 도입한 아드나호 웜텁은 통이 나무 재질이라 보기에도 예뻤다. 이 나무통 안에는 77미터에 달하는 구리 관이 나선형으로 구부러져 설치돼 있다. 가이드는 "웜텁에 넣는 물(냉각수)은 별도로 냉각하지 않는다. 자연적으로 차갑게 식혀진 물을 그대로 넣어서 쓴다"고 덧붙였다. 여기서 하나만 더. 일반적으로 웜텁으로 뽑아낸 스피릿은 무겁거나 덜 정제된 느낌을 준다. 작은 구리 관이 수백 개나 들어 있는 현대식 셸 앤 튜브 응축기보다 증기와 구리의 접촉이 아무래도 덜하기 때문이다. 이런 점을 생각해보면 아드나호가 채택한 웜텁은 라인 암과 상호 보완 작용을 하는 것 같다. 엄청나게 긴 라인 암을 달아서 증류를 천천히 함으로써 구리 접촉을 충분히 증가시켜놓고 대신에 응축은 웜텁으로 해서 지나치게 가볍지 않도록 하는 게 짐 맥완의 의도가 아니었을까 싶다.

세계 곳곳의 신생 위스키 증류소들은 진gin이나 보드카vodka처럼 숙성이 필요 없는 화이트 스피릿white spirit을 먼저 내놓기도 한다. 위스키로 수익을 올리기 전까지 버틸 수 있는 자금을 확보하며 브랜드 홍보도 하기 위해서다. 하지만 아드나호는 그럴 생각이 전혀 없다. 창업자 스튜어트는 "우리는 위스키 회사다. 아드나호에서 생산한 스피릿은 모두 위스키로 만들 것"이라고 못박았다.

　내가 이 글을 쓰는 2023년 봄까지도 아드나호는 위스키 출시와 관련해 어떤 계획도 내놓고 있지 않다. 오크통에 첫 스피릿을 채운 지 4년이 훌쩍 넘었기에 조만간 모습을 드러내지 않을까 짐작할 뿐이다. 언제가 될지 모르겠지만 앞으로 등장할 아드나호 위스키가 너무나 궁금하고 기대된다. 지금은 홍보 역할만 하고 있다지만 최고 장인 짐 맥완이 설계했다. 스카치 업계에서 산전수전 다 겪은 스튜어트가 운영한다. 이 정도면 기대를 갖는 게 당연하지 않을까?

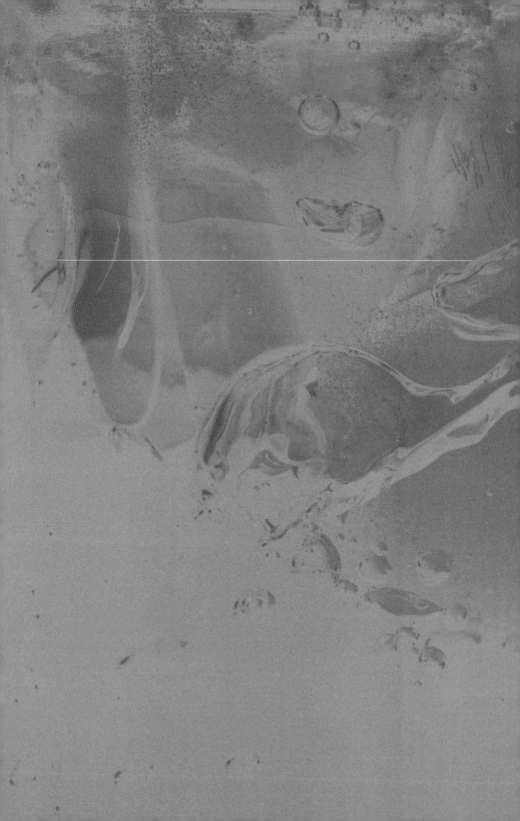

아일라섬 증류소 가운데 부나하벤과 쿨일라는 설비 견학을 하지 못했다. 부나하벤은 코로나 이후 방문자에게 생산 시설을 공개하지 않고 있었다(2023년 현재는 재개했다). 아쉬운 마음에 테이스팅 투어를 신청했다. 방문자 센터를 둘러보고 위스키는 바이알vial로 받아 와 맛봤다. 내가 아일라에 머물 때 쿨일라 역시 확장 공사로 모든 투어를 중단한 상태였다. 증류소에 들러 리노베이션을 마친 방문자 센터를 구경하고 돌아왔다. 설비 투어를 못한 이 두 곳은 증류소에서 받은 자료를 토대로 간략하게 방문기를 정리하려고 한다.

BUNNAHABHAIN

예약

설립 1881년
소속 디스텔Distell International Ltd.
주소 Port Askaig, Islay, Argyll PA46 7RP

쿨일라, 아드나호와 함께 아일라섬 북동쪽 아일라 해협Sound of Islay에 있다. 아드나호처럼 증류소 앞이 바다라 경치가 끝내준다. 주라섬 모습은 아드나호보다 여기서 더 잘 보인다. 정말 바로 눈앞에 주라섬이 있다. 풍광이 기가 막힌 해안가 방문자 센터를 증류소에선 '세계 정상급world class'이라고 자랑한다. 2019년부터 2022년까지 1000만 파운드를 투자해 방문자 센터를 개조하고 각종 설비도 교체했다.

부나하벤은 1881년에 설립됐다. 원래는 전형적인 아일라 위스키를 만들었다. 즉, 강한 피트 몰드로 스피릿을 생산했다. 하지만 1963년부터 커티삭Cutty Sark 블렌딩에 필요한 원액을 생산하기 위해 피트감이 없는non peated 스피릿으로 바꿨다. 2003년 번 스튜어트(현 디스텔 그룹)에 인수된 뒤부턴 블랙보틀Black Bottle에 필요한 핵심 몰트key malt를 만든다. 이때부터 피트감 있는peated 위스키도 생산한다. 피트 스피릿 비중이 점점 늘어나 지금은 전체 생산량의 45%에 달한다. 12년, 18년, 25년 같은 핵심 제품 대부분은 논피트non peated 위스키이지만 Toiteach(게일어로 smoky라는 뜻)나 Moine(게일어로 peat라는 뜻) 시리즈는 페놀 수치 35~45ppm의 강한 피트 몰트 제품이다.

부니하벤 핵심 제품 중에서는 12년과 18년을 맛봤다. 버번과 셰리 캐스크를 함께 쓴 12년도 괜찮았지만 셰리 캐스크로만 숙성한 18년은 정말 훌륭했다. 건포도 같은 달달한 말린 과일과 견과류 풍미가 제대로 느껴졌다. 부나하벤 특유의 짠맛salty까지 어우러져 말 그대로 '단짠단짠' 했다. 이런 짠맛을 좋아하는 분이라면 부나하벤이 지속적으로 내놓고 있는 만자니아Manzanilla 캐스크도 권하고 싶다. 나는 2006년 빈티지 만자니아 캐스크 11년 숙성 제품을 테

논 피트 부나하벤 12년   강한 피트 몰트 제품

이스팅했다. 아일라 바닷물을 살짝 탄 게 아닐까 싶을 정도로 짭조름한 풍미가 돋보였다.

　부나하벤 증류소에서 바다에 뜬 무지개를 봤다. 스코틀랜드를 돌아다니며 무지개를 수없이 자주 봤지만 바다에 뜬 건 처음이었다. 아일라 해협과 구름 사이에 뜬 무지개는 황홀하게 아름다웠다. 그 선명한 기억 하나만으로도 나는 부나하벤을 잊지 못한다.

해안가에 자리한 부나하벤 증류소 풍광.
주라섬이 바로 눈앞에 있다

아일라 해협과 구름 사이에
뜬 무지개

CAOL ILA

설립 1846년
소속 디아지오Diageo
주소 Port Askaig, Islay, Argyll PA46 7RL

예약

아일라섬 북쪽에는 포트 애스케이그Port Askaig라는 항구가 있다. 나는 캠벨타운에서 아일라로 올 때나 주라섬으로 갈 때도 여기서 배를 탔다. 남쪽 포트 엘런Port Ellen과 더불어 아일라 해상 운송 기점인 포트 애스케이그 옆에 있는 증류소가 쿨일라다. 주차장에 차를 대고 나오니 여기도 바다 경치가 장난이 아니다. Caol Ila라는 이름부터 아일라 해협을 뜻하는 게일어다. 바닷가를 산책하듯 증류소로 이어진 길을 걷다보면 주라섬을 마주한 증류실이 눈에 띈다. 답답한 벽이 아니라 바다 쪽으로 커다란 유리창이 달린 증류실이다. 밖에서도 반짝반짝 빛나는 증류기가 훤히 보인다. 그 앞으로는 푸른 바다다. 말 그대로 환상적인 '오션뷰'다.

이 책을 열심히 읽은 분은 저렇게 대형 유리창이 달린 증류실이 어떻게 탄생했는지 이미 알 것이다. 올트모어 편에서 설명한 것처럼 이런 설계를 '워털루 스트리트 디자인'이라고 한다. 열었다 닫을 수 있는 대형 유리창이 달려 있어서 증류기를 교체할 때 쉽게 들였다 뺄 수 있다. 쿨일라는 1972년 증류소를 전면 개건축하면서 실용적이면서도 아름다운 워털루 스트리트 디자인을 채택했다.

쿨일라는 조니워커 핵심 몰트key malt를 생산하는 네 곳Four Corner Distilleries 가운데 하나다. 나머지 조니워커 핵심 몰트 기지는 글렌킨치(로우랜드)와 카듀(스페이사이드), 클라이넬리시(하일랜드)이다. 1846년에 설립된 쿨일라 증류소가 디아지오 전신 DCL로 넘어간 건 1927년. 이후부터 쿨일라는 DCL(지금의 디아지오)의 위스키 조니워커 블렌딩을 위한 원액을 생산했다.

쿨일라 증류소는 2022년에 방문자 센터 개조 공사를 마쳤다. 내가 갔을 때는 공사를 막 끝내고 방문자 센터 홍보 동영상을 촬영하고 있었다. 확 달라진 방문자 센터는 넓고 아름다웠다. 쿨일

▲ 바다 쪽으로 커다란 창이 난 '오션뷰' 증류실
▼ 실용적이면서도 아름다운 워털루 스트리트 디자인이다

쿨일라는 조니워커 핵심
몰트 기지 중 한 곳이다

라 싱글몰트는 물론 조니워커 위스키가 가득한 판매점이나 위스키 한잔 즐길 수 있는 바도 멋졌다. 특히 계단 하나를 내려가면 나오는 테이스팅 공간은 말문이 막힐 정도였다. 거대한 통 유리창을 통해 파도가 출렁이는 아일라 바다를 바라보며 맛좋은 쿨일라 위스키를 테이스팅할 수 있다. 내가 갔을 때는 아직 투어를 시작하지 않아 이렇게 환상적인 곳에서 위스키를 맛보지는 못했다(지금은 투어를 재개했다). 다음에 다시 아일라섬에 가게 된다면 나는 맨 먼저 쿨일라부터 들를 작정이다. 위스키 맛은 말할 것도 없다. 바다 경치 하나만으로도 반은 먹고 들어가니.

방문자 센터 내부 판매점

거대한 통 유리창으로 바다를 바라보며 테이스팅할 수 있다

별빛 가득했던
아일라의 밤

위스키 초심자 시절부터 아일라 굴에 아일라 위스키를 끼얹어 먹는 건 오랜 '로망'이었다. 무라카미 하루키의 『위스키 성지여행』 때문이었을 것이다. 그 꿈을 이번에 이뤘다. 술집에 들어가 메뉴를 봤다. 아일라 굴과 아일라 위스키를 세트로 팔고 있었다. 망설이지 않고 바로 시켰다. 잠시 뒤 종업원이 굴을 들고 왔다. 화들짝 놀랐다. 굴이 어마어마하게 컸다. 크기가 어른 손바닥만했다. 한국에 돌아가서 굴이 손바닥만했다고 하면 아무도 안 믿을 것 같았다. 손가락을 펼치고 비교해 사진으로 찍어 왔다. 손바닥만한 아일라 굴에 위스키를 부어서 먹었다. 다 먹고 나서 30초 정도 아무 말도 나오지 않았다. 너무 맛있으면 때론 말문이 막힐 때도 있다.

라가불린 25년을 비롯해 위스키 몇 잔을 마셨다. 살짝 취기가 돌았다. 계산을 하고 밖으로 나왔다. 어느새 밤이 저물었다. 아일라 하늘에는 별이 한가득이었다. 동행한 이세기씨는 하늘을 가리

드디어 꿈을 이뤘다. 아일라 굴과 아일라 위스키 세트!

아일라에서의 나는 이렇게나 행복했다

키며 별자리를 설명해줬다. 세기씨한텐 미안하지만 그때 들은 설명은 하나도 기억나지 않는다. 오로지 지금 기억나는 건 반짝반짝 빛나는 아일라의 별을 보며 내가 아이처럼 웃고 있었다는 사실이다. 그때 그 순간만큼은 그렇게나 행복했다.

아일라에는 맛있는 굴이 있다. 기가 막히게 좋은 위스키가 있다. 숨 막히도록 아름다운 별도 있다. 내가 기억하는 아일라는 그런 곳이다.

루치스 위스키 바
Lucci's whisky bar

주소 Bowmore Hotel Jamieson Street Bowmore Isle of Islay PA43 7HL
연락처 +44 (0)1496 810 416

아일라 증류소를 돌아다니는 동안 보모어 마을 에어비앤비에서 숙박했다. 아일라에서 가장 큰 마을인 보모어에는 호텔이 있는데 위스키 바가 정말 훌륭하다. 루치스Lucci's라는 이름의 보모어 호텔 바에서는 700종류의 위스키를 판다. 아일라 위스키는 정말 '없는 것 빼고 다 있다'. 기본 라인업은 물론이고 증류소 한정 판매 제품이나 아일라 축제 기간에 맞춰 내놓는 위스키까지 골고루 다 갖추고 있다. 여기에 없다면 그 어디에도 없다고 보면 된다. 이 바를 운영하는 아일라 토박이 사장님은 이름부터 아일라Islay이다. 가명이 아니라 본명이다. 뭘 골라야 할지 고민되면 아일라 사장님한테 물어보면 된다. 취향에 따라 친절하게 알려줄 것이다.

보모어 몰트 셀렉션만도 137종류에 달한다

이곳에 없는 아일라 위스키는 그 어디에도 없다고 보면 된다

이세기
(라세이 증류소 디스틸러)

스코틀랜드 증류소
투어를 함께하며

2022년 8월, 나는 헤리엇와트Heriot-Watt 대학 양조 증류학 석사 과정 졸업을 준비중이었다. 도서관에서 논문 초안을 쓰고 있었다. 아내에게 메시지가 왔다. "위스키 증류소 동행을 구하는 게시글이 있네?" 왠지 모를 기시감이 들었다. 메일을 보내고 함께 다녀보자는 답신을 받았다. 그제야 기시감의 이유를 알게 됐다. 평소 내가 즐겨 보던 유튜브 채널 〈주락이월드〉 진행자, 그리고 흥미롭게 읽었던 『버빈 위스키의 모든 것』의 저자 조승원 기사님이었다. 우리 둘의 증류소 여행은 그렇게 시작되었다.

"Today's rain is tomorrow's whisky." 스코틀랜드의 오래된 속담 같은 말이다. 기자님과 나는 이 말을 여행 내내 온몸으로 느꼈다. 아니 온몸으로 맞았다는 말이 더 맞을 것 같다. 쏟아지는 장대비부터 미스트처럼 흩뿌려대는 이슬비까지. 가지각색의 비를 맞으며 55군데 증류소를 찾아다녔다. 비바람이 억수같이 쏟아지는 날도 많아 우산도 무용지물이었다. 기자님은 진회색, 나는 남색 우비를 유니폼처럼 입고 다녔다. 우비는 여행 중 가장 요긴하게 사용한 물건 베스트 3안에 들지 않았을까 싶다.

"아 정말 이놈의 비 징글징글하다"라는 말이 목구멍까지 차올랐다. 이렇게 불평불만이 가득찰 때쯤이면 마법처럼 증류소 앞에 도착해 있었다. 위스키가 만들어지는 경이로운 과정을 보고 위스키 향을 맡고 있다보면 날씨 불만도 스르르 사라졌다. '비가 충분히 와야 우리가 이 맛있는 위스키를 계속 즐길 테니'라는 생각이 들었다. '웬수' 같던 비가 고맙기까지 했다.

스카이섬 카라반 숙소도 잊을 수가 없다. 일정이 급하게 결정되어 스트루언Struan이라는 지역에 머물렀다. 섬에 들어와서도 1시간을 더 가야 하는 외진 곳이었다. 가로등도 없었다. 길은 비포장도로였다. 참 어렵게도 어둠을 헤쳐 가야 했다. 도착한 카라반에는 "울타리 문을 닫지 않으면 소들이 들어와 차와 카라반에 손상을 입힐 수 있다"라는 메모가 남아 있었다. 소가 많은 스카이섬의 유머러스한 환영 멘트인가? 5시간 운전으로 피곤했던 우리는 대수롭지 않게 여기고 금방 곯아떨어졌다.

들썩들썩 쿵쿵. 자고 있는데 갑자기 카라반이 흔들렸다. "아니 정말 소가 와서 카라반을 들이받고 있는 건가?" 한밤중 화들짝 놀라 일어났다. 다행히 소는 아니었다. 스카이섬의 무지막지한 강풍이 인사를 온 것이다. 이러다 카라반이 뒤집혀버리면 어쩌지 하는 걱정에 뜬눈으로 밤을 새웠다. 다음날 아침, 기자님과 나는 이마에 '잠 못 잠'을 붙이고 마주했다. 탈리스커 증류소에 가기 위해 피곤한 몸을 끌고 카라반에서 나왔다. 숙소 주변에 수십 마리의 헤어리 카우Hairy Cow가 있었다. 그때 그 장관이란! 소 우리 한가운데에 카라반이 떡하니 떨어져 있는 것 같았다. 그야말로 스카이섬의 자연을 100% 담고 있는 숙소였다. 그제야 전날 밤에 본 친절한 안내이자 경고 문구가 장난이 아니었다는 걸 깨달았다. 폭풍이 지나간 하늘은 언제 그랬냐는 듯 맑았다. 무지개가 인사를 건네고 있었다.

오크니섬에서 스코틀랜드 본토로 돌아와 마신 하이볼도 잊을 수 없다. 이날은 우리 여행 일정에서 마지막으로 페리를 탔던 날이다. 여행 중 우리는 총 7번이나 페리로 이동했다. 빡빡한 일정이었다. 페리 운항에 한 번이라도 차질이 생기면 큰일이었다. 비바람에 페리가 못 뜨면 남은 일정을 다 바꿔야 했다. 그래서 기자님도 나도 다음날 페리를 타는 일정이 있으면 날씨 검색을 참 많이도 했다. 실제로 아일라에서 페리를 타고 본토로 나오는 날에는 포트 엘런Port Ellen 페리 터미널이 기상 상황으로 운영을 중단했다. 다행히 포트 애스케이그Port Askaig의 터미널에서 대체 페리를 타고 가까스로 섬을 나올 수 있었다. 이렇게 기상 상황에 따른 변수가 많은 페리를 7번이나 탔으니 마지막 페리 일정을 마쳤을 때 느낀 안도감은 상당했다.

이날, 오크니섬에서 나와 본토의 골스피Golspie라는 지역에서 묵었다. 마지막 페리 이동까지 무사히 마친 것을 자축하며 하이볼로 건배했다. 스프링뱅크 위스키로 기자님께서 직접 만들어주셔서인지, 긴장했던 마음에 여유가 생겨서인지 모르겠지만, 얼음도 없이 만든 그때의 하이볼 한잔이 아직도 기억에 많이 남는다.

다사다난했던 여행을 하고 나니, 정말 멋진 책이 나올 거란 확신이 생겼다. 나도 한 명의 독자로서, 그리고 스카치위스키 업계에서 디스틸러로 일하고 있는 한 사람으로서 기자님께 열렬한 응원을 보낸다.

"좋은 술은 여행하지 않는다." 무라카미 하루키 책의 한 구절이 기억난다. 여행하지 않는 그 좋은 술들 덕분에 스코틀랜드에서 기자님과 좋은 인연을 만들었다. 인생에서 다시 하기 힘든 멋진 경험을 했다. 그래서 나는 한 가지 말을 덧붙이고 싶다. "좋은 술은 좋은 사람을 만나게 해준다." 이 책을 읽으시는 독자분도 스카치위스키를 즐기며, 좋은 인연과 좋은 추억을 만드시길 바란다.

2023년 5월 1일
스코틀랜드 라세이섬에서
이세기(라세이 증류소 디스틸러)

4. 증류

환류: 발베니, 맥캘란, 아드벡

증류기 형태: 맥캘란, 아드벡

라인 암 각도: 맥캘란, 라가불린

직접 가열: 글렌파클라스, 글렌피딕, 보모어

3중 증류: 벤리악

4중 증류: 브룩라디

플랫톱 증류기: 크래건모어

로몬드 증류기: 브룩라디

연속식 증류기: 글렌 모레이

증류기 유리창: 글렌 모레이

구리 접촉: 글렌알라키

정화기: 글렌 그란트, 아드벡

스피릿 풍미 물질: 글렌파클라스

스피릿 컷(커팅): 글렌피딕

컷 포인트(컷 레인지): 글렌피딕, 맥캘란

피트 위스키 컷 포인트: 벤리악

스피릿 세이프: 글렌리벳

웜텁 응축기: 크래건모어, 아드나호

수평 응축기: 글렌알라키

실외 응축기: 글렌 그란트

냉각수 온도: 글렌 그란트

냉각 연못: 발베니, 글렌알라키

팻 에일: 올트모어

스펜트리스: 올트모어

다크 그레인: 올트모어

5. 숙성

쿠퍼리지: 발베니, 탐듀

리차링: 발베니

리쥬비네이티드 캐스크: 발베니

피니싱(마무리 숙성, 추가 숙성): 발베니

2차 재숙성: 벤리악

셰리 캐스크 제작: 맥캘란

버진 오크 캐스크: 벤리악

숙성고 형태: 글렌파클라스

더니지 숙성고: 글렌파클라스

엔젤스 셰어: 보모어

솔레라 시스템: 글렌피딕

6. 장인

데이비드 스튜어트: 발베니

데니스 말콤: 글렌 그란트

리차드 패터슨: 글렌 그란트

빌리 워커: 글렌알라키

레이첼 베리: 벤리악

빌 럼스덴: 아드벡

짐 맥완: 브룩라디, 아드나호

짐 스완: 킬호만

7. 기타

악마의 몫: 글렌피딕

드래밍: 글렌피딕

에너지 재활용: 글렌 그란트

워털루 스트리트 디자인: 올트모어

독립병입: 벤로막

파고다루프(찰스 도이그): 벤로막

증류소 마스코트: 아드벡

농장 증류소: 킬호만

싱글팜 싱글몰트: 킬호만

SCOTCH WHISKY

조승원

음악과 문학 그리고 위스키를 사랑하는 술꾼 기자.
유튜브 〈술이 있어 즐거운 세상 – 주락이월드〉를 만들고 있는 주류 탐험가이다.
『버번 위스키의 모든 것』 『하루키를 읽다가 술집으로』 『열정적 위로 우아한 탐닉 – 예술가의
술 사용법』 같은 주류 서적을 썼다. 〈술에 대하여〉라는 영화를 감독하기도 했다.

dave02@naver.com

스카치가 있어
즐거운 세상

주락이월드, 스코틀랜드 증류소 탐험

초판 1쇄 발행 2023년 7월 18일
초판 3쇄 발행 2024년 7월 22일

지은이 조승원

편집 이원주 정소리　**디자인** 백주영　**마케팅** 김선진 김다정
브랜딩 함유지 함근아 고보미 박민재 김희숙 박다솔 조다현 정승민 배진성
저작권 박지영 형소진 최은진 서연주 오서영
제작 강신은 김동욱 이순호　**제작처** 천광인쇄사 경일제책사

펴낸곳 ㈜교유당　**펴낸이** 신정민
출판등록 2019년 5월 24일 제406-2019-000052호

주소 10881 경기도 파주시 회동길 210
전화 031-955-8891(마케팅) 031-955-2692(편집) 031-955-8855(팩스)
전자우편 gyoyudang@munhak.com

인스타그램 @thinkgoods　**트위터** @think_paper　**페이스북** @thinkgoods

ISBN 979-11-92968-32-2 03920